Florent Gusdorf

Tout le vocabulaire du TOEFL® TOEIC® avec exercices corrigés

ellipses

Du même auteur aux éditions ellipses

L'A.B.C.D. du Q.C.M. d'anglais – Cahiers d'entraînement, 1995.

Anglofun ® *Great Britain. Apprentissage ludique de la culture et de la civilisation britanniques* (avec John Wisdom), 2008.

Complete to compete. Réviser son vocabulaire anglais - Thèmes de société (niveau 2), 2007

Corrigés commentés des épreuves d'anglais aux concours des Grandes Écoles de Commerce 1993 - Tous les sujets (avec Lewis Stephen), 1993.

English academy. Les 50 fautes d'usage les plus fréquentes en anglais. Niv.2, 2008.

E-words. Le vocabulaire des nouvelles technologies, 2008.

Grammaire anglaise (avec Lewis Stephen), 2002 (publication École polytechnique).

Grammaire anglaise – Corrigés des exercices (avec Lewis Stephen), 2003 (publication École polytechnique).

Grammaire anglaise – Exercices (avec Lewis Stephen), 2003. (publication École polytechnique)

Guide anglais-français du Cybermonde (avec John Wisdom), 1998.

Hot off the Press – Traduire sans trahir, 2006.

Key Words English. Vocabulaire de la vie de tous les jours (niveau 2), 2007.

More Words – Plus de vocabulaire anglais – 1 500 exercices corrigés et commentés, 2003.

Pratique de l'anglais médical. Lexique à l'usage des professionnels de la santé, 2008.

Le thème anglais - Pratique de la traduction (avec Alan Manning), 1995.

TOEFL/TOEIC Express. grammaire. Auto-évaluation, 2008.

TOEFL/TOEIC Express. vocabulaire. Auto-évalution, 2008.

Traductions (version) écoles commerciales tome 4, 1994.

Traductions (version) écoles scientifiques tome 3, 1994.

Traduire la presse – Entraînement au thème anglais (avec Levrard Charlotte), 1991.

Traduire la presse 2 – Entraînement au thème anglais (avec Alan Manning), 1996.

Trans Words – Plus de thèmes anglais – 5 000 phrases de thème corrigées, 2004

La version anglaise aux concours – Corrigés commentés des versions aux concours des grandes écoles commerciales, 2002.

La version anglaise aux concours – Corrigés commentés des versions aux concours des grandes écoles scientifiques, 2002.

WORDS Business, 1992.

WORDS Classes préparatoires HEC, 1991.

WORDS Communications, 1992.

WORDS Internet – Cyberespace – Info-tech (avec John Wisdom), 1999.

WORDS Lycée, 1993.

WORDS – Médiascopie du vocabulaire anglais, 1991.

WORDS Politics, 1992.

WORDS Techniques, 1992.

WORDS Terminales et classes préparatoires, 1991.

WORDS Universités, 1999.

ISBN 978-2-7298-4396-0

32, rue Bargue 75740 Paris cedex 15

www.editions-ellipses.fr

Avant-propos

Ce livre s'adresse à tous ceux qui souhaitent faire les révisions fondamentales de vocabulaire afin de préparer les examens internationaux de type TOEFL®/TOEIC®, mais aussi IELTS®, examens de Cambridge, BULATS®, etc.

La préparation à ces examens comporte des exercices, répondant à quatre compétences particulières (« Reading », « Listening », « Speaking », « Writing »), mais qui tous requièrent un niveau de vocabulaire fondamental sur des sujets variés.

Tout le vocabulaire du TOEFL® TOEIC® comporte deux parties : la première est consacrée à la **langue** et comprend **43 chapitres** portant sur la formation de mots (racines, préfixation, suffixation), la nature des mots (mots étrangers, homonymes, adjectifs de nationalité), les particularités de langue (idiomes, binômes, analogies, mots prêtant à confusion), les niveaux de langue (euphémismes), le fonctionnement des mots (adjectifs / noms + préposition), les verbes à particule ainsi que les sens proches (verbes, noms, adjectifs).

Chaque chapitre comprend une partie théorique, suivie par des exercices d'application, de réemploi, de réécriture ou de traduction destinés à vérifier les acquis.

La seconde partie comprend **72 chapitres**, consacrés aux **thèmes** les plus fréquemment rencontrés, que ce soit dans les épreuves de compréhension, d'expression ou de production, écrite ou orale.

Deux rubriques sont proposées : l'une comporte les mots qu'il faut connaître (***must-know words***), ces mots ou expressions qui font partie du bagage lexical de tout candidat, l'autre des ***may-want-to-know words***, ces mots ou expressions que vous ignorez peut-être, et qui viendront utilement compléter et renforcer vos connaissances.

Des notes lexicales ou culturelles complètent les chapitres, ainsi que des encadrés propres à certains sujets d'essai.

Les rubriques de mots et expressions sont suivies d'exercices qui ont pour objet de vérifier, consolider et exploiter les connaissances : exercices de *word-building*, collocations, réemploi, clausure, trouver l'erreur, etc. Enfin, des textes suivis permettent de prolonger le thème rencontré et de vérifier la compréhension.

Tous les quelque 500 exercices sont **intégralement corrigés**. Chaque unité fonctionne de façon indépendante. Ce livre permet, par conséquent, un apprentissage autonome.

Ouvrage complet, *Tout le vocabulaire du TOEFL® TOEIC®* est l'outil indispensable à l'étudiant pour faire des vérifications rapides et approfondir sa réflexion à l'écrit comme à l'oral.

Première partie
LANGUE

1 Racines grecques / *Greek roots*

De nombreux mots anglais ont une racine grecque. Ils appartiennent principalement au vocabulaire scientifique. Certaines racines peuvent avoir la même signification (*mega* et *macro=large*).

Les unités de mesure

Les racines les plus courantes sont arch / prot (*archbishop, archangel, archaeology, prototype*) • chron (*chronicle, chronological, chronometer*) • horo (*horology=the art of designing and constructing clocks, horoscope*) • meter (*altimeter*) • micro (*microbe, microcosm, microphone, microscope*) • morph (*metamorphosis, morphology*) • neo (*neophyte*) • poly (*polygamy, polygon, polyphony, polyglot, polytechnic, polytheism*), pan (*panacea*) • ped (*pedestrian, pediatrics, pedicure, pediment, pedometer*) • tele (*telephone, teleprinter, teleprompter, telescope, television*).

La nature et l'environnement

geo (=*earth*) • hydro, hydra (=*water*) • lith (=*stone*) • pyr (=*fire*) • thermo (=*heat*) • zoo (=*animal*) • photo (=*light*) • polis, polit (=*citizen, city, state*) • techn (=*art, skill*) • topo (=*place*)

Le corps humain, les sentiments

anthro (=*human*) • bio (=*life*) • gen (=*race*) • opt (=*eye*) • soma (=*body*) • phil (=*love*) • phon (=*sound, voice*) • pneu (=*breath*) • psych (=*mind, soul, spirit*)

Les idées et convictions

archy, cracy (=*rule by*) • biblio (=*book*) • dox (=*belief*) • gam (=*marriage*) • gno (=*knowledge*) • graph (=*writing*) • log (=*idea, word, speech, reason, study*) • logy (=*study of*) • onym (=*name*), psycho (=*mind*) • soph (=*wisdom*) • theo (=*god*)

1. Faites correspondre les racines avec leur signification.

1. acr	8. micro	a. old	h. large
2. arch / prot	9. morph	b. small	i. far off
3. chron	10. neo	c. foot	j. measure
4. ger/paleo	11. pan	d. topmost	k. first
5. horo	12. ped	e. time	l. all
6. macro/media	13. poly	f. many	m. form
7. meter	14. tele	g. new	n. hour

2. À partir des définitions, trouvez les mots comportant une racine grecque. Les premières lettres sont données.

1. the scientific study of the origin, the behavior, and the physical, social, and cultural development of humans. ANT....................
2. government by the people. DEM....................
3. any plant that turns toward the sun. HELIO....................
4. of or from many parts of the world. COSMO....................
5. producing heat. PYR....................
6. the branch of zoology that studies fishes. ICHTHY....................
7. pertaining to the body. SOMA....................
8. study of plants. PHYTO....................
9. practice of having more than one husband. POLY....................
10. society as an organized state. POLI....................

3. Remettez les lettres dans l'ordre et faites correspondre les mots à leur définition.

1.	YOCOYPLLSH	study of the mind ....
2.	LYOOHTGE	study of God ....
3.	OOIEYGDL	body of knowledge ....
4.	YYMAGLOP	custom of having more than one wife ....
5.	OUOYAMNT	self-rule ....
6.	HYSROTPI	wisdom ....
7.	DPMSYENDO	pen name ....

2 Racines latines / *Latin roots*

De nombreux mots anglais (environ 30 % du lexique contre 5 % pour les mots grecs) ont une racine latine. Ils sont en général formels. Par exemple, la racine latine *-cide* signifie *kill* or *cut*. On la retrouve dans les mots *insecticide*, *genocide*, *homicide*, *suicide*, *ceticide* (=*killing whales*), etc.

Verbes indiquant le mouvement

act (=*do, drive*) • agree, actum (=*set in motion*) • ambul (=*walk*) • cess, ced (=*withdraw*) • ced (=*yield*) • curs, curr, corr (=*run*) • duct, duc (=*lead*) • fac, fic, fect, fact (=*make, do*) • init (=*enter, begin*) • lev (=*raise, lift*) • hab (=*have, hold, dwell*) • flu (=*flow*) • migr (=*move, travel*) • mit, mis (=*send*) • mov, mob, mot (=*move*) • port (=*carry*) • pose, pone (=*place, put*) • press (=*push*) • priv (=*separate*) • mut (=*change, exchange*) • prob (=*prove, test*) • rupt (=*break, burst*) • ven (=*come*) • sequ (=*follow*)

Verbes indiquant le jugement

cred (=*believe, trust*) • crit, cris (=*judge, discern*) • cert (=*trust, sure*) • cog (=*know*) • aud (=*hear*) • dict (=*say, speak, assert*) • comput (=*calculate*) • men, min, mon (=*think, remind, advise, warn*) • leg, lig (=*law, choose, perceive, understand*) • sci (=*know*) • test (=*witness, affirm*)

Qualités et attributs

acity (=*quality of*) • age (=*quality of, act of*) • acy, cy (=*state, quality*) • acerb, acri (=*bitter, sharp*) • acu, acr, ac (=*needle*) • adip (=*fat*) • ampli (=*large*) • alt (=*high*) • alter (=*different, other*) • equ (=*fair*) • frig (=*cool*) • liber (=*free*) • pot (=*powerful*)

Relations humaines

ali (=*other, another*) • amat, amor (=*love, fondness*) • amic (=*friend*) • ego (=*I*) • gen (=*race, family, kind*) • host (=*enemy, stranger*) • nox (=*harm*) • hosp (=*guest, host*)

Corps humain, sentiments, sens

corp (=*body*) • anima (=*life, soul*) • capit, cipit (=*head*) • dent (=*tooth*) • ped, pes (=*foot*) • sent (=*feel*) • voc (=*voice*) • grat (=*thankful, pleasure, joy*) • juven (=*young*) • locu, loqu (=*word, speak*) • man (=*hand*) • lingu, langa (=*tongue*) • memor (=*mindful*) • ment (=*mind*) • mort (=*death*) • vir (=*manliness*) • tac, tic (=*silent*) • sol, soli (=*lonely, alone*) • spec, spect, spic (=*look at*)

Directions

ad (=*to, toward, addition to*) • ambi, amb (=*both, about, around*) • circ (=*around*) • vers, vert (=*turn*) • loc (=*place*)

Éléments

aero / aeol (=*air, wind, rapid*) • aqua (=*water*) • luc, lum (=*light*) • mar (=*sea*)

Société et activités humaines

hom (=*man, human*) • arm (=*army, weapon*) • art (=*craft, skill*) • bell (=*war*) • civi (=*citizen*) • famil (=*family*) • labor, lab (=*work*) • fum (=*smoke, scent*) • jur, jus, jud (=*law, right*) • culp (=*fault, blame*) • somn (=*sleep*) • sacr, secr, sacer (=*sacred*)

Mesure

aevum / etern (=*space of time, ever*) • med, medi (=*middle*) • meter (=*measure*) • part, pars (=*portion part*) • plur, plus (=*more*) • prim (=*first*) • temp (=*time*) • ord, ordin (=*order*)

1. Faites correspondre les racines avec leur sens.

1. laud f
2. sat d
3. scrib j
4. simil b
5. son k
6. spons/d h
7. term a
8. tract l
9. vac e
10. ver i
11. vis/d c
12. vit g

a. limit
b. like
c. see, look
d. please
e. empty
f. praise
g. life
h. pledge
i. truth
j. write
k. sound
l. pull draw

2. Trouvez les mots à partir de la racine fournie et des définitions.

1. VAC 1. devoid of thought ....vacant........ 2. period of rest ....vacation........ 3. give up living in ....vacate........	**4. SPECT** 1. treat with consideration ....respect........ 2. examine carefully ....inspect........ 3. search for ....prospect........
2. CRED 1. that can be believed ....credible........ 2. source of pride ....credit........ 3. ready to believe ....credulous........	**5. PROB** 1. establish the validity ....probate........ 2. investigation ....probe........ 3. integrity ....probity........
3. DUC 1. direct an orchestra ....conduct........ 2. train pupils ....educate........ 3. manufacture ....produce........	**6. POSE** 1. remove from position ....depose........ 2. place a duty on ....impose........ 3. get rid of ....dispose........

3. Trouvez un exemple de mot anglais à partir des racines.

Latin	*meaning*	*English*
1. avis	bird	avian
2. bellum	war	bellicose
3. domus	house	domestic
4. genus	birth	generation
5. judex	judge	judicial
6. magnus	big	magnum
7. pater	father	patron
8. rus	farm	rustic
9. veritas	truth	veracity
10. onus	load	exonerate

4. Faites correspondre les mots avec leur définition.

1. abdication c
2. repulsion d
3. edict a
4. misconduct f
5. conjecture b
6. objectionable e

a. decree
b. guess
c. renounce the throne
d. aversion
e. questionable
f. wrongdoing

3 Préfixes / *Prefixation*

Les mots anglais peuvent être divisés en trois parties : la racine, le préfixe (placé en début de mot) et le suffixe (placé en fin de mot). Il existe plusieurs préfixes et types de préfixes en anglais.

Préfixes péjoratifs

MAL- *(bad, badly)* : *maltreat, malodorous, malfunction, malnutrition*

MIS- *(wrongly)* : *miscalculate, misfire, misinform, misleading, misconduct*

PSEUDO- *(false, imitation)* : *pseudo-scientific*

Préfixes de degré ou taille

ARCH- *(supreme)* : *archduke, archbishop,* souvent péj. *(arch enemy)*

CO- *(on an equal footing, jointly)* : *co-education, cooperation, co-pilot, cohabit*

HYPER- *(extreme)* : *hyperactive*

MINI- *(little)* ÷ ***MAXI-*** *(large)*

OUT- *(surpassing)* : *outnumber, outclass, outgrow, outdistance, outlive*

OVER- *(excessive)* : *overestimate, overreact, overconfident*

SUPER- *(more than, special)* : *supermarket, supernatural, superman*

ULTRA- *(beyond)* : *ultra conservative, ultraviolet, ultrasound*

UNDER- *(too little)* : *underestimate, underprivileged*

Préfixes marquant l'orientation et l'attitude

ANTI- *(against)* : *anti-social, anti-clockwise, anti-missile, antibiotic*

CONTRA- *(opposite)* : *contrafactual*

COUNTER- *(against, in opposition to)* : *counter-espionage, counteract*

PRO- *(for, on the side of, on behalf of)* : *pro-life, pro-communist*

Préfixes locatifs

FORE- *(front)* : *forearm, foreground, forename*

INTER- *(between)* : *international, interplay, interwine*

SUB- *(under)* : *sublet, subway*

SUPER- *(above)* : *superior, superficial, superintendent*

TRANS- *(across)* : *transplant, transport*

Préfixes marquant le temps et l'ordre

EX- *(former)* : *ex-husband*

FORE- *(before)* : *forewarn, foretell, foretaste*

POST- *(after)* : *post-war, postpone*

PRE- *(before, in advance)* : *pre-war, pre-school, pre-heat, pre-cook*

RE- *(again, back)* : *rebuild, reclaim, recycle, renew*

Préfixes marquant un nombre (origine latine ou grecque)

BI-, DI- *(two)* : *bicycle, bilateral, bifocal, bilingual, diode, dichotomy*

TRI-, POLY-, MULTI- *(many)* : *polyglot, polygon, polygamy, polytechnic*

SEMI-, DEMI- *(half)* : *semi-circle, demi-god*

UNI-, MONO *(one)*

On trouve aussi ***AUTO-*** *(self) (autograph, autobiography)*, **EXTRA** *(exceptional)*, ***NEO*** *(new)*, ***PAN-*** *(all)*, ***TELE-*** *(distant)*, ***VICE-*** *(deputy)*.

Notez :

A- se combine pour former des adjectifs *(asleep, awash, ajar, amiss, abroad, aloud)*

BE- transforme des pp en adj. *(beloved, befogged)* ou verbes *(bewitch, bedevil)*

EN- permet de transformer des noms ou des adjectifs en verbes *(endanger, enlarge, empower, embitter)*

1. Complétez les mots à l'aide du préfixe qui convient.

	mal	*mis*	*co*	*sub*	*fore*	*bi*	*di*	*tri*	*re*	
1.	☐	☐	☐	☐	☐	☐	☒	☒	☐	oxide
2.	☐	☐	☒	☐	☐	☐	☐	☐	☐	habit
3.	☐	☐	☐	☒	☐	☐	☐	☐	☐	let
4.	☐	☐	☐	☐	☒	☐	☐	☐	☐	arm
5.	☐	☐	☐	☐	☐	☐	☐	☐	☒	educate
6.	☒	☐	☐	☐	☐	☐	☐	☐	☐	odorous
7.	☐	☒	☐	☐	☐	☐	☐	☐	☐	conduct
8.	☐	☐	☐	☐	☐	☐	☒	☐	☐	lingual
9.	☐	☐	☐	☐	☐	☒	☐	☐	☐	pod
10.	☐	☒	☐	☐	☐	☐	☐	☐	☐	inform
11.	☐	☐	☐	☐	☐	☐	☐	☐	☒	build

2. Trouvez les mots correspondant aux définitions. Le préfixe est fourni.

1. POLY.................. : a school in which instruction in several technical subjects is given
2. RE.................. : make useful again
3. EX.................. : having once, or previously, been president
4. FORE.................. : knowledge of an event before it occurs
5. MIS.................. : deceiving
6. MAL.................. : state resulting from insufficient or poorly balanced diet
7. HYPER.................. : unusually or abnormally active
8. FORE.................. : the part of a scene that is near the viewer
9. POLY.................. : able to speak or write several languages
10. EN.................. : catch, as in a net
11. BI.................. : published twice a month
12. CIRCUM.................. : go around, bypass
13. DIS.................. : leave out of consideration, ignore
14. UN.................. : obvious
15. COM.................. : intricate

3. Complétez les mots à l'aide du préfixe qui convient.

1. A ......-detached house is joined to another house on one side but separate on the other. • **2.** The recent outbreak of violence in the suburbs had been .....shadowed by isolated incidents earlier this year. • **3.** .....planting organs from living donors raises ethical issues. • **4.** In order to save precious resources, manufacturers have to build cars whose parts are .....cyclable. • **5.** In sub-suharan Africa, malaria is still a .....demic disease. • **6.** The weather conditions at Wimbledon forced the authorities to .....pone the tennis match till tomorrow. • **7.** All the networks .....-empted their regular schedules to broadcast news of the terror attack. • **8.** Many restaurants .....approve of cell phone use. • **9.** A chameleon changes color to .....form to its surroundings. • **10.** Mount Kilimanjaro consists of three .....active volcanic cones—Kibo, Mawensi and Shira. • **11.** If you get to bed early the night before a test, you are less likely to .....sleep and miss the whole exam, especially if it is an early exam. • **12.** After completing her doctoral work at CMU, she chose to do.....doctoral studies at Stanford. She is now working for a biotech company in Boston.

4 Préfixes négatifs / *Negative prefixation*

De nombreux préfixes servent à donner aux mots (adjectifs, noms, verbes) un sens contraire ou négatif. C'est le cas de *un-*, *dis-*, *in-*, *im-*, *ir-*, *il-*, *a-*, *an-*. Il n'existe pas de règles strictes pour former l'antonyme des adjectifs. Le mieux est d'apprendre l'adjectif et son contraire en même temps.

■ ***A-, AN-*** (devant voyelle) signifie « *lacking of* » et permet de former l'antonyme d'adjectifs : *amoral, asexual, atheist, atrophied.* On retrouve le préfixe *a-* dans des noms : *anarchy.*

■ ***ANTI*** *(=against)* : *antisocial, anti-war, antibiotic*

■ ***DE-*** inverse l'action : *decentralize, defrost, desegregate, de-escalate* ou avec un sens privatif : *deforestation, decapitation, defraud.*

■ ***DIS-*** signifie « l'inverse de ». L'antonyme de *loyal* est *disloyal*, celui de *content* est *discontent.* On le trouve aussi avec des noms comme *disorder, disuse, disunity.*
DIS- peut former l'antonyme de verbes : *disappear, disagree, disapprove, disbelieve, disconnect, dislike, disobey, disqualify.* Il peut avoir un sens privatif (*dispossess, disown*).

■ Cas de ***IN-*** :

- *IN-* devient *IM-* devant une racine commençant par « m » ou « p » : *impatient, immature, improbable, impartial, impervious*
- *IN-* devient *IR-* devant un mot commençant par « r » : *irreplaceable, irreversible*
- *IN-* devient *IL-* devant un mot commençant par « l » : *illegal, illicit, illiterate, illegible*
- *IN-* n'a pas toujours un sens négatif. Il peut aussi signifier *inside* (*internal*).

Notez que *IN-* et ses variantes *IL-*, *IM-*, *IR-* se combine avec des adjectifs d'origine latine ou française. Il est moins courant que *-UN*.

■ ***MIS-*** *(=badly, wrongly)* : *misunderstand, mistranslate, misinform, mismanage, misfire, misdemeanor*

■ ***NON-*** exprime davantage un contraste binaire que l'antonyme : *non-scientific* se distingue ainsi de *unscientific*. Comparez aussi *non-American* et *unAmerican, flammable* et *non-flammable.* Une *non-person* est *a person that does not count as a person, a person of no consequence.* Idem pour *non-event.*

■ ***UN-*** se combine facilement avec des adjectifs ou des participes passés : l'antonyme de *comfortable* est *uncomfortable*. Voir aussi *unfair, unforgettable, unassuming, unexpected, unscathed, uninsured, uncommon, uninhabited*
UN- peut aussi former l'antonyme de verbes : *undo, undress, unfold, unload, unpack, untie, unveil, unlock, unwrap, unzip*

1. Donnez l'antonyme ou le négatif des mots.

1. qualified........ disqualified
2. inform........ misinform
3. underestimate........ derestimate
4. pre-war........ anti-war
5. obey........ disobey
6. fraud........ defraud
7. pro-choice........ anti-choice
8. privileged........ unprivileged
9. possess........ dispossess
10. fair........

2. Donnez l'antonyme des adjectifs.

1. honest........
2. discreet........ creet
3. sensitive........ unsensitive
4. efficient........ defficient
5. relevant........
6. tolerant........ intolerant
7. responsible........ unresponsible
8. loyal........ illoyal

3. Trouvez les mots correspondant à la définition. Le préfixe est fourni.

1. AN........ : not containing water
2. DIS........ : repudiate, refuse to acknowledge
3. A........ : not concerned with morals
4. IL........ : difficult or impossible to read
5. IM........ : contrary to morality
6. IN........ : that cannot be taken away (rights, for example)
7. UN........ : not knowing
8. DIS........ : who has lost courage or confidence
9. A........ : who denies the existence of God
10. DE........ : the removal of trees

4. Complétez les phrases. Les préfixes sont donnés.

1. Back in the 1960s, plans to de.............. schools met with fierce opposition from the whites in the South of the United States. • **2.** The death of the auto.............. ruler led to lawlessness and total an.............. in the country. • **3.** The lack of job opportunities in the suburbs has led to widespread dis.............. among the youth. • **4.** It is totally un.................. to expect that a continent as huge as Africa will climb out of poverty in the next decade. • **5.** Around the Christmas tree, children were busy un.............. their presents. • **6.** Following the 1930s Dust Bowl, dis.............. Okie farmers had their farms seized and had to pull up stakes and move to California. • **7.** When you get a build-up of ice in your freezer, you know it's time to de.............. it. • **8.** In 1968, President Johnson called a halt in the bombings in order to de-.............. the conflict in Vietnam. • **9.** The soldiers who had dis.............. orders and refused to follow the rules were court-martialed. • **10.** Although he was raised a Catholic, he was an a.............. for most of his adult life, stating that it was impossible to know whether God existed. • **11.** The fire to the city was extensive. No building escaped un.............. . • **12.** The Election Commission decided to dis.............. the candidacy of 3 people who had not met the electoral law requirements.

5 Suffixes des noms abstraits / *Abstract noun suffixes*

■ Les **suffixes** permettent de catégoriser les noms abstraits, indénombrables. Certains sont formés à partir de **noms**.

-AGE (=*collection of*) se trouve dans *baggage, mileage, lineage*

-DOM (= *state of being*) : *kingdom, boredom, stardom, wisdom*. A parfois un sens péjoratif.

-ERY, -RY

- (=*condition behaviour associated with*) : *drudgery, slavery*
- avec le sens d'endroit (*nursery, rookery, refinery, bakery*)
- un adjectif peut aussi servir de base : *bravery*

Notez : des noms concrets sont aussi formés avec *-ERY* : *machinery, gadgetry*

-FUL (=*amount contained in*) : *spoonful, glassful, baleful, fistful, handful*

-HOOD : *boyhood, manhood, brotherhood*. Parfois le nom peut être dénombrable : *falsehood*.

-ICLE : *particle*

-ING est général : *panelling, matting, carpeting* ; -ING peut aussi signifier l'activité associée : *farming, painting, nursing*.

-ISM (=*doctrine of, practice of*) : *Calvinism, idealism, fanaticism, racism, baptism*

-ITIS permet de former de nombreux termes médicaux : *bursitis, sinusitis, meningitis*.

-OCRACY (=*government by*) : *democracy, aristocracy, theocracy, mobocracy, meritocracy*

-SHIP : *friendship, membership, dictatorship, citizenship*. Certains noms en *ship* peuvent aussi être formés à partir des adjectifs : *hardship*

-URE : *failure, exposure*

■ Les **bases verbales** permettent aussi de former des noms abstraits :

-AGE (=*action of*) : *brokerage, coverage*

-AL (=*action or result of*) : *refusal, revival, dismissal, survival, disapproval*

-ATION (=*process or state of*) : *starvation, ratification, exploration, population, allocation* ; (=*institution*) : *organization, foundation*. Quand le sens est celui de « produit de », « institution produite par », les verbes en *-ize, -ify, -ate* sont fréquemment utilisés (*educate, justify*).

-ING (=*what results from the action*) : *building, filling* ; avec pluriel : *earnings, savings*

-ION, -TION, -ATION, -ITION : *action, collection, recollection, emotion*

-MENT (=*result of*) : *arrangement, amazement, argument, astonishment, management*

■ Les **noms abstraits** peuvent aussi être formés à partir **d'adjectifs**.

-ITY : *elasticity, sanity, falsity*

-NESS (=*state of being*) : *happiness, goodness, fondness, sadness, permissiveness, carelessness, holiness, weakness, sweetness*

Notez que le *y* de l'adjectif devient *i* dans le nom : *ready* ➪ *readiness*.

-TH (avec ou non modification) : *width, warmth, length, breadth, strength*

1. Formez des noms abstraits en ajoutant le suffixe qui convient.

	age	dom	ery	ful	hood	(e)ism	ocracy	ship
1. dictator	☐	☐	☐	☐	☐	☒	☐	☐
2. absent	☐	☐	☐	☐	☐	☐	☐	☐
3. impression	☐	☐	☐	☐	☐	☐	☐	☐
4. baker	☐	☐	☒	☐	☐	☐	☐	☐
5. machine	☐	☐	☐	☐	☐	☐	☐	☐
6. false	☐	☐	☐	☐	☐	☐	☐	☐
7. merit	☐	☐	☐	☐	☐	☐	☒	☐
8. king	☐	☒	☐	☐	☐	☐	☐	☐
9. member	☐	☐	☐	☐	☐	☐	☐	☒
10. neigbour	☐	☐	☐	☐	☒	☐	☐	☐

2. Formez les noms à partir des verbes.

1. achieve ....
2. combine ....
3. recognize ....
4. retire ....
5. empty ....
6. adjust ....
7. imagine ....
8. reduce ....
9. discourage ....
10. permit ....

3. Trouvez les définitions. Le suffixe est fourni.

1. ....ARY : a collection of manuscripts, publications, and other materials for reading, viewing, listening, study, or reference
2. ....ER : one who offers views or theories on profound questions in ethics, metaphysics, logic, and other related fields
3. ....HOOD : virility, potency
4. ....MENT : satisfaction, ease of mind
5. ....SHIP : status, duties and rights for one who belongs to a country or a nation
6. ....RY : a request for truth, information or knowledge
7. ....NESS : which reflects a spiteful or malicious attitude
8. ....ION : apportionment
9. ....ICLE : a tiny portion or speck
10. ....TH : size in general, extent

4. Trouvez les synonymes des mots.

1. fraternity ....
2. bondage ....
3. courage ....
4. liberty ....
5. difficulty ....
6. inquisitiveness ....
7. negligence ....
8. hostility ....

5. Complétez les phrases à l'aide des mots qui conviennent.

1. William Penn wanted to found a colony based on the .... of man, where everyone would live in peace and harmony.
2. The oil .... was disabled after the hurricane hit the state, disrupting the country's energy supply.
3. The 1960s is remembered as being an era of free love, communes and generally sexual ....
4. In France, ... school (also called preschool) is reserved to children between the ages of 2 and 5.
5. Their .... goes back when they were at school together and has grown over the years.
6. Millions of Africans were sold into .... between the 17th and 19th centuries.
7. The TV .... of the World Cup was most extensive. Thousands of journalists attended.
8. In the event of reaching the final, Liverpool FC will receive an .... of approximately 21,000 tickets.
9. .... of forest land is one of the priorities of the National Forest Service.
10. Extremely premature babies face some of the longest odds of .... and often are placed on breathing machines or given other special help.

6 Suffixes des noms concrets / *Concrete noun suffixation*

Les **noms concrets** peuvent être formés à l'aide de suffixes. Notez que le suffixe dans certains cas, peut porter l'accent principal. C'est le cas pour *-EER* : *engi'neer, auctio'neer, mountai'neer.*

-ARY : *functionary, adversary, library*

-ARD : *dullard, coward, drunkard, wizard*

-EER (=*skilled in, engaged in*) : *profiteer, racketeer, auctioneer, engineer*

-ER (=*having as dominant characteristic, denizen of*) : *teenager, villager, Londoner*

-ESS permet de former des noms féminins : *actress, waitress, hostess*

-ETTE (=*compact*) : *kitchenette* (=marqueur féminin) : *suffragette, usherette*

-LET (=*small, unimportant*) : *booklet, leaflet, starlet*

-LING (=*minor, offspring of*) : *duckling, princeling, hireling, underling* (parfois péjoratif pour les humains)

-STER (=*involved in*) (souvent péj.) : *gangster, gamester, roadster, spinster*

Les noms peuvent aussi être formés à partir de la **base verbale**.

-ANT : *inhabitant, contestant, participant*

-EE (=*one who is object of the verb*) : *appointee, employee*

-ENT : *repellent, deterrent, expedient*

-ER / -OR permet de former des noms de personnes (*conjurer, writer, driver, employer, offender*) ou des noms impersonnels (*silencer, computer, thriller, cooler, cooker*). On trouve aussi des verbes à particule ou composés : *window cleaner, hair restorer.*

-OR est utilisé dans des bases néo-classiques : *actor, supervisor, incubator, author, doctor, bettor, conductor, juror*

Certains suffixes peuvent former des **noms** ou des **adjectifs** :

-ESE : *Japanese, Portuguese*

-AN : *American, Italian, Republican*

-IAN : *historian, pediatrician, pedestrian*

-IST : *physicist, journalist, anarchist, terrorist.* *-IST* est souvent utilisé pour ceux qui jouent d'un instrument de musique (*violonist, cellist, pianist*), ceux qui ont un hobby (*numismatist, philatelist*), ou un métier (*psychologist, meteorologist, geneticist, entomologist*).

-ITE : *socialite, Israelite, laborite*

EXERCICES

1. Formez des noms en ajoutant le suffixe qui convient.

	ee	*er*	*ess*	*ling*	*ist*	*ant*	*ese*	*or*	*ings*	*ment*
1. Japan	❑	❑	❑	❑	❑	❑	❑	❑	❑	❑
2. violin	❑	❑	❑	❑	❑	❑	❑	❑	❑	❑
3. inhabit	❑	❑	❑	❑	❑	❑	❑	❑	❑	❑
4. employ	❑	❑	❑	❑	❑	❑	❑	❑	❑	❑
5. act	❑	❑	❑	❑	❑	❑	❑	❑	❑	❑
6. appoint	❑	❑	❑	❑	❑	❑	❑	❑	❑	❑
7. pay	❑	❑	❑	❑	❑	❑	❑	❑	❑	❑
8. hire	❑	❑	❑	❑	❑	❑	❑	❑	❑	❑
9. earn	❑	❑	❑	❑	❑	❑	❑	❑	❑	❑
10. embody	❑	❑	❑	❑	❑	❑	❑	❑	❑	❑

2. Formez des noms à partir des verbes en ajoutant les suffixes.

1. roast ....
2. inform ....
3. employ ....
4. lubricate ....
5. compute ....
6. inhabit ....
7. appoint ....
8. survive ....
9. sing ....
10. wed ....

3. Trouvez la définition. Aidez-vous du suffixe fourni.

1. one who makes excessive profits on goods in short supply .... EER
2. a small book usually having a paper cover .... LET
3. a person who works only for money .... LING
4. one who plays games .... STER
5. a device for deadening the report of a firearm .... ER
6. an apparatus in which eggs are hatched artificially .... OR
7. a person who is nominated for a job .... EE
8. a stupid, insensitive person .... ARD
9. a person who stuffs animals .... IST
10. one who opposes technical or technological change .... ITE

4. Faites correspondre les noms entre eux.

an animal in its second year • *apothecary* • *mediator* • *supporter* • *walker* • *warning* • *waste*

1. excrements ....
2. premonition ....
3. arbitrator ....
4. pedestrian ....
5. pharmacist ....
6. partisan ....
7. yearling ....

5. Les mots correspondent-ils à une personne (P) ou une chose (C) ? Cochez la case qui convient.

	P	C
1. a cleaner	❑	❑
2. a cooker	❑	❑
3. a disc-player	❑	❑
4. a drinker	❑	❑
5. a hoover	❑	❑
6. a rider	❑	❑
7. a smoker	❑	❑
8. a typewriter	❑	❑
9. a ladder	❑	❑
10. a furniture restorer	❑	❑

7 Formation des noms à partir des verbes / *Word formation from verbs*

La forme nominale peut être la même que le verbe : *burn,cost, cut, dream, drink, drive, fall, gain, hit, lead, leap, leave, light, mistake, request, ring, rise, run, saw, sell, shake, sleep, smell, spell, sting, win.* Mais de nombreux verbes se transforment en nom en ajoutant un suffixe.

▪ ***-ING*** est général ; il décrit le résultat de l'action, il a valeur de nom générique ; *travelling* = les voyages ; *-ING* peut aussi signifier l'activité associée : *farming, painting, driving* ; *-ING* se trouve également avec un pluriel : *earnings, savings, makings.*

▪ ***-AGE*** (=*action of*) : *brokerage, coverage*

-AL (=*action or result of*) : *refusal, revival, dismissal*

-ANT : *inhabitant, contestant, participant* ou ***-ANCE*** : *remembrance*

-ASION à partir de verbes en ***-UADE*** : *persuasion, dissuasion,*

-ATION (=*process or state of*) : *starvation, ratification, exploration* ; (=*institution*) : *organization, foundation.* Quand le sens est celui de « produit de », « institution produite par », les verbes en ***-IZE***, ***-IFY***, ***-ATE*** sont fréquemment utilisés (*educate, justify, illustrate, speculate*).

▪ ***-EE*** (=*one who is object of the verb*) : *appointee, employee, nominee*

-ENT : *repellent, deterrent*

-ER / ***-OR*** permettent de former des noms de personnes (*conjurer, writer, driver, employer, offender*) ou des noms impersonnels (*silencer, computer, thriller*). *-OR* est utilisé dans des bases néo-classiques : *actor, supervisor, incubator, author, doctor, bettor, conductor, juror.*

▪ ***-IGHT*** à partir de verbes en ***-EE*** : *flight, sight*

-IS : les verbes terminés en ***-IZE*** peuvent former un nom en ***-IS*** : *analysis, diagnosis, emphasis,* et en ***-ISM*** (*baptism*)

-ION, ***-TION***, ***-ATION***, ***-ITION*** : il peut s'agir d'un simple ajout (*action, collection, addition, examination, nomination, objection*) ; on trouve aussi les verbes terminés en ***-ISH*** ➪ ***-ITION*** (*abolish* ➪ *abolition* mais *admonishment, punishment*), en ***-IZE*** ➪ ***-IZATION*** (*modernize* ➪ *modernization*)

▪ ***-MENT*** (=*result of*) : *arrangement, amazement, argument, astonishment, commitment, agreement, postponement, punishment*

▪ ***-OICE*** : à partir de verbes en ***-OOSE*** : *choice*

-OOD : à partir de verbes en ***-EED*** : *blood, brood, food*

-ORATION à partir de verbes en ***-ORE*** : *restoration*

▪ Et aussi : ***-TH*** : *growth* / ***-URE*** : *failure, seizure, pressure* / ***-VE*** ➪ **F** : *believe* ➪ *belief*

1. Formez les noms à partir des verbes.

1. dismiss.......................................
2. achieve.......................................
3. repell.......................................
4. fail.......................................
5. commit.......................................
6. believe.......................................
7. argue.......................................
8. persuade.......................................
9. register.......................................
10. discuss.......................................
11. feed.......................................
12. grow.......................................
13. seize.......................................
14. remember.......................................

2. Formez les verbes à partir des noms.

1. omission.......................................
2. delusion.......................................
3. maintenance.......................................
4. submission.......................................
5. recovery.......................................
6. allowance.......................................
7. collision.......................................
8. limitation.......................................
9. enthusiasm.......................................
10. approval.......................................
11. rehearsal.......................................
12. suspicion.......................................
13. diminution.......................................
14. reduction.......................................

3. Les verbes suivants peuvent-ils être des noms ? Cochez la case qui convient (R/W).

	R	*W*		*R*	*W*
1. cost	❑	❑	6. creep	❑	❑
2. destroy	❑	❑	7. dig	❑	❑
3. bet	❑	❑	8. dwell	❑	❑
4. bite	❑	❑	9. lay	❑	❑
5. blow	❑	❑	10. break	❑	❑

4. Inversement, les noms suivants peuvent-ils être des verbes ? Cochez la case qui convient (R/W).

	R	*W*		*R*	*W*
1. increase	❑	❑	6. do	❑	❑
2. attempt	❑	❑	7. flee	❑	❑
3. fly	❑	❑	8. keep	❑	❑
4. choice	❑	❑	9. mean	❑	❑
5. deal	❑	❑	10. launch	❑	❑

5. Complétez les phrases à partir des verbes de la liste.

choose • commit • cover • deter • diagnose • dismiss • drive • examine • incubate • refuse • remember • resign • speculate

1. By car, it is an hour's .... from here to the coast.
2. His .... to accept the new working conditions led to his .... from his job.
3. Proust's .... *of Things Past* is one of the most significant novels of the 20th century.
4. The media .... of the trial was one of the most extensive ever.
5. The A-bomb served as a .... during the Cold War. Neither the USSR nor the USA dared engage in battle.
6. The baby was born before term and was put in an ....
7. The doctor's .... of the patient revealed that the tumor had spread to the liver. His .... was pretty grim.
8. When you go to a restaurant, you have a .... between different dishes on the menu.
9. The newly-elected congress made the .... to withdraw all the troops from Iraq by the end of the year.
10. Following yet another scandal, there is widespread .... that the president will announce his .... in a speech to the nation tonight.

6. Reformulez les phrases à l'aide du nom dérivé en caractères gras.

1. Most western countries have **abolished** the death penalty.
   ➪ The .... of the death penalty has been general in most western countries.
2. Strapped for cash people **argue** all the time about money.
   ➪ Strapped for cash people have endless .... about money.
3. During the Depression, poor people could hardly **feed** their families.
   ➪ There was not enough .... on the family table.
4. The manager requested that the meeting of the board be **postponed** until next week.
   ➪ The manager requested the .... of the meeting of the board.
5. He was sent to prison for contempt of the court because he **refused** to reveal the name of his accomplices.
   ➪ He was sent to prison due to his .... to reveal the names of his accomplices.
6. The car bomb **exploded** in a busy street of the capital, killing many people.
   ➪ The .... of the car bomb killed many people.
7. The climbers **failed** in their second attempt to reach the summit.
   ➪ The climbers' second attempt to reach the summit was a ....

8 Suffixes des adjectifs / *Adjective suffixes*

De nombreux suffixes servent à former des adjectifs.

-ED : *experienced, wooded, pointed, walled, kindred* ; adjectifs composés : *blue-eyed, simple-minded, giant-sized*

-FUL : se combine avec des adjectifs abstraits : *useful, delightful, successful, helpful*. Il arrive que la base soit un verbe : *forgetful*

-ISH : est utilisé avec des noms concrets (=*somewhat like*) : *childish, foolish, roguish, thuggish* ; (=*approximately*) : *sixtyish* ; pour former des noms de nationalité : *Swedish*

-LESS (suffixe privatif) : *careless, restless, harmless, homeless*

-LIKE : *childlike, statesmanlike*

-LY (=*having the quality of*) : *fatherly, motherly, friendly, cowardly, deathly* ; (=*every*) : *daily*

-ORY : *contradictory*

-Y (=*somewhat like, characterized by*) : *sandy, meaty, hairy, wealthy, filthy, thrifty*

Des suffixes **d'origine étrangère**, signifiant « qui a les qualités de », permettent de former des adjectifs suivants :

-AL / -IAL / -ICAL : *accidental, controversial, natural, psychological* (accent sur la syllabe précédant le suffixe, sauf *cultural, musical*). Attention aux différences entre les adjectifs terminés en *-IC (enthusiastic), -IAC (cardiac)* et *ICAL (economic/al, classic/al, comic/al, historic/al)*

-AN : *suburban, American*

-AR : *popular*

-ARY : *revolutionary, obligatory*

-ATE : *affectionate*

-ESQUE : *romanesque, Kafkaesque*

-IC : *atomic, barbaric, heroic, specific*. Pour les mots se terminant en *m* : **-ATIC** : *problematic*

-ILE : *infantile, puerile*, **-INE** : *masculine, saturnine*

-OUS / -IOUS : *desirous, odoriferous, virtuous, ambitious*, et aussi *courteous, erroneous, prosperous, spacious (spatial)*

Les suffixes **-IVE** (=*active, of the kind that can +VE*) et **-ABLE** (=*passive, of the kind that can be + ED*) sont parfois contrastés : *the idea attracts me* ⇨ *it is attractive ; the text can be translated* ⇨ *it is translatable ; what can be forgiven is forgiveable ; the deposit is refundable ; the shirt is washable.*

-IVE : *attractive, effective, possessive, productive, festive, explosive*. Il existe une variante en **-ATIVE** (*talkative, affirmative*).

-ABLE : *debatable, manageable, inevitable*. A aussi le sens de « apte à + GV » : *changeable, suitable, perishable*. Il existe des variantes en **-IBLE** et **-UBLE**, avec le même sens passif : *visible (to the naked eye), soluble.*

1. Formez des adjectifs à partir des verbes.

1. debate........................
2. produce........................
3. suit........................
4. talk........................
5. cause........................
6. presume........................
7. use........................
8. care........................
9. help........................
10. edit........................
11. desire........................
12. rely........................

2. Formez des adjectifs à partir des noms.

1. popularity........................
2. experience........................
3. space........................
4. contradiction........................
5. controversy........................
6. intensity........................
7. optimism........................
8. volatility........................

3. Trouvez la réponse aux définitions. Le suffixe est fourni.

1. ....ABLE : believed to be within one's financial means
2. ....ANT : having or exerting authority
3. ....ATIVE : ahead of the times
4. ....ENT : lasting or enduring, tenacious
5. ....ETIC : looking upon with favor to / towards
6. ....FUL : injurious
7. ....IBLE : perceptible by the senses or intellect
8. ....SOME : causing annoyance or worry
9. ....OUS : having an extremely bad reputation
10. ....LESS : deprived of strength or power

4. Faites correspondre les synonymes.

1. plentiful	a. rude and boorish
2. fallible	b. infinite
3. frangible	c. bountiful
4. dangerous	d. thrifty
5. boundless	e. breakable
6. abstemious	f. gloomy
7. economical	g. likely to be erroneous
8. saturnine	h. rebellious
9. churlish	i. sober
10. seditious	j. risky

5. Trouvez les noms à partir des adjectifs.

1. wise ....
2. unequal ....
3. resentful ....
4. generous ....
5. wide ....
6. visible ....
7. attractive ....
8. preferable ....
9. wealthy ....
10. roguish ....

6. Complétez les phrases à l'aide des mots qui conviennent.

1. It was lovely, thank you for a .... evening.
2. Grandma cannot remember birthdays; at her age, she tends to be ....
3. It was a .... action to go sailing in such stormy weather!
4. The hooligans' attack on the elderly man was ruthless and ....
5. Thousands of families were made .... after last month's flooding.
6. Be .... to look both ways when you cross the road.
7. Early to bed and early to rise makes a man healthy, ... and wise.
8. Physicians sometimes take .... measures to save the lives of patients.
9. "What's the Burgundy like?" "Oh, it's nice - very ...."
10. He's quite .... If he says he'll do it, you can count on him.

9 La formation des noms abstraits / *Abstract noun formation*

Les noms abstraits désignent des concepts, des phénomènes non observables et non mesurables, pris au sens général dans des domaines comme la société et les activités humaines (*society, work, justice, peace*), l'éducation et les matières (*éducation, physics, mathematics*), la nature et l'environnement (*nature, global warming, climate change*), les qualités humaines (*courage, honesty*), la politique (*democracy, freedom*), l'économie, les arts et médias.

■ Un certain nombre de **suffixes courants** peuvent être utilisés pour la formation des noms abstraits :

-***AGE*** (=*collection of*) : *baggage, mileage, frontage*

-***ERY***, -***RY*** : *drudgery, slavery*

-***ING*** (=*activity connected with*) : *farming, blackberrying*

-***ION***, -***TION***, -***DION***, -***ATION*** : *action, addiction, illusion, affection, imagination, investigation, recognition, reduction*

-***ITY*** : *curiosity, generosity, anonymity, hostility, prosperity, complexity*

-***MENT*** : *amazement, investment, shipment, improvement, retirement, replacement*

-***NESS*** : *permissiveness, consciousness, bitterness, aggressiveness, ugliness, inquisitiveness, friendliness*

-***CRACY***, -***CY***, -***CHY*** : *democracy, aristocracy, meritocracy, monarchy, theocracy*

■ Un certain nombre d'autres **suffixes** servent à former des noms abstraits :

-***DOM*** : *wisdom, freedom, boredom, stardom, officialdom*

-***SHIP*** : *membership, ownership, relationship, partnership, dictatorship, professorship*

-***TH*** : *warmth, width, breadth, depth*

-***HOOD*** : *childhood, brotherhood, motherhood, adulthood, neighborhood, widowhood*

-***ISM*** (=*doctrine of, practice of*) : *nationalism, communism, socialism, individualism, republicanism, Calvinism, idealism, fanaticism, racism, impressionism*

-***ER*** : *merger*

■ Il existe un grand nombre de noms abstraits formés sans suffixe.

death, chance, grief, knowledge, lie, life, reason, though, justice, hate, love etc.

1. Complétez les noms abstraits à l'aide du suffixe qui convient.

1. execut ....
2. honest ....
3. permissive ....
4. generos ....
5. achieve ....
6. bore ....
7. father ....
8. leng ....

2. Formez des noms abstraits à partir des adjectifs.

1. bitter ....
2. fanatic ....
3. idealistic ....
4. childish ....
5. generous ....
6. Catholic ....

3. Trouvez les synonymes des noms abstraits.

1. acrimony ....
2. bondage ....
3. toil ....
4. inquisitiveness ....
5. liberty ....
6. geniality ....
7. fraternity ....
8. substitution ....
9. wealth ....
10. astonishment ....

4. Complétez les proverbes à l'aide des mots de la liste.

absence • action • charity • failure • knowledge • lie • love • power • truth • wisdom

1. A .... can be halfway around the world before the truth gets its boots on.
2. A little .... is a dangerous thing.
3. .... makes the heart grow fonder.
4. .... speaks louder than words.
5. Doubt is the beginning, not the end, of ....
6. .... is a bridge between two hearts.
7. .... begins at home.
8. .... is the stepping stone for success.
9. .... corrupts; absolute .... corrupts absolutely.
10. .... will out.

10 Mots d'origine étrangère / *Words from other languages*

La langue anglaise est empreinte de nombreux mots appartenant à d'autres langues : on les appelle des *loanwords* ou des emprunts (*borrowings*). C'est par le **français** que des mots d'origine latine et grecque sont entrés dans la langue anglaise, surtout après 1066. Entre un tiers et deux tiers des mots étrangers auraient une origine française. Parmi ces mots : *accolade* • *adieu* • *beret* • *bête noire* • *bidet* • *boutique* • *buffet* • *cabaret* • *carte blanche* • *chauffeur* • *cliché* • *connoisseur* • *coup* • *coup de grace* • *cuisine* • *denouement* • *détente* • *dilettante* • *double entendre* • *elite* • *encore* • *ennui* • *etiquette* • *fatigue* • *faux pas* • *fiancé* • *garage* • *gateau* • *laissez-faire* • *mardi gras* • *morgue* • *nouveau riche* • *par excellence* • *parvenu* • *plateau* • *premiere* • *rendezvous* • *savoir-faire* • *villain*

Origine espagnole. *adobe* • *arroyo* • *barrio* • *bonanza* (filon, pactole) • *bronco* • *buckaroo* • *cafeteria* • *condor* • *corral* • *corrida* • *coyote* • *embargo* • *flamenco* • *guerrilla* • *guitar* • *hacienda* • *jaguar* • *junta* • *lasso* • *macho* • *maquiladora* • *mesa* • *mosquito* (moustique) • *negro* • *patio* • *plaza* • *rio* • *rodeo* • *sierra* • *tornado*

Origine allemande. *delicatessen* (épicerie, plats préparés) • *frankfurter* (saucisse de Francfort) • *hamburger* • *pretzel* • *abseil* (rappel) • *dachshund* (teckel) • *doppelganger* (double) • *flak* (tirs anti-aériens, critiques désobligeantes) • *kaffeeklatsch* (conversation autour d'une tasse de café) • *kindergarten* (jardin d'enfant) • *poltergeist* (esprit frappeur) • *rottweiler* • *schadenfreude (=delight in another person's misfortune)* • *snorkel* (tuba) • *wanderlust* (envie de voyager) • *blitzkrieg* (guerre éclair) • *leitmotif* • *waltz* • *putsch* • *realpolitik* • *angst* (angoisse existentielle) • *wunderkind* (enfant prodige)

Origine italienne. *archipelago* (archipel) • *bandit* • *bimbo* (pouffe) • *buffalo* • *casino* • *fiasco* • *ghetto* • *graffiti* • *influenza* (grippe) • *loggia* • *malaria* • *pergola* • *portico* • *regatta* • *stucco* (stuc) • *villa* • *virtuoso* • *vista* ; des termes de cuisine : *al dente* • *antipasto* • *broccoli* • *cappuccino* • *espresso* • *fettucine* • *latte* • *pizza* • *spaghetti* ; des termes de musique : *alto* • *basso* • *cadenza* • *cello* (violoncelle) • *opera* • *orchestra* • *soprano*

Origine hollandaise. *apartheid* • *caboose* (wagon de queue) • *dam* (barrage) • *dike* (digue) • *holster* (étui de revolver) • *cruise* (croisière) • *easel* (chevalet) • *etch* (graver) • *knickerbockers* (culotte de golf) • *stoop* (perron) • *stove* (fourneau) • *tatto* • *walrus* (morse) • *yacht* • *boss* • *hock* (jarret)

Origine irlandaise. *banshee (=woman)* • *bard (=poet)* • *boreen (=small country road)* • *brogues (=a type of shoes)* • *brogue (=accent)* • *colleen (=girl)* • *galore* • *leprechaun (=elf, spirit)* • *loch* • *shamrock (=clover)* • *smithereens (=small fragments, atoms)* • *whiskey*

Origine norvégienne. *fjord* • *floe* (banquise) • *krill* • *lemming* • *ski* • *hustings* (discours de campagne électorale) • *quisling* (collaborateur) • *slalom*

Origine arabe. *algebra* • *algorithm* • *alfalfa* (luzerne) • *apricot* • *azimuth* • *alchemy* • *elixir* • *ghoul* • *haschish* • *hazard* • *jar* (jarre, bocal) • *monsoon* (mousson) • *muslin* • *sherbet* (sorbet) • *soda* • *zenith* • *zero*

Origine russe. *balalaika* • *cosmonaut* • *gulag* • *intelligentsia* • *mammoth* (gigantesque) • *pogrom* • *sputnik* • *steppe* • *taiga* •

troika • *tundra* • *apparatchik* • *Bolshevik* • *tsar* • *Kalashnikov* • *perestroika* • *tokamak (=part of a nuclear fusion reactor)* • *dacha* • *samizdat (=a system of clandestine printing and distribution of dissident or banned literature)*

Origine grecque. *anonymous* • *abacus* (boulier) • *hagiography* • *anxious* • *agony* • *aerobics* • *aegis* (égide) • *acme* (acmé) • *anthropology* • *apocalypse* • *polygamy* • *democracy* • *mathematics* • *paradox* • *icon* • *etymology* • *clone* • *theology* • *theory* • *amnesty* • *xenophobia* • *oxygen* • *pedophilia* • *political* • *dinosaur* • *philosophy* • *system* • *hyperactivity* • *phobia*

Origine suédoise. *flounder* (limande, flet) • *gauntlet* (gant) • *mink* (vison) • *ombudsman* (médiateur) • *orienteering* • *smorgasbord* (palette, assortiment, buffet) • *tungsten* • *moped* (motocyclette) et **finlandaise**. *sauna* • *Molotov cocktail*

Origine yiddish. *bagel* • *chutzpah (=audacity)* • *glitch* (défaut) • *goy* (gentil) • *kibitz (=make unwanted and intrusive comments)* • *klutz (a clumsy, foolish, inept, or accident-prone person)* • *schmooze* (bavardage, bavarder) • *yarmulke* (kippa) • *schlep (=a jerk, an arduous journey)*

Origine portugaise. *albatross* • *autodafé* • *cobra* • *dodo* • *emu* • *flamingo* (flamant rose) • *macaque* • *mangrove* • *marmalade* • *palaver* (palabres) • *parasol* • *savvy* (fûté)

Origine africaine. *banana* • *banjo* • *chimpanzee* • *conga* • *dengue* • *fandango* • *jamboree* • *jazz* • *jive* • *jumbo* • *jukebox* • *macaque* • *safari* • *samba* • *voodoo* • *zebra* • *zombie* • *tsetse* • *tango*

Origine indienne. *opossum* • *raccoon* (raton laveur) • *squash* • *moose* (élan, orignal) • *wigwam* (tente, tipi) • *moccasin*

Origine japonaise. *bonsai* • *haiku* • *karaoke* • *manga* • *origami* • *satsuma (=pottery, a type of mandarin orange)* • *aikido* • *dan* • *judo* • *jujutsu* • *kamikaze* • *karate* • *ninja (=a stealthy warrior and assassin)* • *samurai* • *sumo* • *kanji* • *futon (=a type of mattress that makes up a Japanese bed)* • *tatami* • *kimono* • *ginkgo* • *sake* • *sushi* • *tofu* • *tycoon* • *keiretsu (=a group of companies with interlocking business relationships and shareholdings)* • *mikado (=emperor)* • *shogun (=ruler)* • *bonze* • *zen* • *geisha* • *honcho* • *shinkansen*

Origine chinoise. Les mots empruntés au chinois sont entrés dans la langue anglaise soit directement, soit indirectement (notamment par le biais du japonais). Les mots à partir du mandarin sont relativement rares cependant. *Brainwashing* est une traduction littérale du chinois, par exemple. Parmi d'autres mots : *chopsticks* • *chop suey* • *chow (=food)* • *coolie* • *gung-ho* • *ketchup* • *kowtow* • *kumquat* • *Kung fu* • *lychee* • *Mahjong* • *sampan* • *silk* • *souchong (=tea)*

Origine américaine, en fonction de l'expérience. *rapids* • *trail* • *timberline* • *snag* • *bluff* • *gulch* • *bottomland* • *creek* • *slough* • *sleet* • *log cabin* • *framehouse* • *mobile home* • *waterfront* • *shack* • *shanty* • *condominium* • *driveway* • *breezeway* • *backyard* • *clipboard* • *baseboard*

Certains des mots sont empruntés à la **vie politique américaine**. *pork barrel* • *caucus* • *lame duck* (canard boiteux) • *primary election* • *carpetbagger* • *dark horse* • *maverick* • *gerrymander* (découpage électoral) • *filibuster* (flibuste) • *beauty contest* • *native son* (enfant du pays)

Certains mots sont empruntés au **monde professionnel**. *bartender* • *patrolman* • *bouncer* • *hobo* (vagabond) • *white collar* • *blue collar* • *intern* • *mortician* (entrepreneur de pompes funèbres) • *thrift store* (magasin d'articles d'occasion) • *drugstore* • *motel* • *gas station* • *automated teller machine* • *cash* *register* • *dishwasher* • *blood bank* • *sperm bank* • *bedrock* • *make the grade*

■ Certains mots désignent des **inventions**. *elevator* • *ground* • *gasoline* • *hatchback* • *SUV* • *station wagon* • *truck* • *pick-up truck*

■ Certains mots sont empruntés au monde de la **finance**. *break even* • *downsize* • *merger* • *bottom line* • *rightsizing* • *bluechip* • *subprime*

■ Certains mots ont trait à la **circulation**. *overpass* • *driveway* • *parking lot* • *rest area* • *freeway* • *parkway*

■ De nombreuses expressions **latines** font aussi partie de la langue et du discours en anglais : *ad nauseam* • *ad infinitum* • *alma mater* • *alumnus* • *alumna* • *forte* • *magnum opus* • *non sequitur* • *valedictorian* • *summa cum laude*

Exercices

1. Un mot n'appartient pas à la série. Entourez-le.

	a	b	c	d	e	f
1.	chop suey	pastrami	coolie	ginseng	kumquat	gung ho
2.	anonymous	biro	goulash	hussar	paprika	tokay
3.	karaoke	bonsai	algebra	haiku	origami	kamikaze
4.	sarong	paddy	gingham	walrus	junk	amok
5.	phony	quiz	bog	brogue	angst	colleen
6.	akamai	aloha	wiki	lei	ohana	patio
7.	tyro	novice	neophyte	newie	expert	rookie

2. Trouvez 5 mots d'origine étrangère se rapportant à chaque catégorie.

Food : ....

Politics : ....

Arts : ....

Wildlife : ....

Sports & hobbies : ....

Geography : ....

3. Associez les éléments pour former une collocation.

coup • *cruise* • *embargo* • *gauntlet* • *hustings* • *mufti* • *warfare*

1. go on a ....

2. plot a ....

3. guerrilla ....

4. wear ....

5. run the ....

6. lift an ....

7. hit the ....

4. Trouvez les mots correspondant aux définitions. Les deux premières lettres devraient vous aider.

1. a military government that has taken power in a country by force : ju.................
2. the desire to travel : wa.................
3. a young woman considered to be attractive but not intelligent : bi.................
4. a traitor, a collaborator : qu.................
5. severe work prison for people found guilty of crimes against their country : gu.................
6. a very thin cotton material : mu.................
7. a biography describing the person as better than he/she really was : ha.................
8. extreme physical or mental pain or suffering : ag.................
9. a long thick glove, worn for protection : ga.................
10. a wide variety of something : sm.................
11. small problem or fault : gl......
12. the highest point of perfection or achievement : ac.................
13. a clandestine publishing system : sa.................
14. a government official who deals with the complaints made against the government : om.................

5. Expliquez les expressions soulignées dans les phrases.

1. The ambassador was given carte blanche to find a solution to the crisis. ....

   ....
2. If you asked any of the presidential candidates how they feel about ethanol, they can recite it ad nauseam, since they're all in Iowa. ....

   ....
3. Mrs Clinton has long been the bête noire of the Conservatives. ....

   ....
4. As a connoisseur of Pop Art, he was asked to write the introduction to the catalogue of the Warhol exhibition. ....

   ....
5. So far he had been arrested for minor offenses—mere peccadilloes—but this time, murder, a capital offense, was a different matter. ....

   ....
6. Music is definitely not my forte. ....
7. *Under the Volcano*, a novel he took several years to write, is considered as Malcolm Lowry's magnum opus. ....
8. Ruth's conversation was so full of non sequiturs it was difficult to see any logic in her arguments.

   ....
9. Although no tyro in the profession, the examining magistrate confessed that he had never investigated such a ghastly crime in his life. ....
10. The classic example of chutzpah is the story of the guy who kills his parents, then asks the court for leniency on the grounds that he's an orphan. ....

11 Pluriel des mots étrangers / *Foreign plurals*

En anglais, le pluriel des noms se forme généralement en ajoutant un -s. Il existe cependant des exceptions ou cas particuliers.

Terminaison latine

-US

➪ **-I** : *alumnus* • *bacillus* • *radius* • *stimulus* (stimulus, stimulant)

➪ **-USES** : *bonus* • *campus* • *caucus* (réunion) • *census* • *circus* • *fetus* • *prospectus* • *sinus* • *virus*. Notez que le pluriel de *opus* peut être soit *opuses*, soit *opera*. Mais le pluriel de *opera* (ex. *The Magic Flute*) est *operas*.

➪ **-I** ou **-USES** : *cactus* • *nucleus* (noyau)

-A

➪ **-AE** : *alumna* (ancienne élève) • *alga* (algue) • *larva* (larve) • *minutia*

➪ **-AS** : *agenda* • *area* • *arena* • *dilemma* • *era* (ère) • *encyclopædia*

➪ **-AS / -AE** : *vertebra* • *antennae* (antennes biologiques) ; *antennas* (antennes électroniques) • *formulae* (formules mathématiques) ; *formulas* (cas général)

-UM

➪ **-A** : *addendum* • *bacterium* • *curriculum* • *erratum* • *memorandum*

➪ **-S** : *album* • *forum* • *museum* • *podium* • *stadium* (parfois *stadia*)

➪ **-A / -AS** : *maximum* • *medium* • *memorandum* • *millennium* • *minimum* • *moratorium* (moratoire) • *referendum* • *spectrum* • *stratum* • *symposium* • *ultimatum*

Media est considéré comme un pluriel.

-EX / -IX ➪ **-ICES** : *index* : *indexes = reference to a part of a book or other publication* • *indices = indicators* (*Stock Exchange indices*)

Note that the bones of the fingers and toes are *phalanges* but infantry formations are more often *phalanxes*.

-IES ➪ **-IES** : *series* • *species*

Terminaison grecque

-IS ➪ **-ES** : *analysis* ➪ *analyses* • *axis* • *basis* (base) • *crisis* • *diagnosis* • *ellipsis* (ellipse) • *hypothesis* • *oasis* • *paralysis* • *parenthesis* • *synthesis* • *thesis*

Bases peut aussi être le pluriel de *base* (comparez avec *axes*, pluriel de *axe* / *ax* (hache)), *ellipses* le pluriel de *ellipse*.

-ON ➪ **-A** : *criterion* ➪ *criteria* • *phenomenon* ➪ *phenomena*. Le pluriel est régulier pour *electron* • *ganglion* • *neutron* • *proton* ; *automaton* (automate) a deux pluriels : *automatons* ou *automata*

-A ➪ **AS** : *anathema* • *aroma* • *diploma* • *dogma* • *drama* • *enigma* • *trauma*. Mais *stigma* a un pluriel *stigmata*, qui est préférable à *stigmas*. Dans le même ordre d'idée, on trouve également *stoma* ➪ *stomata* ou *stomas*.

Mots français

-EAU / -EU ➪ **-X / -S** : *bureau* ➪ *bureaus / x*. Idem : *adieu* • *plateau* • *tableau* • *beau*

Note : the proper French plural of *bon mot* is *bons mots*, but in English the plural is *bon mots*. In English it's *cul-de-sacs*, not *culs-de-sacs*. When the words are not commonly used in English, they retain the original French plural. So it's *chargés d'affaires* and *bêtes noires*.

Mots italiens

– *aria* ➪ *arias* • *solo* • *soprano* ➪ + -**S**

– *virtuoso* • *libretto* • *tempo* : ➪ + -**S** ou -**I**

– *broccoli* • *macaroni* • *spaghetti* • *ravioli* • *zucchini* sont suivis d'un GV singulier • *graffiti* : pluriel invariable, mais on rencontre aussi *graffito* (sg.)

Mots hébreux

kibbutz ➪ *kibbutzim* ou *kibbutzes* (kibboutz) • *cherub* (chérubin) • *seraph* (séraphin) sont réguliers (+-*s*) quand il s'agit d'ornements artistiques. Dans un contexte religieux on conserve *cherubim* et *seraphim*.

Mots japonais

De nombreux mots japonais n'ont pas de forme plurielle différente : *samurai* • *otaku (an obsessed fan of something)* • *benshi (Japanese performers who provided live narration for silent films)*. Mais *kimono, ninja, futon,* et *tsunami* prennent généralement un -*s* au pluriel.

Exercices

1. Un intrus s'est glissé dans chaque série de pluriels. Entourez-le.

	a	*b*	*c*	*d*
1.	criteria	phenomena	electra	automata
2.	stadiums	albums	museums	curriculums
3.	agendas	insignias	medias	antennas
4.	alumni	bacilli	loci	corpi
5.	campi	bonuses	apparatuses	viruses
6.	ellipses	basises	crises	analyses

2. Des erreurs ont pu se glisser dans les phrases. Entourez-les.

1. Famine is defined by several criterias, including malnutrition, mortality, food and water scarcity and destruction of livelihood. • **2.** The Earth revolves about the axes which joins the North and South Poles. • **3.** Several famous alumnuses have donated money to the school's scholarship expansion fund. • **4.** The European constitutional referendums of May 2005 in France and in the Netherlands were critical events in the process of political evolution of the EU. • **5.** Do you believe in the paranormal and other psychic phenomenons? • **6.** The US administration vigorously defended its thesis on the presence of WMDs in Iraq. It turned out to be totally fabricated. • **7.** The various thesis that have been put forward concerning 9/11 have actually no leg to stand on. • **8.** The issue of global warming is much debated in the media. • **9.** In New York City, they visited several museums, including the MOMA and the Guggenheim. • **10.** The Iowa caucus are central to the strategy of presidential candidates running for the nomination of their party. • **11.** Graduating students are given their diplomae at the university's commencement ceremony. • **12.** The three Dow Jones indices this week basically erased the prior week's gains, as surging crude prices dampened the market throughout the week. • **13.** The dapper senator from Illinois has been a medium favorite ever since he started his campaign and consistently got more favorable press reviews than his chief Democratic opponent.

EXERCICES

3. Traduisez.

1. Les universités américaines ont décidé de renforcer leurs critères d'admission pour les étudiants étrangers.

   ....

2. Toutes sortes d'hypothèses ont été avancées pour expliquer la mort subite du footballeur.

   ....

3. La maladie serait provoquée par des bactéries dans l'eau potable.

   ....

4. Les anciens et anciennes élèves de la faculté de droit se sont réunis pour le 20e anniversaire de la promotion 89.

   ....

5. Les indices des bourses européennes ne cessent de baisser depuis le début de l'année.

   ....

6. Les crises politiques de ces dernières années ont provoqué la fuite des investisseurs.

   ....

7. Elle a commandé des spaghettis, moi j'ai pris une pizza.

   ....

8. Les multiples thèses et hypothèses selon lesquelles il songerait à démissionner dans un proche avenir se sont avérées infondées.

   ....

12 Idiomes (général) / *Idioms (general)*

Un idiome (du grec *dios*, qui signifie « propre, spécial ») est une locution ou expression propre à une communauté ou une culture donnée (même si certains idiomes ont acquis un sens universel : *cross the Rubicon*, par exemple).

Leur sens ne peut être déduit à partir de leur traduction littérale. Un idiome possède un sens figuratif que seule une pratique régulière de la langue permet de comprendre. Le **contexte** peut également aider. Ainsi les expressions *to feel under the weather* (*=to feel unwell*), *raining cats and dogs* (*=raining heavily*), ou *to kick the bucket* (*=to die*) ne peuvent être comprises que dans un contexte précis. Les idiomes font souvent référence à un fait spécifique (ainsi *kick the bucket* est une référence au pendu qui, souhaitant se suicider, donne un coup de pied dans le seau sur lequel il se tient). Leur traduction littérale n'a guère de sens (*se sentir sous le temps, pleuvoir des chats et des chiens, donner un coup de pied dans le seau).

Les idiomes sont **informels**. Ils font partie d'un commentaire personnel sur une situation donnée. Ils peuvent avoir un sens **humoristique**, **ironique**, appartenir au registre des *understatements*. Néanmoins, il convient de les manier avec précaution et ne pas les utiliser pour donner l'impression d'être bon en anglais.

On distingue plusieurs façons de **classer** les idiomes : la grammaire (la plupart des idiomes utilisent des prépositions ou des *phrasal verbs*, certains ne peuvent pas s'utiliser à tous les temps), le sens, un verbe, un mot-clé, un nombre, une couleur, etc. Ainsi, les expressions *barking up the wrong tree* (*=be mistaken*), *pulling sb's leg* (*=telling sb something that is not true by way of a joke*) se rencontrent toujours à la forme progressive. Il en va de même pour *we're sitting pretty* (*=be in a good situation, usually because you have a lot of money*). Inversement, certains idiomes se rencontrent au présent simple : *it leaves a lot to be desired / it just goes to show / it springs to mind / flies in the face of.* Un mot ne peut remplacer un autre (**kick the pail*). De même, on ne peut changer la forme grammaticale d'un idiome (**the bucket was kicked*).

Tous les **champs sémantiques** sont concernés par les idiomes : les éléments naturels, les parties du corps humain, les qualités, l'argent, la nourriture, les sentiments, les animaux, etc.

Les idiomes appartiennent à la **culture de la langue** (on dit parfois que ce sont des métaphores culturelles), même si certains peuvent avoir une portée internationale. C'est la raison pour laquelle la lecture régulière en anglais est essentielle pour les comprendre.

1. Entourez le temps qui convient dans les idiomes.

1. All hell broke / is breaking loose.
2. I'd give / 've given my right arm for that.
3. His bark is / is being worse than his bite.
4. It is beating me / It beats me.
5. I wasn't born yesterday / I am not born yesterday.
6. The boss is breathing down my neck / breathes down my neck.
7. The bubble will burst / has burst.
8. That's the way the cookie is crumbling / crumbles.
9. Let's speak of the devil / Speak of the devil!
10. The exception proves / is proving the rule.

2. Complétez les idiomes à l'aide de la préposition ou postposition qui convient.

1. add fuel .... the flames
2. .... to square one
3. .... the belt
4. have something .... the brain
5. fly .... the handle
6. give the game ....
7. get .... someone's hair
8. keep one's head .... water
9. .... the top of my head
10. keep sth .... wraps

3. *Make* ou *do* ? Complétez les expressions.

1. .... no bones about something
2. .... the trick
3. .... the best of things
4. Two wrongs don't .... a right.
5. Easy .... it.
6. .... ends meet
7. In Rome .... as the Romans.
8. .... a mountain out of a molehill
9. the .... and don'ts
10. .... your mouth water

4. Complétez les idiomes à l'aide du nombre ou du chiffre qui convient.

1. be dressed up to the .... : be wearing very fashionable or formal clothes for a special occasion
2. be at .... and sevens : be confused or badly organized
3. talk nineteen to the .... : talk very fast
4. take .... : take a short break
5. the .... corners of the world : every part of the world
6. be behind the .... ball : be in a difficult situation, unable to make progress

5. Complétez les phrases à l'aide de l'idiome qui convient.

1. When she learned that she had been accepted to Harvard, she was on cloud .... • **2.** After lunch, Grandfather would always lie down and take ...... winks. • **3.** Don't ask me what's wrong with the engine. I don't know the ...... thing about cars. • **4.** They were about to invest in the start-up but on ...... thoughts they decided against it and pulled out of a deal to buy a 20% stake. • **5.** It was a ...... to ...... job which suited her fine, as she wanted to spend some time with her kids in the evening. • **6.** When I walked into the living room, I found my wife on all ...... looking for her contact lens. • **7.** She was tired of playing ...... fiddle to a manager she thought incompetent and left the company to set up her own firm. • **8.** Known as the bank with a performance that is ......-to-none, SFG has built a reputation of stability and strength much appreciated by shareholders. • **9.** I had ...... a mind to go to the soccer game last night, see the new stadium and all that. Then I realized that the Cubs would actually be on ESPN. • **10.** The world-known violinist had been booked to perform but was dropped by the organizers at the ...... hour due to "artistic differences".

6. Associez les idiomes avec leur explication.

1. hit the sack	**a.** under pressure
2. be in a fix	**b.** sth good but unlikely to happen
3. be out of sorts	**c.** cry for help when you don't need it
4. stay mum	**d.** be in trouble
5. be up to it	**e.** hurry up
6. under the gun	**f.** go to bed
7. pie in the sky	**g.** make the decisions
8. tie the knot	**h.** be unwell
9. shake a leg	**i.** get married
10. cry wolf	**j.** be capable of sth
11. call the tune	**k.** keep silent

7. Que signifient les idiomes ?

1. Let's **put our heads together**. ....
2. I've got his name **on the tip of my tongue**. ....
3. After their third robbery, they thought they'd better **lie low** for a while. ....
....
4. She made him **eat humble pie** before forgiving him. ....
5. Stricken by famine, some African countries went to the West **hat in hand**. ....
....
6. The whole episode was nothing but **a storm in a teacup**. It will soon die down. ....
....
7. There is no telling when he says things **tongue in cheek**. ....
8. Why have you got **a long face** today? Another failed test? ....
9. Before I could **say Jack Robinson**, the car had vanished. ....
10. She certainly **wears the trousers**. ....

13 Idiomes (qualités et défauts) / *Idioms (qualities and flaws)*

Les qualités humaines

L'honnêteté

be as honest as the day is long (=be very honest) • be a straight arrow (=be honest and moral) • be above board • be on the level • be on the square • play by the rules • put one's cards on the table • give sb the benefit of the doubt

La générosité

have a heart of gold (=be kind and generous) • be as good as gold (=generous, helpful)

L'ambition

hitch one's wagon to a star (=have great ambitions, be determined to reach one's goals) • pull out all the stops (=do everything to succeed) • reach for the moon (=be ambitious)

La détermination

stick to one's guns (=show determination in the face of opposition) • stand one's ground (=maintain one's position) • hell bent (on sth) (=determined to do sth, even sth stupid) • fight tooth and nail (=fight with all one's energy) • wear the trousers (=the partner who makes all the decisions)

L'autorité

call the shots (=be in command) • call the tune (=be in control of a situation) • crack the whip (=use one's authority) • lay down the law (=say forcefully what the rules are) • put one's foot down (=exert one's authority) • rule the roost (=be powerful in an entity)

Le caractère travailleur

If you ***pull up your socks****, you work harder in order to achieve something. A person who* ***works their fingers to the bone*** *is extremely hardworking. If someone* ***knuckles down to something****, they start to work on it seriously. If he* ***gets his feet under the table****, he gets settled and starts making changes. Someone who* ***works all the hours that God sends*** *works as much as possible. You* ***pull your weight*** *when you do your share of work.* ***Someone who burns the candle at both ends*** *works day and night. If a person* ***keeps their nose to the grindstone****, it means they concentrate on working hard at their job.*

L'intelligence

get the picture (=understand what is being explained) • get sb's drift (=understand what sb is saying) • never miss a trick (=be aware of what is going on) • quick off the mark (=quick to react) • quick on the uptake (=understand quickly)

La circonspection, la prudence

If you ***hedge your bets****, you choose two or more courses of action in order to reduce the risk of loss or error. You are vigilant and* ***keep your eyes peeled*** *because you* ***weren't born yesterday****. You avoid* ***putting your eggs in one basket*** *or* ***putting the cart before the horse****, and you try* ***to play your cards right****. Above all, you know that* ***once bitten, twice shy****.*

La compétence

know the tricks of the trade (=be an expert at) • be tried and tested (=be trusted because of one's experience) • be a dab hand at doing sth (=be competent at doing sth) • think on one's feet (=make decisions quickly)

Le perfectionnisme

leave no stones unturned (=do everything possible to achieve one's aims) • explore all avenues (=try every possibility) • go over sth with a fine comb (=examine sth closely and thoroughly) • go to great pains (to do sth) (=make effort to do sth well) • get to the bottom of (=try to solve by finding out the true cause)

La sincérité

call a spade a spade (=speak openly and truthfully about sth) • put one's cards on the table (=speak honestly and openly about sth) • come clean (=tell the truth) • be on the level (=truthful)

La peur, l'angoisse

be afraid of one's own shadow (=be nervous) • be a bundle of nerves (=be tense, worried) • have butterflies in one's stomach / be like a cat on hot bricks (=be nervous) • have one's heart in one's mouth (=be nervous and anxious faced with a dangerous or unpleasant situation) • make one's blood run (=be frightened) • be on pins and needles (=be anxious about what is going to happen) • be on tenterhooks (=be waiting anxiously or excitedly about sth) • shake like a leaf (=tremble with fear or nervousness)

If your ***heart misses a beat****, it means you have a sudden feeling of fear or excitement. If you* ***jump out of your skin****, you are surprised, scared or shocked. If you* ***get your knickers in a twist****, you are nervous or upset faced with a difficult situation.*

Les défauts

La dureté de caractère

be as hard as nail (=be unsentimental and show no sympathy) • have a heart of stone (=be indifferent to the plight of others) • be a cold fish (=unemotional, unfriendly, unsympathetic) • be a bad egg (=cannot be trusted)

L'indécision, l'hésitation

beat about the bush (=have difficulties saying what you want) • on the fence (=undecided) • in two minds (=having difficulties making up one's mind) • up in the air (=which has not been decided or settled yet) • get cold feet (=hesitate, be unsure)

La malhonnêteté

bend the truth • break every rule in the book • catch sb red-handed (=catch sb doing sth illegal) • cook the books (=change the financial accounts) • cross the line (=go beyond the acceptable limits) • daylight robbery • be economical with the truth • fall off the back of a lorry • feather one's nest (=taking advantage of one's position to obtain more) • five-finger discount (=stealing) • grease sb's palm (=bribe) • pull a fast one (=gain advantage over sb by deceiving them) • spin a yarn (=tell an improbable story) • have sticky fingers (=have a tendency to steal) • take sb for a ride • throw dust in sb's eyes (=prevent sb from seeing the truth)

Le mauvais caractère, l'irritabilité

behave like a bear with a sore head (=behave in an irritable and bad-tempered way) • be in a black mood • If you refer to a person as a ***pain in the neck*** *or the* ***arse****, you think they are very irritating or annoying.*

L'irritation, l'exaspération

get on sb's nerves / get on sb's wick (=irritate) • add insult to injury (=make matters worse) • the last straw (that broke the camel's back) (=the latest in a series of unpleasant or difficult events) • drive sb round the bend / drive sb up the wall / drive sb to distraction (=make sb crazy) • tear one's hair out (=be at one's wits' end) • kick oneself (=blame oneself for) • blow a fuse (=lose one's temper) • raise Cain (=make a fuss) • have a short fuse (=be temperamental) • fly off the handle (=lose one's temper) • be mad as a hornet (=be furious) • hit the roof (=be enraged) • foam /

froth at the mouth (=be mad) • see red • blow / let off steam (=be mad about) • be fed up / sick to the back teeth (=be fed up) • throw a wobbly (=lose one's temper) • rub sb up the wrong way (=annoy sb)

Le mépris

*If you are **high-handed**, it means you behave arrogantly and pompously. If you **get on your high horse**, you start behaving in a haughty manner, as though you should be treated with more respect. If you **look down their nose** at a person or thing, they consider that person or thing as inferior.*

La rancune

*If you **nurse / bear / hold a grudge against** someone or something, you have a feeling of resentment or ill-will towards them. If you have **an axe to grind**, you have particular attitudes and prejudices about something or somebody because you think you have been treated badly.*

La folie

have bats in the belfry (=be mad) • lose one's marbles (=go insane) • not all there (=behaving strangely) • have a screw loose (=slightly mad) • go nuts (=go mad)

Les relations humaines

get on the wrong side of sb (=make sb dislike you) • butter sb up (=be very nice to sb in the hope of getting sth) • get off on the wrong foot (=start off badly with sb) • be in sb's good / bad books (=be in favor / disfavor with sb) • pull a few strings (=use one's influence) • take the rap for sth (=take the blame for sth) • take sb under one's wings (=look after sb) • be thrown at the deep end (=not get any advice or support)

1. Complétez les idiomes à l'aide du mot ou de l'expression qui convient.

1. Jane's very hard-working. She will .... to get the job done in time. • **2.** She serves soup kitchen once a week and volunteers for the local Red Cross. She has a .... • **3.** The new boss is not very friendly. Many people think he's a bit of a .... • **4.** If ever he learns that those pictures have been leaked to the press, the prime minister will go .... • **5.** She would be drunk and hysterical most nights, and .... at me for inconsequential things such as leaving my bag in the wrong place. • **6.** Many colonies harbor bitter feelings and .... against their former mother countries which they feel exploited them mercilessly. • **7.** She eventually got tired of his stand-offish and haughty manners and told him to get off his .... • **8.** By making a film about gun ownership in America, Michael Moore proved he had .... against gun makers he held responsible for the climate of fear in America. • **9.** Although he found it hard to believe John's embarrassed explanation, the math teacher decided to give him the .... of the doubt. • **10.** Ten dollars for a coffee? That's .... !

2. Faites correspondre les définitions aux idiomes.

1. act decisively in order to deal with a difficult situation ......
2. be self-confident and ambitious and do whatever is necessary to achieve one's ends ......
3. be very busy ......
4. accept to do things according to rules laid down by others ......
5. make all the important decisions and be in control of the situation ......
6. contain one's emotions and not let other people see one's feelings ......
7. have a high opinion of oneself ......
8. be a bit of an idealist ......
9. be deceived or cheated by someone ......
10. omit important facts or give incomplete information ......
11. be in a state of suspense or excitement ......
12. cautiously check the views of other people ......

a. play the game • **b.** be taken for a ride • **c.** take the bull by the horns • **d.** chase rainbows • **e.** put out feelers • **f.** be the bee's knees • **g.** be on tenterhooks • **h.** be a tough cookie • **i.** keep a stiff upper lip • **j.** have one's hands full • **k.** call the tunes • **l.** be economical with the truth

3. Complétez les idiomes à l'aide de verbes.

1. .... like a million dollars
2. .... one's foot down
3. .... at the mouth
4. .... with kid gloves
5. .... through the roof
6. .... ruffled feathers
7. .... your stack
8. .... a spade a spade
9. .... about the bush
10. .... tooth and nail
11. .... someone for a ride

a. beat • **b.** smooth • **c.** handle • **d.** feel • **e.** take • **f.** foam • **g.** blow • **h.** put • **i.** fight • **j.** go • **k.** call

14 Idiomes (la tête) / *Idioms (the head)*

La tête

be head over heels in love with (être éperdument amoureux de) • *keep one's head above water* (se maintenir à flot) • *have one's head in the sand* (pratiquer la politique de l'autruche) • *he's got his head screwed on (right)* (il a la tête sur les épaules) • *I can't make head or tail of sth* (je n'y comprends rien) • *come to a head* (devenir critique : situation) • *put / lay one's head on the block* (risquer gros) • *head to head* (au coude-à-coude) • *off the top of my head* (à vue de nez) • *go over one's head* (ne rien comprendre) • *keep one's head* (rester calme) • *use your head* (réfléchis) • *bang one's head against a wall* (se taper la tête contre le mur) • be head and shoulder above (être *largement au-dessus de*)

Les cheveux

get in sb's hair (importuner qn) • *not a hair out of place* (tiré à quatre épingles) • *make sb's hair stand on end* (faire dresser les cheveux sur la tête de qn) • *let one's hair down* (se laisser aller, se détendre) • *split hairs* (couper les cheveux en quatre) • *tear one's hair out* (s'arracher les cheveux)

Le visage

have egg on your face (avoir l'air ridicule) • *a slap in the face* (une insulte) • *take sb at face value* (juger qn sur les apparences) • *have a face like a thunder* (être très en colère) • *laugh on the other side of one's face* (rire jaune) • *lose face* (perdre la face) • *show one's face* (se montrer : à un événement) • *stare sb in the face* (dévisager qn) • *keep a straight face* (rester impavide) • *face the music* (subir les conséquences)

Les oreilles

have a tingling in one's ears (avoir les oreilles qui tintent) • *be all ears* (être tout ouïe) • *I'll play it by ear* (j'improviserai le moment venu) • *turn a deaf ear to* (faire la sourde oreille à) • *be up to one's ears in work* (avoir du travail par-dessus la tête) • *grin from ear to ear* (afficher un large sourire) • *keep your ear to the ground* (tiens-toi à l'affût) • *lend an ear to sb* (prêter une oreille attentive à ce que dit qn)

Les yeux

be in the public eye / out of the public eye (être très en vue / disparaître des feux de l'actualité) • *there's more to sth than meets the eye* (ce n'est pas aussi évident que cela) • *in the blink of an eye* (en un clin d'œil) • *an eye opener* (une révélation) • *turn a blind eye (to)* (fermer les yeux sur) • *in a pig's eye* (mon œil) • *keep one's eyes peeled* (garder l'œil sur) • *pull the wool over sb's eyes* (en faire / laisser accroire à qn) • *see eye to eye (with sb)* (s'entendre parfaitement avec qn) • *in the twinkling of an eye* (en un clin d'œil) • *not bat an eyelid* (ne pas sourciller)

Le nez

lead sb by the nose (mener qn par le bout du nez) • *turn up one's nose (at)* (faire le dégoûté devant) • *poke / stick one's nose into* (fourrer son nez dans) • *it's no skin off my nose* (cela me fait ni chaud ni froid) • *thumb one's nose at* (faire un pied de nez à) • *rub sb's nose in it / in the dirt* (faire en sorte que qn n'oublie jamais qch) • *keep one's nose to the grindstone* (travailler dur) • *powder one's nose* (aller aux toilettes) • *follow one's nose* (suivre son instinct) • *keep one's nose clean* (éviter les ennuis)

La bouche, les lèvres

have a big mouth (avoir une grande gueule) • *shoot one's mouth off* (raconter des bobards) • *put one's foot in one's mouth* (faire une gaffe) • *be born with a silver spoon in one's mouth* (être bien né) • *live from hand to mouth* (vivre d'expédients) • *make sb's mouth water* (faire saliver qn) • *keep a stiff upper lip* (rester stoïque)

Les dents, la langue

grit one's teeth (serrer les dents [dans l'adversité]) • *by the skin of one's teeth* (de justesse) • *tongue-tied* (timide) • *it's on the tip of my tongue* (je l'ai sur le bout de la langue) • *tongue in cheek* (ironiquement)

Le cou

screw sb's neck (tordre le cou à qn) • *he's dead from the neck on* (il n'a rien dans la tête) • *be up one's neck in* (être dans qch jusqu'au cou) • *stick one's neck out* (prendre un risque) • *be neck in neck with* (être au coude-à-coude) • *be a pain in the neck* (être un emmerdeur) • *risk one's neck* (risquer sa vie) • *save sb's neck* (sauver la peau de qn) • *a millstone round sb's neck* (un boulet) • *be at each other's throat* (se quereller)

Exercices

1. Dites si les idiomes expriment (a) l'amour ou (b) l'irritation. Puis traduisez.

	a	*b*	*Traduction*
1. have eyes for sb	❑	❑	....
2. He's a real headache	❑	❑	....
3. I can't get her out of my head	❑	❑	....
4. I've got you under my skin	❑	❑	....
5. He gets up my nose	❑	❑	....
6. She gets in my hair	❑	❑	....
7. She's the apple of my eye	❑	❑	....
8. talk sb's head off	❑	❑	....

2. Faites correspondre les idiomes aux explications.

1. have one's head screwed on	a. suffer from vertigo
2. have no head for heights	b. be good at math
3. have a head like a sieve	c. be sensible
4. have a good head for figures	d. be good at making deals
5. have one's head in the clouds	e. have a bad memory
6. have a good business head	f. be unaware of reality

3. Remplacez les expressions par l'idiome qui convient.

1. The Swiss won the sailing race narrowly. ....
2. He's completely disappeared and has not been seen since. ....
3. You're lying. I can see it. ....
4. Let's get together to solve this problem. ....
5. He never lost his nerve. ....
6. He doesn't know what he's talking about. ....
7. She has trouble remembering what I tell her. ....
8. Mind your own business. ....
9. I heard about it directly from him. ....
10. He lost his job and can barely provide for his family. ....

a. It goes in one ear and out of the other
b. Two heads are better than one
c. He's vanished from the face of the earth
d. I learnt it straight from the horse's mouth
e. They live a hand-to-mouth existence
f. They won by a hair
g. Keep your nose out of it.
h. He's saying that off the top of his head
i. It's written all over your face
j. He kept a cool head.

15 Idiomes (le corps) / *Idioms (the body)*

La peau
be (all / only) skin and bones (n'avoir que la peau sur les os) • *by the skin of one's teeth* (de justesse) • *get under sb's skin* (taper sur les nerfs de qn) • *make sb's skin crawl* (effrayer) • *be soaked to the skin* (être trempé jusqu'aux os) • *save sb's skin* (sauver la peau de qn)

Le sang
it's like trying to get blood out of a stone (c'est comme si on parlait à un mur) • *there is bad blood between them* (le torchon brûle entre eux) • that *makes my blood boil* (cela me met en rage) • *he's out for blood* (il cherche qn sur qui passer sa colère) • *you make my blood run cold* (vous me glacez les sangs) • *fresh / young blood* (du sang neuf)

La main
have the upper hand (l'emporter) • *sit on one's hands* (ne rien faire) • *live from hand to mouth* (vivre au jour le jour) • *have a free hand* (avoir carte blanche) • *be caught red-handed* (être pris la main dans le sac) • *be hand in glove* (s'entendre comme larrons en foire) • *get out of hand* (dégénérer : situation) • *with a heavy hand* (d'une main de fer) • *have one's hands full* (être très occupé) • *grease sb's palm* (graisser la patte)

Le bras
as long as one's arm (très long) • *give one's right arm* (donner son bras droit) • *the long arm of the law* (la police) • *cost an arm and a leg* (coûter les yeux de la tête) • *twist sb's arm* (contraindre, forcer qn, faire pression sur qn) • *up in arms* (en colère) • *elbow grease* (de l'huile de coude)

Les doigts
work one's fingers to the bone (s'user à la tâche) • *keep one's fingers crossed* (croiser les doigts, toucher du bois) • *have a finger in every pie* (se mêler / être mêlé à tout) • *have green fingers* (avoir la main verte) • *have itchy fingers* (être impatient) • *pull one's finger out* (se mettre au boulot) • *be all fingers and thumbs* (être maladroit)

Les jambes
cost an arm and a leg (coûter la peau des fesses) • *be on one's last leg* (être au bout du rouleau) • *pull sb's leg* (faire marcher qn) • *he hasn't got a leg to stand on* (il n'a aucun argument valable) • *have a leg up* (avoir l'avantage) • *get one's leg over* (faire l'amour)

Les pieds
think on one's feet (agir sur le moment) • *put one's foot in it* (gaffer) • *shoot oneself in the foot* (se tirer une balle dans le pied) • *wait on hand and foot* (être aux petits soins) • *have one foot in the grave* (avoir un pied dans la tombe) • *drag one's feet* (traîner les pieds) • *land on one's feet* (retomber sur ses pieds) • *put one's best foot forward* (se dépêcher)

Le dos
the back passage (le rectum) • *behind sb's back* (dans le dos de qn) • *break one's back* (se tuer à la tâche) • *get off sb's back* (lâcher les baskets, arrêter de critiquer) • *give a pat on sb's back* (complimenter qn) • *the straw that breaks the camel's back* (la goutte qui fait déborder le vase, le comble) • *like water off a duck's back* (comme un pet sur une toile cirée) • *get sb's back up* (irriter qn) • *scratch sb's back* (rendre service) • *stab sb in the back* (planter un poignard dans le dos de qn) • *turn*

one's back on sth / sb (se désintéresser de qch / qn) • *have one's back to the wall* (être dos au mur)

Le talon

take to one's heels / show a clean pair of heels (prendre ses jambes à son cou) • *kick / cool one's heels* (faire le pied de grue) • *be under the heel* (être sous la coupe)

Les doigts de pied

tread / step on sb's toes (marcher sur les pieds de qn) • *keep sb on their toes* (forcer qn à rester vigilant) • *toe the party line* (respecter la ligne du parti)

Les os

make no bones about sth (ne pas y aller avec le dos de la cuillère / ne pas y aller par quatre chemins) • *be bone-lazy* (être paresseux comme un loir / une couleuvre) • *have a bone to pick with sb* (avoir un compte à régler avec qn) • *work one's fingers to the bone* (s'user au travail) • *be bone dry* (être sec comme de l'amadou) • *a bone of contention* (une pomme de discorde) • *a bone shaker* (une vieille guimbarde)

Les épaules, la poitrine

have broad shoulders (avoir les reins solides) • *put / set one's shoulder to the wheel* (s'atteler à la tâche) • *give sb the cold shoulder* (battre qn froid) • *get it off one's chest* (avouer) • *have a chip on one's shoulder (because)* (ne pas avoir digéré le fait que) • *rub shoulders (with)* (se frotter à, rencontrer)

Exercices

1. Faites correspondre les idiomes à leur explication.

1. jump out of one's skin	**a.** very close miss from some disaster
2. all skin and no bone	**b.** criticize the organization that pays you
3. by the skin of one's teeth	**c.** do what you are ordered to do
4. have a thin skin	**d.** extremely thin
5. have a chip on your shoulder	**e.** help
6. have a good head on one's shoulders	**f.** under sb's complete control
7. straight from the shoulder	**g.** be surprised and shocked
8. lend a hand	**h.** awkward with one's hands
9. go hand in hand	**i.** blame other people for sth bad that happened to you
10. bite the hand that feeds you	**j.** the most basic parts
11. in the palm of sb's hand	**k.** easily upset
12. be all fingers and thumbs	**l.** directly and honestly
13. toe the line	**m.** found together
14. the bare bones	**n.** be clever

2. Remplacez l'expression soulignée par l'idiome qui convient.

1. He is <u>much better</u> than all the other students. ....
2. The party offered a chance to <u>meet with</u> people from other countries. ....
3. All the people in the town <u>supported one another</u> while the rescue workers struggled to free the trapped miners. ....
4. If everyone <u>works hard</u>, the job will be finished in no time. ....
5. He <u>ignored</u> her the whole evening, which upset her tremendously. ....
6. Crime is usually <u>closely connected</u> with poor economic conditions. ....
7. The employee was caught <u>stealing from the shop</u> and was dismissed. ....
8. I shouldn't have read the letter but curiosity <u>was stronger</u>. ....
9. The main <u>argument</u> was to decide who would have custody of the children after the divorce. ....
10. The Cartier watch he bought <u>set him back a pretty penny</u>. ....
11. He deserves his success. <u>He worked really hard for it</u>. ....
12. It took John <u>a considerable amount of energy and strength</u> to renovate the old barn. ....

a. cost an arm and leg • **b.** put one's shoulder to the wheel • **c.** work one's fingers to the bone • **d.** get the upper hand • **e.** head and shoulders above someone/something • **f.** bone of contention • **g.** elbow grease • **h.** give the cold shoulder • **i.** with his/her hand/fingers in the till • **j.** go hand in hand • **k.** rub shoulders • **l.** stand shoulder to shoulder

3. Complétez les phrases à l'aide du mot qui convient.

1. The drunken youths were left to cool their .... overnight in a police dry cell.
2. Some people think the prime minister will announce that he's quitting in the Spring, but he certainly didn't tip his .... at yesterday's cabinet meeting.
3. A recording contract came hard on the .... of his success at the American Idol pop music contest.
4. Another wallet has been stolen, so it looks as though someone in the office has sticky ....
5. Trouble is, if you don't have a reliable witness in court, you don't have a .... to stand on.
6. My .... sank when I opened the letter and realized I had not been accepted into graduate school.
7. It was something bothering which I had meant to tell for some time and it felt good to get it off my ....
8. It hasn't rained for three months. The soil's as dry as a ....
9. They'll have to put their .... to the wheel if they want the store to be ready for the opening day.

16 Idiomes (cœur et esprit) / *Idioms (heart and mind)*

Le cœur

from the bottom of my heart (du fond du cœur) • *take sth at heart* (prendre qch à cœur) • *have a heart of gold* (avoir un cœur en or) • *lose one's heart to sb* (tomber amoureux de qn) • *have a heart of stone* (avoir un cœur de pierre) • *wear one's heart on one's sleeve* (laisser voir ses sentiments) • *a broken heart* (un cœur brisé) • *it breaks my heart* (cela me fend le cœur) • *pour out one's heart to sb* (épancher son cœur auprès de qn) • *set one's heart on sth* (jeter son dévolu sur) • *learn by heart* (apprendre par cœur) • *cry one's heart out* (pleurer à chaudes larmes) • *eat one's heart out* (se ronger d'inquiétude)

Expressions : *my heart isn't in it* (le cœur n'y est pas) • *it was his heart's desire* (c'était son désir le plus cher) • *have a heart!* (pitié !) • *his heart was in his boots* (il avait la mort dans l'âme) • *she had her heart in her mouth* (son cœur battait la chamade) • *cross my heart (and hope to die)* (croix de bois, croix de fer, si je mens, je vais en enfer)

L'esprit

bear something in mind (garder à l'esprit) • *have a closed mind (about / on)* : avoir des opinions arrêtées) • *his mind went blank* (il a eu un passage à vide, un trou) • *be easy in one's mind* (avoir l'esprit tranquille) • *be in one's right mind* (avoir toute sa tête) • *be out of one's mind* (ne plus avoir sa raison, sa tête) • *be in two minds about sth* (se tâter, être irrésolu) • *bring / call sth to mind* (rappeler, évoquer qch) • *come / spring to mind* (venir à l'esprit) • *give one's mind to sth* (se concentrer sur qch) • *I have no mind to* (je n'ai pas envie de) • *have a mind of one's own* (avoir ses idées) • *have sth at the back of one's mind* (avoir une idée dans la tête) • *keep one's mind on* (se concentrer sur) • *know one's mind* (avoir des idées bien arrêtées) • *make up one's mind* (se décider à faire qch) • *see into sb's mind* (lire la pensée de qn) • *slip sb's mind* (échapper à) • *speak one's mind* (dire haut et fort ce que l'on pense)

Never mind that (n'y pense plus maintenant) • *mind one's Ps and Qs* (faire attention à ce que l'on fait / dit, se surveiller) • *mind the store* (veiller au grain) • *have a one-track mind* (être obsédé, ne penser qu'à ça) • *the mind boggles* (on en reste ébahi) • *out of sight, out of mind* (loin des yeux loin du cœur) • *be in / of two minds* (être incapable de se décider)

great minds think alike (les grands esprits se rencontrent) • *I'm still of the same mind* (je n'ai pas changé d'avis) • *what's on your mind?* (qu'est-ce qui vous préoccupe ?) • *that's a load / a weight off my mind* (c'est un gros souci en moins) • *it went right / quite / clean out of my mind* (cela m'est complètement sorti de la tête) • *I have half a mind to do it* (j'ai presque envie de le faire)

1. Faites correspondre les idiomes à leur explication (*mind*).

1. be of two minds	**a.** have a poor memory
2. be out of your mind	**b.** be honest about one's opinions
3. mind-blowing	**c.** be crazy
4. come to mind	**d.** forget
5. have a mind like a sieve	**e.** be unable to decide about something
6. mind one's Ps and Qs	**f.** put all your attention and effort into doing something
7. slip one's mind	**g.** surprising or exciting
8. speak one's mind	**h.** make an effort to be polite
9. put one's mind to it	**i.** enter sb's thoughts

2. Complétez à l'aide du mot juste.

1. You paid three thousand pounds for that heap of junk! Are you .... of your mind?
2. The first time I heard this rock band, they just .... my mind, and I've been a fan ever since.
3. No woman in her .... mind would harm her child.
4. I'm so relieved I don't have to take the driving test again—it's a real load .... my mind.
5. The mind .... at the thought of what people who have won at the lottery can do with all that money.
6. I wish he'd mind his .... business and stop telling me how to do my job!
7. You'll soon forget about her after she leaves—out of ...., out of mind.
8. I meant to tell you that your mother had phoned, but it completely .... my mind.

3. *Right or Wrong?* Dites si les affirmations sont justes (R) ou fausses (W). Entourez la lettre qui convient.

	R	*W*
1. If you wear your heart on your sleeve, you show your courage to someone.	❑	❑
2. When you take criticism or advice to heart, you think about it seriously, often because it upsets you.	❑	❑
3. If someone's heart is in their boots, they feel they are on cloud nine.	❑	❑
4. If someone's heart is in their mouth, they feel extremely talkative.	❑	❑
5. John's heart missed a beat, *means* he suddenly felt so excited or frightened that his heart beat faster.	❑	❑
6. Ruth's taking singing lessons. Barbara Streisand, eat your heart out! *means* that Barbara Streisand can expect tough competition because Ruth will do better.	❑	❑
7. John had a change of heart *means* he changed his feelings.	❑	❑
8. Her heart sank when she heard the news *means* she was elated.	❑	❑

17 Idiomes (sentiments et humeurs) / *Idioms (feelings and moods)*

Joie

be happy as the day is long (=extremely content) • be on cloud nine / over the moon / on top of the world / tread on air / thrilled to bits / in seventh heaven (=extremely happy/ pleased) • be in high spirits (=enjoying things) • keeping one's chin up (=happy despite bad things) • be as happy as Larry / a sandboy (=be very happy and have no worries) • If somebody is ***like a dog with two tails****, they are extremely happy • If you* ***live the life of Riley****, you have a comfortable and enjoyable life, without having to work too hard. A* ***happy-go-lucky*** *fellow is happy all the time and does not worry about anything.*

Tristesse

beside oneself (=with grief, worry)

Déprime

be in the doldrums / feel blue / be in low spirits / be at a low ebb (=feel depressed) / down in the dumps (=be depressed) • have a face as long as a fiddle (=look depressed and sad) • sick as a parrot (=annoyed at having missed a good opportunity)

En forme

be in top shape / form (=be in good physical condition) • feel like a million dollars (=be in excellent form) • as fit as a fiddle (=very fit)

Humiliation

eat humble pie (=be forced to admit that you are wrong and to say you are sorry) • eat crow (=publicly admit you were wrong about something) • have egg all over one's face (=seem stupid because of something you have done) • lose face (=lose other people's respect) • swallow one's pride (=accept you have done sth wrong) • with one's tail between one's legs (=feeling ashamed and embarrassed)

Mauvaise humeur

be in a black mood (=be in a bad temper) • be cross as a bear / be like a bear with a sore head (=be in a foul mood)

Fatigue

be on one's last legs (=be all worn out) • be feeling all in (=be exhausted)

Maladie

be / feel under the weather (=feel sick) • look a bit under the weather (=not very ill) • be as sick as a dog • be at death's door (=be very sick) • he's not long for this world / he's dying on his feet (=he's about to die) • hang by a thread (=be at death's door) • live / be on borrowed time (=period of uncertainty during which the inevitable consequences of a current situation are postponed or avoided)

Peur, effroi

be scared stiff (=very scared) • frighten the life out of sb (=frighten a lot) • shake in one's shoes (=tremble with fear) • be scared out of one's wits / be scared shitless (=be very scared)

Colère, irritation

People who lose their temper see red, go ape, go apeshit, go ballistic, go postal, have a cow, throw a wobbly, hit the roof, go through the roof, have a quick temper, foam at the mouth • be up in arms / blow one's top / blow one's stack / be hopping mad (=be very angry) • bite sb's head off (=criticize sb strongly) • blow a fuse (=lose one's temper) • have a bone to pick with sb (=be annoyed with sb and willing to talk about it) • fly off the handle / go off the deep end (=become angry)

There are a few expressions as well: That makes my blood boil / That's going too far / That takes the biscuit / That's the last straw!

Désespoir

be at one's wits' end (=be desperate and worried about sth, not knowing what to do) • be at the end of one's tether / rope (=feel desperate and not know what to do)

Amour

catch sb's eye • fancy sb (=find sb attractive) • have a crush on sb (=be obsessed by sb) • have a soft spot for sb (=have a weakness for sb) • have the hoots for sb (=find sb very attractive) • fall for sb (=fall in love with sb) • fall head over heels for sb (=fall in love) • be smitten by sb (=be in love with sb) • puppy love (=love between teenagers) • cupboard love (=love for sb because they feed you)

Exercices

1. Les idiomes ont-ils un sens positif (P) ou négatif (N) ? Ajoutez la lettre qui convient en face de chaque idiome.

1. feel a bit down ....
2. be over the moon ....
3. be as pleased as Punch ....
4. be browned off ....
5. be in a blue funk ....
6. throw a wobbly ....
7. drive sb nuts ....
8. blow a fuse ....
9. be tickled pink ....
10. be down in the dumps ....

2. Quel idiome utiliseriez-vous dans les situations suivantes ?

1. "Guess what? Jim has finally asked me out for the prom: I feel ...."
2. Because of their daughter's success at the entrance examination, the whole family were ....
3. I've been training hard all winter. Now I feel .... for the new season.
4. The prime minister acknowledged that he had been wrong. He publicly had to ....
5. He doesn't have much longer to live. He is on ....
6. The economy is not looking up. It's been in .... since last March.
7. The manager eventually .... and called his colleague to apologize.
8. "Don't creep up behind me like that! You ...."
9. The neighbor's party last night gave me a headache. I couldn't sleep and this morning I am like ....
10. .... when I heard the deafening noise of an explosion.

EXERCICES

3. Les couleurs servent à exprimer des humeurs. Complétez les idiomes et les phrases.

1. After she was hit by a truck, she was lying on the ground, as .... as a ghost.
2. After making yet another blunder, the PM went .... with embarrassment.
3. He turned .... on hearing the dreadful news.
4. When he learnt of the defeat of his team, the manager turned ....
5. The global slowdown is affecting China to a degree but its growth rate is still high enough to make the rest of the world .... with envy.
6. Sure, the economic situation cannot be as .... as it is painted!
7. My younger brother was the .... sheep in the family. He ran away at 16 to become an actor and my parents never forgave him.
8. I wasn't well last week, but after a good rest I'm back in the .... of health, I'm happy to say.
9. A bomb went off early this morning. This is a .... day for the peace process.
10. You're .... -bellied fools, too frightened to stand up for your rights!

4. Faites correspondre les traductions.

1. be at the end of one's tether / rope
2. the last straw
3. drive round the bend
4. tear one's hair out
5. blow a fuse
6. fly off the handle
7. froth at the mouth
8. get on sb's wick
9. raise Cain
10. in the pink of health

a. s'arracher les cheveux
b. se mettre en pétard
c. courir sur le haricot
d. être au bout du rouleau, être à bout de patience
e. en excellente santé
f. rendre fou
g. péter les plombs
h. le comble
i. faire tout un foin
j. écumer de rage

18 Idiomes (situations et problèmes) / *Idioms (situations and problems)*

Problèmes à venir
be asking for trouble (=behave stupidly in a way that is likely to cause problems for you) • spell trouble (=be the cause of possible problems in the future)

Coincé
be in a tight corner (=be in a situation it is difficult to get out of) • be at the end of one's tether (=unable to deal with it any more) • have one's back to the wall • be at wit's end (=not know what to do) • be in a quandary (=find it difficult to do sth) • be between the devil and the deep blue sea (=be in a situation where there are two equally unacceptable alternatives) • paint oneself in a corner (=get yourself into a bad situation that is difficult or impossible to get out of) • be in a pickle (=be in a difficult situation that requires help) • be on a sticky wicket (=be in a difficult situation)

Dépassé par la situation
be in over one's head (=involved in sth that is too difficult for you to handle) • out of one's depth (=unable to understand a situation or deal with a subject) • out to lunch (=unable to understand the situation)

Faire front
put on a brave face (=try to look cheerful and pretend the situation is not as bad as it is)

Aggraver le problème
stir things up (=do things that will make matters worse) • add fuel to the fire / the flames (=make a situation worse than it already is)

Inaction
take a back seat (=let others act and do nothing yourself)

Réactions
take the bull by the horns (=face and attack the problem) • pour oil on troubled waters (=do things that will calm the situation down)

En difficulté
be in a fix (=be in difficulty) • be at loose ends (=not know what to do) • be in a muddle (=be mixed up, confused) • a hornet's nest (=a situation which causes people to become angry and upset) • be in a hot seat (=in a difficult position) • get the short end of the stick (=suffer the bad effects of a situation) • no end in sight (=lacking the possibility of any change) • reach a boiling point (=impossible to control) • be behind the eight ball (=in a difficult situation; from the game of pool [=a game played on a special table with sticks and numbered balls), in which you do not want to have any ball positioned behind the black ball marked with a number 8]) • a can of worms (=a complicated and unpleasant situation to deal with)

Résoudre un problème
work the problem (=actively try different solutions) • be in the driving seat (be in control of a situation) • a drop in the bucket / in the ocean (=a small amount in comparison to what is needed) • get to the bottom of things (=find the true explanation) • get a grasp on things (=find out, understand) • point the way (=show what can be done) • bury the hatchet (=make peace) • sweep under the carpet (=ignore) • go a long way (=help a lot) • between a rock and a hard place (=have a difficult decision to make) • see the light at the end of the tunnel (=see signs of hope)

Changements de situations

the tide is turning (=better days ahead) • *see the light at the end of the tunnel (=something which makes you believe that a difficult or unpleasant situation will end)* • *reach a turning point* • *back to square one / back to the drawing board (=return to the beginning)* • *turn over a new leaf (=make a fresh start)*

Exercices

1. Trouvez les explications aux idiomes.

1. out on a limb	**a.** be in the same unpleasant situation
2. rock the boat	**b.** a struggle against all odds
3. be in the same boat	**c.** total failure
4. miss the boat	**d.** agree to do what someone asks you to do
5. the ball is in your court	**e.** do sth that causes problems
6. get the ball rolling	**f.** an obstacle
7. play ball	**g.** lose an opportunity that could lead to success
8. a stumbling block	**h.** begin something
9. an uphill battle	**i.** you need to react
10. unmitigated disaster	**j.** in a situation where you lack support

2. Opposez les idiomes entre eux.

1. take the bull by the horns	**a.** pour oil on troubled waters
2. stir things up	**b.** get to the bottom of things
3. lay one's cards on the table	**c.** take a back seat
4. sweep under the carpet	**d.** keep one's cards close to the chest

3. Trouvez le sens du mot *water* dans les idiomes.

1. be in deep water	**a.** experience difficulties or dangers in order to achieve something
2. be water under the bridge	**b.** in spite of the difficulties
3. dead in the water	**c.** in a tough situation in which you are likely to be punished
4. get into deep water	**d.** a situation which is hard to deal with
5. get through fire and water	**e.** without any chance for success
6. in hot water	**f.** dampen the enthusiasm for sth
7. pour cold water on sth	**g.** become involved in a difficult situation
8. tread water	**h.** happened a long time ago
9. come hell or high water	**i.** not do anything to make progress

4. Complétez les phrases à l'aide de l'idiome qui convient.

1. The situation is getting more complex than I thought. It is time to take the bull.................. and sort it out.
2. Your solution doesn't work. We'll have to go back to ....
3. It's been a long battle. But at last we can see ....
4. A hundred thousand may seem a lot but it's .... compared to the millions that need to be spent.
5. The investigation is still going on. The police are trying their best to get to .... in order to solve this mysterious case.
6. The president decided to send more troops in order to .... of violence and stem the terrorist attacks.
7. The neighborhood is pleasant and quiet, but on the .... coin it is far from schools and shops.
8. Finding a Dan Smith in London without knowing where he lives is like looking for ....
9. Running several companies, jetting from one country to another, managing two charities, don't you think he was .... more than he could chew?
10. After years struggling to get her company out of the rut, hard work and perseverance have finally paid off and she can now see the ....

19 Idiomes (louange et critique) / *Idioms (praise and criticism)*

Aptitude, capacité, expertise

be a dab hand at (+ manual skills) • first rate / top notch (=the very best) • be on the ball (=know a lot) • quick on the uptake (=understand quickly) • be ahead of the pack (=be better or more successful) • move mountains (=achieve sth that is difficult) • have a way with (=good at making relations) • have green fingers (=good at gardening) • get the gift of the gab (=good at talking)

Le meilleur

be head and shoulders above / be miles better than the others (people) / be top dog • be the cream of the crop (=the best in a particular group) • be streets ahead of (people, things) • knock spots off (other people / things) • sail through (=succeed without difficulty) • be out of this world (+ things: superb, outstanding) • know one's onions (=know a lot about a particular subject)

Critique

think one is the cat's whiskers / the bee's knees (=superior to the others) • be all fingers and thumbs (=awkward and clumsy) • not cut out for (=not fit for) • not up to par / below par (=below the usual or expected standard) • be a dead loss (=completely useless) • bite more than one can chew (=try to do more than you can manage) • have feet of clay (=have hidden faults) • not come up to scratch (=not be of an acceptable standard or quality) • a tin god (=someone who behaves as if they are more important or powerful than they really are) • a snake in the grass (=a traitor) • dressed up like a dog's dinner (=over dressed, in a showy way) • be the world's worst • be a dog's breakfast (=a mess, badly done) • a square peg in a round hole (=someone whose character makes them completely wrong for the type of work they are doing or for the situation they are in)

take the biscuit (=most glaring example of negative quality) • have one's cake and eat it (=want everything without contributing) • butter sb up (=be obsequious in order to get sth in return) • want jam on sth (=make unreasonable claims) • pick holes in sth (=criticize)

1. Complétez les phrases à l'aide des mots.

biscuit • *cake* • *cream* • *nut* • *onions* • *pie* • *tea*

1. If Whitman isn't your cup of ...., why not read some of the more contemporary American poets? • **2.** He was over the moon when he won *American Idol*. Getting a contract with Virgin was just icing on the .... • **3.** Don't mess with the manager. He's a real tough .... • **4.** That car salesman certainly knows his ...., doesn't he? • **5.** Those new French recruits are certainly good at math. They're the .... of the cream. • **6.** Even the United States, after initially suggesting that it could handle the aftermath of Hurricane Katrina on its own, had to eat humble .... • **7.** "After queueing up for two hours, we were told that there were no seats left. That really took the .... !"

2. Quel idiome utiliseriez vous dans les cas suivants ?

1. The meal tonight was absolutely superb. ....

2. He's a long way above the other pupils in his class, be it in math or physics. ....

3. Our MP has always worked wonders to improve the life of his constituents. ....

4. This Irishman has an uncanny ability to speak easily and confidently and can persuade people to do what he wants. ....

5. These New Orleans jazzmen are the best of their generation.

....

6. I know an Italian restaurant in Boston that is the best you can find around here.

....

7. John has a very high opinion of himself. ....

8. Your garden is splendid, look at these flowers! Your husband certainly knows how to tend it.

....

3. Exprimez le contraire à l'aide des idiomes appropriés.

1. Our new manager is hopeless at talking to people in public.

....

2. Look at the mess her garden is in! ....

3. He's very slow. It takes time for him to understand the situation.

....

4. He had to take the exam several times before getting his driver's license.

....

5. He's on the level. He will never betray his friends. ....

6. He was decked out for his date with Cindy. ....

7. My co-workers butter up the CEO, kiss up to him and go into hysterics every time he tells a joke.

....

8. She would always reminisce about the good times she had at summer camp and say how wonderful it all was. ....

20 Idiomes (communication) / *Idioms (communication)*

Communication

have an axe to grind (=have personal reasons to become involved) • talk at cross purposes (=there is a misunderstanding) • be at loggerheads (over) (=disagree strongly) • keep sb at arm's length (=not be friends with sb) • give sb the cold shoulder (=ignore sb) • lock horns (=argue or fight) • make a mountain out of a molehill (=make an unimportant problem more important than it actually is) • have a running battle (=argue over a long period of time)

hold out an olive branch (=willing to make peace) • build bridges (=cooperate) • see eye to eye (=agree) • speak the same language • get on like a house on fire (=have similar interests and quickly become friends) • be thick as thieves (=be good friends) • be on the same wavelength (=understand each other well)

make head or tail of (=understand) • the left hand doesn't know what the right hand is doing • be left in the dark • get the wrong end of the stick (=not understand the situation)

Parler

get a word in edgeways • talk down to sb (=talk as if people were inferior) • talk behind sb's back (=badmouth people) • talk rubbish (=talk nonsense) • talk sense (=say sensible things) • small talk (=social talk) • talk shop (=talk about work) • a talking point (=a subject people want to talk about) • give a talking to (=scold, upbraid sb) • talk about the whys and therefores (=talk about the reasons)

Discours

put it in a nutshell (=in a few words) • get to the point (=come to the essential part) • speak one's mind (=say what one thinks) • start the ball rolling (=start the discussion) • a sticking point (=a subject nobody can agree on) • long winded (=long, indirect speech) • wrap up (=come to a close)

1. Faites correspondre les idiomes à leur explication.

1. all mouth and no trousers ....
2. spill the beans ....
3. talk the hind leg(s) off a donkey ....
4. a tall story ....
5. a slip of the tongue ....
6. talk a blue streak ....
7. talk out of your arse ....
8. double talk ....
9. speak up ....
10. speak volumes ....

a. say a lot very fast • **b.** way of speaking that confuses people in order to avoid telling the truth • **c.** express something very clearly and completely • **d.** sb who talks a lot about doing sth but never actually does it • **e.** talk a lot • **f.** a mistake you make when speaking • **g.** express an opinion • **h.** reveal secret information • **i.** a story difficult to believe • **j.** say things which are stupid or wrong

2. Indiquez si les actions sont positives (P) ou négatives (N). Cochez la case qui convient.

	P	*N*
1. be speaking/talking out of both sides of your mouth	❑	❑
2. be talking through one's hat	❑	❑
3. talk some sense into sb	❑	❑
4. talk the legs off an iron pot	❑	❑
5. a pep talk	❑	❑
6. talk out the back of one's head	❑	❑

3. Complétez les phrases à l'aide de l'idiome qui convient.

1. On the eve of an election, a candidate is prone to make all sorts of promises. As for me I believe that actions always speak .... than words.
2. She has quite a character. She's not afraid of speaking her .... even though she knows it might upset people.
3. He claimed he was a descendant of the Pilgrim Fathers and always spoke with a .... in his mouth.
4. Politicians always speak with a .... tongue, promising things they will never deliver.
5. Well, look, speak of the ...., here's Patrick now.
6. The Senate and the House are still at .... over the most crucial parts of the bill.
7. The employees have been left in the .... about whether the production will be outsourced or not.
8. They saw us together and got the wrong end of the ...., thinking we were going out.
9. The way the contract was worded was incredibly complicated—no one could make heads or .... out of it.
10. The agitating students locked their classrooms and staged sit-in demonstrations to press .... their demands.

21 Idiomes (argent) / *Idioms (money)*

L'argent

a money spinner (une mine d'or) • *hush money* (le prix du silence) • *the smart money* (les investisseurs avisés) • *be right on the money* (avoir raison) • *put one's money where one's mouth is* (joindre le geste à la parole) • *throw / send good money after bad* (s'enfoncer dans une mauvaise affaire) • *spend money like water* (jeter l'argent par les fenêtres) • *give sb a run for their money* (en avoir pour son argent) • *the other side of the coin* (l'envers du décor) • *funny money* (de la monnaie de singe) • *have money to burn* (avoir de l'argent à dépenser) • *put one's money where one's mouth is* (faire ce que l'on dit) • *pin money* (argent de poche) • *throw money around* (jeter l'argent par les fenêtres) • *splash out on sth* (dépenser une petite fortune pour qch)

pots of money (un tas d'or) • *be loaded* (être riche) • *be sitting on a goldmine / a small fortune* (être assis sur un tas d'or)

it's money down the drain (c'est jeter l'argent par les fenêtres) • *it's money for jam / for old rope* (c'est de l'argent vite gagné) • *it is money well spent* (c'est une bonne affaire) • *that's the one for my money* (c'est juste ce qu'il me faut) • *he's made of money / he's rolling in money / he has pots of money* (il est cousu d'or) • *he's got money to burn* (il a de l'argent à ne plus savoir qu'en faire) • *they're in the money now* (ils roulent sur l'or, maintenant) • *he's in the big money* (il gagne un fric fou) • *this money burns a hole in his pocket* (l'argent lui brûle les doigts) • *money runs through his fingers like water* (l'argent lui fond dans les mains) • *money makes money* (l'argent va où va l'argent) • *money doesn't grow on trees* (l'argent ne tombe pas du ciel) • *he's a moneybags* (il est plein aux as) • *go for broke* (tout risquer, tout miser) • *spend money like water* (dépenser plus que raison)

La banque

break the bank, laugh all the way to the bank (se faire de l'argent facilement) • *a cash cow* (une vache à lait) • *cash in one's chips* (mourir) • *be caught with one's fingers in the till* (être pris la main dans le sac)

Les sous

a penny for your thoughts (à quoi penses-tu ?) • *cost a pretty penny* (coûter une jolie somme) • *turn up like a bad penny* (arriver comme un cheveu sur la soupe) • *the penny dropped* (j'ai compris) • *hold the purse strings* (tenir les cordons de la bourse) • *spend a penny* (aller aux toilettes) • *be ten a penny* (être banal, courant)

Payer

to hit / to strike pay dirt (trouver un bon filon) • *he who pays the piper calls the tune* (prov.) (celui qui paie les violons choisit la musique / l'argent, c'est le pouvoir) • *put paid to sb's plans* (mettre les projets de qn par terre) • *pay through the nose for sth / pay top dollar* (payer qch les yeux de la tête) • *pay over the odds for sth* (payer qch au prix fort) • *pay on the nail* (payer rubis sur ongle) • *pay off a grudge against sb* (prendre sa revanche sur qn) • *pay off an old score* (régler un vieux compte) • *pay sb back for doing sth* (faire payer à qn qch qu'il vous a fait)

Économiser

tighten one's belt / pinch and scrape / live on a shoestring (se serrer la ceinture) • *pinch pennies* (rogner sur tout) • *scrimp and save* (économiser sur tout) • *save for a rainy day* (épargner en vue des jours difficiles) • *hold the purse strings* (tenir les cordons de la bourse) • *loosen / tighten the purse strings* (desserrer / serrer les cordons de la bourse) • *cut one's coat according to one's cloth* (vivre selon ses moyens) • *earn an honest crust* (gagner honnêtement sa vie) • *take care of the pennies and the pounds will take care of themelves* (les petits ruisseaux font les grandes rivières, il n'y a pas de petites économies) • *a scrooge* (un harpagon) • *a skinflint* (un radin) • *tight-fisted* (radin)

Pauvreté

not to have a bean to rub together (être sans le sous) • *be as poor as church mice* (être pauvre comme Job) • *be skint / be broke / be penniless* (être fauché)

Exercices

1. Faites correspondre les idiomes à leur explication (*buy*).

1. buy for a song
2. buy the farm
3. buy a pig in a poke
4. buy off the shelf
5. buy sth on time
6. buy time
7. be paid peanuts

a. ready made
b. obtain a delay
c. have a low salary
d. without examining it properly
e. on credit
f. die
g. on the cheap

2. Associez les expressions entre elles.

1. She's stinking rich.
2. I'm skint.
3. He's really tight-fisted.
4. He opened his wallet and a moth flew out!
5. They get paid peanuts.
6. They don't have two pennies to rub together.
7. I'm flat broke.

a. I'm penniless.
b. The pay is lousy.
c. I haven't got a penny.
d. They live in abject poverty.
e. He rarely spends any money.
f. She's got a lot of dough.
g. He's mean.

3. Indiquez si les idiomes indiquent la richesse (R) ou la pauvreté (P).

1. chicken feed ....
2. flat broke ....
3. hand to mouth ....
4. hard up ....
5. in the black ....
6. in the red ....
7. loaded ....
8. on a shoestring ....
9. red cent ....

4. Gratuit, bon marché, cher. Indiquez le sens des phrases.

1. I bought this jacket dirt cheap from a second hand dealer. ....
2. Your fur coat must have cost a bundle. ....
3. A cruise around the world for the whole family? It must have cost a fortune. ....
4. The store was closing down. I got two suits at knock down prices. ....
5. They were going out of business and practically gave away the stock. ....
6. Nice car! Must have cost an arm and a leg. ....
7. That digital camera didn't cost me a penny. It was a gift from my father. ....
8. What! Two euros for a pound of bananas! What a rip-off. ....
9. He paid through the nose for this little Magritte oil. ....
10. 980€ for a pair of jeans? It's highway robbery. ....

5. Complétez les phrases à l'aide du mot qui convient.

1. You usually pay over the .... to get a comfortable hotel room during the music festival.
2. I had to .... up a pretty sum to have my car fixed.
3. I bet my .... dollar that the teacher will be late again today.
4. The President's son was born with a .... spoon in his mouth. He never had to work for a living.
5. The new start-up .... even after its first year in operation.
6. Since the death of the father, it was the eldest son that brought home the .... for the family.
7. He had a 100-dollar bill that was burning a .... in his pocket, so he figured he'd go out and have a good time.
8. The company he had started went .... after six months.
9. Charging 50 euros for a tiny room with no bath is .... robbery!
10. He made a .... by selling his Google stock.

22 Idiomes (divers) / *Idioms (miscellaneous)*

Temps

spend time (+ ING) (passer du temps à) • *waste time (+ ING)* (perdre son temps) • *a waste of time* (une perte de temps) • *value time* (apprécier le temps) • *run out of time* (être à court de temps) • *save time* (gagner du temps) • *have plenty of time* (avoir beaucoup de temps) • *live on borrowed time* (être en sursis) • *mark time* (marquer le pas) • *play for time* (jouer la montre) • *have time on one's hands* (avoir du temps devant soi)

Guerre

join forces (unir ses forces) • *gain / lose ground* (gagner / perdre du terrain) • *give up without a fight* (se rendre sans combattre) • *shore up a position* (renforcer sa position) • *keep one's head down* (laisser passer la tempête) • *a war of words* (une guerre des mots) • *a war of nerves* (une guerre des nerfs) • *win the battle, lose the war* (remporter la bataille, perdre la guerre) • *have a battle of wits* (jouer au plus fin) • *that's half the battle* (c'est déjà pas mal) • *a battle cry* (un cri de guerre) • *be on the warpath* (être sur le sentier de la guerre) • *a warning shot* (un coup de semonce) • *a shot in the arm* (un encouragement) • *a shot across the bows* (un coup de semonce) • *make a shot in the dark* (deviner à tout hasard) • *a big shot* (une grosse légume) • *be up in arms against* (être en rébellion ouverte contre) • *take up arms against* (s'insurger contre) • *have a big battle over* (se battre pour) • *set targets* (fixer des objectifs) • *a minefield* (un champ de mines) • *be at daggers drawn* (être à couteaux tirés) • *fight like a lion* (se battre comme un lion) • *fight tooth and claw* (se battre bec et ongles)

Armes

jump the gun (agir prématurément, partir avant le départ) • *jump the gun on sb* (couper l'herbe sous les pieds de qn) • *the big guns* (l'artillerie lourde) • *bring up one's big guns* (sortir l'argument massue) • *be going great guns* (marcher à pleins gaz)

La recherche de solutions

take the easy way out (choisir la solution de facilité) • *go back a long way* (remonter loin en arrière) • *look the other way* (ignorer) • *pave the way* (ouvrir la voie) • *rub sb the wrong way* (prendre à rebrousse-poil) • *cut both ways* (à double tranchant) • *the middle way* (la solution intermédiaire) • *go out of one's way (to do sth)* (se donner du mal pour faire qch) • *go their own ways* (partir chacun de son côté) • *have a way with words* (bien savoir manier le langage) • *be set in one's ways* (être ancré dans ses habitudes) • *meet halfway* (arriver à un compromis) • *stand in sb's way* (barrer le chemin à qn) • *go way off course* (s'égarer) • *have it both ways* (jouer sur les deux tableaux)

Pas

no way (pas question) • *no wonder* (pas étonnant) • *no idea* (pas la moindre idée) • *no chance* (pas la moindre chance) • *no picnic* (pas une partie de plaisir) • *no sign of* (pas de trace de) • *no point in* (inutile de) • *no doubt* (à coup sûr) • *no kidding!* (sans blague !)

1. Complétez les phrases à l'aide du verbe qui convient.

1. I can't .... to spend more time on the project. I need to move on with my life. • **2.** We'll be able to .... 2 hours if we fly through Tokyo. • **3.** .... the time you spend with your children. They grow up so fast. • **4.** Let's get down to business, I hate .... my time and yours. • **5.** The US was .... for time, waiting to see how the USSR would react to its declarations. • **6.** We're .... out of time. Can we schedule another meeting for next week? • **7.** I'm a bit .... of time. Is there any way we can wrap up the meeting within one hour? • **8.** Rather than jump the ...., however, let's parse the information presented by the parent company.

2. Associez les idiomes à leur signification.

1. call the shots	**a.** when people are made to do unpleasant or risky tasks
2. one shot in your locker	**b.** try to achieve sth with little chance of succeeding
3. be a long shot	**c.** get rid of sth
4. like a shot	**d.** have little chance of succeeding
5. get shot of sth	**e.** make important decisions
6. a chink in sb's armour	**f.** sb whose attitude is unpredictable
7. go ballistic / nuclear	**g.** accept an unpleasant situation
8. fight a losing battle	**h.** become angry
9. bite the bullet	**i.** immediately
10. be cannon fodder	**j.** one last chance left to succeed
11. a loose cannon on the deck	**k.** a weakness to be taken advantage of

3. Complétez les phrases à l'aide du mot qui convient (*way, ways*).

1. .... the way, she said casually, I'm leaving tomorrow. • **2.** The trade agreement .... the way for better relations between the two nations. • **3.** He started as an apprentice and .... his way to the top of the company. • **4.** Thomas Jefferson was persuaded to pen the Declaration of Independence because he had a way with .... • **5.** He had made up his mind to travel around the world for a year and nobody would .... in his way. • **6.** I .... out of my way to help him and didn't even get a thank you for all my efforts. • **7.** Civil servants want to have it .... ways: work less and earn more. • **8.** .... out of her way. She's in a foul mood today and you don't want to cross her. • **9.** You can drive if you want. I don't mind .... way. • **10.** Brian is .... his way and should be here any minute. He was held up by a traffic jam.

4. Complétez les phrases (*no*).

1. I have no .... where she could have gone. Have you checked with her parents? • **2.** He was always late for work. No .... the boss fired him. • **3.** If you don't wear a suit and a tie, there is no .... you'll get the job. • **4.** We're running behind schedule. There is no .... we'll make it on time now. • **5.** Being a mother of triplets is no ...., believe me. It is a full-time job. • **6.** There's no .... in holding negotiations as long as both parties will keep on fighting against each other. • **7.** There is no .... that President Reagan acted appropriately and within his powers when he dismissed the air controllers who had gone on strike.

23 Idiomes (animaux) / *Idioms (animals)*

Insectes

have a bee in one's bonnet / have bats in your belfry (=have an obsession) • have ants in one's pants (=be restless) • have butterflies (=in one's stomach) (=be very nervous) • the fly in the ointment (=sth or sb that prevents a situation from being successful or happy) • stir up a hornet's nest (=raise a lot of controversy)

Poissons

there are other fish in the sea (=there are many other possibilities) • be like a fish out of water (=doing an activity or being in an environment you know nothing about) • a big fish in a small pond (=an influential person) • a cold fish (=an unemotional person)

Oiseaux

the bird has flown (=sb has vanished) • a bird of passage (=sb who never stays for long) • an early bird (=an early riser) • give sb the bird (=disapprove of an entertainer, sports player) • a little bird told me (=you are not going to reveal how you know sth) • the birds and the bees (=sex and sexual reproduction) • birds of a feather (=people who behave in a similar fashion) • for the birds (=of sth which is stupid, boring or worthless) • kill two birds with one stone (=achieve two things at the same time) • be up with the lark (=be an early riser) • be sb's pigeon (=be sb's problem)

Chiens et chats

go to the dogs (=go to ruin) • fight like cat and dog (=have violent arguments) • lead a cat and dog life (=get on well together) • let the cat out of the bag (=reveal a secret) • the cat's whiskers / pyjamas (=the best of their kind) • grin like a Cheshire cat (=grin broadly) • put / set the cat among the pigeons (=cause trouble) • see which way the cat jumps (=wait to see how a situation develops) • there's more than one way to skin a cat (=there's more than the conventional way to achieve sth) • have kittens (=be worried or upset by sth)

Animaux sauvages

like a bear with a sore head (=sb who is bad-tempered and irritable) • have a memory like an elephant (=have a good memory) • be a snake in the grass (=sb who pretends to be your friend but is not) • monkey around (=behave stupidly) • smell a rat (=be suspicious about sth) • shed crocodile tears (=be insincere and pretending to sympathize) • have an eagle eye (=be good at finding and noticing things) • a white elephant (=sth useless and a waste of money) • put one's head into the lion's mouth (=place oneself in a dangerous situation) • throw sb to the lions / wolves (=expose oneself to criticism and attack) • have a monkey on one's back (=have a serious problem)

Bétail et volailles

a black sheep (=an embarrassing member of the family) • until the cows come home (=for a very long time) • take the bull by the horns (=confront a problem and take action) • handle with kid gloves (=handle carefully) • a bull in a china shop (=sb who causes trouble where tact is required) • a red flag before a bull (=sth which makes a person angry) • kill the fatted calf (=welcome back sb who's been away for long) • donkey's years (=for a very long time) • a lame duck (=have little power left as sb's term of office is coming to an end) • kill the golden goose (=destroy a source of income) • go the whole hog (=do sth to the fullest extent possible) • back the wrong horse (=support the wrong person) • from the horse's mouth (=directly from the person) • pigs might fly (=very unlikely)

1. Faites correspondre les idiomes avec leur définition.

1. loaded for bear
2. an eager beaver
3. the bee's knees
4. eat like a bird
5. lead a cat and dog life
6. be in the catbird seat
7. a fat cat
8. a cock and bull story
9. have a cow
10. eat crow
11. call off the dogs
12. talk turkey

a. be in a powerful position
b. discuss sth seriously and frankly
c. eager to do sth
d. be angry or upset
e. the highest quality
f. admit one's mistake and apologize
g. get on well
h. a wealthy donor in politics
i. an enthusiastic person
j. stop attacking and criticizing
k. not eat much
l. sth you do not believe

2. Complétez les expressions à l'aide de noms d'animaux.

1. crazy as a ....
2. blind as a ....
3. strong as a ....
4. busy as a ....
5. sick as a ....
6. die like a ....
7. drink like a ....
8. watch sb like a ....
9. rare as ....
10. eat like a ....
11. fight like a.........
12. like a .... out of hell

a. bull
b. fish
c. lion
d. dog
e. bedbug
f. bee
g. hen's teeth
h. bat
i. hawk
j. horse

3. Entourez la réponse qui convient.

1. Hot summer days are called ... days.
   a. cat   b. dog   c. bird   d. cow
2. A big ... is a very important personality.
   a. chick   b. bull   c. fish   d. cat
3. He killed two ... with one stone solving two problems at once.
   a. geese   b. rams   c. crows   d. birds
4. As the ... flies, I would say the next village is about 2 miles away.
   a. crow   b. eagle   c. nightingale   d. butterfly
5. He worked like a ... and completed his dissertation within three years.
   a. donkey   b. bull   c. dog   d. cat
6. He always cries ... but he is not really in danger and does not need help.
   a. wolf   b. coyote   c. gator   d. tiger

7. Without his glasses on, my father is as blind as a … .

a. newt b. bee c. hawk d. bat

8. "You've been rude to me all week, and I've had it. That's the last straw (that broke the …'s back)."

a. antelope b. zebra c. tiger d. camel

9. They are … in the coal mine, warning of far greater losses in the fall, if steps are not taken to remedy the current climate.

a. robins b. swallows c. canaries d. owls

10. The children had a … of a time at Disney World.

a. seal b. shark c. whale d. salmon

4. Complétez les expressions avec le nom de l'animal qui convient.

1. Curiosity killed the .... • **2.** You can't teach an old .... new tricks. • **3.** You can't make a silk purse out of a ....'s ear. • **4.** There are plenty more .... in the sea. • **5.** He wouldn't say boo to a .... • **6.** You can lead a .... to water but you can't make him / it drink. • **7.** One .... doesn't make a summer. • **8.** She hasn't been here for ....'s years. • **9.** Don't count your .... before they're hatched. • **10.** The early .... catches the worm.

5. Trouvez l'idiome qui convient. *What would you say about someone who…?*

1. ...... has an obsession about sth?

a. he has a fly in his cap

b. he has a tick in his hair

c. he has a bee in his bonnet

2. ...... has caused quite a problem?

a. he has shaken the mane of the lion

b. he has stirred up a hornet's nest

c. he has smelled a rat

3. ...... is a fool?

a. he's a white elephant

b. he's got a bird's brain

c. he thinks he's the cat's whiskers

4. ...... has exposed a serious problem?

a. he's opened a can of worms

b. he's gone the whole hog

c. he's put his head into the lion's mouth

5. ...... is unemotional?

a. he's a dead fish

b. he's a sticky fish

c. he's a cold fish

6. ...... is an embarrassing member in a family?

a. he's a red bull

b. he's a white elephant

c. he's a black sheep

7. ...... is president but with only a few months left to serve?

a. he's a crippled monkey

b. he's a lame duck

c. he's a maimed goose

8. ...... confronts a problem head on?

a. he leads the donkey by the ears

b. he holds the cow by the tail

c. he takes the bull by the horns

9. ...... has vanished?

a. the eagle has landed

b. the bird has flown

c. he's up with the lark

10. ...... has achieved two things at the same time?

a. he killed two birds with the same stone

b. he's being taught the birds and the bees

c. he was the pigeon

24 Idiomes (couleurs) / *Idioms (colors)*

Les couleurs sont sources d'innombrables idiomes. Chaque couleur possède un champ d'applications propre, reflétant, par exemple, une humeur, une caractéristique, un trait ou une atmosphère. Ainsi le blanc est associé à la pâleur, l'innocence et la pureté (*go as white as a sheet = become extremely pale in the face – tell a white lie = tell a lie to avoid making someone upset – a white collar worker*: un employé, par opposition au *blue-collar worker*). Le rouge est associé au danger (*a red flag = a sign of danger – be in the red = have minus amounts on one's bank account*), ou à la colère (*see red = get angry*). Le bleu est associé à la police (*the boys in blue = the police*), la loyauté et à l'amour, voire au sexe (*blue movies, blue laws*). Le vert est associé à la nature (*have green fingers = be good at gardening – the green belt = an area of farming land around an urban area which is protected from large-scale housing*), le noir au drame et à la saleté, à la colère (*a Black Monday, as black as soot, look black as thunder = in a rage or fury*).

Le mot « couleur », en français, ne se traduit pas toujours à l'aide d'un idiome :

annoncer la couleur : *speak one's mind / lay one's cards on the table / shoot straight from the hip* • ne pas en voir la couleur : *not see a sign / a trace of sth* • Je n'ai jamais vu la couleur de l'argent qu'il m'avait promis : *I've never seen a penny of the money he promised me* • en voir de toutes les couleurs : *endure a lot / have a rough time of it / go through hell* • en faire voir de toutes les couleurs à qn : *make sb endure difficulties / put sb through hell / through the ringer* • suivant la couleur du temps : *according to the state of things* • la couleur locale : *local colour* • des couleurs assorties : *colours to match* • des couleurs dégradées : *colours which shade into each other* • des couleurs franches : *bright colours*

Inversement, *color* figure dans de nombreux idiomes. Voici quelques exemples.

the color of a newspaper (la couleur politique d'un journal) • *let's see the color of your money* (voyons la couleur de ton argent) • *give / lend color to a tale* (colorer un récit) • *give a false color to sth* (dénaturer qch, présenter qch sous un faux jour) • *under (the) color of* (sous couleur / sous prétexte de) • *win one's colors* (être sélectionné pour faire partie d'une équipe) • *fight with the colors* (combattre sous le drapeau) • *stick to one's colors* (rester fidèle à ses principes) • *show one's true colors* (se révéler sous son vrai jour) • *a horse of another / a different color* (cela n'a rien à voir, nous ne parlons plus de la même chose) • *with flying colors* (haut la main) • *an off color joke* (une blague d'un goût douteux) • *a colourless personality* (une personnalité terne) • *be colorless* (manquer de personnalité) • *nail one's colors to the mast* (proclamer sa position une fois pour toutes) • *sail under false colors* (tromper, duper)

La couleur blanche

go white with fear (blémir de peur) • *white as a ghost / a sheet* (blanc comme linge) • *whiter than white* (plus blanc que blanc, très honnête) • *show the white feather* (se dégonfler) • *reach white heat* (atteindre un paroxysme) • *be the white hope of* (être le grand espoir de) • *play the white man* (bien se conduire, agir en honnête homme • *come on, play the white man!* (allez, sois chic !) • *whitewash one's opponents* (battre ses adversaires à plate couture) • *it was a white-tie affair* (l'habit était de rigueur)

La couleur noire

a Black Friday (un vendredi noir) • *be black and blue* (être noir de coups) • *as black as soot* (noir comme de la suie / du cirage (*boot-polish*) • *jet-black* (noir comme de l'ébène) • *black as ink / pitch dark* (noir comme de l'encre) • *be black as a sweep* (être noir de la tête aux pieds) • *look black as thunder* (être furibond) • *give sb a black look* (jeter un regard noir à qn) • *black in the face* (noir de fureur) • *scream till you're black in the face* (s'égosiller, s'époumoner) • *a black day for England* (une triste journée pour l'Angleterre) • *the black economy* (l'économie parallèle) • *it is in black and white* (c'est écrit noir sur blanc) • *two blacks don't make a white* (la faute de l'un n'excuse pas celle de l'autre) • *swear that black is white* (se refuser à l'évidence) • *be in the black* (être créditeur) • *blackboard jungle* (la loi de la jungle : dans les classes) • *the black sheep of the family* (la brebis galeuse de la famille) • *black tie* (habillé, en smoking)

La couleur rouge

be in the red (être en déficit / endetté / encroumé (fam.) / dans le rouge) • *be out of the red* (être sorti du rouge) • *red ink* (la paperasse) • *bleed red ink* (connaître des difficultés financières) • *paint the town red* (faire la fête) • *be caught red-handed* (être pris la main dans le sac) • *be red with anger / see red / be flushed with anger* (être rouge de colère) • *go red with embarrassment* (rougir de honte) • *be flushed with shame* (être rouge de honte) • *be red as a beetroot / as a beet* (être rouge comme une betterave) • *be on red alert* (être en alerte maximale) • *roll out the red carpet for / give the red carpet treatment* (faire les honneurs, dérouler le tapis rouge) • *a red-letter day* (un jour mémorable / à marquer d'une pierre blanche) • *it's not worth a red cent* (ça ne vaut pas un clou) • *I haven't got a red cent* (US) (je n'ai pas un rond / une thune (fam.) • *be red sails in the sunset* (avoir ses règles / ses argagnasses (fam.)

La couleur verte

he's got green fingers / a green thumb (il a la main verte) • *give sb the green light* (donner le feu vert à qn) • *he's not as green as he looks* (il n'est pas né de la dernière pluie) • *he's as green as grass* (il ne connaît rien à la vie) • *be green with envy* (faire pâlir de jalousie) • *he was looking rather green round the gills* (il était vert de peur) • *keep sb's memory green* (chérir la mémoire de qn) • *it's the green man* (c'est vert pour les piétons)

La couleur bleue

feel blue (avoir le cafard) • *bluepencil* (corriger) • *come out of the blue* (être inattendu) • *once in a blue moon* (tous les 36 du mois) • *scream blue murder* (crier au charron) • *You can talk till I'm blue in the face* (Cause toujours !) • *blue one's money* (claquer son argent) • *blue-blood / a blue-blood* (au sang bleu / un noble)

La couleur rose

in the pink of condition (en excellente forme) • *see pink elephants* (avoir des visions hallucinatoires) • *turn pink with pleasure* (rougir de plaisir) • *turn pink with embarrassment* (rougir de confusion) • *be tickled pink* (être aux anges)

La couleur jaune

have a yellow streak (avoir un côté trouillard, lâche) • *a yellowback* (un roman à sensation) • *yellow-belly* (froussard) • *a yellow-dog contract* (un contrat interdisant de se syndiquer) • *a yellow flag* (un pavillon de quarantaine) • *yellow soap* (le savon de Marseille) • *a yellow card* (un carton jaune)

1. Faites correspondre les idiomes à leur explication.

1. be in the pink	**a.** without any warning
2. in the pink	**b.** owe money to the bank
3. feel blue	**c.** censor
4. out of the blue	**d.** make angry or irritated
5. a white elephant	**e.** become angry
6. be in the red	**f.** take lunch to work
7. see red	**g.** a waste of money
8. yellow-bellied	**h.** be depressed and sad
9. brown off	**i.** be extremely pleased
10. a red-letter day	**j.** cowardly
11. blue-pencil	**k.** a very happy or exciting day
12. brown bag	**l.** fit, healthy, and happy

2. Complétez les phrases à l'aide de la couleur qui convient.

1. With so many employers moving their operations to foreign countries, a sudden .... slip is not unusual. • **2.** The new coach was given carte .... to change the policies in the team's training routine. • **3.** Trying to obtain a visa to China means going through a lot of .... tape these days. • **4.** After an extensive search operation around the crash site, the investigators were able to recover the .... box of the aircraft. • **5.** The teenager was dragged out, beaten black and .... and dumped in the pond. • **6.** My father was as .... as a sweep after he finished cleaning the basement. • **7.** The girl was caught .... -handed as she was stealing a DVD. • **8.** We're all successful lawyers in the family, except my kid brother who is a singer in a gogo bar. He's considered the .... sheep in the family. • **9.** This new bridge to nowhere is a .... elephant and nobody will ever use it. • **10.** The Spaniards painted the town .... after their team won the European championship.

3. Trouvez les explications correspondant aux expressions de couleur.

1. see	**a.** a neighborhood where prostitution is a common part of everyday life
2. have .... fingers	**b.** containing explicit sex
3. a .... light district	**c.** bruised (from appearance)
4. be in the	**d.** also known as 1600 Pennsylvania Avenue
5. the .... House	**e.** threaten sb into revealing secrets against payment
6. feel	**f.** have one's bank account overdrawn
7. .... mail	**g.** be an expert at gardening
8. black and	**h.** be angry
9. .... movies	**i.** be subject to a bout of depression

EXERCICES

4. Entourez l'idiome correspondant à l'expression soulignée.

1. Hillary was <u>very pleased</u> to be chosen to deliver the farewell speech at the commencement ceremony.
   a. green with envy b. out of the blue c. red with anger d. tickled pink
2. Maine's wilderness zoning board has given <u>final approval</u> to a $270 million wind power project in the state's western mountains.
   a. the red flag b. a white elephant c. the green light d. the yellow card
3. The company had been <u>bleeding money</u> for several years when HQ ordered it closed.
   a. in a blue funk b. in the red c. in the black d. in white
4. It was a <u>memorable</u> day when the Continental Congress voted to declare America's independence from Britain.
   a. yellow streak b. white elephant c. red letter d. red herring
5. He passed the test to become an Air Force pilot <u>easily and with great success</u>.
   a. with flying colors b. red-colored c. off-color d. colorful
6. <u>Unexpectedly</u> he asked me to marry him.
   a. once in a blue moon b. in the pink c. out of the blue d. in the red
7. The parents were <u>very angry</u> when their daughter came home at 3 o`clock in the morning.
   a. showed their true colors b. unrolled the red carpet c. were tickled pink d. saw red
8. Green business experts the world over have gone <u>very angry</u>, requesting binding emission targets, a working price on carbon and a greater focus on energy efficiency.
   a. blue in the face b. with green fingers c. green with envy d. as white as ghosts
9. The real estate agent said it really was an exquisite estate and homes like these <u>hardly ever</u> came up on the market.
   a. green round the gills b. on the white market c. turned grey d. once in a blue moon
10. The employees <u>complained loudly</u> when the manager told them they would have to work overtime on Saturday afternoons.
   a. told white lies b. screamed blue murder c. painted the town red d. were browned off

25 Homonymes / *Homonyms*

Les homonymes en anglais se classent dans deux catégories : les mots **homographes** (deux mots ont la même graphie mais des sens différents), et les mots **homophones** (deux mots ont la même prononciation mais des sens différents).

Certains mots homophones peuvent avoir la même graphie (ils sont homographes) ; exemple : *tire*, qui signifie pneu ou fatiguer. Ils peuvent avoir une graphie différente ; on dit qu'ils sont hétérographes ; exemple : *two, to, too.*

Certains mots homographes peuvent se prononcer différemment selon le sens. On dit qu'ils sont hétéronymes. Exemple : *row* (dispute / ramer).

Il existe des cas où un mot peut être à la fois homographe et homophone. Exemple : *bark* (aboyer / écorce).

■ Parmi les mots homographes, il faut éviter de confondre l'infinitif ou le présent des verbes irréguliers avec leur passé.

I read in bed every night : Je lis au lit tous les soirs.

I read Under the Volcano *when I was 17* : J'ai lu *Au-dessous du volcan* quand j'avais 17 ans.

Notez les verbes : *become* (devenir) • *beset* (assaillir) • *bet* (parier) • *broadcast* (diffuser) • *burst* (éclater) • *cast* (jeter, fondre) • *come* (venir) • *cost* (coûter) • *cut* (couper) • *hurt* (blesser, faire mal) • *let* (laisser, permettre) • *put* (poser, mettre) • *shed* (verser : larmes, perdre : feuilles)

■ Éviter de confondre deux verbes dont l'un est prétérit ou participe passé et l'autre infinitif :

found : passé de *find* ÷ ***found*** (prét. *founded, founded*) : fondre, créer

wound : nc *(une blessure)* ÷ ***wound*** (pp de *wind*, remonter)

■ Éviter de confondre un verbe au présent, passé ou participe passé et un nom :

abode (passé de *abide*) et *an abode (residence, dwelling, home)* • *bear* et *a bear* • *cost* et *a cost* • *felt* et *felt* (le feutre) • *ground (grind)* et *ground* (le sol) • *shed* et *shed (=shelter)* • *shot* et *a shot*, etc.

■ Deux mots homographes peuvent s'orthographier de la même façon, mais avoir deux sens différents.

My watch's stopped. I forgot to ***wind*** *it.* (remonter).

The ***wind*** *is blowing strong tonight.* (vent)

■ Certains mots homographes ont un sens différent en fonction de la catégorie à laquelle ils appartiennent ; en voici quelques exemples :

bow, live, lead, wind, wound, row, sow, wind

■ Il existe une série de mots **homophones** qui se prononcent de la même façon mais dont l'orthographe est différente. En voici quelques-uns :

aloud : à voix haute *allowed* : permis	*alter* : changer *altar* : autel	*ant* : fourmi *aunt* : tante	*bail* : caution *bale* : balle (de coton)
beach : plage *beech* : bouleau	*bean* : haricot *been* : pp de *be*	*berry* : baie *bury* : enterrer	*blue* : bleu *blew* : pp de *blow*
bough : branche *bow* : s'incliner	*bare* : nu *bear* : porter	*berth* : couchette *birth* : naissance	*bread* : pain *bred* : pp de *breed*
brake : freiner *break* : casser	*cereal* : céréale *serial* : en série	*cent* : centime *sent* : envoya	*chews* : mâche *choose* : choisir
cite : citer *site* : site	*days* : jours *daze* : étourdi	*dew* : rosée *due* : dû	*earn* : gagner *urn* : urne
ewe : brebis *yew* : if *you* : tu / vous	*eye* : œil *I* : je	*eight* : huit *ate* : mangea	*fair* : juste *fare* : le prix d'un billet, d'une course
flower : fleur *flour* : farine	*great* : grand *grate* : la grille	*groan* : grogner *grown* : pp de *grow*	*hear* : entendre *here* : ici
haul : porter *hall* : couloir	*hair* : cheveux *hare* : lièvre	*heard* : entendu *herd* : troupeau	*hole* : trou *whole* : tout
horse : cheval *hoarse* : enroué	*hour* : heure *our* : notre	*knew* : sus / sut *new* : nouveau	*know* : connaître *no* : non
laps : tours de piste *lapse* : rechute(r)	*lead* : le plomb *led* : pp de *lead*	*loan* : prêt *lone* : seul	*maid* : bonne *made* : pp de *make*
meat : viande *meet* : rencontrer	*male* : mâle *mail* : courrier	*mane* : crinière *main* : principal	*missed* : manqué *mist* : brume
mussel : moule *muscle* : muscle	*night* : nuit *knight* : chevalier	*one* : un *won* : gagna	*would* : conditionnel *wood* : le bois
pain : douleur *pane* : carreau (de vitre)	*plane* : avion *plain* : simple, moche	*pause* : pause *paws* : pattes	*peek* : coup d'œil furtif *peak* : pic
pea : petit pois *pee* : pisser	*prey* : proie *pray* : prier / prière	*peel* : épeler *peal* : carillonnement	*place* : endroit *plaice* : plie, carrelet
rain : la pluie *reign* : régner *rein* : frein, réfréner	*read* : passé de lire *red* : rouge	*real* : vrai *reel* : bobine, tituber	*right* : droit *write* : écrire
road : route *rode* : monta, chevaucha	*role* : rôle *roll* : rouler	*rows* : rangées *rose* : rose	*sales* : soldes *sails* : voiles
see : voir *sea* : la mer	*sew* : coudre *so* : alors	*sell* : vendre *cell* : cellule	*son* : fils *sun* : soleil
sole : unique, semelle *soul* : âme	*steal* : voler *steel* : acier	*suite* : suite (hôtel) *sweet* : sucré	*tale* : conte *tail* : queue
their : leur *there* : là	*tied* : attaché *tide* : marée	*threw* : jeta *through* : à travers	*too* : aussi *two* : deux
tow : remorquer *toe* : orteil	*vale* : vallon *veil* : voile	*wander* : errer *wonder* : se demander	*whine* : gémir *wine* : vin
waste : gâcher *waist* : la taille	*way* : chemin *weigh* : peser	*weak* : faible *week* : semaine	*whole* : entier *hole* : trou

1. Faites correspondre les homophones entre eux.

1. dough	**a.** read
2. grown	**b.** steak
3. lays	**c.** waste
4. reed	**d.** doe
5. rough	**e.** pain
6. sought	**f.** laze
7. stake	**g.** sort
8. tee	**h.** threw
9. through	**i.** groan
10. sale	**j.** ruff
11. waist	**k.** sail
12. pane	**l.** tea

2. Puis complétez les phrases à l'aide des mots de la liste.

1. The future of the company is at ....; we urgently need to find new contracts. • **2.** The sea was pretty .... during the crossing. We couldn't sleep a wink. • **3.** He has .... the advice of the most famous experts on the subject. • **4.** Some people like to have an active holiday, others would rather .... about, doing nothing. • **5.** I'll wait until the .... season starts to buy new clothes. • **6.** You need flour and .... to make bread. • **7.** Watching the Olympics on TV is a .... of time. I'd rather read a book. • **8.** The kid next door broke a .... in the living room window again.

3. Entourez la réponse qui convient.

1. Did you .... what she said? (**hear / here**)
2. They forgot to take .... passports. (**there / their / they're**)
3. You can .... the .... from their house. (**see / sea**)
4. The rider was holding the .... in his hands. (**rains / reins / reigns**)
5. One of the buttons had come off. She had to .... it on. (**saw / sew / sow**)
6. We had terrific .... (**weather / whether**)
7. The .... *Hunter* is a 1978 movie directed by Michael Cimino. (***Dear/Deer***)
8. In business, a white .... may be a corporation, a private company, or a person that intends to help another firm. (**night / knight**)
9. The accident happened at approximately 10:45 a.m. at the construction .... on Third and Dansby streets. (**sight / site**)
10. Listening to the two candidates was a .... of time. (**waist / waste**)

4. Des erreurs ont pu se glisser dans les phrases. Entourez-les.

1. At the garden party, the men were requested to wear bough ties.
2. Have you red *Moby Dick*?
3. He was wounded during the war and spent several months in rehab.
4. When he saw that winter was round the corner, the farmer decided to sew some wood.
5. His wife said she would sow warm clothes. Both agree that, in the spring, they would saw corn instead of barley, and stop brewing beer.
6. According to climatologists, the ice flow is melting at an unprecedented pace.
7. You look as pail as if you had seen a ghost.
8. The dogs were put off the sent of the escaped prisoners.
9. The soccer game was reined out and the spectators went home disappointed.
10. The country has been pray to a prolonged drought.

5. Accordez la prononciation des mots soulignés avec le mot entre parenthèses.

1. Twenty years later, he still suffers from his war <u>wound</u> (**found / mooned**).
2. Keith Richards, the <u>lead</u> guitar in the group, drives a <u>lead</u>-free Maserati (**head / deed**).
3. You <u>sow</u> the seeds while I feed the <u>sow</u> (**cow / glow**).
4. The girl I <u>live</u> with gave a <u>live</u> performance at the local concert hall (**dive / give**).
5. They heard quite a <u>row</u> coming from the last house in the <u>row</u> (**plough / though**).
6. The cellist in the <u>bow</u> tie took a <u>bow</u> (**allow / flow**).

6. Entourez le mot qui convient.

1. *Snow White and the Seven Dwarfs* is a well known fairy (**tail / tale**).
2. Orange (**peel / peal**) is used in marmalade.
3. The trailer was secured to the car by a metal (**tow / toe**).
4. They broke a window (**pane / pain**) playing football.
5. Foxes (**prey / pray**) on rabbits.
6. The young pianist made her (**bough / bow**) to an appreciative audience.
7. I've always (**wondered / wandered**) whether there was life on Mars.
8. We could see tiny crocuses (**peeking / peaking**) through the snow.
9. The female sheep is called a (**yew / ewe**).
10. The (**fare / fair**)-haired bus driver asked for the (**fairs / fares**).

26 Binômes / *Binomials*

Les binômes (aussi appelés *binomial pairs, irreversible binomials* ou *freezes*) sont des expressions, le plus souvent idiomatiques, dans lesquelles deux mots sont joints ensemble par une conjonction de coordination. L'ordre des mots est figé. On les utilise dans des situations informelles, à quelques exceptions près, et pour des comparaisons.

▪ Certaines de ces expressions sont **allitératives** : *bag and baggage* • *the birds and the bees* • *black and blue* • *bread and butter* • *part and parcel* • *safe and sound* • *spick and span* • *rough and ready* • *kith and kin* • *cash and carry* • *hem and haw* ou emploient le même son : *flotsam and jetsam* • *huff and puff* • *time and tide* • *wear and tear* • *wine and dine*

▪ D'autres sont **redondantes** : *pick and choose* • *flesh and blood* • *rules and regulations* • *twists and turns* • *shakers and movers* • *in dribs and drabs* • *ways and means* • *null and void* • *beck and call* • *odds and ends.*

▪ On trouve des **antonymes** qui ont valeur **contrastive** : *ebb and flow* • *give and take* • *this and that* • *ups and downs* • *high and low* • *cops and robbers* • *coming and going* • *dead or alive* • *give and take* • *heads or tails* • *hide and seek* • *top to bottom* • *up and down* • *wax and wane*

▪ Des **synonymes** : *by hook or by crook* • *cease and desist* • *first and foremost* • *heart and soul* • *leaps and bounds* • *neat and tidy* • *nook and cranny* • *peace and quiet* • *prim and proper* • *rant and rave*

▪ Construction par **association** : *heart and soul* • *lock and key* • *tooth and nail* • *knives and forks* • *pins and needles* • *sick and tired* • *rules and regulations* • *waifs and strays* • *pure and simple* • *bits and pieces* • *facts and figures* • *pen and ink* • *sticks and stones* • *collar and tie*

Les binômes peuvent être composés • de **deux noms** (*hammer and sickle*) • de deux **verbes** (*huff and puff, hide and seek, search and rescue, wax and wane, rock and roll*) • de deux **adjectifs** (*hot and cold, black and blue*) • de deux **conjonctions** (*ifs and buts*) • ou de deux **prépositions** (*down and out, off and on, up and about, ins and outs, ups and downs*)

Les mots de liaison sont généralement ***and***, mais également ***or*** (*do or die* • *friend or foe* • *make or break* • *rain or shine* • *sink or swim* • *sooner or later* • *take it or leave it*) • ***nor*** (*neither fish nor fowl* • *neither hide nor hair*) • ***by*** (*cheek by jowl*) • ***to*** (*head to toe* • *hand to mouth*) • ***but*** (*slowly but surely*) • ***over*** (*head over heels*) • ***in*** (*hand in glove*)

On trouve aussi des expressions dans lesquelles il y a **répétition** du même mot : *again and again* • *back to back* • *so and so* • *over and over* • *neck and neck* • *eye to eye* • *hand in hand* • *heart to heart* • *man to man* • *on and on* • *side by side*

Ces expressions sont parfois au **pluriel** : *ladies and gentlemen* • *peas and carrots* • *by leaps and bounds* • *the nuts and bolts* • *the ins and outs.*

Les binômes peuvent être des **lettres** : *(mind one's) Ps and Qs* • *R&R (rest and recreation)* • *cross your I's and dot your T's* • *P and P (postage and packing)* • *R and D (research and development)*

Des **noms propres** sont aussi associés : *Antony and Cleopatra* • *Romeo and Juliet* • *Barbie and Ken* • *Sonny and Cher*

Il existe également des trinômes : *big fat and ugly* • *hook line and sinker* • *Tom Dick and Harry* • *lock stock and barrel* • *sex drugs and rock n'roll* • *ear nose and throat (ENT)* • *blood sweat and tears* • *hop skip and jump* • *cool calm and collected.*

Exercices

1. Associez le mot de la colonne de gauche et l'un des mots de la série.

1. law and	money	justice	order	attorney
2. now and	tomorrow	then	ever	never
3. pick and	tick	try	select	choose
4. by leaps and	heaps	hills	bounds	springs
5. black and	pink	green	blue	red
6. fun and	frolics	amusement	furious	recreation

2. Formez des binômes allitératifs à l'aide de *and.* (Attention à l'ordre.)

1. wine	**7.** part	**a.** high	**g.** raving
2. proper	**8.** ranting	**b.** furious	**h.** bolts
3. safe	**9.** spick	**c.** rough	**i.** sound
4. dry	**10.** nuts	**d.** span	**j.** rack
5. ruin	**11.** fast	**e.** prim	**k.** parcel
6. ready		**f.** dine	

3. Formez des binômes employant des mots ayant le même son.

1. hoi	**5.** willy-	**a.** and thither	**e.** and jetsam
2. floatsam	**6.** hither	**b.** and tide	**f.** nilly
3. time	**7.** hustle	**c.** polloi	**g.** and tear
4. wear	**8.** huff	**d.** and puff	**h.** and bustle

4. Formez des binômes contenant des antonymes.

1. better or	**6.** hide and	**a.** tails	**f.** dusk
2. dawn till	**7.** near and	**b.** cons	**g.** wane
3. dead or	**8.** now and	**c.** ceiling	**h.** seek
4. floor to	**9.** pros and	**d.** worse	**i.** then
5. heads or	**10.** wax and	**e.** far	**j.** alive

5. Trouvez les explications des binômes.

1. through all forms of obstacle that are put in one's way
2. a conventional and law abiding course
3. whether it is with or against your will
4. from one coast to another
5. in a carefree, stylish manner
6. odds and ends, bits and pieces
7. in chaotic and disorderly haste
8. be entirely subservient
9. help and encourage in the commission of a crime
10. complete destruction

a. beck and call
b. high, wide and handsome
c. through thick and thin
d. rack and ruin
e. willy-nilly
f. aid and abet
g. straight and narrow
h. helter-skelter
i. from sea to shining sea
j. floatsam and jetsam

6. Complétez les phrases à l'aide du binôme qui convient.

1. In some American cities, whole areas have been deserted and left to go to .... until the developers move in.
2. After the team lost their seventh game in a row, the coach could be heard .... at the players.
3. Advice to housewives: to make hubby happy, just keep your home ....
4. However powerful a body the European Commission may be, its influence has .... Today the Commission is at a low ebb.
5. He risked .... in trying to rescue the drowning passengers from the car that had plunged headlong into the canal.
6. They have moved .... in order to find the missing boy. All in vain.
7. .... teams arrived with sniffer dogs, high-tech listening devices and hydraulic spreaders.

7. Les binômes ont souvent une valeur culturelle. Associez les binômes aux définitions qui suivent.

a. Ben and Jen • **b.** loaves and fishes • **c.** fish and chips • **d.** bag and baggage • **e.** Darby and Joan • **f.** sink or swim • **g.** lock stock and barrel • **h.** Tom and Huck • **i.** sex, drugs and rock'n roll • **j.** Tweedledee and Tweedledum

1. a happily married couple who lead a placid, uneventful life ....
2. two characters in a famous 19th century novel by Mark Twain ....
3. two famous Hollywood movie stars ....
4. a situation where you will either fail or you will find a way to succeed ....
5. miracle attributed to Jesus ....
6. two people or two groups resembling each other so closely that they are practically indistinguishable ....
7. the traditional and popular take-away food in Britain ....
8. a famous trinomial part of the hippie movement in the 1960s ....
9. the whole thing ....
10. all of one's possessions ....

27 Analogie / *Similes*

My love is as a fever, longing still
For that which longer nurseth the disease
Shakespeare, Sonnet CXLVII

Un *simile* est une figure de style qui consiste à comparer deux éléments généralement atypiques, par le biais de *like, as, than*. Traduites littéralement, ces comparaisons n'ont souvent pas de sens mais elles sont faciles à comprendre. Exemple : *as dead as a doornail* littéralement signifie « aussi mort qu'un clou de porte » et, en fait, « bel et bien mort » (=*totally dead*).

Les grands écrivains (Homer, Virgil, Dante, Shakespeare, Keats) ont manié avec subtilité l'art de la comparaison, comme en témoigne le poème de Robert Burns :

My love is like a red, red rose

That's newly sprung in June:

My love is like the melody

That's sweetly played in tune.

Les qualités humaines ou physiques sont le plus souvent le point de départ d'une comparaison. C'est la raison pour laquelle le premier élément est un adjectif : *as sturdy as an oak, as tall as a giraffe, as tough as leather, as thin as a rake.*

L'emploi des *similes* n'est cependant pas neutre. Les comparaisons sont parfois utilisées de façon informelle, et appartiennent au langage familier. Elles sont souvent humoristiques.

■ Certains similes fonctionnent sous la forme d'**oppositions** :

as heavy as lead ≠ as light as a feather, as light as air

as high as a kite ≠ as lowly as a worm

as drunk as a lord ≠ as sober as a judge

as black as night ≠ as white as snow

as quick as lightning / as silver ≠ as slow as molasses / as a snail / as a tortoise

■ Certains prennent une forme **allitérative** : *as green as grass • as brown as a berry • as good as gold • as cool as a cucumber • as cute as a cup cake • as fit as a fiddle • as snug as a bug in a rug • as modest as a maiden*

■ Certains similes jouent sur le **sarcasme** ou l'**ironie** et prêchent le faux pour le vrai : *His explanation was as clear as mud (=not clear at all) • The film was about as interesting as watching a copy of Windows download (=very boring) • Watching the show was like watching paint dry (=very boring)*

■ Les **animaux** ou les **plantes** figurent souvent dans les *similes* : *as strong as an ox • gay as a lark • fresh as a daisy • as sweet as a lullaby • as brave as a lion • as cunning as a fox • as free as a bird • as sturdy as an old oak*

■ le **climat** : *cold as a witch's tit • hot as hell • colder than a well digger's ass • as cold as any stone*

■ la **vie courante** : *as bright as a button • as dull as dishwasher • as hard as nails • as light as a feather*

Les similes servent à exprimer :

■ des **émotions** : *fast like a cheetah • as explosive as a volcano • as mad as a hatter • as red as a beetroot • like a bear with a sore head • like a red rag to a bull • happy as the day is long*

■ des **attributs physiques** : *as thin as a rake • tough as leather • pretty as a picture • as* *hard as iron* • *as dry as a bone* • *have eyes like a hawk* • *as fit as a fiddle* • *as fit as a butcher's dog*

▒ des **défauts** : *as sly as a fox* • *as blind as a bat* • *as deaf as a post* • *have a head like a sieve* • *as obstinate as a mule*

▒ la **stupidité** : *as silly as a goose* • *as dumb as a doorknob* • *as dense as a London fog* • *dumb as a post* • *dumb as a stump* • *dumber than a bag of hammers* • *sharp as a marble* • *sharp as a tack* • *thick as a brick* • *thick as a ditch*

▒ des **qualités** : *as quiet as a mouse* • *as bold as brass* • *as quick as a flash* • *as quick as lightning* • *as brave as a lion*

▒ des **textures** : *as smooth as silk* • *as soft as a baby's bottom*

▒ des **habitudes** : *drink like a fish* • *drunk as a lord* • *eat like a horse* • *sleep like a log* • *smoke like a chimney* • *work like a dog* • *eat like a bird*

▒ des **situations** : *as easy as pie* • *as easy as falling off a log* • *as easy as A.B.C.* • *work like a dream* • *like a bull in a china shop* • *like a knife through hot butter*

▒ la **joie** : *as pleased as punch* • *as happy as Larry* • *as happy as a lark* • *as happy as a clown*

▒ l'**intelligence** : *as smart as a whip* • *as wise as an owl*

▒ la **vieillesse** : *as old as Methusaleh* • *as old as the hills*

▒ la **mort** : *as still as death* • *as sure as death and taxes* • *as dead as the dodo* • *as silent as the grave* • *as pale as death*

▒ la **folie** : *as mad as a hatter / a hornet / the march hare* • *madder than a bull* • *as nutty as a fruitcake*

1. Complétez les *similes* à l'aide d'un adjectif.

1. as .... as a monkey	a. busy
2. as .... as an elephant	b. fat
3. as .... as a lion	c. big
4. as .... as a bee	d. gentle
5. as .... as a hound's tooth	e. brave
6. as .... as a fox	f. cunning
7. as .... as a pig	g. agile
8. as .... as a lamb	h. clean

2. Et inversement, trouvez les animaux.

1. as happy as a	a. dog
2. as hungry as a	b. mule
3. as hoarse as a	c. worm
4. as lowly as a	d. bear
5. as mad as a	e. ox
6. as obstinate as a	f. peacock
7. as proud as a	g. hornet
8. as sick as a	h. crow
9. as slow as a	i. lark
10. as strong as an	j. snail

3. Qualités humaines.

1. as .... as a millpond	a. poor
2. as .... as a flower	b. thick
3. as .... as a brick	c. sharp
4. as .... as an owl / Solomon	d. calm
5. as .... as a rabbit	e. sensitive
6. as .... as Job	f. wise
7. as .... as a flower	g. delicate
8. as .... as a needle	h. timid

4. Complétez les *similes* à l'aide d'un mot de la liste.

1. Be careful when you go out. It has rained and the sidewalk is as slippery as ....
2. It hasn't rained for several weeks. The soil's dry as ....
3. We couldn't see a thing, it was as dark as ....
4. You'll have to speak up, she's as deaf as a ....
5. She never says a thing. She's as quiet as a ....
6. Her face suddenly went as white as ....
7. You're not eating enough. You're as thin as ....
8. He'll help you move the piano. He's as strong as ....
9. Don't worry, I'll be as right as .... as soon as I have taken my pills.
10. He'd been traveling alone round Europe for a year - free as ....

5. Entourez le *simile* correspondant à la réponse.

1. If a course of action worked very well it means that it…
   a. worked like a dream
   b. was as easy as pie
   c. was as clear as crystal
2. A lecture that was long and boring was…
   a. as keen as mustard
   b. as neat as a new pin
   c. as dull as dishwater
3. Someone who hasn't got a criminal record is…
   a. as steady as a rock
   b. as clean as a whistle
   c. as tricky as a box of monkeys
4. Someone who is disappointed because their favorite team lost the final is…
   a. as sturdy as an old oak
   b. as sour as vinegar
   c. as sick as a parrot
5. Someone who is very honest and careful to behave in a socially acceptable way is…
   a. as smooth as silk
   b. as straight as an arrow
   c. as neat as a pin
6. An event which is certain to make someone very angry is…
   a. as black as a sweep
   b. like a red rag to a bull
   c. as welcome as a skunk at a lawn party
7. Someone with a very bad memory…
   a. is old as the hills
   b. is crazy as a loon
   c. has a head like a sieve
8. He can't make head or tail of physics.
   a. It is as dark as the night.
   b. It is as troubled as ocean water.
   c. It is as clear as mud to him.
9. He won't follow directions.
   a. He's as tough as a nut.
   b. He's as stubborn as a mule.
   c. He's as hard as a pig.
10. The two models are almost identical.
    a. They are as alike as two peas in a pod.
    b. There are like two feathers in a cap.
    c. They are like two cracks in a vase.

28 Euphémismes / *Euphemisms*

Un euphémisme est une figure de rhétorique ou de pensée qui substitue une expression atténuée ou adoucie à une idée déplaisante, odieuse ou brutale, et dont l'expression, pour des raisons sociales ou politiques, pourrait apparaître comme déplacée ou choquante. Exemples : *the deceased* • *the mentally handicapped* • *the senior citizens* • *a surgical strike* • *intimate relations* • *racial profiling (=a form of racism consisting of the (alleged) policy of policemen who stop and search vehicles driven by persons belonging to particular racial groups)*.

Le mot « euphémisme » vient du grec, et signifie « favorable ». L'eupheme était jadis couramment utilisé dans le langage religieux pour désigner un mot ou une expression que l'on ne devait pas prononcer à voix haute.

Parfois l'euphémisme conduit à déformer volontairement la signification du terme désiré, et on parle alors de langue de bois (*double-speak*). C'est surtout le cas dans le langage militaire ou celui des affaires : *rightsizing* ou *downsizing* pour *massive layoffs, enhanced interrogation techniques* pour *torture*.

La litote (*understatement*) consiste à dire moins pour en dire plus, à masquer le côté désagréable des choses et, en particulier, à exprimer la négation du contraire. Exemples : *not exactly thin* (au lieu de *fat*), not *completely truthful* (pour *liar*).

Une forme avancée de l'euphémisme ou de la litote s'est traduite dans la mode du *politically correct* (PC) au début des années 1990. Elle vise surtout les discours de certains groupes (ethniques ou non) ou de certaines sciences. Par exemple, le terme *lame* (boîteux) a évolué au fil du temps pour devenir politiquement acceptable : *crippled* ➪ *handicapped* ➪ *disabled* ➪ *physically challenged* ➪ *differently abled*

Ainsi, on ne doit plus dire *dead*, mais *terminally inconvenienced* • *disabled* ➪ *handicapable* • *drunk* ➪ *sobriety-deprived* • *fat* ➪ *possessing an alternate body image* • *girl* ➪ *pre-woman*, *old* ➪ *chronologically gifted* • *stupid* ➪ *cerebrally challenged* • *white* ➪ *melanin impoverished, etc.*

On peut **classer** les euphémismes ainsi :

- termes d'origine étrangère (*copulation, perspire, urinate*)
- abréviations (*SOB* pour *son of a bitch*, *BS* pour *bullshit*, *TS* pour *tough shit*)
- bienséance (*privates, live together, go to the bathroom, sleep together*)
- mots tabous (*four-letter word*, pour *fuck, shit, cock, damn, cunt, piss, arse*, etc. ; cf. en français « le mot de Cambronne »)
- déformations (*freak, frak* au lieu de *fuck*)

Les domaines **linguistiques** utilisant les euphémismes sont les suivants :

- le **langage militaire** : *collateral damage (=unintended or incidental damage*, terme popularisé pendant la guerre du Vietnam) • *pacification (=a military or police action to disarm combatants)* • *friendly fire* • *buy the farm* • *enemy combatant (=terrorist)* • *ethnic cleansing (=genocide)* • *freedom fighter (=terrorist furthering American interests)* • *fourth generation warfare (4GW) (=government-managed terrorism)* • *HUMINT (=spies)* • *take out (=assassinate an individual, destroy a target)* • *take down (=kill)* • *transfer tubes (=body bags)* • *asset (=foreign spy)*. Quand un soldat est tué accidentellement par son propre camp, on parle de *friendly fire* (lit. « feu ami ») ou *blue on blue (BOBbing)*.

▪ la **grossesse**, la **naissance** : *have a bun in the oven* • *be in the family way* • *be with child* • *in the club* • *be expecting* • *be in an interesting condition (=be pregnant)* • *be in trouble (=be pregnant, esp. when not married)* • *knocked up (=pregnant)* • *a happy event (=a birth)* • *the wrong side of the blanket (=being born out of wedlock)*

▪ la **vieillesse** et la **mort** : *eternal rest (=death)* • *depart this life* • *the departed (=the dead)* • *pass away* • *put a person to death* • *buy the farm* • *bite the big one* • *kick the bucket* • *cash in one's chips* • *croak* • *give up the ghost* • *pop one's clogs* • *check out* • *gone south* • *assume room temperature* • *go over to the other side (also applied to adopting a homosexual lifestyle)*.

Quand on évoque l'enterrement, on utilise les expressions *push up daisies* • *sleeping the big sleep* • *taking a dirt nap* • *six feet under*; on trouve aussi : *dead meat* • *the loved one* • *the dear departed*.

L'euthanasie a inspiré des expressions comme *put one to sleep, have one put down, put one out of one's misery*.

▪ l'**environnement** : *outgassing* ou *runoff (=pollution)*, décrivant le procédé plutôt que les conséquences • *sustainable population (=population control)* • *biosolids (=sludge, sewage)*. On évite les termes de *waste* ou *wastewater* auxquels on préférera *byproduct, recycling, reclaimed water* ou *effluent*.

▪ la **religion** : *heck* pour *hell* • *gosh* pour *God* • *Jeez* pour *Jesus* • *intelligent design (=religion pretending to be science)*

▪ les **excréments** : *number one (=pee)* • *number two (=poo)* • *do one's business (=defecate)* • *see a man about a dog* • *drop the kids off at the pool (=go to the toilet)* • *leave the room (=go to the lavatory)* • *lose one's lunch (=vomit)* • *night soil (=human faeces)* • *spend a penny (=use a lavatory)* • *the call of nature (=the need to use the lavatory)*.

Des euphémismes s'emploient également pour les déjections canines : on parle alors de *dog doo* ou *poop*.

▪ le **sexe** : *groin* • *crotch* • *loins (=genitals)* • *comfort women (=prostitutes)* • *carnal knowledge (=fornication)* • *have it away (=have sex)* • *a house of ill repute / massage parlor (=a brothel)* • *a lady of the night (=a prostitute)* • *adult bookstore / movie (=pornographic bookstore / film)*

Les métaphores empruntées au sport, en particulier le baseball, sont souvent utilisées pour décrire l'acte sexuel : *hit it off (=a good start to a relationship)* • *strike out (=an unlucky turn of event in a sexual relationship)* • *running the bases (=progressing sexually in a relation)*. Les *bases* forment, de la première à la troisième, les étapes qui vont de *petting and necking* à l'acte lui-même (*scoring, coming home*). Les parties génitales sont appelées *bat and balls* alors que *glove* ou *mitt* sont des références à l'anatomie féminine.

▪ le **monde du travail** : *corporate America (=describing the business world of the United States. It is frequently used in a negative sense that implies greed)* • *deregulation* • *efficient (=profitable)* • *flexibility (=lack of job security)* • *terminate with extreme prejudice* signifie *end one's employment without possibility of rehire* (mais aussi *kill*; cf. la mission de Captain Willard dans *Apocalypse Now*) • *laid off* • *spend more time with my family (=made redundant). On Carey Street* signifie *to be bankrupt (where the UK bankruptcy court used to be located)*.

Les emplois sont aussi source d'euphémismes, donnant l'impression de postes ronflants : *sales assistant* • *chauffeur* • *logistics manager* • *grief therapist* • *waste removal officer (UK), sanitation person / engineer (US) (=garbage collector)*

▪ la **politique** et la **diplomatie** : *big government* • *developing nations* • *manifest destiny (=imperialism)* • *militant (=terrorist)* • *nation building (imposing or influencing a new domestic policy)* • *new world order (=globalization* • *imperialization)* • *rogue nation (=enemy able to deploy some form of force)* • *blowback (=unintended consequences of covert operations)*

▪ la **criminalité** : *it fell off the back of a truck / lorry (=stolen goods)* • *security breach (=break-in)* • *do sb in (=murder)* • *appropriate / salvage / lift / borrow (=steal)* • *incarcerated (=imprisoned)* • *secure facility (=jail)* • *inventory shrinkage (=theft)* • *correctional facility (=prison)* • *apprehend (=arrest)* • *problem child* • *at-risk child (=juvenile delinquent)*

▪ la **drogue** : *substance abuser (=drug addict)* • *substance abuse (=addiction)* • *chemical dependency (=drug addiction)* • *illegal substances (=drugs)*

▪ l'**éducation** : *special education (=remedial work)* • *underachiever / underperformer (=poor student)* • *educator (=teacher)*

▪ la **maladie** : *the Big C (=cancer)* • *fading quickly* • *negative patient care outcome (=death)* • *indisposed* • *under the weather (=sick)*

▪ les **NTIC** : *digital rights management (=software which restricts people from exercising their rights of fair use)* • *solution (=software product)* • *third-party unauthorized use (=cracking)*

▪ la **pauvreté** : *be in reduced circumstances* • *be financially embarrassed* • *be disadvantaged*

▪ les **jurons** : *darn-it, dang* pour *damn* • *eff off (=fuck off)*

1. Faites correspondre les expressions entre elles.

1. wet work	a. subdue by force
2. area denial munitions	b. fire from allied or friendly force
3. physical persuasion	c. assassination
4. post-traumatic stress disorder	d. prison
5. pacify	e. landmines
6. black bag operation	f. be accidentally killed
7. buy the farm	g. kill
8. blue on blue	h. torture
9. waste sb	i. illegal break in
10. correctional facility	j. shell shock

2. À quels adjectifs correspondent les euphémismes en colonne 1 ?

1. ill-advised	a. lazy
2. pre-owned	b. dead
3. mature	c. killed
4. wasted	d. bad
5. checked out	e. drunk
6. extramarital	f. elderly
7. intoxicated	g. poor
8. attention deficit disorder	h. used
9. unmotivated	i. adulterous
10. low-income	j. hyperactive

3. Devinez les métiers qui se cachent derrière les titres. Associez les chiffres et les lettres.

1. retail representative	a. security guard
2. domestic assistant	b. window washer
3. child minder	c. custodian
4. garbiologist	d. janitor
5. loss prevention officer	e. teacher
6. administrative assistant	f. rubbish collector
7. vision clearance engineer	g. house servant
8. custodian	h. baby sitter
9. educator	i. secretary
10. building maintenance staff	j. cashier

EXERCICES

4. PC speech. Complétez le tableau à l'aide des expressions PC.

charm-free • hair disadvantaged • stolen nonhuman-animal product • unwaged labor • acquaintance rape survivor • unpaid sex worker • people's art • nondiscretionary fragrance • emotionally different • exploiting Mother Earth • legalized rapist • significant other • partner

1. bald ....
2. body odor ....
3. boring ....
4. chores ....
5. crazy ....
6. egg ....
7. farming ....
8. girlfriend ....
9. graffiti ....
10. husband ....

5. Donnez un synonyme pour les euphémismes soulignés.

1. Can we make a pit stop? I need to go to the <u>restroom</u>.
   ....
2. Those documents are <u>classified</u>. They can't be taken out.
   ....
3. Three GIs were killed by an <u>IED</u> while on patrol in the South of Iraq.
   ....
4. The list of <u>casualties</u> keeps getting longer. ....
5. The election was marred by <u>irregularities</u>. ....
6. Demand for <u>pre-owned</u> luxury cars drives new business.
   ....
7. CIA members have been flown to the Middle East through Scotland as part of the US controversial <u>rendition</u> flights program.
   ....
8. <u>Revenue enhancement</u> is part and parcel of the government's plan to fund its education projects.
   ....
9. A man arrested on a probation violation is being considered a <u>person of interest</u> in a triple shooting outside an apartment complex.
   ....
10. In the US, the <u>relocation</u> of thousands of Indians to urban areas away from homeland after WWII was a traumatic experience for most.
   ....

29 Proverbes / *Proverbs*

Les proverbes font partie intégrante de la langue anglaise. Ils sont l'illustration de sa culture et permettent souvent de décrypter une situation, un titre de presse.

La Bible et de grands auteurs (Shakespeare, par exemple) ont souvent été les inspirateurs de proverbes. Les proverbes ont parfois une valeur morale et illustrent une histoire, véridique ou non.

Comme dans le cas des idiomes, les proverbes doivent être utilisés avec parcimonie.

Il n'est pas facile d'établir une topologie des proverbes. Voici quelques catégories. Tous n'ont pas de traduction en français.

La famille et les relations

Blood is thicker than water (Bon sang ne saurait mentir) • *Charity begins at home* (Charité bien ordonnée commence par soi-même) • *Do unto others as you would have done to you* • *Don't bite the hand that feeds you* • *Familiarity breeds contempt* • *Good fences make good neighbors* • *If you can't beat them, join them* • *It takes two to tango* • *Like father like son* (Tel père, tel fils) • *A friend in need is a friend indeed*

Le règne animal

Let sleeping dogs lie (Ne réveillez pas un chat qui dort) • *kill two birds with one stone* (faire d'une pierre deux coups) • *When the cat's away, the mice will play* (Quand le chat n'est pas là les souris dansent) • *Birds of a feather flock together* (Qui se ressemble s'assemble) • *Don't count your chickens before they're hatched* (Ne vendez pas la peau de l'ours avant de l'avoir tué) • *You can lead a horse to water but you can't make him/it drink* • *Give a dog a bad name and hang him* • *It's the early bird that gets the worm* (L'avenir appartient à ceux qui se lèvent tôt) • *All cats are grey in the dark* (La nuit, tous les chats sont gris)

La politique

Politics make strange bedfellows • *Power corrupts; absolute power corrupts absolutely* • *You scratch my back and I'll scratch yours*

La nourriture

Don't put all your eggs in the same basket (Ne mettez pas tous vos œufs dans le même panier) • *Half a loaf is better than no bread* (Un tien vaut mieux que deux tu l'auras) • *He who will steal an egg will steal an ox* (Qui vole un œuf vole un bœuf) • *Man does not live by bread alone*

La nature

Life is not a bed of roses / a bowl of cherries (La vie n'est pas rose tous les jours) • *Make hay while the sun shines* (carpe diem) • *make a mountain out of a molehill* (faire une montagne de rien) • *An apple a day keeps the doctor away* • *Still waters run deep* (Il n'y a pire eau que l'eau qui dort) • *It's an ill wind that blows no good* • *The grass is always greener on the other side* • *What you sow is what you reap* (On récolte ce que l'on sème) • *Great oaks grow from little acorns* (Les petits ruisseaux font les grandes rivières) • *A tree is known by its fruit* (On juge un homme par ses actions)

L'argent

Don't be penny wise and pound foolish (Ne soyez pas regardant sur les centimes et prodigue sur les euros) • *Don't send good money after bad* (Ne sauvez pas les affaires qui coulent) • *In for a penny in for a pound* • *Money makes the world go round* (L'argent est le nerf de la guerre) • *Money can't buy happiness* (L'argent ne fait pas le bonheur) • *There's money in muck* • *Money is the root of all evil* • *When poverty comes in the door, love flies out the window*

Les humeurs et sentiments

A hungry man is an angry man (Ventre affamé n'a point d'oreille) • *Absence makes the heart grow fonder* • *Revenge is a dish best served cold* (La vengeance est un plat qui se mange froid)

L'expérience

A rolling stone gathers no moss (Pierre qui roule n'amasse pas mousse) • *As you sow, so you shall reap* (On récolte ce que l'on sème) • *Forewarned is forearmed* (Un homme averti en vaut deux) • *Once bitten twice shy* (Chat échaudé craint l'eau froide) • *Don't make a mountain out of a molehill* • *Never put off till tomorrow what you can do today* • *Never say die* • *No pain, no gain* (On n'a rien sans rien) • *Nothing ventured, nothing gained* (Qui ne risque rien n'a rien) • *Slow and steady wins the race* (Il ne sert à rien de courir, il faut partir à point) • *Success is a journey, not a destination* • *Spare the rod, spoil the child* (Qui aime bien châtie bien) • *When in Rome, do as the Romans do* • *Rome was not built in one day* • *You can't have it both ways* • *Where there is a will there is a way* • *Great talkers are little doers* • *A burnt child dreads fire* (Chat échaudé craint l'eau froide)

La religion

Charity begins at home (Charité bien ordonnée commence par soi-même) • *be caught between the devil and the deep blue sea / between a rock and hard place* (être pris entre le marteau et l'enclume) • *God helps those who help themselves* (Aide-toi et le ciel t'aidera) • *Fools rush in where angels fear to tread* • *Give the devil his due* (Rendons à César…) • *The road to Hell is paved with good intentions* (L'enfer est pavé de bonnes intentions)

Les nouvelles technologies

You can't teach a new mouse old clicks (On n'apprend pas à un vieux singe à faire des grimaces) • *Don't byte off more than you can view* (N'ayez pas l'estomac plus gros que le ventre)

L'humour

God looks after fools, drunkards, and the United States (variation de *Heaven protects children, sailors and drunks*) • *He who knows does not speak. He who speaks does not know* • *If you keep your mouth shut, you won't put your foot in it* • *Shit or get off the pot*

1. Complétez les proverbes à l'aide du mot de l'animal qui convient.

bird • cat • dog(s) • duck • gander • goose • horse • leopard • monkey • rabbits

1. A .... cannot change its spots.
2. If you chase two ...., you will not catch either one.
3. Every .... has its day.
4. It's cold enough to freeze the balls off a brass ....
5. Kill not the .... that laid the golden egg.
6. Lie down with ...., wake up with fleas.
7. Like water off a ....'s back.
8. The early .... catches the worm.
9. What's sauce for the goose is sauce for the ....
10. A .... may look at a king.
11. Don't put the cart before the ....

2. Complétez ces proverbes connus à l'aide du mot qui convient.

1. Money is the .... of all evils. • **2.** A picture is worth a thousand .... • **3.** All that glitters is not .... • **4.** All work and no .... makes Jack a dull boy. • **5.** .... speak louder than words. • **6.** A man's home is his .... • **7.** Better late than .... **8.** Necessity is the mother of .... • **9.** Spare the rod and spoil the .... • **10.** Out of sight out of ....

3. Trouvez l'antonyme du mot souligné dans les proverbes.

1. <u>Prevention</u> is better than ....
2. To err is <u>human</u>; to forgive, ...
3. <u>United</u> we stand, ... we fall.
4. A chain is no <u>stronger</u> than its ....-est link.
5. The .... haste, the <u>less</u> speed.
6. Two <u>wrongs</u> don't make a ....
7. Jack of <u>all</u> trades; master of ....
8. Keep your .... close and your <u>enemies</u> closer.
9. Keep you mouth <u>shut</u> and your ears ....
10. .... heads are better than <u>one</u>.

4. Faites correspondre le sens du proverbe à son explication.

1. A rolling stone gathers no moss. ....
2. A stitch in time saves nine. ....
3. Once bitten twice shy. ....
4. The pen is mightier than the sword. ....
5. The proof of the pudding is in the eating. ....
6. You can't make a silk purse out of a sow's ear. ....
7. Every cloud has a silver lining. ....
8. A burnt child dreads the fire. ....
9. All that glitters is not gold. ....
10. Blood is thicker than water. ....
11. Learn to walk before you run. ....
12. Make hay while the sun shines. ....

a. Fix the small problem now before it becomes larger and harder to fix.
b. Words and communication have greater effect than war and fighting.
c. Bonds between family members are stronger than other relations.
d. Do the task when possible.
e. Not everything is what it appears to be.
f. Do not rush into what you don't know.
g. After an unpleasant experience, people are careful to avoid something similar.
h. You can't make something good out of inferior materials.
i. The real value of something can be judged only after it has been tried or tested.
j. Every unpleasant situation has a positive side to it.
k. A person who has had bad experiences will shy away from certain things.
l. A person who is active will not grow stale.

30 Mots prêtant à confusion / *Confusing words*

Il existe un certain nombre de mots parfois proches par la graphie, parfois synonymes ou presque, dont le sens est souvent déformé.

accept (*verb*) / except (*prep.*)	He did not **accept** the position. • Everyone **except** John was present at the meeting.
adapt (*verb*) / adopt (*verb*)	Few immigrants managed to **adapt** to the harsh living conditions in colonial Virginia. • They have **adopted** a child.
advice (*noun*) / advise (*verb*)	The authorities have **advised** the tourists not to travel to Darfur. • A president gets **advice** from his advisers.
affect (*verb*) / effect (*noun*)	He was very much **affected** by the death of his wife. • The new cuts in health care will take **effect** in August.
aid / aide	**aid** is assistance or a source of assistance; an **aide** is an assistant
all ready / already	I'm **all ready** to go (=completely ready to go). • He's **already** gone (=before the time specified).
all together / altogether (*=on the whole, completely*)	**Altogether**, he spent a little less than 1,000 dollars for his new computer. • The bereaved were **all together** in the funeral parlour, waiting for the ceremony to start. • The two projects were **altogether** different.
allusion / illusion	He made an **allusion** to the candidate's war record. • The mirage was strictly an **illusion**.
avoid / prevent / warn	The motorist was unable to **avoid** the obstacle that was lying on the road. • He was unable to **warn** her that he would be late for their date. • **Avoid** chewing gum in class.
borrow / lend	"Can I **borrow** your car for tomorrow? I need it to go to work." "I certainly can **lend** it to you if you need it."
complement (*verb*) / compliment	I must **compliment** you on your choice of wines for the party. • A good wine is a **complement** to a good meal.
ingenious / ingenuous	The new video game was invented by an **ingenious** student. • Jane is so **ingenuous** she will believe anything you tell her.
look / see / watch	**Look** at how graceful she dances! • Can you **see** the church in the distance? • He **watches** TV in the evening. • I **watched** *High Noon* last night.
passed (*past tense of pass*) / past (*noun, prep*)	The Senate has **passed** the house bill by a 64-5 majority. • Baseball remains America's pastime even if some consider it to be **past** its time. • By confronting the **past** we can embrace the future.
there / they're (=*they are*) / their (=*possessive*)	We went to Arizona last year and stayed **there** for two weeks. • **They're** ready. We can go. • What color is **their** car? • **There** must be a mistake.
you're (=*you are*) / your (*possessive*)	**You're** from New England, aren't you? • Have you got **your** passport with you?

Parmi les autres mots souvent confondus, on peut citer :

▪ des **noms** : *action / activity* • *assumption / presumption* • *brakes / breaks* • *channel / canal* • *counsel / council* • *criticism / objection(s)* • *costume / custom* • *damage / injury / harm* • *desert / dessert (=cake, pie, fruit, ice cream, served as the final course of a meal)* • *game / play* • *principal (=noun or adjective meaning chief, official, main) / principle (=noun, fundamental truth)* • *job / work* • *permission / permit* • *per cent (=after a number) / percentage (=noun)* • *possibility / chance* • *headline / title* • *receipt* (reçu) / *recipe* (recette)

▪ des **prépositions** : *among (=more than two) / between (=two)* • *beside (=next to) / besides (=in addition to)* • *during / for / while*

▪ des **conjonctions** : *if / whether* • *while / whereas* • *because / as* • *while / during* • *although / despite*

▪ des **noms de quantité** : *amount (=things in bulk or mass) / number (=things which are countable)* : an amount of money / time / funds / data ; a number of homes / students / events / voters / factors

▪ des **quantifieurs** : *fewer (+ number, countables) / less (+ value, degree, amount, uncountables)*

▪ des **adjectifs** : *anxious / eager* • *appreciable / appreciative* • *conscientious / conscious* • *causal (=involving, or constituting a cause) / casual (fortuitous, happening by chance, unconcerned, not dressy, irregular, occasional)* • *continual (=very frequent) / continuous (=uninterrupted)* • *eminent / imminent* • *farther (=distance) / further (=used to express additional time, degree, or quantity)* • *eligible (=qualified) / illegible (=hard to read)* • *inconsiderate (=thoughtless, heedless, overhasty, rash, ill-considered) / inconsiderable (=trivial)* • *intolerable / intolerant* • *invaluable / valueless* • *priceless / valueless* • *respectable / respectful* • *restless (=agitated, in motion) / restive (=refractory, stubborn)* • *sensible* (raisonnable) / *sensitive* (sensible)

▪ des **pronoms** : *any one / anyone* • *whose* (relative) / *who's (=who is)* • *its* (possessive) / *it's (=it is)* • *you're (=you are) / your (=possessive)*

▪ des **verbes** : *accede (=agree, assent) / exceed* • *assure / ensure (=guarantee)* • *avenge / revenge* • *bring / take* • *cease / seize* • *make / do* • *hear / listen* • *lay (+ object) / lie (no object)* • *leave / let* • *rise / raise* • *learn / teach* • *avoid / prevent* • *control / inspect* • *discover / invent* • *look at / watch* • *treat / cure* • *immigrate / emigrate* • *infer (=derive by reasoning) / imply (=involve, mean, suggest)* • *hanged* (=executions) / hung • *lend* (=verb) / *loan* (=noun) • *precede / proceed* • *wander / wonder*

▪ des **adverbes** : *actually (=really) / currently (=nowadays)* • *any way / anyway (=anyhow, nonetheless, regardless)* • *bad / badly* • *briefly / shortly* • *good / well* • *quite* (=completely) / *quiet* • *briefly / shortly*

▪ des **connecteurs** : *however / moreover*

▪ des **noms** et des **verbes** : *device / devise* • *advice / advise*

▪ des **adjectifs** et des **verbes** : *loose (=not tight) / lose* (=verb) • *elicit (=bring or draw out something latent, deduce) / illicit*

▪ des **adjectifs** et des **noms** : *stationary* (stationnaire) / *stationery* (fournitures de bureau, papeterie) • *confident / confidant (=sb you confide in)* • *personal / personnel*

1. Des erreurs ont pu se glisser dans les phrases. Rectifiez-les.

1. The strike will seriously effect bus services. ....
2. You'll find her office besides the coffee machine. ....
3. They chose to move to a more respectful district and take advantage of better schools. ....
4. She's veggie. She won't eat meat on principal. ....
5. The owner raised strong criticisms when the police insisted on searching his flat. ....
6. Graham Bell discovered the telephone and Alexander Fleming invented penicillin. ....
7. The computer has given us continuous trouble ever since we bought it. ....
8. The twister caused a lot of damages on its path of destruction. ....
9. After the tsunami, the local authorities were very appreciable of the West's efforts to help. ....
10. Briefly before the abduction, a white truck had been seen in the neighborhood. ....

2. Entourez le mot juste.

1. They are ready to **(except / accept)** all the conditions, **(accept / except)** one.
2. The foodstuffs were divided **(among / between)** the refugees.
3. The bill for the room **(amounted / numbered)** to $250 a night.
4. A large **(number / amount)** of people voted 'no' in the referendum.
5. The students were waiting, **(eager / anxious)** to hear the results of their exams.
6. The football players were **(eager / anxious)** to meet their new coach.
7. **(Any one / Anyone)** who wishes may leave now.
8. I can **(lend / borrow)** you my car if you need it.
9. The city **(counsel / council)** is meeting at ten today.
10. **(Fewer / less)** guns mean **(less / fewer)** violence.

3. Utilisez l'un des deux mots entre parenthèses, puis traduisez.

1. Pour faire face à l'enchérissement du prix des carburants, la compagnie a augmenté ses tarifs. **(rise / raise)** ....
2. Il y a une différence appréciable entre un PC et un Mac. **(appreciative / appreciable)** ....
....
3. Ils ont baissé les impôts pensant relancer la croissance. **(assumption / presumption)** ....
....
4. Il m'a fourni d'excellents conseils sur la marche à suivre. **(advice / advise)** ....
5. Les restaurants sont régulièrement contrôlés par les autorités sanitaires. **(control / inspect)** ....
....
6. Les magasins ont baissé leur rideau pendant les funérailles. **(for / during)** ....
....
7. Ils ont bu un nombre inconsidéré de bouteilles de vin pendant la fête. **(inconsiderate / inconsiderable, for / during)** ....
8. Le service des urgences est tellement débordé qu'il ne peut traiter tous les patients. **(treat / cure)**
....
9. On n'a pas encore trouvé de traitement contre la malaria. **(cure / treat)** ....
10. Le nouveau principal a l'intention d'imposer des règles plus strictes. **(lie / lay)** ....
....

31 Le temps / *Time*

Situations passées

yesterday (hier) • *last night* (hier soir) • *then* (alors / à ce moment-là) • *afterwards* (après / par la suite) • *soon / presently* (bientôt (narration, récit) • *last week / month / year* (la semaine dernière / le mois dernier / l'année dernière) • *the following week* (la semaine suivante) • *the day before* (la veille / le jour précédent) • *recently / lately* (récemment) • *once* (à un certain moment) • *(days / months / years) + ago* (il y a des jours / mois / années) • *at that time* (à cette époque-là) • *earlier on* (plus tôt / auparavant) • *formerly* (autrefois) • *before* (avant) • *just now* (tout à l'heure [passé]) • *previously* (auparavant) • *over the past few days / months / years* (au cours des derniers jours / mois / des dernières années)

Situations futures

tomorrow (demain) • *tonight* (ce soir / tout à l'heure) • *in future* (à l'avenir / dorénavant) • *afterwards* (après / par la suite) • *soon / presently (UK)* (bientôt) • *next week* (la semaine prochaine) • *in the next three months* (dans les trois mois suivants / à venir) • *before long* (bientôt / dans peu de temps) • *shortly* (prochainement) • *sometime* (un de ces jours) • *the day after tomorrow* (après demain) • *at once* (immédiatement) • *eventually* (à terme) • *later on* (plus tard) • *one day / one of these days* (un jour / un de ces jours) • *some day* (un jour (futur) • *within the next few minutes / days / months* (au cours des minutes suivantes / dans les minutes / jours / mois qui suivent / qui viennent)

Situations présentes

today (aujourd'hui) • *now / presently (US)* (maintenant) • *at the moment* (en ce moment) • *at present* (actuellement) • *currently* (en ce moment / actuellement) • *these days* (ces temps-ci / actuellement / à l'heure actuelle) • *nowadays* (de nos jours) • *right now* (tout de suite) • *this morning / afternoon* (ce matin / cet après-midi)

> ☞ The following words denote a **brief interval of time**. A **moment** = an indeterminately short but significant period: *I'll be with you in a moment.* **Instant** = a period of time almost too brief to detect; it implies haste: *He hesitated for just an instant.* **Minute** = often interchangable with *moment* and *second* with *instant: The alarm will ring any minute. I'll be back in a second.* ***Jiffy*** and ***flash*** usually combine with *in a; in a jiffy* means in a short space of time, while *in a flash* suggests the almost imperceptible duration of a flash of light: *She finished the job in a flash.* Notez : *I'll be there in a shake* : j'arrive dans un instant / une seconde
>
> **Age** = a particular period of history (the Information Age / the digital age / the Victorian Age) • **era** = a period of time which is remembered for particular events (*Will his election signal the advent of a new era in US human-rights policy?*) • Do not confuse the **Middle Ages** (*le Moyen Âge*) and **middle-aged** (= people in their middle years of life)

Situations concourantes

while (pendant que) • *as / just as* (comme) • *during* (pendant) • *throughout* (au cours de) • *at the very moment* (au moment même où) • *in the meantime / meanwhile* (pendant ce temps)

1. Classez les expressions selon les catégories indiquées : a. passé • b. passé menant au présent • c. présent • d. futur

1. in medieval times ...... • **2.** back in the 1960s ...... • **3.** as things stand ...... • **4.** lately ...... • **5.** in another two years' time ...... • **6.** these days ...... • **7.** in those days ...... • **8.** at that time ...... • **9.** nowadays ...... • **10.** ever since ...... • **11.** over the coming weeks ...... • **12.** from now on ...... • **13.** at the turn of the century ...... • **14.** at this point in history ...... • **15.** in my youth ......

2. Complétez les phrases à l'aide de *by the time, earlier on, formerly, prior to, previously* (actions précédentes).

1. It was his first trip overseas. .... he had never left his country.
2. .... the firefighters arrived, the fire had already been put out.
3. He visited a rough district, flew to Germany and was back to Paris in the evening. .... he had attended the funeral of his best friend.
4. .... moving to Tokyo, he took a crash course in Japanese.
5. .... known as Mumbai, the city of Bombay has now adopted a more Indian name.
6. He was .... senior vice president of marketing at Kenneth Cole Productions.
7. James Butler, the town administrator since 2002 and executive secretary for eight years .... that, retired effective Friday.

3. Complétez les phrases à l'aide de *while, throughout, in the meantime, during, just as, as, as soon as* (actions concourantes).

1. .... I was leaving home the phone rang.
2. .... I was driving to work, I saw Mary waiting for the bus so I stopped and gave her a lift.
3. .... the war, food was rationed.
4. .... our guests arrive, show them in.
5. He read the paper .... he was waiting for his wife to finish shopping.
6. Getting the meal ready will take 15 minutes. .... , relax, and have a drink.
7. .... the war, he first served in artillery then in the infantry.

4. Complétez les phrases à l'aide de *afterwards, after, first, first of all, once, following, lastly, then* (actions successives).

1. .... I'd locked up, I went to bed.
2. We .... went to the castle. .... we caught a bus to the beach.
3. .... , I'd like to welcome you all to Dartmoor Prison. .... I would like to remind you that escaping is strictly forbidden. .... I wish you a pleasant stay.
4. He fell ill and was taken to hospital. He died soon ....
5. .... my visit to Beijing, I read as much as I could about China.
6. .... one has tasted the good life, it's tough to go back to normality.

32 Cause et conséquence / *Cause and effect*

La cause

Les propositions circonstancielles de cause sont introduites par *as* (comme) • *because* (parce que) • *for* (car) • *since* (puisque) • *given that* (étant donné que) • *all the more so + as, since, because* (d'autant plus que) • *insofar as* (dans la mesure où) • *in view of the circumstances* (étant donné les circonstances) • *owing to* (étant donné que, à cause de) • *because of* (à cause de) • *on account of* (en raison de) • *on grounds of, on the grounds that* (en raison de).

Given that you have cooperated fully with the police, the court has decided to give you a suspended sentence: Étant donné que vous avez coopéré de votre plein gré avec la police, la cour décide de vous condamner à une peine avec sursis.

The match had to be abandoned on account of a power failure: Il a fallu arrêter le match en raison d'une panne de courant.

La conséquence

Les propositions circonstancielles de **conséquence** sont introduites par *so that* (de sorte que) • *such* + nom… *that* (si… que) • *so* + adjectif… *that* (si… que). On les place en général après la principale.

We've left you plenty of food in the freezer so that you won't need to go out shopping: On t'a laissé le congélateur plein pour que tu n'aies pas à aller faire des courses.

On trouve également les locutions *thus / as a consequence / consequently / therefore* qui s'emploient comme mots de liaison.

1. Soulignez les expressions marquant la cause ou la conséquence.

1. The children were so excited that they could not sleep.
2. He's such a pain in the neck that hardly anybody ever invites him.
3. I was all the more disappointed as everybody had told me I couldn't fail.
4. The staff went on strike because they were dissatisfied with the working conditions.
5. The traffic was bumper to bumper. As a result, Josh missed his flight.
6. Owing to the bad weather conditions, the ship had to turn round and head back home.
7. Work now so that you can go out and play later.
8. Joblessness has been a contributory factor in marginalization, to the extent that the ranks of the long-term unemployed are growing.
9. Since most of the family couldn't stand each other, the wedding was a very low-key affair.

2. Complétez les phrases à l'aide de la conjonction qui convient.

1. The force of the explosion was .... it was felt thirty miles away.
2. .... he felt restless working for others, he made up his mind to set up his own business.
3. .... the sea was so rough, the organisers decided to cancel the regatta.
4. She was .... surprised at having won the jackpot .... she fainted.
5. We've bought a holiday home on the coast .... the children will have somewhere to go.
6. The fuss made by the tabloids over the minister's alleged homosexuality was .... he was forced to resign.
7. .... you always take great care of it, I'll lend you my car while I'm away.

3. Reliez les deux phrases entre elles à l'aide de la conjonction qui convient.

1. It was raining hard. We could not go out for a walk. ....
2. She's sick. She can't help you. ....
3. We were late. We had to run to the opera. Otherwise we would miss the performance. ....
4. She was the first in the queue for the sales. She got up early. ....
5. The lecturer droned on monotonously. All the students fell asleep during the class. ....
6. Sally got four grade As at 'A'-level. She was offered a place at Oxford. ....
7. The gales in the English Channel were strong. Ferry services had to be cancelled. ....
8. Start your career as soon as you can. You'll be able to retire early. ....
9. Why don't you take a vacation? Your exams are over. ....
10. She's only 18. She can't drink. ....

33 Adjectifs de nationalité / *Adjectives of nationality*

L'adjectif de nationalité s'écrit toujours avec une **majuscule** en anglais. En **français**, les noms propres de peuples prennent la majuscule : « les Américains ». Mais ces noms pris adjectivement ont la minuscule : le peuple américain.

Adjectif de nationalité = nom du peuple = nom du citoyen

Ces adjectifs peuvent porter la marque du pluriel. C'est le cas des adjectifs terminés en -*an* : *American* • *Belgian* • *Brazilian* • *Chilean* • *Russian*

C'est le cas des noms à terminaison étrangère : *Czech* • *Greek* • *Israeli* • *Pakistani* • *Thai*

Les adjectifs ne portent pas la marque du pluriel. C'est le cas des adjectifs terminés en -*ese* : *Japanese* • *Chinese* • *Vietnamese* • *Lebanese.*

Adjectif de nationalité = nom du peuple ÷ nom de l'individu

British / the British ÷ a Briton / a Britisher / a Brit

S'applique à : *Dutch / a Dutchman* • *English / an Englishman* • *Irish / an Irishman* • *French / a Frenchman* • *Spanish / a Spaniard* • *Welsh / a Welshman*

Adjectif de nationalité ≠ nom de l'individu = nom du peuple

Un certain nombre de pays ont deux noms pour désigner le peuple et les citoyens. *Danish / the Danes / a Dane* • *Finnish / the Finns / a Finn* • *Polish / the Poles / the Polish / a Pole* • *Swedish / the Swedes / a Swede*

Cas particulier : *Scottish / Scot / Scotch* : *a Scottish tartan / the Scottish Parliament* : un tissu écossais / le Parlement écossais - *a Scot / the Scots / a Scotsman / Scotsmen* : un Écossais / les Écossais. *Scotch* ne s'emploie que pour le whisky, *mist* (brume) / *broth* (brouet) : *Scotch whisky - Scotch mist*

Notez les adjectifs suivants :

-*ish* : *British* • *English* • *Flemish* • *Danish* • *Turkish* • *Spanish* • *Scottish* • *Polish*

-*(i)an* : *Canadian* • *Brazilian* • *Russian* • *Australian* • *European* • *Asian*

-*ese* : *Japanese* • *Chinese* • *Burmese* • *Vietnamese* • *Lebanese*

-*i* : *Israeli* • *Iraqi* • *Kuwaiti* • *Yemeni* • *Bangladeshi* • *Saudi* • *Somali*

-*ic* : *Icelandic* • *Arabic*

-*er* : *Luxemburger* • *New Zealander*

Divers : *Swiss* • *Thai* • *Greek* • *Dutch* • *Cypriot* • *Apache(s)* • *Bantu(s)* • *Eskimo(s)* • *Navaho(s)* • *Sioux*

1. Faites correspondre les noms de nationalité. Complétez le tableau.

Country	*Nationality*	*Person from the country*
1. Wales		
2. Spain		
3. Portugal		
4. Iraq		
5. Britain		

2. Des erreurs ont pu se glisser dans les phrases. Rectifiez-les.

1. Kennedy's grand-parents were from Irisher stock. ....
2. Do you like american movies? ....
3. English people work more for less pay than French. ....
4. She comes from Wales. She speaks the Welsh. ....
5. Spanish tried to invade England in the 16th century to depose Elizabeth Tudor. ....

3. Complétez les phrases à l'aide du mot qui convient.

1. She speaks .... perfectly. She spent three years in London.
2. In Zurich, ... banks are known for the discreet way in which they conduct their business.
3. The Knesset is the .... Parliament.
4. In Scotland, many .... do not wear kilts.
5. Vasco de Gama was a .... explorer; on his first voyage in 1497, he set sail from Lisbon, rounded the Cape and arrived in India.
6. Ayrton Senna was one of the top .... F1 car-racing drivers of his generation.
7. William Shakespeare was an .... playwright who was born in Stratford-upon-Avon.
8. *The Phantom of Liberty* (1974), a French film directed by Luis Buñuel, a ...., opens with a fusillade as Napoleon's soldiers execute Spanish nationalists.
9. Bangkok, known in .... as Krung Thep Maha Nakhon, is the capital and largest city of Thailand.
10. New Amsterdam was a 17th-century .... colonial settlement that later became New York City.

4. Traduisez.

1. trois Espagnols ....
2. deux ou trois Irakiens ....
3. un conducteur de bus pakistanais ....
4. une statue grecque ....
5. quelques Suisses ....
6. un homme d'affaires arabe ....
7. un excellent whisky écossais ....

34 Les adjectifs et leurs antonymes / *Opposites of adjectives*

Les adjectifs et leurs antonymes prennent plusieurs formes. Il n'existe pas de règles strictes pour former l'antonyme des adjectifs. Le mieux est d'apprendre l'adjectif et son contraire dans le même temps. Ainsi : *strong ≠ weak* • *vertical ≠ horizontal* • *broad, wide ≠ narrow* • *quiet ≠ noisy* • *sad ≠ happy* • *cheap ≠ expensive* • *hard ≠ soft* • *tall ÷ small* • *young ≠ old* • *brave ≠ cowardly* • *internal ≠ external* • *odd ≠ even (number)* • *flexible ≠ rigid* • *slight ≠ considerable* • *crude ≠ sophisticated* • *bright ≠ dim* • *optional ≠ compulsory* • *reluctant ≠ willing*

■ Antonyme avec le suffixe en -***LESS*** à partir du nom : *careless* • *endless* • *groundless* • *paperless* • *pointless* • *reckless*. Mais il arrive que l'antonyme d'un adjectif en -*FUL* se forme avec -*LESS* : *careless* • *graceless* • *fearless* • *meaningless* • *helpless* • *fruitless*

■ Antonyme par le préfixe en -***UN*** : *appealing ≠ unappealing* • *available ≠ unavailable* • *fair ≠ unfair* • *comfortable ≠ uncomfortable* • *biassed ≠ unbiassed* • *safe ≠ unsafe* • *well ≠ unwell* • *likely ≠ unlikely* • *able ≠ unable* • *favorable ≠ unfavorable* • *fortunate ≠ unfortunate* • *easy ≠ uneasy* • *reasonable ≠ unreasonable* • *tenable ≠ untenable* • *pleasant ≠ unpleasant* • *occupied ≠ unoccupied* • *inhabited ≠ uninhabited*

■ Antonyme par le préfixe en ***DIS***- : *honest ≠ dishonest* • *loyal ≠ disloyal* • *able ≠ disabled* • *honorable ≠ dishonorable* • *ingenuous ≠ disingenuous*

■ ***IN***- devient ***IM***- devant une racine commençant par « m » ou « p » : *impatient* • *immature* • *improbable* • *impartial* • *impervious* • *impossible*

■ ***IN***- devient ***IR***- devant un mot commençant par « r » : *irreplaceable* • *irreversible* • *irrelevant*

■ ***IN***- devient ***IL***- devant un mot commençant par « l » : *illegal* • *illicit* • *illiterate* • *illegible* • *illogical*

■ ***IN***- n'a pas toujours un sens négatif (*inactive, inaccessible, inappropriate*). Il peut aussi signifier *inside* (*internal*).

Notez que *IN* ou ses variantes *IL-*, *IM-*, *IR-* se combine avec des adjectifs d'origine latine ou française. Il est moins courant que -*UN*.

■ ***A-***, ***AN***- (devant voyelle) qui signifie « *lacking of* » permet de former l'antonyme d'adjectifs : *amoral* • *asexual* • *atheist* • *atrophied*

■ ***NON***- exprime davantage un contraste binaire que l'antonyme : *non-scientific* se distingue ainsi de *unscientific*. Voir : *non contagious, non lethal*. Comparez aussi *non-American* et *unAmerican*, *flammable* et *non-flammable*.

■ Il existe enfin des adjectifs composés avec *well*- et *ill*- qui forment ainsi leur antonyme : *well-bred ≠ ill-bred* • *well-mannered ≠ ill-mannered*. Voir aussi *ill-fed* • *ill-clad* • *ill-housed* • *ill-disciplined*. Attention : l'antonyme de *well-known = little known*.

1. Trouvez l'antonyme des adjectifs.

1. dangerous ....
2. difficult ....
3. nice ....
4. clever ....
5. clean ....
6. last ....
7. dead ....
8. fast ....
9. beneficial ....
10. approximate ....

2. Faites correspondre les adjectifs et leurs antonymes. Associez les chiffres et les lettres.

1. generous ....
2. genuine ....
3. broad ....
4. drenched ....
5. obnoxious ....
6. ambiguous ....
7. awkward ....
8. guilty ....
9. odd ....
10. plentiful ....

a. innocent
b. clear
c. scarce
d. niggardly
e. narrow
f. even
g. fake
h. graceful
i. modest
j. bone-dry

3. Choisissez le préfixe ou le suffixe pour former l'antonyme.

	dis-	*-less*	*in-*	*im*	*un-*	*ir*
1. pleased	❑	❑	❑	❑	❑	❑
2. hurt	❑	❑	❑	❑	❑	❑
3. careful	❑	❑	❑	❑	❑	❑
4. sensitive	❑	❑	❑	❑	❑	❑
5. significant	❑	❑	❑	❑	❑	❑
6. wise	❑	❑	❑	❑	❑	❑
7. kind	❑	❑	❑	❑	❑	❑
8. graceful	❑	❑	❑	❑	❑	❑
9. conspicuous	❑	❑	❑	❑	❑	❑
10. responsible	❑	❑	❑	❑	❑	❑
11. patient	❑	❑	❑	❑	❑	❑
12. regular	❑	❑	❑	❑	❑	❑

4. Complétez les phrases à l'aide de l'adjectif qui convient. La première lettre est fournie.

1. The street is too n.................. for lorries to go through.
2. However b.................. he was, he couldn't save the drowning child.
3. She was d.................. with her job and quit after a couple of months.
4. It is i.................. to serve alcohol to minors in American bars.
5. The GI had been critically wounded in the road attack. It was u.................. that he would survive.
6. It is considered i.................. to shake hands with a Japanese woman, let alone to kiss her.
7. Schools and teachers are far and few in some parts of Africa. No wonder children are i..................
8. Your remarks are i.................. said the teacher. They bear no relation to the subject at hand.
9. They had failed to build a lift, making it i.................. for the handicapped to reach the library.
10. It had rained so hard over the past 48 hours that it was u.................. whether the race could go on or not.

35 Adjectif + préposition / *Adjective + preposition (1)*

Adjectif + *ABOUT*: *angry* • *annoyed* (irrité) • *certain* • *crazy* • *excited* • *furious* • *happy* • *nervous* • *positive* (affirmatif, certain, sûr) • *serious* • *shy* (timide) • *sure* • *upset* (bouleversé) • *wild* (fou) • *worried* (inquiet)

Adjectif + *AT*: *angry* • *annoyed* • *appalled* (consterné) • *bad* • *brilliant* • *good* • *excellent* • *expert* • *hopeless* (nul) • *impatient* • *skilled* (adroit, compétent) • *speechless* • *suprised*

Adjectif + *AT / BY*: amazed (étonné) • *astonished* • *astounded* • *dumbfounded* (ébahi) • *flabbergasted* (sidéré) • *outraged* (scandalisé) • *shocked* • *surprised* • *taken aback* (interloqué, déconcerté) • *upset*

Adjectif + *FOR*: *bad* • *famous* • *fit* • *good* • *responsible* • *unfit* • *unpopular* • *well-known*

Adjectif + *FROM*: *different* (aussi *to*) • *estranged* (séparé) • *immune* (à l'abri de)

Adjectif + *IN*: *adamant* (inflexible) • *blunt* (direct, franc) • *inherent* • *interested* • *involved* (impliqué) • *lacking* (qui manque de) • *rich* • *rooted* (enraciné) • *slow* • *soaked* (trempé, imbibé) • *steeped* (imbu, imprégné) • *successful*

Adjectif + *OF*: *afraid* • *ashamed* (qui a honte de) • *aware* (conscient de) • *capable* • *certain* • *characteristic* • *conscious* • *critical* (critique) • *devoid* (dépourvu, dénué) • *envious* • *fond* • *free* (libéré de) • *frightened* • *full* • *guilty* (coupable) • *heedless* (insouciant) • *ignorant* • *incapable* • *innocent* • *jealous* • *mindful* (attentif, soucieux) • *proud* (fier) • *representative* (représentatif) • *scared* (effrayé) • *sceptical* (sceptique) • *short* • *sure* • *suspicious* (méfiant) • *terrified* • *tired* • *tolerant* • *typical* • *weary* (las)

Adjectif + *ON*: *bent* (décidé) • *dependent* (mais *independent of*) • *incumbent* (à qui il incombe de) • *intent* (résolu, déterminé) • *keen* (aussi + *to* + infinitif) • *quick (on the uptake)* (qui a l'esprit vif) • *reliant* (confiant) • *strong* • *tough* (dur, sévère)

1. Indiquez d'une croix la préposition qui convient.

	about	at	for	in	on	of
1. annoyed	❑	❑	❑	❑	❑	❑
2. angry	❑	❑	❑	❑	❑	❑
3. blunt	❑	❑	❑	❑	❑	❑
4. interested	❑	❑	❑	❑	❑	❑
5. upset	❑	❑	❑	❑	❑	❑
6. estranged	❑	❑	❑	❑	❑	❑
7. famous	❑	❑	❑	❑	❑	❑
8. sorry	❑	❑	❑	❑	❑	❑
9. dependent	❑	❑	❑	❑	❑	❑
10. keen	❑	❑	❑	❑	❑	❑
11. considerate	❑	❑	❑	❑	❑	❑
12. famous	❑	❑	❑	❑	❑	❑

2. Complétez les phrases à l'aide de la préposition qui convient.

1. Thanks to his advisor, he was successful .... obtaining a grant from the National Research Foundation.
2. Her attitude was different .... what I expected.
3. The voters are angry .... the president for breaking promises he had made during his campaign.
4. He didn't like gadgets and was not interested .... buying a mobile.
5. He has been estranged .... his wife for several years.
6. You should be ashamed .... yourself .... speaking to her so rudely.
7. Don't be afraid .... him. Just stand up and speak the truth.
8. Brin and Page are famous .... inventing Google.
9. Consumers are outraged .... higher prices for petrol.
10. She's quite aware .... the efforts she has to make if she wants to be successful.
11. Many parents are keen .... their children to speak English.
12. I'm tired .... depending on the subway to get into town and back.

3. Traduisez.

1. Ta vie privée ne m'intéresse pas. ....
2. C'est généreux de ta part de me prêter ta maison de campagne pour le week-end. ....
....
3. Elle n'est pas dépourvue de bon sens. ....
4. Il est fier du succès de sa fille. ....
5. Elle se méfie des étrangers et n'ouvre sa porte à personne. ....
6. Il est résolu à atteindre le sommet avant ce soir. ....
7. Il manque de charisme et d'ambition pour faire un bon candidat. ....
....
8. Je suis complètement nul en maths. ....
9. Il est fâché de l'attitude de son fils. ....
10. Il a été ébahi à l'annonce de la nouvelle. ....

36 Adjectif + préposition / *Adjective + preposition (2)*

Adjectif + *TO* + *somebody / something*
accustomed • *allergic* • *available* (disponible) • *devoted* (dévoué) • *generous* • *good* • *immune* • *impervious* (imperméable) • *indifferent* • *kind* • *married* • *nice* • *obvious* (évident) • *opposite* • *pleasant* • *polite* • *resistant* • *silly* • *similar* • *stupid* • *subject* (sujet) • *unkind* • *unpleasant*

Autres adjectifs + *TO* + verbe ou personne
averse (peu disposé) • *cruel* • *dear* (cher) • *conducive* (contribuant) • *eager* (désireux, avide) • *engaged* (fiancé) • *favourable* (favorable) • *friendly* (amical) • *known* (connu) • *parallel (*aussi + *with)* • *prone* (enclin) • *reconciled* • *resigned* (résigné) • *rude* (grossier) • *similar* (semblable) • *susceptible* • *unknown* (inconnu)

Adjectif + *TO* + verbe
careful (prudent) • *keen (be keen to do* : tenir absolument à) • *inclined* • *reluctant* • *sure* • *willing*

Expressions :

rotten to the core : pourri jusqu'à la moelle

full to the brim : plein à ras bords

dead to the world : dans le coltar, ivre mort, qui dort à poings fermés

Adjectif + *WITH*
- *with* + *sb* + *for* + -ING : angry • *annoyed* • *cross* (fâché) • *disgusted* (dégoûté) • *fed up with* • *fraught* (plein, chargé) • *furious* • *riddled* (criblé) • *tinged* (teinté)

- *with* + *sth* : *delighted* (ravi) • *disappointed* (déçu) • *faced* (confronté) • *overcome* (bouleversé) • *pleased* (content) • *satisfied* (satisfait)

- *with / by* : *bored* (fatigué, ennuyé) • *impressed* (impressionné) • *struck* (frappé)

- *with* : *awash* (inondé) • *be married with two children* • *crowded* (bondé) • *fed up* • *packed* (bondé, bourré, truffé) • *safe* (sans danger)

1. Des erreurs ont pu se glisser dans les phrases. Rectifiez-les.

1. In those days he was still unknown at the police. ....
2. After working ten months in a call centre, she's fed up at her job. ....
3. Colombia is awash with drugs and drug-traffickers. ....
4. He's been obsessed at her since they met last year. ....
5. He's bored of his life and wants a change of scene. ....
6. It is alarming to see so many young people addicted with cigarette-smoking. ....
7. I see you've bought a new laptop. Are you satisfied about it? ....
8. "She was angry with you last night when you left without saying goodbye." ....
9. American firms are not shy with cutting their workforce to maximize profits. ....
10. The jury were impressed by the performance of the Hungarian pianist. ....

2. Complétez les phrases à l'aide de l'adjectif qui convient.

excited • *furious* • *interested* • *nice* • *overwhelmed* • *rude* • *satisfied* • *sorry* • *surprised* • *upset* • *worried*

1. My daughter was quite .... about going to Disneyland.
2. "I'm .... about your loss," said the detective to the mother whose son had just been killed in a road accident.
3. Young people are very .... about their future. They don't know what's in store for them.
4. The British people were .... with grief on hearing of the princess' tragic death.
5. Why are you always so .... to your sister? Can't you be .... to her?
6. The Smiths were .... at discovering that their flat had been broken into while they were on holiday.
7. I was .... at hearing that our school team had won the Cup.
8. He's bought a new car but he's not .... with it. It's not as good as the old one was.
9. The neighbours upstairs were .... with us for making such a racket last night.
10. I'm only .... in bringing out the real facts.

3. Reformulez les phrases à l'aide du synonyme entre parenthèses.

1. There were lots of people on the platform. (CROWDED) ....
2. He had had enough of waiting. (TIRED) ....
3. We haven't got enough money to travel. (SHORT) ....
4. I'm sure you can pass your driver's test. (CAPABLE) ....
5. The teacher knew that she had cheated. (AWARE) ....
6. Why do you always envy what other people have? (ENVIOUS) ....
7. She *will* be late. (TYPICAL) ....
8. Your handwriting looks like mine. (SIMILAR) ....
9. The results were not quite what I had expected. (DIFFERENT) ....
10. There's plenty of food in the fridge. (FULL) ....

37 Nom + préposition / *Noun + preposition (1)*

Nom + *AGAINST*

argument (aussi *for*) • *crime* • *discrimination* • *fight* (lutte) • *reaction* • *retaliation* (représailles) • *struggle* (lutte) • *war* (aussi *on*)

Nom + *AT*

amazement (étonnement) • *attempt* (tentative) • *effort* • *surprise* • *sympathy* • *try* (essai)

Nom + *FOR*

admiration • *apology* (excuse) • *candidate* • *craving* (besoin, forte envie de) • *cure* (remède) • *demand* (exigence) • *desire* • *dislike* (aversion) • *enthusiasm* • *framework* (cadre) • *genius* (génie) • *market* (marché) • *need* (besoin) • *passion* • *quest* (quête) • *reason* (*reason for living* : raison de vivre) • *recipe* (recette) • *reputation* • *request* (demande) • *respect* • *responsibility* (responsabilité) • *search* (recherche[s]) • *synonym*

Nom + *FROM*

competition (concurrence) • *escape* (évasion) • *exclusion* • *freedom* (liberté) • *quotation* (citation)

Nom + *IN*

belief (croyance) • *decrease* (diminution) • *drop* (baisse) • *faith* (confiance) • *fall* (chute) • *increase* (augmentation) • *interest* • *rise* (augmentation) • *role* (rôle) • *surge* (élan, afflux, vague)

Nom + *INTO*

inquiry (enquête) • *investigation* • *research* (recherches) (aussi *on*)

Nom + *OF*

abuse (abus) • *advantage* (avantage) • *benefit* (profit) • *disadvantage* (inconvénient) • *fear* (crainte) • *history* (histoire, passé) • *hope* (espoir) • *idea* (idée) • *importance* • *infringement* (empiètement) • *lack* (manque) • *loss* (perte) • *shortage* (pénurie)

1. Indiquez la préposition qui convient.

	against	*at*	*for*	*from*	*into*
1. investigation	❑	❑	❑	❑	❑
2. attempt	❑	❑	❑	❑	❑
3. escape	❑	❑	❑	❑	❑
4. drop	❑	❑	❑	❑	❑
5. discrimination	❑	❑	❑	❑	❑
6. craving	❑	❑	❑	❑	❑
7. quest	❑	❑	❑	❑	❑
8. research	❑	❑	❑	❑	❑
9. reason	❑	❑	❑	❑	❑
10. fight	❑	❑	❑	❑	❑

2. Bâtissez des énoncés à l'aide du mot entre parenthèses ; ajoutez la préposition qui convient afin de former une phrase de même sens.

Exemple : *I don't think it is necessary to ask for a visa. (NEED) There is no need for a visa.*

1. The driver was unable to account for the accident. (EXPLANATION)

……………………………………………………………………………………………

2. Faced with rebellion in Tibet, the Chinese authorities crushed the dissidents. (CRACKDOWN)

……………………………………………………………………………………………

3. The defendant was declared not responsible for his acts and institutionalised. (CLEARED)

……………………………………………………………………………………………

4. Thanks to new treatment, the number of Aids victims has dropped. (DROP)

……………………………………………………………………………………………

5. After 24 hours, rescue workers still hope to find survivors. (HOPE)

……………………………………………………………………………………………

6. For several years, environmentalists have been trying to save the spotted owl. (ATTEMPT)

……………………………………………………………………………………………

7. Nobody wants to buy flared trousers any more. Thank heaven. (DEMAND)

……………………………………………………………………………………………

8. The management will soon decide whether to close the factory or not. (DECISION)

……………………………………………………………………………………………

9. The authorities were trying to find out what had caused the building to collapse. (CAUSE)

……………………………………………………………………………………………

10. "Nobody has ever been able to solve Fermat's theorem, have they?" (SOLUTION) "Yes, they have."

……………………………………………………………………………………………

EXERCICES

3. Traduisez.

1. Chaque mois, son grand-père lui envoie un chèque de 50 euros.

   ....

2. La demande pour le nouveau roman de Harry Potter a été très forte.

   ....

3. Les recherches pour retrouver le garçonnet disparu se poursuivent depuis plusieurs jours.

   ....

4. Il y a eu une augmentation des faillites le mois dernier.

   ....

5. On ne s'explique pas les raisons de son suicide.

   ....

6. La pénurie de carburants s'aggrave.

   ....

7. On s'attend à une nouvelle chute de la Bourse sous peu.

   ....

8. La lutte pour l'égalité des droits a mis fin à la discrimination contre les minorités.

   ....

9. Même s'il n'a joué aucun rôle dans les attentats, les tentatives pour le faire libérer sont restées vaines.

   ....

10. Il n'y a pas de marché pour de grosses voitures consommatrices de carburant en Europe.

    ....

38 Nom + préposition / *Noun + preposition (2)*

Nom + *ON / UPON*

agreement (accord) • *assault* (agression) • *attack* (attentat, attaque) • *ban* (interdiction) • *blot (on a reputation)* (tâche sur une réputation) • *comment* (commentaire) • *congratulations* (félicitations) • *crackdown* (répression) • *debate* • *decision* • *dependence* • *effect* • *embargo* • *emphasis* (accent) • *have a grip* (avoir prise) • *impact* • *influence* • *insistence* (insistance) • *position* (position) • *pressure* (pression) • *reliance* (confiance) • *report* (rapport) • *restriction* (restriction) • *ruling* (décision) • *spending* (dépenses) • *talks* (pourparlers) • *tax* (taxe)

Nom + *OVER*

argument • *authority* • *clash* (conflit) • *conflict* • *control* (maîtrise) • *dispute (with sb over sth)* • *doubt* (doute) • *fight* (lutte) • *influence* • *quarrel* (querelle) • *squabble* • *stand* • *sway* (influence) • *wrangle* (dispute)

Nom + *TO*

access • *addition* • *addiction* • *allergy* • *allusion* (allusion) • *alternative* (alternative) • *answer* (réponse) • *approach* (approche) • *attitude* (attitude) • *aversion* (aversion) • *barrier* (barrière) • *claim (lay claim to* : revendiquer) • *commitment* (engagement) • *conclusion* • *contribution* • *damage* (dégâts) • *devotion* (dévouement) • *disgrace* (honte) • *disservice* (mauvais service) • *duty* (devoir) • *end* (terme) • *exception* • *introduction* • *invitation* • *key* (clé) • *loyalty* (loyauté) • *opposition* (opposition) • *reaction* • *recourse* (recours) • *reference* • *reply* (réponse) • *resemblance* • *resistance* • *solution* (solution) • *threat* (menace) • *witness* (témoin)

Nom + *TOWARDS* • *TO*

attitude • *compassion* • *contribution to* (contribution) • *discrimination towards* (discrimination) • *hostility* (hostilité) • *move* • *progress* (progrès) *towards* • *shift* (évolution) • *step* (progrès)

Nom + *WITH*

affinity • *connection* (rapport, connexion) • *contact* • *link* (lien) • *meeting* • *obsession* • *quarrel* (querelle) • *relationship* (relation) • *solidarity* • *sympathy* • *ties* (liens)

EXERCICES

1. Indiquez la préposition qui convient. Cochez la case.

	on	*over*	*to*	*with*
1. argument	❑	❑	❑	❑
2. devotion	❑	❑	❑	❑
3. quarrel	❑	❑	❑	❑
4. dependence	❑	❑	❑	❑
5. reliance	❑	❑	❑	❑
6. embargo	❑	❑	❑	❑
7. fight	❑	❑	❑	❑
8. disservice	❑	❑	❑	❑
9. key	❑	❑	❑	❑
10. obsession	❑	❑	❑	❑

2. Complétez les phrases à l'aide de la préposition qui convient.

1. Raising taxes surely isn't the solution .... unemployment.
2. The ban .... smoking is hardly ever enforced in France.
3. The man is wanted in connection .... last night's arson.
4. There is no evidence that a repressive policy .... drugs works.
5. There will be no compromise .... the enemy on any terms whatsoever.
6. The biggest advantage of cash .... cheques or credit cards is its anonymity.
7. The United States will always have a big influence .... popular culture.
8. The death penalty was restored in response .... public concern about increasing crime.
9. The statues are .... loan to us from a private collection.
10. The president has declared war .... poverty.

3. Traduisez.

1. Vous n'avez pas encore apporté de réponse à la question que je vous ai posée la semaine dernière.

   ....

2. Le conflit sur les zones de pêche s'est aggravé entre les deux pays.

   ....

3. L'hostilité de l'opinion publique à propos des OGM risque de freiner le développement de nouvelles espèces.

   ....

4. La réaction des travailleurs à la fermeture de l'usine s'est traduite par de la colère et de la frustration.

   ....

5. La pollution de l'air représente une sérieuse menace pour la santé publique.

....

6. L'obsession de la compétitivité conduit les patrons à demander davantage aux ouvriers sans augmentation de salaire.

....

7. La multiplication des fonctionnaires n'est pas la solution pour résoudre le chômage.

....

8. Il a reçu les félicitations à l'occasion de sa réussite au bac.

....

9. C'est lui rendre un mauvais service que de l'encourager à prendre sa voiture au lieu de marcher.

....

10. Il a assisté à l'agression mais refuse de témoigner.

....

39 Les verbes à particule / *Phrasal verbs*

■ Il convient de distinguer les **verbes prépositionnels** des **verbes à particule**. Les **verbes prépositionnels** sont des verbes dont les compléments sont des groupes prépositionnels et qui sont suivis obligatoirement d'une préposition : *ask for* (demander) • *wait for* (attendre) • *call on* (rendre visite) • *look after* (prendre soin) • *care for* (s'occuper de) • *listen to* (écouter) • *believe in* (croire en) • *deal with* (traiter, parler de) • *long for* (aspirer à) • *refer to* (référer à) • *write about* (écrire au sujet de)

■ Les **verbes à particule** sont des verbes suivis d'une particule adverbiale. Il faut noter les particularités suivantes.

• Les particules ont la même forme mais pas le même sens que les prépositions. Ainsi : *bring up* (élever) • *to break off* (se casser, s'interrompre) • *put on* (enfiler, simuler, allumer) • *throw away* (jeter, gaspiller)

Why don't you turn off that damn TV for once? : Pourquoi donc n'éteins-tu pas cette fichue télévision ?

Japanese children are brought up according to Confucian values: Les petits Japonais sont élevés selon des valeurs de Confucius.

She broke down on hearing the news: Elle a craqué en apprenant la nouvelle.

Diplomatic relations were broken off after the plane was shot down: Les relations diplomatiques ont été rompues après que l'avion eut été abattu.

■ Le sens des verbes à particule est souvent très éloigné du sens du verbe seul ; certains verbes peuvent avoir plusieurs sens. Exemples : le verbe *drop* (laisser tomber) • *drop by* (passer voir) • *drop back* (être relégué, reculer) • *drop in* (passer en coup de vent) • *drop off* (s'endormir, s'assoupir, tomber) • *drop out* (laisser tomber ses études)

■ La particule fait partie intégrante du verbe, alors que pour un GV prépositionnel, la préposition n'en fait pas partie.

■ Le complément d'objet direct et la particule peuvent changer de place.

Take the bin out / Take out the bin: Sors la poubelle.

Clean up the kitchen / Clean the kitchen up: Nettoie la cuisine.

On distingue plusieurs catégories de verbes à particule.

Les verbes à particule intransitifs

check in (prendre une chambre) • *check out* (libérer sa chambre) • *come round* (rendre visite) • *come off (stain)* (partir, s'enlever (tache) • *walk out (on sb)* (quitter qn) • *get up* (se lever) • *turn up* (se manifester) • *blow up* (exploser) • *break down* (tomber en panne) • *check out* (concorder) • *step down* (ne pas se représenter)

The Boeing took off: Le Boeing a décollé.

A fax just came in: Un fax vient d'arriver.

Please sit down: Je vous en prie, asseyez-vous.

His alibi checked out so the police released him: Son alibi concordait et la police l'a donc relâché.

Les verbes à particule transitifs

bring about (changes) (apporter des changements) • *bring out (a new album)* (sortir un nouvel album) • *bring over* (apporter) • *bring up (children)* (élever des enfants) • *call off (a strike)* (annuler un mot d'ordre de grève) • *check out* (vérifier) • *clean up (the mess)* (ranger le désordre) • *come across* (tomber sur) • *come into (some money)* (hériter d'une somme d'argent) • *cut off (the phone)* (couper le téléphone) • *kick out (the dog)* (mettre le chien dehors) • *knock down* (renverser) • *make up (a story)* (inventer une histoire) • *pay back (money)* (rembourser) • *put (one's foot) down* (faire preuve de fermeté) • *ring up (the police)* (appeler la police) • *run over* (écraser) • *stand by* (rester là, s'en tenir à) • *take after* (ressembler à) • *take off* (décoller) • *take off (one's coat)* (enlever son manteau) • *take out (the trash)* (sortir la poubelle) • *turn off / on (the light)* (allumer, éteindre la lumière) • *take to* (se mettre à) • *work out (a plan)* (élaborer un plan). Ces verbes peuvent se mettre au passif.

Les verbes à particule prépositionnels

Dans ces cas, la particule est suivie d'une préposition. *put up with* (supporter) • *get on with* (s'entendre avec) • *run out of* (être à court de) • *drop out of* (interrompre ses études) • *fall out of (the market)* (s'effondrer, pour un marché) • *get on with (one's work)* (se mettre au travail) • *go down with (a disease)* (tomber malade) • *go through with (plans)* (mettre des plans à exécution) • *go down in (history)* (passer à la postérité) • *let out of (school)* (être libéré des cours) • *listen in on (a conversation)* (épier une conversation) • *made off with* (s'enfuir avec)

Les verbes à particule bi-intransitifs

bring sb around to (rallier qn à son point de vue) • *check out on* (surveiller) • *turn sth over to sb* (remettre qch à qn) • *cut out for* (être fait pour le rôle de) • *cut sth out of* (supprimer) • *bail sb out of (jail)* (déposer une caution pour faire libérer [de prison]) • *make a check out to (sb)* (remplir un chèque à l'ordre de) • *stand up to* (s'opposer à)

Enfin, il est possible de **former des noms** à partir des verbes à particule : *break-in* (cambriolage) • *come-back* (retour) • *downpour* (averse) • *hangover* (gueule de bois) • *hold-up* (embouteillage, braquage) • *outbreak* (déclenchement, épidémie) • *outburst* (éclat) • *outpouring* (effusion) • *sit-in* (occupation des locaux) • *splashdown* (amerrissage) • *take-off* (décollage) • *take-over* (prise de contrôle) • *upbringing* (éducation) • *upkeep* (entretien) • *walk-out* (grève surprise) • *wash-out* (match annulé en raison de la pluie)

EXERCICES

1. Entourez la réponse qui convient (*bring*).

1. The Profumo scandal brought the Macmillan government … .

   a. up   b. on   c. down   d. off

2. The cell phone has brought … significant changes over the past decades.

   a. about   b. down   c. out   d. away

3. She brought … her children on her own after her husband died.

   a. in   b. down   c. up   d. off

4. Bring … your computer so we can get some work done.

   a. up   b. over   c. down   d. out

5. The subject of the chairman's dismissal was brought … during the meeting.

   a. up   b. in   c. down   d. out

2. Entourez la réponse qui convient (*run*).

1. Can you get some milk on your way home? I'm afraid we've run … .

   a. in   b. out   c. away   d. off

2. Hybrid cars run … diesel and electricity.

   a. in   b. on   c. away   d. off

3. She ran … from home after an argument with her father.

   a. in   b. out   c. away   d. off

4. He ran … a huge bill at the Pierre.

   a. in   b. out   c. down   d. up

5. Guess whom I ran … the other day? My old English teacher!

   a. into   b. out   c. away   d. up

3. Entourez la réponse qui convient (*come, cut*).

1. She came … some money when her uncle died.

   a. up   b. into   c. off   d. down

2. Come …, hurry up or we're going to miss our train!

   a. up   b. on   c. in   d. off

3. He came … an old Dutch painting as he was cleaning up the attic.

   a. through   b. on   c. into   d. across

4. Her phone was cut … after she failed to pay the bill.

   a. up   b. off   c. on   d. across

5. He's cut … smoking from ten cigarettes a day to five.

   a. up   b. down   c. on   d. at

4. Entourez la réponse qui convient (*break*).

1. The horse broke … from the starting gate.
   a. out b. off c. up d. away
2. The car broke … a few miles from home.
   a. out b. down c. in d. away
3. She broke … and wept at the sad news.
   a. down b. back c. in d. away
4. Their marriage broke … last year.
   a. in b. off c. up d. away
5. The report breaks … quarterly profits and losses.
   a. out b. up c. away d. off

5. Entourez la réponse qui convient (*look*).

1. A child needs a father he can look … .
   a. in to b. at over c. up to d. on over
2. The auditors have looked … the company's books.
   a. up b. in c. on d. into
3. Many Americans look … gambling as sinful.
   a. upon b. at c. over d. in
4. I look … to working with you next year.
   a. for b. forward c. backward d. after
5. Did you look … the number in the phone book?
   a. at b. in c. up d. for

6. Entourez la réponse qui convient (*put*). Donnez la traduction.

1. The opposition started putting it … that the minister had an extra-marital affair.
   a. away b. about c. off d. in
2. I can't put … with my in-laws any more. They really get on my nerves.
   a. in b. away c. out d. up
3. The ship shall put … at Newport for the night.
   a. in b. out c. away d. off
4. Discussion of this point will be put … until new evidence has been introduced.
   a. in b. forth c. over d. up
5. They began to put … the lifeboats as the fire spread.
   a. out b. off c. in d. down

7. Complétez les phrases à l'aide de la particule adverbiale ou de la préposition qui convient. Les équivalents sont donnés entre crochets.

1. Please put all your toys .... at once. [TIDY]
2. The fireman quickly put .... the fire. [EXTINGUISH]
3. He's always putting her .... [MAKE SB LOOK SMALL]

4. We had central heating put .... last year. [INSTALL]
5. I can't put you .... for the weekend. [GIVE ACCOMMODATION]
6. Every now and then she would put .... a remark. [INTERJECT]
7. They've put .... making their decision for a week. [POSTPONE]
8. The school is putting .... *King Lear* next year. [PRESENT]
9. The government is sure to put .... taxes soon. [RAISE]
10. We were very put .... by his rudeness. [UPSET]

EXERCICES

8. Entourez la réponse qui convient.

1. The hotel manager was furious because the actress had checked ... without paying.
   a. up b. in c. down d. out
2. Although I have shampooed the sofa, the coffee stain just won't come ... .
   a. up b. off c. over d. away
3. The contract was drawn ... by the lawyers.
   a. out b. off c. up d. in
4. He was ill for a couple of weeks and fell ... in his work.
   a. back b. behind c. off d. over
5. The rock band members fell ... over inequality of pay.
   a. out b. in c. over d. up
6. She was so gullible he fell ... all his lies.
   a. down b. to c. across d. for
7. She went ... politics after graduating from the Harvard School of Government.
   a. to b. into c. for d. at
8. The bomb went ... in a shopping centre, killing 12 people.
   a. up b. away c. off d. out
9. It was his first offense and so the judge let him ... with a slap on the wrist.
   a. away b. out c. off d. up
10. If you don't know the word, why don't you look it ... in the dictionary?
   a. into b. up c. after d. at

9. Indiquez si les phrases sont correctes (R) ou non (W). Cochez la case.

	R	W
1. I listen at the news on the radio every morning.	❑	❑
2. It was a wet weekend. The rain did not let in all day.	❑	❑
3. You can't drink it. The milk has gone off.	❑	❑
4. All his worries have got him up.	❑	❑
5. The handle broke and fell in.	❑	❑
6. The coach drew up and several passengers alighted.	❑	❑
7. I'm thirsty. I could do over a glass of water.	❑	❑
8. Can you look at my dog while I'm away this summer?	❑	❑
9. Criminals should pay their crimes.	❑	❑
10. He was found guilty and put out for life.	❑	❑

40 Sens proches (général) / *Parallel meanings (general)*

Les synonymes sont des mots de graphie différente mais identiques ou proches par leur sens. Par exemple les mots *plane* et *aircraft*, *adult* et *grown-up*, *veteran* et *ex-soldier*. Des verbes (*buy / purchase*, *start / begin*, *close / shut*), des noms (*baby*, *infant*), des adjectifs (*handsome*, *gorgeous / sick*, *ill*), des adverbes (*quickly*, *rapidly*), des conjonctions (*although / albeit*) et des prépositions (*on*, *upon / about*, *approximately*) peuvent être synonymes.

Néanmoins, il faut noter que le même mot peut avoir des sens différents. Si l'on prend le mot *adult* on comprend qu'il s'agit d'un adulte, qui, selon la loi britannique, a plus de 18 ans. Mais, dans *adult education*, il s'agit de *further education*. Et dans l'expression *adult books / films / magazines*, *adult* signifie *pornographic*. De même, dans les phrases qui suivent :

1. Sparks were flying out of the bonfire and blowing everywhere. - The recent interest rises have sparked new problems for the government. - He's the spark plug of the team - the one who gets everyone else to give their all.

2. The children played a game of cops and robbers. He likes to hunt big game and often goes on safaris to Africa. - I'm planning on swimming across the bay. It is a difficult challenge, are you game? - My uncle's in the stocks and shares game.

L'usage de synonymes peut varier en fonction du niveau de langue. C'est ainsi que, à côté de *children* (neutre), on trouve *kids* (informel) et *offspring* (formel) ; à côté de *house/flat* (neutre), on trouve *abode/residence* (formel), *digs* ou *place* (informel) ; *drink* (neutre) a pour équivalent *alcoholic beverages* (formel) et *booze* (informel).

Les synonymes sont largement utilisés comme euphémismes. Un exemple courant est le mot WC, peu courant en anglais. Les Américains parlent de *restroom*, *bathroom*, *men's room* ou *women's room*. Si quelqu'un dit *I need to powder my nose / make a pit stop / see a man about a dog*, on comprendra qu'il souhaite passer aux toilettes.

Le terme *concentration camp*, terme inoffensif alors utilisé par les Anglais pour abriter des prisonniers civils pendant la Seconde guerre des Boers, a pris une tournure négative pendant la Seconde guerre mondiale, quand l'expression décrivait les camps de la mort (*death camps*). Depuis, d'autres termes ont été utilisés (*resettlement camps*, *internment camps*, *etc.*). Le développement du *politically correct* a accentué cette tendance.

L'épreuve de compréhension écrite aux examens comporte un certain nombre d'exercices sur les synonymes. Connaître des synonymes permet également de varier ses tournures lors de l'épreuve d'expression écrite.

Il n'existe pas de recette miracle pour connaître les synonymes. Parmi les conseils :

- repérez le contexte dans lequel le mot est utilisé
- consignez les mots au sein de collocations
- examinez les entrées du dictionnaire concernant les emplois des mots
- notez les niveaux de langue (formel / informel)

Voici, à titre d'échauffement, quelques exercices.

1. Trouvez les synonymes des verbes. Accordez les chiffres et les lettres.

1. begin	6. accomplish	a. vanish	f. mimic
2. answer	7. hurry	b. defeat	g. choose
3. receive	8. disappear	c. reply	h. rush
4. select	9. imitate	d. examine	i. get
5. beat	10. inspect	e. start	j. achieve

2. Trouvez les synonymes des noms. Accordez les chiffres et les lettres.

1. garbage	6. joy	a. corridor	f. film
2. class	7. movie	b. rubbish	g. lesson
3. candy	8. sunrise	c. passion	h. vacation
4. fool	9. holiday	d. dawn	i. sweet
5. hall	10. ardor	e. idiot	j. delight

3. Trouvez les synonymes des adjectifs. Accordez les chiffres et les lettres.

1. sure	6. sincere	a. huge	f. certain
2. enormous	7. vague	b. childish	g. dull
3. impartial	8. erudite	c. honest	h. neutral
4. infantile	9. insipid	d. learned	i. indistinct
5. previous	10. egocentric	e. selfish	j. preceding

4. Trouvez les synonymes des adverbes. Accordez les chiffres et les lettres.

1. chiefly	6. moderately	a. reasonably	f. possibly
2. especially	7. more and more	b. deliberately	g. by the way
3. incidentally	8. moreover	c. particularly	h. mainly
4. knowingly	9. practically	d. virtually	i. generally
5. maybe	10. usually	e. increasingly	j. in addition

41 Sens proches (verbes) / *Parallel meanings (verbs)*

On trouve les synonymes dans des thésaurus. Un thésaurus comprend quelque 100 000 synonymes. L'antonyme est également fourni. Il convient néanmoins de choisir son synonyme avec circonspection, les verbes n'étant pas toujours interchangeables. Le contexte doit vous guider. Un dictionnaire vous aidera à faire le bon choix.

En voici un exemple :

Roget's New Millennium™ Thesaurus - Cite This Source

Main Entry:
complain

Part of Speech:
verb

Definition:
grumble

Synonyms:
accuse, ascribe, attack, beef*, bellyache*, bemoan, bewail, bitch, carp, cavil, charge, contravene, criticize, defy, demur, denounce, deplore, deprecate, differ, disagree, disapprove, dissent, expostulate, find fault, fret, fuss, gainsay, grieve, gripe, groan, grouse, growl, grumble, impute, indict, lament, lay, look askance, moan, nag, object, oppose, protest, refute, remonstrate, repine, reproach, snivel, sound off, wail, whimper, whine, yammer

Antonyms:
applaud, be content, be happy, compliment, laud, praise, recommend

Source:
Roget's New Millennium™ Thesaurus, First Edition (v 1.3.1)
Copyright © 2007 by Lexico Publishing Group, LLC. All rights reserved.

** = informal or slang*

Un dictionnaire complétera l'emploi du mot *complain* et donnera l'origine du mot.

1. to express dissatisfaction, pain, uneasiness, censure, resentment, or grief; find fault: He complained constantly about the noise in the corridor.

2. to tell of one's pains, ailments, etc.: to complain of a backache.

3. to make a formal accusation: If you think you've been swindled, complain to the police.

Origin: 1350–1400; ME compleinen < AF compleign-, s. of compleindre, OF complaindre < VL *complangere, equiv. to L com- com- + plangere to lament; see plaint]

On voit que dans l'exemple *My mother is always complaining*, le verbe ne peut être remplacé par *bemoaning* (*=regret strongly, deplore*) / *charging* / *denouncing*, etc. Idem dans la phrase *I'm going to complain to the police about the noise.*

Il n'est pas toujours facile de classer les verbes en catégories et de faire le recensement des synonymes. D'abord parce que le champ de ces verbes est vaste, mais aussi parce que le nombre de synonymes est grand. On peut distinguer cependant les catégories suivantes.

Verbes d'action (origine, début, encouragement, réalisation, prévention, etc.)

arise (from) • *derive (from)* • *emanate (from)* • *flow (from)* (découler, résulter de) • *hail (from)* (provenir de) • *issue (from)* • *proceed (from)* (provenir de) • *rise (from)* • *spring up* (jaillir) • *stem (from)* (provenir de)

activate (faire démarrer : machine, système, activer, déclencher : procédure, alarme) • *actuate* • *begin* • *broach* (aborder) • *commence* • *embark* • *ignite* (s'enflammer) • *inaugurate* • *initiate* • *jump-start* • *launch* • *lead off* • *occur* • *start (off)* • *set about (doing)* / *set out (to do sth)* (se mettre à faire qch) • *take (to doing sth)* (se mettre à) • *undertake* (entreprendre)

boost (promouvoir) • *champion* • *encourage* • *foster* (promouvoir, encourager) • *fuel* (alimenter) • *further* (promouvoir, faire avancer) • *inspire* • *invigorate* (vivifier, revigorer) • *motivate* • *power* (inspirer, propulser) • *promote* (promouvoir) • *sponsor* (financer, parrainer) • *spur (sb to do sth)* (pousser, encourager, inciter à)

attempt (to do sth) (tenter (de faire qch) • *endeavor (to do sth)* (s'efforcer de) • *exert oneself* (s'efforcer de) • *strive (to do sth)* (s'efforcer de, faire tout son possible pour) • *tempt* (tenter) • *try* (essayer)

accomplish • *achieve* (atteindre, obtenir, réaliser) • *act* • *attain* (atteindre, parvenir à) • *carry out* (accomplir) • *carry through* (réaliser : projet, ambition) • *complete* (terminer, achever) • *effect* (effectuer) • *engineer* (manigancer, construire) • *execute* (exécuter) • *finish* • *fulfill (ambition)* (réaliser : ambition) • *implement* (exécuter : contrat, décision) • *manage* (gérer, diriger) • *materialize* (se concrétiser, se réaliser, prendre forme) • *operate* (fonctionner) • *perform* (exécuter, accomplir, procéder à) • *perpetrate* (perpétrer) • *reach* • *secure* (obtenir) • *unfold* (se dérouler)

admonish (against) (avertir, prévenir, mettre en garde) • *alarm* • *alert* • *berate* • *caution* (avertir, mettre en garde) • *forewarn* (prévenir, avertir) • *heed* (faire attention à, prendre garde de) • *tip off* (prévenir, avertir) • *warn* (avertir)

Verbes de mouvement (lancer, tirer, saisir, voler, chuter, couler, etc.)

cast (lancer, jeter) • *lob* (lancer, lober) • *pitch* (lancer, jeter) • *propel* (propulser, faire avancer, pousser) • *project* (propulser) • *push* • *shove* (pousser, bousculer, presser) • *throw* (jeter, lancer) • *thrust* (fourrer, enfoncer)

drag (traîner) • *draw* (tirer attirer) • *haul* (traîner, tirer) • *jerk* (tirer d'un coup sec) • *lug* (tirer) • *lure* (attirer par la ruse) • *pull* (tirer) • *tow* (remorquer) • *trail (object)* (tirer, traîner : objet) • *tug (at)* (tirer vigoureusement sur) • *wrench* (tirer violemment sur, arracher des mains) • *yank* (tirer d'un coup sec)

catch (attraper) • *clasp* (étreindre, serrer) • *clench* (serrer) • *clutch* (empoigner, saisir, se saisir de) • *grab (at / for)* (accaparer, s'emparer de) • *grapple* (saisir avec un grappin, se colleter : problème) • *grasp* (saisir, empoigner, s'emparer de) • *grip* (saisir, empoigner) • *pluck (at)* (tirer doucement) • *seize* (saisir) • *snatch* (enlever, saisir, arracher) • *wrest (from sb)* (arracher violemment des mains de qn) *flit* (voleter, voltiger) • *flutter* (voleter, voltiger, papillonner, virevolter, agiter : rideau, drapeau) • *fly* (voler) • *skim (the ground / water)* (raser, effleurer) • *hover (on / over)* (voltiger : oiseaux, papillons, planer : oiseau de proie, hélicoptère, danger, menace) • *skitter (bird) (across the water / along the ground)* (voler en frôlant l'eau / le sol, ricocher) • *waft* (faire glisser, avancer : nuages, flotter : sons, odeurs)

decline (décliner) • *dip* (descendre, fléchir : soleil, prix, piquer du nez) • *dive* (plonger) • *drop* (tomber, retomber, laisser tomber) • *fall* • *nose-dive* (piquer du nez, descendre en piqué) • *plummet* (chuter, dégringoler) • *plunge* (plonger) • *pounce (on)* (fondre sur) • *slump* (s'effondrer, s'affaler, décliner) • *swoop* (fondre, s'abattre) • *topple* (culbuter) • *tumble* (chuter, tomber, dégringoler, faire la culbute)

boil (bouillir) • *circulate* • *crest* (atteindre son point culminant) • *course* (courir, couler) • *deluge (with)* (inonder, submerger de) • *dissolve* • *douse* (plonger dans l'eau, tremper, inonder, éteindre : flammes) • *drain* (vider) • *drench* (tremper, mouiller : sueur / pluie) • *dribble* (tomber goutte à goutte, couler lentement, baver) • *drip* (tomber goutte à goutte, dégouliner, goutter) • *ebb* (se retirer) • *float* (flotter) • *flood* (inonder) • *flow* (couler) • *gush* (jaillir) • *inundate* • *leach* (filtrer) • *leak* (fuir : seau, tuyau, bouteille, faire eau : navire, prendre l'eau : chaussure, s'échapper : gaz / liquide, communiquer, divulguer : information) • *melt* (fondre) • *ooze* (suinter) • *overflow* (déborder) • *pour* (verser) • *pump* • *recede* (se retirer) • *ripple* (friser, clapoter) • *run* • *seep* (suinter, filtrer) • *seethe* (bouillonner, bouillir) • *soak* (tremper) • *spill* (renverser, répandre) • *spout* (jaillir) • *spread* (se répandre) • *spring* (jaillir) • *sprinkle* (arroser) • *sprit / spurt* (jaillir, gicler) • *stream* (ruisseler, couler) • *surge* (déferler, s'engouffrer) • *swell* (gonfler) • *thaw (out)* (faire fondre, décongeler, fondre) • *trickle* (couler goutte à goutte) • *well* (sourdre) • *whirl* (tourbillonner)

Verbes exprimant la connaissance, l'opinion, le jugement (méconnaissance, examen, analyse, réflexion, critique, punition, etc.)

learn • *comprehend* (comprendre, inclure) • *distort* (déformer, dénaturer : faits, paroles) • *falsify* (falsifier) • *ignore* (méconnaître : faits) • *misconceive* (mal comprendre, se tromper, se méprendre) • *misconstrue* (mal interpréter : actes, paroles) • *misinterpret* • *misunderstand* (comprendre de travers, mal comprendre, mal interpréter) • *twist* (déformer, fausser, altérer : paroles) • *warp* (gauchir, se voiler, se pervertir, [se] fausser : jugement, pervertir : caractère / esprit / personne)

appraise (évaluer, apprécier, estimer) • *assess* (évaluer, jauger) • *deduce (from / that)* (déduire, inférer, conclure) • *denote* (dénoter, marquer, indiquer, signifier) • *estimate* (estimer) • *evaluate* • *examine* • *explore* • *gauge* (jauger) • *indicate* • *infer* (déduire, deviner) • *inspect* • *investigate* • *overlook* (négliger) • *oversee* (superviser) • *probe* (sonder) • *stress* • *value* (évaluer, estimer)

conjecture • *speculate* • *surmise* (conjecturer) • *consider* • *contemplate* (envisager) • *deliberate* • *meditate (on)* (méditer sur) • *mull (over an idea / a plan)* (réfléchir : à une idée / un plan) • *muse (on / about)* (songer, méditer, réfléchir à) • *ponder* (méditer) • *reflect* (réfléchir) • *speculate* (conjecturer)

admonish (for / about) (réprimander, admonester) • *berate* (admonester) • *blame (sb for / sth on)* • *censure* • *chastise* (châtier, corriger) • *chide* (gronder) • *criticize* (critiquer) • *decry* (décrier, dénigrer, condamner) • *dress down* (passer un savon) • *punish* • *rebuke* (reprocher, rebuter) • *reprehend* (réprimander, blâmer, condamner) • *reprimand* • *reproach (sb with / for doing sth)* (reprocher qch à qn) • *reprove (for)* (réprimander, réprouver, condamner) • *revile* (injurier) • *scold* (gronder) • *tell off* (adresser des reproches) • *upbraid* (reprocher) • *vilify / vilipend* (vilipender) • *vituperate*

Verbes de communication (annoncer, révéler, débattre, etc.)

announce • *channel (in / to)* (canaliser : informations) • *communicate* • *convey* (communiquer : opinion, idée, sentiment, transmettre : ordre, remerciements, faire comprendre à qn que) • *impart* (communiquer, faire connaître, faire part de) • *pass along* (communiquer) • *spread* • *transmit*

disclose • *divulge* • *expose* (mettre à nu, dévoiler, révéler) • *reveal* • *uncover* (découvrir) • *unmask* (démasquer) • *unveil (a project)* (dévoiler) • *unwrap* (dévoiler)

argue (against / about / in favor of) (argumenter, témoigner, discuter, débattre) • *bring up* (évoquer) • *debate* (discuter, débattre) • *digress* (s'écarter, s'éloigner, faire digression) • *discuss* (discuter de, examiner) • *hash out* (discuter en détail de) • *introduce* • *put forth* (avancer, émettre, une idée, une suggestion) • *talk over* (discuter, débattre) • *tangle (with sb / over sth)* (se colleter avec qch) • *thrash out (a question)* (débattre d'une question) • *toss around (ideas)* (remuer, agiter : idées)

Verbes de perception et d'apparence (apparaître, sentir, écouter, regarder, etc.)

appear • *distinguish* • *imitate* • *look like* (ressembler à) • *mirror* • *misconceive* (mal comprendre, mal interpréter) • *misconstrue* (mal interpréter) • *misunderstand* • *perceive* (percevoir) • *reflect* (réfléchir) • *represent* • *resemble* • *seem* • *sound* (sembler)

reek (of) (puer, empester, sentir mauvais) • *smack (of)* (avoir des relents de [fig.] • *smell* • *smell up / stink up* (empester) • *stench* (puer) • *waft (scent / sound)* (porter, apporter)

eavesdrop (on) (écouter de façon indiscrète) • *hark (to) / harken / hearken* (prêter une oreille attentive à) • *hear* (entendre) • *heed* (faire attention, prendre garde à) • *listen (to)* (écouter)

feel about / around (tâtonner, fouiller) • *touch (gently)* (toucher, effleurer) • *finger* (toucher / manier des doigts, tripoter, palper : argent) • *handle* (manier) • *paw* (tripoter, peloter) • *touch* (toucher)

gaze (contempler) • *glare* (regarder méchamment) • *glimpse* (apercevoir) • *leer* (lorgner) • *look* • *ogle* (reluquer) • *peek (at)* (jeter un regard furtif) • *peep* (regarder furtivement) • *peer* (fixer du regard) • *picture* • *scan* (scruter, examiner) • *see* • *visualize* • *watch*

1. Trouvez la définition correspondant à chaque verbe.

1. cancel
2. yield
3. cede
4. anticipate
5. close
6. obviate
7. sway
8. waver
9. hinder
10. recant

a. look forward to an event
b. anticipate and prevent or eliminate
c. keep back by delaying or stopping progress in action
d. invalidate by drawing lines through something written
e. connote formal transfer, as of territory
f. move or incline to one side or in a particular direction
g. give way
h. withdraw or disavow a statement
i. hesitate between choices
j. apply to the ending of something ongoing or continuing

2. Trouvez dans la liste le verbe correspondant à la définition.

1. foil, thwart, disappoint, baffle
a. frustrate b. alienate c. beget d. mimic

2. protest strongly, attack verbally
a. inveigh b. abridge c. assail d. ejaculate

3. follow, result
a. connect b. raise c. ensue d. fly

4. postpone, put off, delay
a. flout b. smear c. procrastinate d. dissent

5. quicken, speed up
a. delay b. withhold c. expedite d. hamper

6. root out, eradicate
a. obviate b. extirpate c. elicit d. forswear

7. cancel, abolish, terminate
a. belittle b. raze c. abrogate d. level

8. bring about, call forth, cause, produce
a. emerge b. engender c. abet d. dismiss

9. incite, provoke, inflame
a. apprehend b. instigate c. augment d. agonize

10. instigate, foster (discord)
a. foment b. expurgate c. bowdlerize d. gauge

EXERCICES

3. Entourez réponse qui convient.

1. Western civilization has (**fostered / broached**) freedom of speech and of thought.
2. The danger of avalanches (**canceled / hindered**) the progress of the expedition.
3. The expletives were (**deleted / wiped**) from the transcript for fear of offending people.
4. Oil prices (**fluctuated / wavered**) today, as news of gloomy forecast was announced.
5. After two years, Jeb suddenly (**jolted / jilted**) Jill, saying he was seeing someone else.
6. Disappointed fans (**hurled / threw**) insults at the referee.
7. He (**hoisted / heaved**) the rucksack onto his shoulder and set out.
8. John (**cast / threw**) his fishing line into the stream, waiting for fish to bite.
9. The bouncer (**shied / chucked**) out the troublemakers from the club.
10. Her parents (**cast / threw**) a lavish party for their daughter's 16th birthday.

4. Entourez la réponse correspondant au verbe souligné.

1. Colombia has not embraced large-scale aid and employment programs that might <u>deter</u> farmers from planting poppies.
   a. encourage b. discourage c. persuade d. prod
2. The Metropolitan Transportation Authority <u>rejected</u> the city's offer to buy the development rights to the yards for $500 million, saying it was too little.
   a. snubbed b. rebuffed c. impelled d. wooed
3. The tragedy focused attention on the growing exodus of Haitians in recent months and the increasing enforcement efforts to <u>prevent</u> them.
   a. check b. thwart c. hinder d. foil
4. The mayor of London <u>opposed</u> public opinion when he imposed a hefty fee to drive on London's busiest streets.
   a. perked up b. heartened c. bucked d. contested
5. The disruptive students were <u>detained</u> after school until their parents had been notified.
   a. expelled b. confined c. deprived d. withheld
6. The naughty boy shall be <u>chastised</u> for his misdemeanor.
   a. rewarded b. eulogized c. punished d. paltered
7. He <u>cogitated</u> hard and long about the problem but did not come up with a solution.
   a. pandered b. pondered c. pined d. prattled
8. The continuing violence has done little to <u>stem</u> a sense of growing frustration among the city's residents.
   a. rouse b. prevent c. exacerbate d. dampen
9. Steep oil prices helped <u>boost</u> profits at oil companies.
   a. raise b. promote c. exalt d. endorse
10. The president <u>berated</u> his ministers during the meeting.
   a. tongue-lashed b. praised c. lauded d. commended

5. Complétez les phrases à l'aide des verbes de la liste au temps et à la forme qui conviennent.

anticipate • flood • hash • leer • melt • misconstrue • rebuke • tangle • trickle • undertake • well

1. Tears .... up, he admitted it was hard to make new friends in his new school.
2. Some of the hundreds of thousands of Poles who .... into Britain since 2004 are starting to .... home.
3. It's no surprise that glaciers .... as emissions from cars and industry warm the climate.
4. The fellowship gives selected students the opportunity to travel overseas and .... a project or investigation in their chosen field.
5. The inhabitants of the tiny island .... the impending hurricane by boarding up the windows.
6. The actress has launched a website in the hopes of correcting the .... stories surrounding her life.
7. Several times, the teacher has .... students for offensive language in the classroom.
8. Most of the decisions regarding the budget were .... out in several consecutive days of meetings inside a 14th-floor conference room in the Municipal Services Building.
9. Investigators said they've since learned that the flasher repeatedly .... at young women standing at area bus-stops as well.
10. The prospects of emergency funds appeared bleak Monday as the White House and Congress .... over how best to help the ailing car industry.

42 Sens proches (noms) / *Parallel meanings (nouns)*

Ce chapitre examine le problème des noms synonymes. Il existe plusieurs stratégies à mettre en œuvre pour apprendre et retenir les noms en particulier, et le vocabulaire en général.

■ Apprendre des groupes de mots plutôt que le mot seul. Essayez dans la mesure du possible d'associer les mots qui relèvent d'un même champ sémantique. Ainsi, dans le domaine des transports, si l'on pense au mot *car, automobile*, associez les mots *wheel, tyre, boot, trunk*, etc. Le mot *bus* doit évoquer *bus stop, fare, bus driver, get on / off.* Dressez des listes propres à chaque sujet. Ajoutez les mots nouveaux au fur et à mesure.

■ En même temps que vous apprenez un mot, essayez de trouver un synonyme, ou un antonyme.

■ Retenez des mots qui peuvent être associés grammaticalement : ainsi, à *furniture*, vous associerez *advice, evidence, knowledge, progress, success* (indénombrables). Au mot *mouse / mice*, vous associerez *tooth, ox, child, life, hoof, scarf* (pluriels irréguliers). Aux participes passés de *bought*, vous ajouterez *sought, brought, caught*, à *split* vous ajouterez *burst, cut, sent.*

■ Apprenez des mots qui ont la même racine : *root, uprooted, rootless* ; organisez-les par catégories grammaticales :

nom	adjectif	adverbe	verbe
industry / industrialist / industrialization	*industrial / industrious*	*industriously*	*industrialize*

■ Par extension, apprenez les collocations ; exemple : *roots*: *put down roots, sink roots, strike new roots, take root, trace one's roots, root out crime, get to the root of a problem* ; plus simplement, retenez les adjectifs qui accompagnent les mots : ainsi, *burning, criticial, crucial, key, main, vital, controversial, thorny, complex, unresolved* s'emploient avec *issue.*

■ Dresser une topologie de tous les synonymes serait une tâche titanesque. Néanmoins, certains noms (et leurs synonymes) reviennent régulièrement.

Les noms abstraits

abstract / summary • *accretion / growth* • *castigation / punishment* • *dash / sprint* • *dearth / scarcity* • *debacle / fiasco* • *desuetude / disuse* • *detraction / aspersion* • *disaster / catastrophe* • *disgrace / shame* • *egress / exit* • *epitome / quintessence, embodiment* • *equity / fairness* • *hearsay / rumor* • *hypothesis / speculation* • *impediment / obstacle* • *instructions / directions* • *measure / degree* • *nadir / perigee* • *object / thing* • *paucity / scarcity* • *perfidy / treachery* • *phantasm / illusion* • *plethora / surplus* • *resistance / opposition* • *zenith / peak, acme*

Le caractère humain

antipathy / aversion, dislike • *ardour / passion* • *avarice / greed* • *bent / proclivity, tendency* • *equanimity / composure* • *forbearance / patience* • *guile / trickery, cunning* • *hubris / pride* • *iniquity / wickedness* • *joy / delight* • *kudos / respect* • *mendacity / lying* • *opprobrium / contempt, scorn* • *peccadillo / minor sin*

La société

association / organization • crusade / campaign • gravestone / headstone • holiday / vacation • hunger / starvation • meeting / assembly • native / local • nobility / aristocracy

La vie économique

benefit / advantage • bid / tender • branch / department • business / commerce, trade • clerk / receptionist • conservation / preservation • discount / reduction, rebate • dossier / file • economic / profitable • garbage / rubbish • inventory / stock • invoice / bill

La vie politique

ballot / poll • bloodbath / massacre • charter / constitution • demonstration / protest • insurgent / rebel • survey / poll • triumph / victory • ultimatum / demand

Les gens

boor / lout, yokel • comic / comedian • confederate / accomplice • crook / criminal • devil / satan, evil • fool / idiot • idler / loafer • magician / conjuror • magistrate / justice of the peace • mannequin / model • mendicant / beggar, supplicant • murderer / assassin • victor / winner

Les vêtements et accessoires

curler / roller • coiffure / hairstyle • denims / jeans • fragrance / perfume • material / fabric

Le corps, la santé

backbone / spine • backside / behind, bottom • belly / stomach • brow / forehead • nostrum / cure-all, placebo • madness / insanity • forehead / brow • gut / intestine • instinct / intuition

Le discours

account / story • citation / quotation • encomium / panegyric • pith / central part • narrative / story • notion / idea • praise / acclaim

Le temps, l'espace

daybreak / dawn • midway / halfway • noon / midday • nightfall / dusk

Les arts

chorus / refrain • movie / film • ornament / decoration • painting / picture

▒ Connaissez le sens des **préfixes**. En voici quelques-uns.

prefix	*meaning*
ab, a	*away from*
ad, ac, ag, at	*to*
ante	*before*
anti	*against*
auto	*of or by oneself*
bene	*well*
bi	*two, twice*
circum	*around*
com, con, col	*together*
contra	*against*
de	*from, down*
dis, di	*apart*
ex, e	*out*
ex	*former*
extra	*beyond*
fore	*before*
hyper	*excessively*
in, im,n il, ir, un	*no*
inter	*between*
intra, intro, in	*within*
mal	*bad*
micro	*small*
mis	*badly/wrongly*
mono	*one/single*
multi	*many*
over	*too much*
per	*through*
peri	*around*
post	*after*
pre	*before*
pro	*forward, for*
pseudo	*false*
re	*again*
semi	*half*
sub	*under*
super	*above*
trans	*across*
under	*not enough*

▒ Connaissez le sens des **suffixes**.

suffix	*meaning*
able, ible	*capable of being*
al	*relating to*
ance	*relating to*
ary	*relating to*
ation	*action*
cy	*quality*
ee	*sb who receives experience*
ence	*relating to*
er, or	*one who*
ful	*plenty of*
fy	*make*
hood	*part of*
ic	*pertaining to*
ious	*full of*
ism	*activity / ideology*
ist	*person who practices*
(t)ion	*character of sth/sb*
ity	*condition*
ive	*characteristic **of a***
ize	*to make like*
less	*without*
ment	*result, state*
ness	*noun from adjective*
ous	*(adj)*
ship	*abstract noun*

1. Trouvez les noms correspondant aux verbes.

Verbs	Nouns	Verbs	Nouns
1. detain	....	7. disappoint	....
2. arraign	....	8. bore	....
3. acquaint	....	9. resume	....
4. acquit	....	10. commit	....
5. rebut	....	11. revert	....
6. know	....	12. disappear	....

2. Formez les noms à partir des verbes.

Verbs	Nouns	Verbs	Nouns
1. propose	....	6. employ	....
2. introduce	....	7. pollute	....
3. precede	....	8. stabilize	....
4. abolish	....	9. attract	....
5. ally	....	10. provoke	....

3. À partir de la liste des préfixes, trouvez les mots ayant un sens semblable.

1. kidnapping = ab........................
2. beginning = ad.................
3. medicine = anti.................
4. abhorrence = anti.................
5. personal history = auto.................
6. charity = bene.................
7. assemblage = com.................
8. abolition = in.................
9. ancestor = fore.................
10. examination = re.................

4. À partir de la liste des suffixes, trouvez les mots ayant un sens semblable.

1. refusal = ...ial
2. scientist = ...ist
3. elimination = ...tion
4. fellowship = ...hood
5. blight = ...tion
6. engagement = ...ment
7. inability = ...ness
8. lack = ...ity
9. companionship = ...ship
10. reporting = ...ism

5. Les mots suivants sont l'objet de confusion. Complétez chaque phrase en fonction de la définition. Mettez le mot au pluriel si nécessaire.

1. **boarder** means a tenant in someone's house • **border** means a line that indicates a boundary
   a. Mary would take a few .... during the year to make both ends meet.
   b. It is against the law to cross the .... without a visa.
2. **council** means an elected group to make decisions • **counsel** means advice or lawyer
   a. Go see the guidance counselor, she'll give you good .... on your problems.
   b. The National Security .... advises the President on foreign policy matters.

EXERCICES

3. **bloc** means a group of countries in special alliance • **block** means an obstruction, an interruption or a rectangular area or shape

a. The demise of the USSR meant the end of the Soviet ....

b. The traffic .... lasted for several hours.

4. **leak** means an accidental hole, crack, or flaw that allows something to enter or escape • **leek** means a plant, related to the onion, having a large slender white bulb and flat overlapping dark green leaves

a. The shamrock is the national emblem of Ireland, the thistle belongs to Scotland, the .... is the national emblem of Wales.

b. .... in the rusted pipes probably caused the flooding.

5. **ray** means a smaller quantity of light • **beam** means a collection of parallel rays

a. Unprotected exposure to the sun's ultraviolet .... can cause skin cancer.

b. A radio .... guidance system in airports enables aircraft to land in bad weather.

6. **complement** means an addition to complete something or form with it to make a whole • **supplement** means an addition to something already regarded as complete or whole

a. The rare old brandy was a perfect .... to the delicious meal.

b. The school board is offering a $500 pay .... to attract more teachers to the underprivileged area.

7. **resort** is something you can turn down after all other options have failed • **recourse** refers to turning to someone or something for help

a. He was able to raise money without .... to borrowing.

b. Microsoft has lost its European antitrust appeal in a landmark ruling that leaves it with little .... beyond compliance.

8. the **median** is the halfway point, dividing a series of numbers in half • a **mean** is the average of the sum of the series

If there is an even amount of numbers in the series, the .... is found by taking the .... of the two numbers in the middle of the distribution. 50% of the numbers will be above the .... and 50% will be below.

9. an **answer** is something said, written, or done in return • a **reply** is an answer that satisfies a detail in a question

a. The .... the defendant provided prove, beyond the shadow of a doubt, that he is guilty.

b. The government sent a detailed .... in a note on the India-US nuclear deal, explaining its position.

10. **capacity** refers to a general ability to comprehend an issue or perform a task • **capability** implies a reference to one of a set of such abilities

a. Though dilapidated, the old farm had great ....

b. Steel has a high .... to withstand pressure.

43 Sens proches (adjectifs) / *Parallel meanings (adjectives)*

Maîtriser tous les synonymes d'adjectifs est une tâche ardue, mais il existe certains procédés pour trouver le mot juste.

D'abord se servir du **contexte**, étroit ou large. Dans la phrase *The salesman was a glib talker and soon managed to palm off a set of encyclopedias to the elderly couple*, on peut comprendre que *glib* a le sens de *speaking persuasively but usually without sincerity*. Des synonymes comme *smooth-talking, smooth-spoken* sont possibles dans ce cas et, par extension, *artful, crafty, foxy, slick*.

Prenons le cas de l'adjectif *feisty*, un américanisme qui gagne du terrain et dont le sens est en constante évolution. *Cardiff show Weston spirit in feisty clash at the seaside, completing, their pre-season programme with an eight-try performance and 55-0 victory* (titre d'un article). On comprend, d'après le contexte, qu'il s'agit de rugby et de la victoire écrasante de l'équipe de Cardiff. Les dictionnaires définissent *feisty* comme étant *aggressive, excitable, nervous, touchy* mais, de plus en plus souvent, il signifie *spirited, assertive, able to speak up for oneself. Feisty* peut se traduire par « fougueux, plein d'entrain, animé ». Les synonymes possibles sont *full of animation, energy,* ou *courage, spirited, spunky, plucky.*

On peut également s'appuyer sur les **racines** des adjectifs en question pour en comprendre le sens, ou trouver des synonymes. Se rappeler que :

a (=*without*) (*abominable, abstruse*)

ac (=*sharp, bitter*) (*acerbic, acrid*)

am (=*love*) (*enamored, amicable*)

al (=*another*) (*alien*)

bell (=*war*) (*bellicose*)

cred (=*believe*) (*incredulous*)

dol (=*pain*) (*doleful, dolorous*)

fid (=*faith, trust*) (*confident, diffident, perfidious*)

flu (=*flow*) (*influent, superfluous, mellifluous*)

fort (=*chance*) (*fortunate, fortuitous*)

gno (=*know*) (*agnostic*)

greg (=*herd*) (*gregarious*)

her/hes (=*stick*) (*adhesive, adherent*)

im/in (=*without*) (*inactive, innocuous, insipid, inept*)

loc/log/loqu (=*word, speech*) (*eloquent, colloquial*)

lud/lus (=*play*) (*ludicrous, elusive*)

mal (=*evil*) (*malevolent, malodorous*)

mut (=*change*) (*immutable*)

nat/nas/nai (=*be born*) (*naive, cognate, nascent, innate*)

nom/nym (=*name*) (*anonymous, nominal, renown*)

pass (=*feeling*) (*passionate, impassive*)

pen/pun (=*pay, compensate*) (*punitive, penitent, repine*)

ple (=*fill*) (*depleted, replete*)

pre (=*before*) (*previous, precarious, preeminent*)

pro (=*for*) (*profligate, provident*)

rid/ris (=*laugh*) (*ridiculous, risible*)

rog (=*ask*) (*arrogant, derogatory*)

sci (=*know*) (*omniscient*)

se (=*apart*) (*separate*)

sens/sent (=*feel, be aware*) (*sensory, sentient*)

sol (=*loosen, free*) (*soluble, irresolute*)

spec/spic/spit (=*look, see*) (*suspicious, auspicious, perspicacious*)

sta/sti (=*stand, be in a place*) (*stagnant, obstinate, steadfast*)

sua (=*smooth*) (*suave*)

sub/sup (=*below*) (*submissive, subliminal, subtle*)

tac/tic (=*silent*) (*taciturn*)

tort (=*twist*) (*tortuous*)

trans (=*across*) (*transcendent, transparent, translucent*)

ven/vent (=*come, move toward*) (*convenient*)

ver (=*truth*) (*veracious*)

vers/vert (=*turn*) (*controversial, subversive*)

vi (=*life*) (*vicarious*)

vid/vis (=*see*) (*provident*)

voc/vok (=*call*) (*vocal, equivocal*)

vol (=*wish*) (*malevolent, benevolent*)

Si l'on sait que la racine **equ** = *equal, even*, on peut former les adjectifs *equal, adequate, equivalent, equable, iniquitous, equivocal*. Avec la racine **tend/tens/tent/tenu** (=*stretch, thin*) on forme les adjectifs *tentative, contentious, tendentious, tenuous, extenuating*, par exemple.

Topologie des adjectifs

La liste des adjectifs est vaste. Voici quelques champs.

- **les qualités positives** : *adroit • amenable • articulate • assiduous • benevolent • brave • calm • clever • considerate • courageous • dexterous • eloquent • erudite • fantastic • generous • thoughtful*

- **les qualités négatives** : *bellicose • boisterous • boorish • churlish • clumsy • cowardly • credulous • cunning • deceptive • depraved • despicable • diffident • dull • foolish • foxy • garrulous • haughty • immature • pusillanimous • quarrelsome • rapacious • selfish • stupid • sullen • tasteless • unfaithful • vulgar • wicked*

- **les qualités abstraites / complexes** : *arcane • abstruse • complex • Byzantine • obscure • recondite • strenuous* • **évident** : *apparent • clear • obvious • relevant* • **superficiel** : *glib • meretricious • shallow • showy* • **trompeur** : *misleading • specious • spurious* • **étrange** : *bizarre • eerie • odd • outlandish • strange • weird*

- **l'apparence** : *beautiful • blonde • blushing • bright • clean • cloudy • dark • dirty • glamorous • gleaming • shiny • sparkling • stormy • unsightly*

- **la condition** : *alive • broken • clever • dead • fake • guilty • helpful • helpless • puzzled • scary • tame • wild*

- **l'attitude** : *abrupt • sudden • becoming • fitting • innocent • deliberate • impartial • neutral • harmful • anonymous • noxious • inflexible • steady • unusual • genuine • worthless*

- **les sentiments négatifs** : *afraid • angry • ashamed • awful • bad • creepy • cruel* • **positifs** : *brave • bright • eager • elated • energetic • friendly • obedient • thoughtful • witty* • **neutres** : *alright • different*

- **la forme** : *broad • crooked • curved • deep • even • jagged • shallow • square • steep • straight • thick • thin*

- **la taille** : *average • big • fat • huge • long • narrow • skinny • tall • wide*

- **le bruit** : *deafening • harsh • hissing • husky • loud • moaning • purring • raspy • shrill • squeaky • squealing*

- **la vitesse** : *fast • slow • swift • speedy*

- **le goût** : *bitter • bland • delicious • fresh • greasy • juicy • repulsive • ripe • rotten • salty • sour • spicy • stale • sweet • tasteless • tasty*

- **la texture** : *coarse • rough • slick • smooth*

- **le temps** : *ancient • brief • early • late • modern • long-standing • old-fashioned*

- **le toucher** : *boiling • bumpy • cool • cold • damp • dry • prickly • rubbery • silky • slimy • slippery • warm • wet • wooly • smooth • soft • sticky*

1. Formez les adjectifs à partir des noms.

Nouns	*Adjectives*	*Nouns*	*Adjectives*
1. sect	....	6. extremity	....
2. tradition	....	7. suicide	....
3. expense	....	8. murder	....
4. sympathy	....	9. harm	....
5. death	....	10. monster	....

2. Faites correspondre les synonymes entre eux. Accordez les chiffres et les lettres.

1. mandatory	**9.** sullen	**a.** jejune	**i.** chary
2. benevolent	**10.** complex	**b.** trite	**j.** becoming
3. wary	**11.** hackneyed	**c.** propitious	**k.** superficial
4. stubborn	**12.** shallow	**d.** total	**l.** saturnine
5. gullible	**13.** auspicious	**e.** generous	**m.** impolite
6. haughty	**14.** fitting	**f.** credulous	**n.** obdurate
7. rude	**15.** premature	**g.** byzantine	**o.** compulsory
8. childish	**16.** complete	**h.** untimely	**p.** imperious

3. Un adjectif n'appartient pas à la série. Entourez-le.

	a	*b*	*c*	*d*	*e*
1.	dull	obtuse	unintelligent	boring	sharp
2.	obdurate	amenable	illiberal	biased	bigoted
3.	unruly	tractable	manageable	compliant	ductile
4.	perfunctory	shallow	genuine	depthless	cursory
5.	untimely	premature	judicious	inauspicious	inopportune
6.	impecunious	insolvent	needy	well-off	destitute
7.	redolent	acrid	balmy	fragrant	ambrosial
8.	tasteful	tawdry	flashy	garish	gaudy
9.	contemptible	abhorrent	despicable	worthy	reprehensible
10.	imperative	optional	vital	urgent	pressing

4. Quelle définition correspond à chaque adjectif ?

1. callow … / shallow …

a. lacking depth of intellect, emotion, or knowledge

b. lacking experience of life, immature

2. superficial … / superfluous …

a. not deep

b. more than is sufficient

3. contemptible … / contemptuous …

a. bestowing contempt

b. deserving contempt

4. acute … / chronic …

a. used for a sudden onset and of short duration

b. used for conditions that are slow to develop and of long duration

5. able … / capable …

a. having the potential to accomplish something

b. having the necessary power to accomplish something

6. continual … / continuous …

a. without interruption, in an unbroken stream; can refer to space as well as time

b. repeatedly, with breaks in between; refers to time

7. baleful … / baneful …

a. that intends or portends harm or injury

b. that produces harm or injury

8. effective … / efficacious …

a. producing the intended or expected result

b. capable of having the desired result or effect

9. economic … / economical …

a. pertaining to the production and use of income

b. avoiding waste, being careful of resources

10. practical … / practicable …

a. capable of being done, effected, or put into practice, with the available means; feasible

b. capable of or suitable to being used; useful

5. Choisissez la définition qui convient pour chaque adjectif souligné.

1. a. devious / b. having many curves

…… The audience was held in thrall by the sinuous weaving of the cobra as the snake charmer sang to it. …… It suddenly struck me that her sinuous arguments were only a scheme to defraud the old woman of her wealth.

2. a. unhurried / b. intentional

…… Being passed over for promotion was something she took as deliberate insult from the manager. The Supreme Court's *Brown* decision declared the system of legal segregation unconstitutional. But the Court ordered only that the states end segregation with "all deliberate speed."

3. a. containing coarse language / b. causing physical injury

…… The letter was so abusive I didn't even bother to answer. …… A 13-year-old girl charged with killing her allegedly abusive father has been placed in the custody of county child services.

4. a. fortuitous / b. occasional / c. informal

…… The American and French presidents had a casual meal at the seaside home of the former, aimed at improving the relations between the countries. …… An increasing number of people are self-employed or working in regular jobs rather than in casual employment. …… A casual remark made by the mayor has led to a firestorm, including calls for his resignation.

5. a. all inclusive / b. broad in scope

…… The lecturer's comprehensive understanding of world affairs helped the students grasp the intricacies of the political situation. …… Most vehicle owners in cities have taken a comprehensive insurance policy that provides a cover for damage during rioting.

6. a. inveterate / b. verified

...... Confirmed reports of cougars leaping up to 18 feet vertically are not uncommon. They can bound 30 to 40 feet in one stride. ...... I guess I'm what is called a confirmed bachelor. At 59, I have never made it down the aisle to holy matrimony.

7. a. respectable / b. suitable / c. adequate

...... When she arrived from Cameroon, she did not have a decent coat for the cold Parisian winter.
...... She was born in a decent family: her father was a surgeon and her mother a qualified nurse.
...... Construction work remains one of the few areas in which US workers without a college degree can earn a decent wage.

8. a. conscious / b. knowledgeable

...... Reading a daily newspaper will make you aware of what is going on in the world. ...... With issues involving identity theft at an all time high, we strongly urge individuals to be aware of the danger in releasing personal information to online firms.

9. a. shallow / b. not serious

...... The report, done hastily, gave a superficial view of the situation in the Middle East.
...... She fell off her bicycle and was taken to hospital for superficial cuts.

10. a. thoroughly planned / b. on purpose

...... The accused knew what he was doing when he murdered his cousin and took deliberate steps to try to hide the crime. ...... Shutting off the nuclear reactor was a deliberate decision made by regulators, well before the workers started taking apart the building.

6. Entourez le mot qui, par son sens, est le plus proche du mot souligné.

1. The administration mounted a desperate global campaign to save its ambassador from being ousted from office.

a. last-ditch b. last fling c. last gasp d. last hurrah

2. Poppy growing is particular in the countryside, and Afghanistan now produces 92 percent of the world's opium.

a. cosmopolitan b. epidemic c. endemic d. restricted

3. Behind the controversies was a savvy operator with an original vision for effecting political and moral change.

a. comprehensive b. careless c. shrewd d. ignorant

4. The 1980 US presidential election gave resounding evidence of the potential of religious conservatives in politics.

a. aural b. sonorous c. inaudible d. forceful

5. He was adamant that he should be cleared of wrongdoing before he resigned.

a. grim b. obdurate c. resolute d. acquiescing

6. Biologists lure capricious whales back to ocean using underwater sounds.

a. contrary b. wayward c. perverse d. bulky

7. The battlefields are drug-drenched, gun-riddled neighborhoods like the Fifth's South Ward, where unemployment is endemic.

a. flippant b. subfusc c. rampant d. refulgent

8. The gunman responsible for the massacre was a sickly child—shy, frail and <u>leery</u> of physical contact by the time he was 3.

a. wary b. skeptical c. trustful d. dubious

9. It is <u>inevitable</u> that smoking and drinking will impair health.

a. compulsory b. irrevocable c. unavoidable d. unpreventable

10. All Americans deserve quality, <u>affordable</u> health care with transparent costs.

a. payable b. expendable c. unbearable d. manageable

EXERCICES

7. Entourez le mot qui est *l'antonyme* du mot souligné.

1. Peter was so <u>unruly</u> that he was kicked out of school.

a. obedient b. boisterous c. submissive d. headstrong

2. He claims to have an <u>infallible</u> remedy.

a. trustworthy b. sure c. imperfect d. omniscient

3. He chose <u>muted</u> colors for the hallway and his bedroom.

a. subdued b. bright c. dim d. soft

4. The neighbors said that the old man's <u>unkempt</u> lawn was hurting their property value.

a. neglected b. disheveled c. sloppy d. neat

5. The boy looked <u>scrawny</u> and under-developed, for lack of nourishment.

a. gaunt b. emaciated c. plump d. scraggy

6. Tournament favorites New Zealand made a no-nonsense start to their World Cup campaign by crushing <u>hapless</u> Italy.

a. helpless b. luckless c. fortunate d. pathetic

7. Speculation the pair were dating first surfaced when they were pictured having a <u>cozy</u> chat at a concert.

a. snug b. huffy c. comfortable d. warm

8. The US constitution is <u>color-blind</u>, and neither knows nor tolerates classes among citizens.

a. biased b. unprejudiced c. impartial d. unimpaired

9. Mr Obama sends crowds into paroxysms of joy. In contrast his opponent, Mr McCain, appears <u>lack-lustre</u> at the moment.

a. dull b. uninspired c. vapid d. spirited

10. Although Auschwitz may be the most <u>notorious</u> of the Nazi death camps, there are only a small number of known photos of the place before its liberation in 1945.

a. famous b. ill-famed c. reputable d. infamous

Langue - Corrigés

1 Racines grecques / *Greek roots*

1. 1d • 2k • 3e • 4a • 5n • 6h • 7j • 8b • 9m • 10g • 11l • 12c • 13f • 14i

2. 1. anthropology • 2. democracy • 3. heliotrope • 4. cosmopolitan • 5. pyrogenic • 6. ichthyology • 7. somatic • 8. phytology • 9. polyandry • 10. polity

3. 1. psychology • 2. theology • 3. ideology • 4. polygamy • 5. autonomy • 6. sophistry • 7. pseudonym

2 Racines latines / *Latin roots*

1. 1f • 2d • 3j • 4b • 5k • 6h • 7a • 8l • 9e • 10i • 11c • 12g

2. **VAC** : 1. vacant, vacuous • 2. vacation • 3. vacate • **CRED** : 1. credible • 2. credit • 3. credulous • **DUC** : 1. conduct • 2. educate • 3. produce • **SPECT** : 1. respect • 2. inspect • 3. prospect • **PROB** : 1. probate • 2. probe • 3. probity • **POSE** : 1. depose • 2. impose • 3. dispose

3. 1. aviary, avian • 2. bellicose, belligerence • 3. domain, domestic, domicile • 4. generation, degenerate • 5. judicial, adjudicate • 6. magnitude, major, maximum • 7. patron, patriarch, paternal • 8. rural, rustic • 9. veracity, verify • 10. exonerate

4. 1c • 2d • 3a • 4f • 5b • 6e

3 Préfixes / *Prefixation*

1. 1. dioxide • 2. cohabit • 3. sublet • 4. forearm • 5. re-educate • 6. malodorous • 7. misconduct • 8. bilingual • 9. tripod • 10. misinform • 11. rebuild

2. 1. polytechnic • 2. reclaim • 3. ex-president • 4. foreknowledge • 5. misleading • 6. malnutrition • 7. hyperactive • 8. foreground • 9. polyglot • 10. enmesh • 11. bi-monthly • 12. circumvent • 13. disregard • 14. undeniable • 15. complex

3. 1. semi • 2. fore • 3. trans • 4. re • 5. pan • 6. post • 7. pre • 8. dis • 9. con • 10. in • 11. over • 12. post

4 Préfixes négatifs / *Negative prefixation*

1. 1. unqualified • 2. misinform • 3. overestimate • 4. post-war • 5. disobey • 6. defraud • 7. pro-life • 8. underprivileged • 9. dispossess • 10. unfair

2. 1. dishonest • 2. indiscreet • 3. insensitive • 4. inefficient • 5. irrelevant • 6. intolerant • 7. irresponsible • 8. disloyal

3. 1. anhydrous • 2. disown • 3. amoral • 4. illegible • 5. immoral • 6. inalienable • 7. unaware • 8. disheartened • 9. atheist • 10. deforestation

4. 1. desegregate • 2. autocratic, anarchy • 3. discontent • 4. unrealistic • 5. unwrapping • 6. dispossessed • 7. defrost • 8. de-escalate • 9. disobey • 10. agnostic • 11. unscathed • 12. disqualify

5 Suffixes des noms abstraits / *Abstract noun suffixes*

1. 1. dictatorship • 2. absenteeism • 3. impressionism • 4. bakery • 5. machinery • 6. falsehood • 7. meritocracy • 8. kingdom • 9. membership • 10. neighborhood

2. 1. achievement • 2. combination • 3. recognition • 4. retirement • 5. emptiness • 6. adjustment • 7. imagination • 8. reduction • 9. discouragement • 10. permissiveness, permission

3. 1. library • 2. philosopher • 3. manhood • 4. contentment • 5. citizenship • 6. inquiry • 7. meanness • 8. allocation • 9. particle • 10. breadth

4. 1. brotherhood • 2. slavery • 3. bravery • 4. freedom • 5. hardship • 6. curiosity • 7. carelessness • 8. aggressiveness

5. 1. brotherhood • 2. refinery • 3. permissiveness • 4. nursery • 5. friendship • 6. slavery • 7. coverage • 8. allocation • 9. Conservation, preservation • 10. survival

6 Suffixes des noms concrets / *Concrete noun suffixation*

1. 1. Japanese • 2. violinist • 3. inhabitant • 4. employee, employer, employment • 5. actor • 6. appointment, appointee • 7. payee, payment • 8. hireling • 9. earnings • 10. embodiment

2. 1. roaster • 2. informant, informer • 3. employment, employee, employer • 4. lubricant • 5. computer • 6. inhabitant • 7. appointment, appointee • 8. survivor, survival • 9. singer • 10. wedding

3. 1. profiteer • 2. booklet • 3. hireling • 4. gamester • 5. silencer • 6. incubator • 7. nominee • 8. dullard • 9. taxidermist • 10. luddite

4. 1. waste • 2. warning • 3. mediator • 4. walker • 5. apothecary • 6. supporter • 7. an animal in its second year

5. P : 1, 4, 6, 7, 10 • C : 2, 3, 5, 6 (a rider is also an additional clause attached to a legislative bill in passing it.), 8, 9

7 Formation des noms à partir des verbes / *Word formation from verbs*

1. 1. dismissal • 2. achievement • 3. repellent • 4. failure • 5. commitment • 6. belief • 7. argument • 8. persuasion • 9. registration • 10. discussion • 11. food • 12. growth • 13. seizure • 14. remembrance
2. 1. omit • 2. delude • 3. maintain • 4. submit • 5. recover • 6. allow • 7. collide • 8. limit • 9. enthuse • 10. approve • 11. rehearse • 12. suspect • 13. diminish • 14. reduce
3. R : 1, 3, 4, 5, 6, 7, 9, 10 • W : 2 (destruction), 8 (dwelling)
4. R : 1, 2, 3, 5, 6 (dog do, a big do), 8 (earn one's keep), 10 • W : 4, 7 (flight), 9 (meaning)
5. 1. drive • 2. refusal, dismissal • 3. *Remembrance* • 4. coverage • 5. deterrent • 6. incubator • 7. examination, diagnosis • 8. choice • 9. commitment • 10. speculation, resignation
6. 1. abolition • 2. arguments • 3. food • 4. postponement • 5. refusal • 6. explosion • 7. failure

8 Suffixes des adjectifs / *Adjective suffixes*

1. 1. debatable • 2. productive • 3. suitable • 4. talkative • 5. causative • 6. presumptuous • 7. useful, useless • 8. careful, careless • 9. helpless, helpful • 10. editorial • 11. desirable, desirous • 12. reliable, reliant
2. 1. popular • 2. experienced • 3. spacious • 4. contradictory • 5. controversial • 6. intense, intensive • 7. optimistic • 8. volatile
3. 1. affordable • 2. dominant • 3. innovative • 4. persistent • 5. sympathetic • 6. harmful • 7. discernible • 8. bothersome • 9. infamous • 10. helpless, powerless
4. 1c • 2g • 3e • 4j • 5b • 6i • 7d • 8f • 9a • 10h
5. 1. wisdom • 2. inequality • 3. resentment • 4. generosity • 5. width • 6. visibility • 7. attractiveness • 8. preference • 9. wealth • 10. rogue
6. 1. delightful, enjoyable • 2. forgetful • 3. foolish • 4. cowardly • 5. homeless • 6. careful • 7. wealthy • 8. heroic • 9. drinkable • 10. reliable

9 La formation des noms abstraits / *Abstract nouns formation*

1. 1. execution • 2. honesty • 3. permissiveness • 4. generosity • 5. achievement • 6. boredom • 7. fatherhood • 8. length
2. 1. bitterness • 2. fanaticism • 3. idealism • 4. childhood • 5. generosity • 6. Catholicism
3. 1. bitterness • 2. slavery • 3. drudgery • 4. curiosity • 5. freedom • 6. friendliness • 7. brotherhood • 8. replacement • 9. prosperity • 10. amazement
4. 1. lie • 2. knowledge • 3. Absence • 4. Action • 5. wisdom • 6. Love • 7. Charity • 8. Failure • 9. Power, power • 10. Truth

10 Mots d'origine étrangère / *Words from other languages*

1. 1b. Série de mots empruntés au **mandarin** ou au **cantonais**. a = *mixed pieces* ; b = *an unskilled laborer* ; d = nom d'une plante, e = nom d'un fruit, f = *wholeheartedly enthusiastic and loyal*. Parmi d'autres mots d'origine chinoise, *kanji, kaolin, ketchup, lychee, shogun, silk, tycoon, yen, zen*.

2a. Mots d'origine **hongroise**. b = *inventor of the ball-point pen*, c = *a type of stew*, d = *a light cavalry soldier*, e = *vegetable and the spice made out of it*, f = famous Hungarian wine from Tokaj, the centre of the local wine-growing district Tokaj-Hegyalja.

3c. Mots d'origine **japonaise**. a = *"empty orchestra"; entertainment where an amateur singer accompanies recorded music* ; b = *"tray gardening"; the art of tending miniature trees* ; d = *a very short poem consisting of three lines of 5, 7 morae each* ; e = *artistic paper folding* ; f = *suicide pilot (WWII), strong winds that repelled Mongol attempts to invade Japan in the 13th century*

4d. Mots d'origine **malaisienne** (*Malay*). a = *a long piece of thin cloth which is worn wrapped around the waist* ; b = *reference to the rice plant (rice paddy)* ; c = *a cotton cloth which has a pattern of coloured squares on a white background* ; e = *a type of boat* ; f = *berserk*

5e. Mots d'origine **irlandaise**. a = *fake (term originating from Irish immigrants in US referring to fake gold rings illegally marketed there)* ; b = *its meaning is not well established : a quiz is a slang word meaning odd fellow ; also Latin derivation ('qui', meaning who)* ; legend has it that the word was coined by Richard Daly, theater manager in Dublin at the end of the18th century. He had bet he would invent one word a day ; c = un marais ; d = *a type of shoe* ; f = *an Irish girl*

6f. Mots d'origine **hawaïenne**. a = *intelligent, clever* ; b = *love, hello, goodbye* ; c = *fast* ; d = *a garland of flowers and/or leaves to be worn* ; e = *family*.

7e

2. Food : cuisine, gateau, spaghetti, frankfurter, hamburger, marmalade, sherbet, yoghurt • **Politics** : guerrilla, embargo, coup, ombudsman, junta • **Arts** : piano, cellist, soprano, ballerina, balalaika • **Wildlife** : flamingo, mosquito, dachshund, rottweiler, mammoth, lemming, dodo, jackal • **Sports & hobbies** : origami, judo, kayak, ski, slalom, yacht, waltz, snorkel • **Geography** : steppe, taiga, tundra, floe, fjord, mangrove

3. 1. cruise • 2. coup • 3. warfare • 4. mufti (*ordinary clothes worn by people who usually wear uniforms, especially soldiers*) • 5. gauntlet (*to have to deal with a lot of people who are criticizing or attacking you*) • 6. embargo • 7. hustings

4. 1. junta • 2. wanderlust • 3. bimbo • 4. quisling • 5. gulag • 6. muslin • 7. hagiography • 8. agony • 9. gauntlet • 10. smorgasbord • 11. glitch • 12. acme • 13. samizdat • 14. ombudsman

5. 1. a free rein • 2. to a sickening extent • 3. a bane, a bugbear, a person or thing especially disliked or dreaded • 4. expert • 5. trifling faults • 6. strong point • 7. main work • 8. illogic arguments • 9. neophyte, novice ; also sp. tyro • 10. cheek, audacity

11 Pluriel des mots étrangers / *Foreign plurals*

1. 1. *Electra* est un prénom. Le pluriel de *electron* est régulier. • 2. *Curriculums* fait son pluriel en *curricula*. *Stadium* : *stadia* au pluriel (rare). • 3. Le pluriel de *medium* est *media*. • 4. Le pluriel de *corpus* est *corpuses* ou *corpora*. • 5. Le pluriel de *campus* est *campuses*. *Apparatuses* est cependant rare. On dit *apparatus*. • 6. Le pluriel de *basis* est *bases*.

2. 1. criteria • 2. axis • 3. alumni • 4. R • 5. phenomena • 6. R • 7. theses • 8. R • 9. R • 10. caucuses • 11.diplomas • 12. indexes • 13. media

3. 1. American universities have decided to strengthen their admission criteria for foreign students • 2. All kinds of hypotheses have been put forward to explain the sudden death of the soccer player • 3. The illness is said to be caused by bacteria in drinking water • 4. The alumni and alumnae of the law school have got together to celebrate the 20th anniversary of the 1989 class • 5. Since the beginning of the year, the indexes of European stock exchanges have kept going down steadily • 6. The political crises of the past few years have caused investors to flee • 7. She ordered spaghetti, I ordered a pizza • 8. The several theses and hypotheses according to which he's thinking of resigning in the near future have proved groundless.

12 Idioms (général) / *Idioms (general)*

1. 1. All hell broke loose • 2. I'd give my right arm for that • 3. His bark is worse than his bite • 4. It beats me • 5. I wasn't born yesterday • 6. The boss is breathing down my neck • 7. The bubble has burst • 8. That's the way the cookie crumbles • 9. Speak of the devil! • 10. The exception proves the rule

2. 1. to • 2. back • 3. below • 4. on • 5. off • 6. away • 7. in • 8. above • 9. off • 10. under

3. 1. make • 2. do • 3. make • 4. make • 5. does • 6. make • 7. do • 8. make • 9. do's • 10. make

4. 1. nines • 2. sixes • 3. dozen • 4. five • 5. four • 6. eight

5. 1. nine • 2. forty • 3. first • 4. second • 5. nine / five • 6. fours • 7. second • 8. second • 9. half • 10. eleventh

6. 1f • 2d • 3h • 4k • 5j • 6a • 7b • 8i • 9e • 10c • 11g

7. 1. We must consider / discuss the problem together. • 2. I know it but I just can't bring it to my mind at this moment • 3. They'd better be as inconspicuous as possible • 4. She humiliated him • 5. They asked for financial help • 6. It was much ado / fuss about nothing. • 7. I never know when he is teasing / pretends to be serious • 8. Why do you look so sulky / mournful? • 9. Very quickly • 10. There is no doubt that she is the dominating partner in that marriage.

13 Idiomes (qualités et défauts) / *Idioms (qualities and flaws) /*

1. 1. work her fingers to the bones • 2. heart of gold • 3. cold fish • 4. ballistic, nuclear • 5. fly off the handle • 6. hold a grudge • 7. high horse • 8. an axe to grind • 9. benefit • 10. daylight robbery

2. 1c • 2h • 3j • 4a • 5k • 6i • 7f • 8d • 9b • 10l • 11g • 12e

3. 1d • 2h • 3f • 4c • 5j • 6b • 7g • 8k • 9a • 10i • 11e

14 Idiomes (la tête) / *Idioms (the head)*

1. 1a ; have eyes for sb : *être amoureux de qn, faire les yeux doux à qn* • 2b ; He's a real headache : *il est vraiment casse-bonbons* • 3a ; I can't get her out of my head : *elle me trotte par la tête* • 4a ; I've got you under my skin : *Je suis fou amoureux de toi* • 5b ; He gets up my nose : *Il m'horripile* • 6b ; She gets in my hair : *Elle me tape sur le système* • 7a ; She's the apple of my eye : *J'y tiens comme à la prunelle de mes yeux* • 8b ; talk sb's head off : *casser les oreilles à qn*

2. 1c • 2a • 3e • 4b • 5f • 6d

3. 1f • 2c • 3i • 4b • 5j • 6h • 7a • 8g • 9d • 10e

15 Idiomes (le corps) / *Idioms (the body)*

1. 1g • 2d • 3a • 4k • 5i • 6n • 7l • 8e • 9m • 10b • 11f • 12h • 13c • 14j

2. 1e • 2k • 3l • 4b • 5h • 6j • 7i • 8d • 9f • 10a • 11c • 12g

3. 1. heels • 2. hand • 3. heels • 4. fingers • 5. leg • 6. heart • 7. chest • 8. bone • 9. shoulders

16 Idiomes (cœur et esprit) / *Idioms (heart and mind)*

1. 1e • 2c • 3g • 4i • 5a • 6h • 7d • 8b • 9f

2. 1. out • 2. blew • 3. right • 4. off • 5. boggles • 6. own • 7. sight • 8. slipped

3. 1. W : your love • 2. R • 3. W : they feel sad or worried • 4. W : they feel nervous • 5. R • 6. R • 7. R • 8. W ; she felt despondent

17 Idiomes (sentiments et humeurs) / *Idioms (feelings and moods)*

1. 1. N • 2. P • 3. P • 4. N (greatly annoyed; out of patience) • 5. N (be worried or unhappy about something) • 6. N • 7. N • 8. N • 9. P • 10. N

2. 1. over the moon • 2. on top of the world • 3. like a million dollars • 4. eat humble pie • 5. borrowed time • 6. in the doldrums • 7. swallowed his pride • 8. frightened the life out of me • 9. a bear with a sore head • 10. jumped out of my skin

3. 1. white • 2. red • 3. grey • 4. red • 5. green • 6. black • 7. black • 8. pink • 9. black • 10. yellow

4. 1d • 2h • 3f • 4a • 5g • 6b • 7j • 8c • 9i • 10e

18 Idiomes (situations et problèmes) / *Idioms (situations and problems)*

1. 1j • 2e • 3a • 4g • 5i • 6h • 7d • 8f • 9b • 10c

2. 1c • 2a • 3d • 4b

3. 1d • 2h • 3e • 4g • 5a • 6c • 7f • 8i • 9b

4. 1. by the horn • 2. square one • 3. the light at the end of the tunnel • 4. a drop in the ocean • 5. the bottom of things • 6. turn the tide • 7. other side of • 8. a needle in a haystack • 9. biting off • 10. light at the end of the tunnel

19 Idiomes (louange et critique) / *Idioms (praise and criticism)*

1. 1. tea • 2. cake • 3. nut • 4. onions • 5. cream • 6. pie • 7. biscuit

2. 1. It was out of this world • 2. He's head and shoulders above the others • 3. He can move mountains • 4. He has the gift of the gab • 5. They're the cream of the crop • 6. It knocks spots off any round here. • 7. He thinks he's the bee's knees. • 8. He has green fingers

3. 1. He has the gift of the gab. • 2. She has green fingers. • 3. He's quick on the uptake. • 4. He sailed through / he passed with flying colors. • 5. He's a snake in the grass. • 6. He was dressed up like a dog's dinner. • 7. They always praise him to the skies. • 8. She would often run her Summer camp down.

20 Idiomes (communication) / *Idioms (communication)*

1. 1d • 2h • 3e • 4i • 5f • 6a • 7j • 8b • 9g • 10c

2. 1. N : say different things about the same subject when you are with different people in order to always please the people you are with • 2. N : be talking about a subject as if you know a lot about it when in fact you know very little • 3. P : help someone think about something in a reasonable way • 4. N : talk a lot • 5. P : a talk you give to people in order to encourage them to work harder or win a competition • 6. N : talk nonsense

3. 1. louder • 2. mind • 3. plum • 4. forked • 5. devil • 6. loggerheads • 7. dark • 8. stick • 9. tails • 10. home

21 Idiomes (argent) / *Idioms (money)*

1. 1g • 2f • 3d • 4a • 5e • 6b • 7c

2. 1f • 2c (British slang term) • 3g • 4e • 5b • 6d • 7a

3. **R** : 5, 7 • **P** : 1, 2, 3, 4, 6, 8, 9

4. gratuit : 7 • bon marché : 1, 4, 5 • cher : 2, 3, 6, 8, 9, 10

5. 1. odds • 2. ante • 3. bottom • 4. silver • 5. broke • 6. bacon • 7. hole • 8. broke • 9. daylight • 10. bundle

22 Idiomes (divers) / *Idioms (miscellaneous)*

1. 1. afford • 2. save • 3. Value • 4. wasting • 5. playing • 6. running • 7. short • 8. gun

2. 1e • 2j • 3d • 4i • 5c • 6k • 7h • 8b • 9g • 10a • 11f

3. 1. By • 2. paves • 3. worked • 4. words • 5. stand • 6. went • 7. both • 8. Keep • 9. either • 10. on

4. 1. idea • 2. wonder • 3. way • 4. chance • 5. picnic • 6. point • 7. doubt

23 Idiomes (animaux) / *Idioms (animals)*

1. 1c • 2i • 3e • 4k • 5g • 6a • 7h • 8l • 9d • 10f • 11j • 12b

2. 1e • 2h • 3a • 4f • 5d • 6d • 7b • 8i • 9g • 10j • 11c • 12h

3. 1b • 2c • 3d • 4a • 5c • 6a • 7d • 8d • 9c • 10c

4. 1. cat • 2. dog • 3. sow • 4. fish • 5. goose • 6. horse • 7. swallow • 8. donkey • 9. chickens • 10. bird

5. 1c • 2b • 3b • 4a • 5c • 6c • 7b • 8c • 9b • 10a

24 Idiomes (couleurs) / *Idioms (colors)*

1. 1i • 2l • 3h • 4a • 5g • 6b • 7e • 8j • 9d • 10k • 11c • 12f

2. 1. pink • 2. blanche • 3. red • 4. black • 5. blue • 6. black • 7. red • 8. black • 9. white • 10. red

3. 1. red • 2. green • 3. red • 4. red • 5. White • 6. blue • 7. black • 8. blue • 9. blue

1h - 2g - 3a - 4f - 5d - 6i - 7e - 8c - 9b

4. 1d • 2c • 3b • 4c • 5a • 6c • 7d • 8a • 9d • 10b

25 Homonymes / *Homonyms*

1. 1d • 2i • 3f • 4a • 5j • 6g • 7b • 8l • 9h • 10k • 11c • 12e

2. 1. stake • 2. rough • 3. sought • 4. laze • 5. sale • 6. dough • 7. waste • 8. pane

3. 1. hear • 2. their • 3. see / sea • 4. reins • 5. sew • 6. weather • 7. *Deer* • 8. knight • 9. site • 10. waste

4. 1. bough ➪ bow • 2. red ➪ read • 3. R • 4. sew ➪ saw • 5. sow ➪ sew, saw ➪ sow • 6. flow ➪ floe • 7. pail ➪ pale • 8. sent ➪ scent • 9. reined ➪ rained • 10. pray ➪ prey

5. 1. mooned • 2. deed, head • 3. glow, cow • 4. give, dive • 5. plough, though • 6. flow, allow

6. 1. tale • 2. peel • 3. tow • 4. pane • 5. prey • 6. bow • 7. wondered • 8. peeking • 9. ewe • 10. fair, fares

26 Binômes / *Binomials*

1. 1. law and order • 2. now and then • 3. pick and choose • 4. by leaps and bounds • 5. black and blue • 6. fun and frolics

2. 1. wine and dine • 2. rough and ready • 3. spick and span • 4. rack and ruin • 5. safe and sound • 6. high and dry • 7. prim and proper • 8. part and parcel • 9. ranting and raving • 10. nuts and bolts • 11. fast and furious

3. 1c • 2e • 3b • 4g • 5f • 6a • 7h • 8d

4. 1d • 2f • 3j • 4c • 5a • 6h • 7e • 8i • 9b • 10g

5. 1c • 2g • 3e • 4i • 5b • 6j • 7h • 8a • 9f • 10d

6. 1. rack and ruin • 2. ranting and raving • 3. spick and span • 4. waxed and waned • 5. life and limb • 6. heaven and earth • 7. Search-and-rescue

7. **1e** ; the term is also used disparagingly to describe younger people who are perceived to favour spending their evenings in, or following pursuits seen as "middle-aged". In England, clubs for senior citizens are appropriately called Darby and Joan Clubs. The term comes from a 18th century poem and was subsequently used by other writers. *Old Darby, with Joan by his side / You've often regarded with wonder. / He's dropsical, she is sore-eyed / Yet they're ever uneasy asunder.* • **2h** • **3a** ; Ben Affleck and Jennifer Lopez • **4f** ; this expression alludes to the former barbaric practice of throwing a suspected witch into deep water, often weighted down. In case of sinking, the victim died; in case of swimming, the victim was considered in league with the devil and therefore was executed. A related idiom, float or sink, was used by Chaucer in the late 1300s; Shakespeare had the current form in *Henry IV* (1:3): "Or sink or swim." • **5b** • **6j** ; Tweedledee and Tweedledum are fictional characters in Lewis Carroll's *Through the Looking-Glass*, and *What Alice Found There* and in a nursery rhyme by an anonymous author. Their names may have originally come from one of the most celebrated and most frequently quoted (and sometimes misquoted) epigrams, written by poet John Byron. • **7c** • **8i** ; "Sex & Drugs & Rock & Roll" is also a song and single by Ian Dury. It was originally released in 1977. • **9g** ; the three parts of a musket. The lock, or flintlock, is the firing mechanism. The stock is the wooden butt-end of the gun. The barrel is the cylindrical part. • **10d** ; the entire property of an army and that of the soldiers in it. A phrase used by Shakespeare (*As You Like It*). To 'retire bag and baggage' meant to beat an honorable retreat, surrendering nothing.

27 Analogie / *Similes*

1. 1g • 2c • 3e • 4a • 5h • 6f • 7b • 8d

2. 1i • 2d • 3h • 4c • 5g • 6b • 7f • 8a • 9j • 10e

3. 1d • 2g • 3b • 4f • 5h • 6a • 7e • 8c

4. 1. greased glass • 2. bone • 3. pitch • 4. post • 5. mouse • 6. a sheet • 7. a toothpick / a rake • 8. an ox • 9. rain • 10. a bird

5. 1a • 2c • 3b • 4c • 5b • 6b • 7c • 8c • 9b • 10a

28 Euphémismes / *Euphemisms*

1. 1c • 2e • 3h • 4j ; *shell shock* date de la Première guerre mondiale ; l'expression s'est ensuite tranformée en *battle fatigue (World War II)*, puis *operational exhaustion (Korean War)* et *post-traumatic stress disorder (Vietnam War)* • 5a • 6i • 7f • 8b ; *friendly fire is a British military term which derives from military exercises where NATO forces were identified by blue pennants and Warsaw Pact forces by orange pennants.* • 9g • 10d

2. 1d • 2h • 3f • 4c • 5b • 6i • 7e • 8j • 9a • 10g

3. 1j • 2g • 3h • 4f • 5a • 6i • 7b • 8d • 9e • 10c

4. 1. hair disadvantaged • 2. nondiscretionary fragrance • 3. charm-free • 4. unwaged labor • 5. emotionally different • 6. stolen nonhuman-animal product • 7. exploiting Mother Earth • 8. acquaintance rape survivor / unpaid sex worker • 9. people's art • 10. legalized rapist / significant other / partner

5. 1. He wants to go to the toilet. • 2. They are secret. • 3. They were killed by bombs in a roadside ambush. • 4. The number of people injured or killed is increasing. • 5. election fraud • 6. used cars • 7. the deportation of prisoners by one country to another not burdened by following international laws, for the purpose of torture. • 8. tax increases • 9. suspect in a crime • 10. forcible deportation or abduction

29 Proverbes / *Proverbs*

1. 1. leopard • 2. rabbits • 3. dog • 4. monkey • 5. goose • 6. dogs • 7. duck • 8. bird • 9. gander • 10. cat • 11. horse

2. 1. root • 2. words • 3. gold • 4. play • 5. Actions • 6. castle • 7. never • 8. invention • 9. child • 10. mind

3. 1. cure • 2. divine • 3. divided • 4. weak • 5. more • 6. right • 7. none • 8. friends • 9. open • 10. Two

4. 1l • 2a • 3g • 4b • 5i • 6h • 7j • 8k • 9e • 10c • 11f • 12d

30 Mots prêtant à confusion / *Confusing words*

1. 1. affect • 2. beside • 3. respectable • 4. principle • 5. objections • 6. invented, discovered • 7. continual • 8. damage • 9. appreciative • 10. Shortly

2. 1. accept, except • 2. among • 3. amounted • 4. number • 5. anxious • 6. eager • 7. Anyone • 8. lend • 9. council • 10. fewer, less

3. 1. In response to the increase in oil prices, the airline has **raised** its fares. • 2. There is an **appreciable** difference between a Mac and a PC. • 3. They have lowered taxes on the **assumption** it would boost growth. • 4. He's provided me with excellent **advice** on how to proceed. • 5. Restaurants are regularly **inspected** by health officers. • 6. Shops closed **during** the funeral. • 7. They drank an **inconsiderate** number of bottles of wine **during** the party. • 8. The ER is so understaffed that it cannot **treat** all the patients. • 9. No **cure** against malaria has been found yet. • 10. The new principal / headmaster plans to **lay** down stricter rules.

31 Le temps / *Time*

1. a : 1, 2, 7, 8, 13, 15 • b : 4, 10 • c. 3, 6, 9, 14 • d. 5, 11, 12

2. 1. Previously • 2. By the time • 3. Earlier on • 4. Prior to • 5. Formerly • 6. formerly • 7. prior to

3. 1. Just as • 2. As • 3. Throughout • 4. As soon as • 5. while • 6. In the meantime • 7. During

4. 1. After • 2. first, Then • 3. First of all, Secondly, Lastly • 4. afterwards • 5. Following • 6. Once ; notez : *After* ne s'emploie pas seul. *After* et *afterwards* sont interchangeables dans les expressions comme *not long after(wards) / shortly after(wards) / soon after(wards). Afterwards* s'emploie comme adverbe seul, sans complément. *Following* est toujours suivi d'un nom.

32 Cause et conséquence / *Cause and effect*

1. 1. so... that • 2. such... that • 3. all the more... as • 4. because • 5. As a result • 6. Owing to • 7. so that • 8. to the extent that • 9. Since

2. 1. such that • 2. As • 3. As • 4. so... that • 5. so that • 6. such that • 7. Since

3. 1. It was raining so hard we could not go out for a walk. • 2. She's so sick she can't help you. • 3. As we were late we had to run to the opera not to miss the performance. • 4. Because she got up early, she was the first in the queue for the sales. • 5. The lecturer droned on so monotonously that all the students fell asleep during the class. • 6. As Sally got four grade As at 'A'-level, she was offered a place at Oxford. • 7. The gales in the English Channel were so strong that ferry services had to be cancelled. • 8. Start your career as soon as you can so that you'll be able to retire early. • 9. Why don't you take a vacation since your exams are over? • 10. She's only 18 and thus she can't drink.

33 Adjectifs de nationalité / *Adjectives of nationality*

1. 1. Welsh, a Welshman • 2. Spanish, a Spaniard • 3. Portuguese, a Portuguese • 4. Iraqi, an Iraqi • 5. British, a Briton

2. 1. Irish • 2. American • 3. the French / French people • 4. Welsh • 5. The Spanish

3. 1. English • 2. Swiss • 3. Israeli • 4. Scots • 5. Portuguese • 6. Brazilian • 7. English • 8. Spaniard • 9. Thai • 10. Dutch

4. 1. three Spaniards • 2. a couple of Iraqis • 3. a Pakistani bus driver • 4. a Greek statue • 5. a few Swiss • 6. an Arab businessman • 7. an excellent Scotch whisky

34 Les adjectifs et leurs antonymes / *Opposites of adjectives*

1. 1. safe • 2. easy • 3. mean • 4. dumb, stupid • 5. dirty • 6. first • 7. alive • 8. slow • 9. detrimental • 10. accurate

2. 1d • 2g • 3e • 4j • 5i • 6b • 7h • 8a • 9f • 10c

3. 1. displeased • 2. unhurt • 3. careless • 4. insensitive • 5. insignificant • 6. unwise • 7. unkind • 8. graceless • 9. inconspicuous • 10. irresponsible • 11. impatient • 12. irregular

4. 1. narrow • 2. brave • 3. dissatisfied • 4. illegal • 5. unlikely • 6. improper • 7. illiterate • 8. irrelevant • 9. inaccessible, impossible • 10. uncertain

35 Adjectif + préposition / *Adjective + preposition* (1)

1. about : 2, 5, 8 • at : 1, 2 • for : 7, 8, 12 • from : 6 • in : 3, 4 • of : 11 • on : 9, 10
2. 1. in • 2. from • 3. at • 4. in • 5. from • 6. of, for • 7. of • 8. for • 9. at • 10. of • 11. for • 12. of
3. 1. I'm not interested in your private life. • 2. It is generous of you to lend me your country home for the week end. • 3. She isn't devoid of common sense. • 4. He's proud of his daughter's success. • 5. She's suspicious of strangers and won't open her door to anyone. • 6. He's intent on reaching the top by tonight. • 7. He's lacking in charisma and ambition to become a good candidate. • 8. I'm hopeless at math. • 9. He's angry at his son's attitude. • 10. He was dumbfounded at the news.

36 Adjectif + préposition / *Adjective + preposition* (2)

1. 1. to • 2. with • 3. R • 4. with • 5. with • 6. to • 7. with • 8. R • 9. about • 10. R ; with *possible également.*
2. 1. excited • 2. sorry • 3. worried • 4. overwhelmed • 5. rude / nice • 6. upset • 7. surprised • 8. satisfied • 9. furious • 10. interested
3. 1. The platform was crowded with people. • 2. He was tired of waiting. • 3. We're short of money. • 4. You're capable of passing… • 5. He was aware that she had cheated. • 6. Why are you always envious of other people's possessions? • 7. It's typical of her to be late. • 8. Your handwriting is similar to mine. • 9. The results were different from / to / than what I had expected. • 10. The fridge is full of food.

37 Nom + préposition / *Noun + preposition* (1)

1. 1. into • 2. at • 3. from • 4. in • 5. against • 6. for • 7. for • 8. into (on *possible*) • 9. for • 10. against, for
2. 1. There was no **explanation for** the accident • 2. There was a **crackdown on** dissidents • 3. The defendant was cleared of **responsibility for** his acts • 4. There has been a **drop in** the number of Aids victims • 5. There is still **hope of** finding survivors • 6. They have made repeated **attempts at** saving the spotted owl • 7. There is no **demand for** flared trousers any more. Thank heaven • 8. The **decision on** the factory closure will be made soon • 9. They were trying to find the **cause of** the collapse • 10. "Nobody has ever found a solution to Fermat's theorem, have they?" "Yes, they have."
3. 1. Every month, his grandfather sends him a cheque for 50 euros. • 2. There has been a huge demand for the new Harry Potter novel. • 3. The search for the missing boy has been going on for several days. • 4. There has been an increase in bankruptcies over the past month. • 5. There is no explanation for his suicide. • 6. The shortage of fuel is worsening / getting worse. • 7. We're expecting a new drop in the stock market shortly. • 8. The fight for equal rights put an end to discrimination against the minorities. • 9. Although he played no role in the attacks, the attempts at releasing him have remained fruitless. • 10. There is no market for gas guzzlers in Europe.

38 Nom + préposition / *Noun + preposition* (2)

1. 1. over • 2. to • 3. with • 4. on • 5. on • 6. on • 7. over • 8. to • 9. to • 10. with
2. 1. to • 2. on • 3. with • 4. on • 5. with • 6. over • 7. on • 8. to • 9. on • 10. on
3. 1. You haven't yet given the answer to the question I asked last week. • 2. The dispute / conflict over fishing zones has worsened between the two countries. • 3. Public hostility to OGMs is likely to hinder the development of new species. • 4. The workers' reaction to the plant closure was anger and frustration. • 5. Air pollution represents a major threat to public health. • 6. Managers' obsession with competitiveness has led them to demand ever more productivity from their workers without increasing their salaries. • 7. The increase in the number of civil servants is not the solution to the problem of unemployment. • 8. He was congratulated on his success in the A-levels. • 9. You're doing him a disservice to encourage him to drive instead of going on foot. • 10. He was a witness to the mugging but won't testify.

39 Les verbes à particule / *Phrasal verbs*

1. 1c • 2a • 3c • 4b • 5a
2. 1b • 2b • 3c • 4d • 5a
3. 1b • 2b • 3d • 4b • 5b
4. 1d • 2b • 3a • 4c • 5a
5. 1c • 2d • 3a • 4b • 5c
6. 1b ; *répandre (une rumeur)* • 2d ; put up with = can't stand : *supporter* • 3a ; *faire escale* • 4c ; put over = postpone, delay : *remettre à plus tard* • 5b ; put off = to launch (a boat)
7. 1. away • 2. out • 3. down • 4. in • 5. up • 6. in • 7. off • 8. on • 9. up • 10. out
8. 1d • 2b • 3c • 4b • 5a • 6d • 7b • 8c • 9c • 10b
9. 1. W ; listen to • 2. W ; let up • 3. R (go off = *tourner*) • 4. W ; got him down • 5. W ; fell off • 6. R • 7. W ; do with • 8. W ; after • 9. W ; pay for • 10. W ; away

40 Sens proches (général) / *Parallel meanings (general)*

1. 1e • 2c • 3i • 4g • 5b • 6j • 7h • 8a • 9f • 10d
2. 1b • 2g • 3i • 4e • 5a • 6j • 7f • 8d • 9h • 10c
3. 1f • 2a • 3h • 4b • 5j • 6c • 7i • 8d • 9g • 10e
4. 1h • 2c • 3g • 4b • 5f • 6a • 7e • 8j • 9d • 10i

41 Sens proches (verbes) / *Parallel meanings (verbs)*

1. 1d • 2g • 3e • 4a • 5j • 6b • 7f • 8i • 9c • 10h
2. 1a • 2a • 3c • 4c • 5c • 6b • 7c • 8b • 9b • 10a
3. 1. fostered • 2. hindered • 3. deleted • 4. fluctuated • 5. jilted • 6. hurled • 7. heaved • 8. cast • 9. chucked • 10. threw
4. 1b • 2b • 3. all good answers. The verb thwart has 2 meanings: #1: hinder or prevent (the efforts, plans, or desires of) ; synonyms : queer (slang), spoil, scotch, foil, cross, frustrate, baffle, bilk ; #2: hinder or prevent (the efforts, plans, or desires of). • 4c ; to oppose directly and stubbornly; go against (a trend). To pass (a task or duty to another, especially so as to avoid responsibility: "We will see the stifling of initiative and the increased bucking of decisions to the top" (Winston Lord). The buck stops here. The ultimate responsibility rests here. • 5b ; the verb detain has 3 meanings: #1: deprive of freedom; take into confinement. Synonym: confine. #2: stop or halt. Synonyms: stay, delay. #3: cause to be slowed down or delayed. Synonyms: delay, hold up • 6c • 7b • 8d • 9a • 10a
5. 1. welling • 2. had flooded / trickle • 3. are melting • 4. undertake • 5. anticipated • 6. miscontrued • 7. rebuked • 8. hashed • 9. leered • 10. tangled

42 Sens proches (noms) / *Parallel meanings (nouns)*

1. 1. detention • 2. arraignment • 3. acquaintance • 4. acquittal • 5. rebuttal • 6. knowledge • 7. disappointment • 8. boredom • 9. resumption • 10. commitment • 11. reversal • 12. disappearance
2. 1. proposal • 2. introduction • 3. precedence • 4. abolition • 5. alliance • 6. employer, employee, employment • 7. pollution, pollutant • 8. stabilization • 9. attraction • 10. provocation
3. 1. abduction • 2. advent • 3. antibiotic • 4. antipathy • 5. autobiography • 6. benevolence • 7. compilation • 8. invalidation • 9. forebear, forefather • 10. review
4. 1. denial • 2. physicist • 3. abolition • 4. brotherhood • 5. pollution • 6. commitment • 7. helplessness, powerlessness • 8. scarcity • 9. friendship • 10. journalism
5. 1. a. boarders / b. border • 2. a. counsel / b. council • 3. a. bloc / b. block • 4. a. leek / b. leak • 5. a. rays / b. beam • 6. a. complement / b. supplement (complement can also mean 'the full quantity, number, or amount'). • 7. a. resort / b. recourse • 8. a. median, mean, median • 9. a. answers / b. reply • 10. a. capabilities / b. capacity

43 Sens proches (adjectifs) / *Parallel meanings (adjectives)*

1. 1. sectarian • 2. traditional • 3. expendable • 4. sympathetic • 5. deathly, deadly • 6. extreme - 7. suicidal • 8. murderous • 9. harmful, harmless • 10. monstrous
2. 1o • 2e • 3i • 4n • 5f • 6p • 7m • 8a • 9l • 10g • 11b • 12k • 13c • 14j • 15h • 16d
3. 1e (=clever) ; adjectifs signifiant ennuyeux, stupide • 2b (=cooperative, docile, obedient) ; adjectifs signifiant intolérant • 3a (=disobedient, fractious, impulsive) ; adjectifs signifiant docile, gérable • 4c (=authentic) ; adjectifs signifiant superficiel • 5c (=thoughtful) ; adjectifs signifiant mal venu, inapproprié, inopportun • 6d (=wealthy) ; adjectifs signifiant sans le sou, pauvre • 7b (=bitter, sharp, stinging) ; adjectifs signifiant qui sent bon, odorant • 8a ; adjectifs signifiant clinquant, tapageur, de mauvais goût • 9d (=commendable, praiseworthy) ; adjectifs signifiant le mépris • 10b (=non compulsory) ; adjectifs signifiant la nécessité
4. 1. callow : b / shallow : a • 2. superficial : a / superfluous : b • 3. contemptible : b / contemptuous : a ; the first sense of contemptuous was "despising law and order" • 4. acute : a / chronic : b, resistant to most medical treatment • 5. able : b / capable : a • 6. continual : b / continuous : a • 7. baleful : a / baneful : b ; a glance may be baleful, an herb or poison baneful • 8. effective : b / efficacious : a • 9. economic : b / economical : a • 10. practical : a / practicable : b
5. 1b/a • 2b/a • 3a/b • 4c/b/a • 5b/a • 6b/a • 7b/a/c • 8b/a • 9a/b • 10b/a
6. 1a ; done finally in desperation to avoid defeat, failure, disaster, etc.: *a last-ditch attempt to avert war* ; fought with every resource at one's command: *a last-ditch battle for the pennant.* • 2c ; prevalent • 3c ; having or showing a clever awareness and resourcefulness in practical matters: astute, cagey, canny, knowing, perspicacious, shrewd, slick, smart, wise • 4d ; also ringing • 5c ; from Middle English, a hard precious stone, from Greek, unconquerable, hard steel, diamond. • 6b ; contrary, headstrong, stubborn, obstinate, unruly, refractory, intractable. • 7c ; flippant : showing inappropriate levity; pert ; subfusc: dark or dull in color ; refulgent: brilliant; resplendent. • 8a • 9c • 10d
7. 1a • 2c • 3b • 4d • 5c • 6c • 7b • 8a • 9d • 10c

Seconde partie
THÈMES

1 *Family relationships* / Les relations familiales

"Many men can make a fortune but very few can build a family." (J. S. Bryan)

Must-know words

a family background • a family reunion / gathering • a family tree • a large family • a low income family • a nuclear family • a single parent / one parent family • a well-to-do family • a low income family • an extended family • an old-established family • family life

a cousin • a daughter • a nephew • a niece • a son • a twin brother / sister • an aunt • an only child • an uncle • the eldest in the family • to be childless • to conceive • to be expecting / to be pregnant • to grow [grew / grown] • a household • legitimate • illegitimate

☞ to **grow** can be used with plants (to grow flowers / trees), things (the business is growing rapidly) • to **grow up** can only be used with people or cities • grow up is intransitive

a grand-son / grand-daughter • a husband • a mother / a father • a mother- / father-in-law • a parent • a step mother / father • a stepson / stepdaughter • a widower / widow • a wife [pl. wives] • birth parents • daddy • grandchild [children] • grand-parent(s) • parenting • a mother-in-law • a father-in-law • the in-laws • to look like one's father • a spouse • paternal • maternal • fatherly • motherly • ancestral • genealogy • ancestor • forefathers • forebears • posterity • posthumous

to bring [brought] up / to raise a family • to rear • to feed [fed] / to support a family • to have a family • to start a family

an orphan (boy / girl) • an orphanage • to adopt / adoption • an adoption agency • adoptive parents • biological parents

a close relative • a generation gap • a relative • distant relations • to be related (to)

to inherit (sth from sb) • inheritance • an heir • an heiress • an heirloom • to disinherit • heredity • hereditary • heritage • patrimony

Words or expressions you may want to know

the family circle: le cercle familial • **a closely-knit family**: une famille unie • **an immediate family**: une famille proche • **a family feud**: une querelle / vendetta familiale • **family history**: les antécédents familiaux • **family resemblance**: un air de famille • **family ties**: les relations familiales • **to be in the / a family way / to be with child**: être enceinte • **to run in the family**: être de famille • **born out of wedlock**: né hors des liens du mariage

to take after one's father: tenir de son père • **to follow into one's father's footsteps**: marcher sur les traces de son père • **a surrogate mother**: une mère porteuse • **a motherly mum / a mother hen**: une mère poule

the offspring: la progéniture • **the offshoot / the progeny**: les rejetons • **siblings (pl)**: des enfants de mêmes parents • **the next of kin**: les parents (proches) • **a progenitor**: un progéniteur

to baby: dorloter, cajoler • **to coddle / to mollycoddle**: dorloter, choyer • **to humor (sb's wishes, whims)**: se plier à (désirs, caprices) • **to pamper / to indulge / to spoil**: gâter • **to indulge (in)**: se livrer, s'adonner (à) • **smother-love**: l'amour maternal possessif

> ☞ **pamper** = gratify appetites, tastes, desires ; **indulge** = excessive lenience in yielding especially to wishes or impulses better left unfulfilled ; **spoil** = excessive indulgence that adversely affects the character, nature, or attitude ; **coddle** and **mollycoddle** = tender, overprotective care that often leads to weakening of character ; **baby** = indulgence and attention one might give to an infant ; **humor** = compliance with or accommodation to another's mood or idiosyncrasies ; **indulge** = a kindly or excessive lenience in yielding especially to wishes or impulses better left unfulfilled

to castigate : châtier, corriger, punir • **to chastise** : réprimander, punir, châtier • **to correct** : réprimander, reprendre • **to discipline** : discipliner • **to punish** : punir • **to penalize** : sanctionner • **to reward** : récompenser

> ☞ **castigate** = censure or criticize severely, often in public ; **chastise** = corporal punishment or verbal rebuke so as to improve character ; **punish** = chiefly to inflict penalty or pain as a retribution for misdeeds, with little or no expectation of correction or improvement ; **correct** = reprove or inflict punishment for faults, specifically with the idea of bringing about improvement ; **discipline** = give a form of punishment that will educate or will establish acceptable conduct ; **penalize** = forfeiture of money or of a privilege or gain because rules or regulations have been broken

a foster home / family : *un foyer / une famille d'accueil* • **to offer a baby for / to put up for adoption** : *proposer un bébé à l'adoption* • **to place a child for adoption** : *placer un enfant* • **to be available for adoption** : *être disponible pour l'adoption* • **to abduct** : *enlever* • **an abduction** : *un enlèvement*

> ☞ About **relatives / relations** : do not confuse **a relative** (*un parent*), relatives (*les parents proches*) **and relations** (*les proches*) ; **relationship** (nd) (*rapports, relations*). **Relation** implies a less binding link than **relative**. My parents = my mother and father.

a recomposed family / a second family : une famille recomposée • **a stepfather** : un beau-père • **a stepmother** : une belle-mère

> ☞ It is the duty of parents to **bring up** (=educate, rear) their children properly, teach them manners and watch over them. Parents should be **strict** (=severe) with their children but not **harsh** (=hard) on them ; they can be indulgent but not **lenient** (=overindulgent) and certainly not **permissive** (=lax). Children can be **pampered** (=indulged too much) or **mollycoddled** (*chouchouté*) but ought not to be **spoiled** (=brought up with a lack of discipline). Above all, parents should be **role models** for their children. They will encourage the children to do their best, to **push themselves**, and to improve themselves.

EXERCICES

1. Circle the word which does not belong to the series.

	a	b	c	d
1.	wedding	orphan	bride	bridegroom
2.	heir	heiress	kin	heirloom
3.	stranger	kin	relative	relation
4.	ancestry	stock	descent	foster
5.	pregnant	engrossed	expecting	due
6.	conceive	bring up	rear	raise
7.	better half	spouse	foe	bride
8.	maiden	infant	toddler	tot

2. Find the word or phrase that is closest in meaning. Match numbered and lettered elements.

1. ancestral	a. whose wife is deceased
2. forebears	b. related by blood
3. descendants	c. linked to previous generations
4. paternal	d. child of your spouse by a former marriage
5. widower	e. children, grandchildren
6. siblings	f. foster parents
7. kin	g. ancestors
8. not biological parents	h. tasks involved in raising a child
9. parenting	i. brothers and sisters
10. stepchild	j. related through one's father

3. What is the noun corresponding to the verb?

1. to descend ....
2. to inherit ....
3. to adopt ....
4. to bring up ....
5. to expect ....
6. to abduct ....

4. Read the passage to review the vocabulary you have learned. Answer the questions that follow.

Some people claim that the break-up of the family has gone hand in hand with the collapse of social cohesion. The soaring juvenile crime rate could allegedly be put down to the absence of parental authority that stems from the prevalence of lone-parent families. Since those families are usually headed by single mothers, the lack of a father-figure to ensure discipline means that children feel that they can get away with murder. Even in the two-parent family, children are all too often left to their own devices.

However it is hard to imagine a world in which people would be forced back into marriage and family life against their will. It is equally difficult to set up a marriage police that would drag kicking and screaming brides and bridegrooms up the aisle to the altar.

The family is also considered by many as too much of a strait-jacket that smothers children's personalities and perpetuates psychological disturbance and frustration. Perhaps if more parents were to set an example to their children of a harmonious relationship between two loving adults, then more young people might be prepared to follow in their footsteps.

Government could help by promoting a more caring society instead of advocating the individualistic, get-rich-quick, rat race societies. After all, isn't a mother supposed to provide warmth, tenderness and understanding and a father protection from the world? Yet the Welfare State is often accused of encouraging a lack of commitment by parents towards their children. Not for nothing is it referred to as the "Nanny State", a system that looks after the individual from the cradle to the grave, thus taking over a responsibility that used to belong to the family.

There is no easy way out. However, hard times may mean that, as the going gets tough people will fall back on the family for shelter – the cocoon idea. Evidence of this can be detected with the increasing reluctance of young people to leave the nest and fend for themselves. Social conservatives' concern over a purported decay of the family, itself a sign of the crumbling of contemporary society, is widely disputed. Families are as stable today as they used to be, notwithstanding the present problems they have to contend with such as divorce, illegitimate children or loss of values.

1. What has the lack of cohesion in the family entailed?
   a. an increasing number of single-headed families
   b. an increase in crime and violence
   c. new devices to look after the children

2. What does the author suggest concerning marriage?
   a. that a marriage police be set up
   b. that one should always celebrate marriages in church
   c. that it would be difficult to thrust marriage upon people

3. What would you say about the way society is organized today?
   a. It does not encourage marriage.
   b. It encourages people to marry.
   c. It offers a balanced view of state and personal responsibility.

4. What is the young people's attitude regarding marriage today?
   a. They tend to marry early.
   b. They are loath to strike it on their own.
   c. They no longer depend on their families in times of crisis.

5. What conclusions can be drawn from the reading?
   a. The author is pessimistic about the future of family.
   b. The writer fears that, as an institution, the family is bound to disappear.
   c. The article ends on a note of cautious optimism.

2 True friends / Les vrais amis

"Be courteous to all, but intimate with few, and let those few be well tried before you give them your confidence. True friendship is a plant of slow growth, and must undergo and withstand the shocks of adversity before it is entitled to the appellation."
(George Washington)

Must-know words

friendship • friendly (a) (to / towards) • in a friendly way • friendliness • to strike [struck] up a friendship (with) • eternal / lasting / lifelong / long standing + **friendship**

a personal friend • a close friend • a true friend • a bosom friend • a soul mate • a roommate • an old / a lifelong / a long-standing friend • one's best friend • a childhood friend • a family friend • a circle of friends • a school friend / a classmate • a pen friend / a pen pal • to befriend • a pal • a mate (UK) • a buddy (US) • affection (for) • affectionate (a) • comradeship

to associate with • to form / to develop / to establish friendships • to cultivate one's friendship (with) • to renew one's friendship • a spirit of friendship • to be good friends (with) • to become friends • to remain / to stay friends • to make friends with • to have friends • to be friendless • empathy • to empathize • to have a lot in common (with)

> ☞ **Empathy** denotes a deep emotional understanding of another's feelings or problems, while **sympathy** is more general and can apply to small annoyances or setbacks.

relationship • a loving relationship • an acquaintance • to get acquainted (with) • to have a wide circle of acquaintances • to make sb's acquaintance • to be acquainted with sb • to get to know • to be introduced to • to strike [struck] up a conversation • to keep sb company • to keep sb from feeling lonely • to talk problems over with • to share one's problems with

> **Note**: to have a (strong) relationship **with** one's parents • a relationship **between** two things / people • to build / to develop / to establish / to form a relationship • a close / long-standing / working / successful relationship

to be on friendly terms (with) • to break up / to split up (with) • to respect • to confide in

a clique / a coterie / a bunch / a circle **+ of friends** • supportive • loyal • loyalty • to betray • betrayal • honesty • understanding • affection • affectionate • caring • affinity • trust • respect • compassion • common ground

Words or expressions you may want to know

a fair weather friend: un ami des bons jours • **a friend at court**: un ami influent • **a kindred spirit**: une âme sœur • **a confidant**: un / une confident(e) • **a buddy / a chum / a pal / a crony**: un pote • **to hang around / out (with)**: traîner avec

to wreck one's friendship: ruiner une amitié • **to betray one's friendship**: trahir son amitié • **the ties / bonds of friendship**: les liens de l'amitié • **a token of your friendship**: un témoignage de ton amitié • **a gesture of friendship**: un geste d'amitié • **to be on friendly terms with**: être en bons termes avec • **to have friends in high places**: avoir des amis en haut lieu

What is a true friend? to help out: donner un coup de main • **to stand by (you)**: être à (vos) côtés • **to support / to give support**: soutenir / offrir son soutien • **to encourage**: encourager • **to be in trouble**: traverser une période difficile • **reliable**: fiable • **no matter what happens**: quoi qu'il arrive • **for better or worse**: pour le meilleur ou pour le pire • **to reach out of one's shell**: sortir de sa coquille (pour aller vers l'autre) • **to go through good and hard times**: traverser des moments heureux et difficiles • **to experience / to share adventures together**: vivre des aventures communes • **to provide with companionship**: être un compagnon • **to care about whom you are**: faire attention à qui vous êtes • **to stick by sb through thick and thin**: soutenir qn dans les moments difficiles ou non • **to gain sb's trust**: gagner la confiance de qn • **to value a relationship**: attacher du prix à une relation

to bump into: rencontrer par hasard, tomber sur • **to meet (sb through)**: rencontrer (qn par l'intermédiaire de) • **to break [broke / broken] the ice**: briser la glace

to get along (with) / to get on well (with): s'entendre bien (avec) • **to click in (with sb)**: se découvrir des atomes crochus (avec qn) • **to reciprocate a feeling**: partager un sentiment • **to complement each other**: se compléter • **to stand [stood] (by sb)**: être solidaire (de qn) • **a bond**: un lien • **to bond with**: se lier avec • **male bonding**: la complicité entre hommes • **to maintain close bonds**: maintenir des liens étroits • **to fall out [fell / fallen] (with)**: se disputer (avec) • **a fallout**: une dispute • **to look up to**: admirer • **to make up**: se rabibocher

Exercices

1. The following adjectives may describe a relationship. Say whether they are positive or negative. Tick the right box.

Adjectives	*Positive*	*Negative*
1. antagonistic	❑	❑
2. caring	❑	❑
3. casual	❑	❑
4. close	❑	❑
5. congenial	❑	❑
6. contentious	❑	❑
7. devoted	❑	❑
8. devout	❑	❑
9. rancorous	❑	❑
10. recreant	❑	❑

2. The following idioms are used to describe a relationship. But do they indicate closeness or hostility? Tick the right box.

Idioms	*Closeness*	*Hostility*
1. to be as thick as thieves	❑	❑
2. to be at cross purposes	❑	❑
3. to be at loggerheads	❑	❑
4. to be joined at the hip	❑	❑
5. to be on the same wavelength	❑	❑
6. to cut sb to the quick	❑	❑
7. to find common ground	❑	❑
8. to get on like a house on fire	❑	❑
9. to get the cold shoulder	❑	❑
10. to hit it off	❑	❑
11. to rub salt in the wound	❑	❑
12. to see eye to eye	❑	❑

3. Now match the idioms above with their meaning.

1. to be as thick as thieves	**a.** to make sb upset
2. to be at cross purposes	**b.** to get on well and have common interests
3. to be at loggerheads	**c.** to be very friendly with each other
4. to be joined at the hip	**d.** to agree with sb completely
5. to be on the same wavelength	**e.** to be very close emotionally and to spend much time together
	f. to deliberately ignore sb
6. to cut sb to the quick	**g.** there is a misunderstanding between them
7. to find common ground	**h.** to come to an agreement
8. to get on like a house on fire	**i.** to accuse sb of making things worse for you
9. to get the cold shoulder	**j.** to strongly disagree about sth
10. to hit it off	**k.** to become close friends quickly
11. to rub salt in the wound	**l.** to understand each other well for sharing interests, ideas, for example
12. to see eye to eye	

4. Circle the correct word.

1. As soon as you walk into a high school, you can spot the (**cliques / foes**) : the geeks, the jocks and the preppies, each of them highly (**inclusive / exclusive**).
2. Teenagers feel a strong need to (**associate / confide)** with people with whom they share common interests.
3. He (**hangs out / hangs in**) with all sorts of people whom his parents disapprove of.
4. Teenagers form special (**bonds / fidelities**) with one another, which helps them go through the ups and downs of life when they feel their parents do not seem to understand.
5. They had a terrible row last month but I've heard they have (**made it up / made it over**) since.
6. (**Alter mates / Soul mates**) are intimately drawn to one another through a favorable "meeting of minds" and find mutual acceptance and understanding with one another.

7. Many friendships come to an end because of a change in personality or lifestyle when friends just (**shift aside / drift apart**) and fade away with time. There is a retreat from self-disclosure and seeking out each other's company.
8. As with Aristotle, Cicero believed that true friendship was only possible between good men. This friendship, (**based on / found on**) virtue, does offer material benefits, but it does not seek them.

5. Read the passage to review the vocabulary you have learned. Fill in the blanks with the missing words.

If there is one value that people place above any other, it is that of friendship. Actually when you come to think of it, there are few periods in time when you can .... 1. friends. Naturally you do remember the classmates that became your school friends, that small .... 2. of people you associated with because of .... 3. interests or activities that you shared or discovered together. In college, you may also have .... 4. across new persons, and struck .... 5. new friendships, but when time comes to enter the professional sphere, you realize that opportunities are far and few between, especially if you or the others have started a family. In the workplace, as people get engrossed in their own pursuits, it is also more difficult to establish true, ... 6. and lasting friendships. On the other hand, sociologists have noted that institutions like marriage, kinship, class, unions and corporations are losing their stickiness and as a consequence, people are turning to friends to .... 7. and secure them.

.... 8. a friend may be more difficult than people think. You will lose friends because distance, wars, jobs have contributed to .... 9. the bonds of friendship. People take up jobs on the other side of the planet. Although modern means of communication can help keep in touch with your friends, it requires some determination on both parts to avoid a friendship to be lost, ... 10. or ruined. But notwithstanding some dreadful events, relationships can go wrong. At times you don't see eye to .... 11. with a friend, and this leads to resentment and separation. Where there used to be love and .... 12. now lies in tatters. You have been betrayed, abandoned or just forsaken. Sometimes there are happy events too, when an old friend of yours whom you thought had been lost forever .... 13. out of the blue through social networking sites.

So, should you value friendship? Yes, but giving it should be reserved to a small group of people that have been tested by time and .... 14.

3 *Teenage years* / Les années d'adolescence

"Like its politicians and its wars, society has the teenagers it deserves." (J.B. Priestley)

Must-know words

the young(er) generation • the young [pl. the young] • a youngster / a youth (nd) • young (a) • youth (ni) • during one's youth • in one's youth • throughout one's youth • the youth of today • youthful (a) • a youth subculture

☞ **juvenile** is a legal term that is used to describe people under 18. It may have negative connotations, and can be associated with childish, idle or heedless juvenile behavior • **adolescent** is slightly pejorative. It is applied to the young from puberty to manhood • **youth** is also countable and refers to a young boy (an inexperienced youth / a gang of youths).

a teenager / an adolescent • teenage (a) / teen (a) • teen fashion • teen virginity • the teens (n. pl) • to be in one's teens • to reach one's teens • a teenaged American • pre-teen (a)

to grow up [grew / grown] • the grown ups • maturity / mature (a) • immaturity / immature (a) • to be self-conscious • to turn 18 / to come of age • adulthood • adult life • authority • authoritarian • formative years

puberty (ni) • to approach / to reach puberty • the age of puberty • the onset of puberty • a physical change • a developmental stage • hormones • acne • graceless • rebellious • childish • infantile • immature

☞ **Adolescence** is the period of transition from childhood to adulthood; **puberty** is the time of sexual development.

a rite of passage • a minor • to be under age • to seek [sought] an escape (from) • a role model • to look up to • to look for an authority figure / a father figure • a lifestyle • a cocoon • to drop out of school • to run away / a run away (from home) • to be missing • a missing child

legal emancipation • the legal working age • the school leaving age • compulsory education • the age of consent • to be eligible to vote • the voting age • the youth vote • the right to vote

compulsory = required, mandatory, obligatory (compulsory education). It also means compelling, constraining as in *The government has taken compulsory measures to curb demonstrations.* It is also something such as an athletic feat, that must be performed or completed as part of a contest or a competition: *The ice skater received a higher score on the compulsories than on her freestyle performance.* Compare with the verb to *compel.*

Words or expressions you may want to know

the teen scene: le monde des ados • **teen fads**: les tendances des ados • **the latest rage**: le dernier cri • **not in the first flush of youth**: qui n'est plus de la première jeunesse

growing pains: les troubles liés à la croissance • **an emerging adult**: un jeune adulte (20-30 ans) • **the awkward age**: l'âge ingrat • **the age of reason**: l'âge de raison • **a life cycle**: un cycle de vie • **a developmental crisis**: une crise de croissance • **a volatile stage**: une période difficile • **a growth spurt**: une poussée de croissance • **to grow out of one's clothes**: être à l'étroit dans ses habits

gawky: godiche • **spirited**: fougueux • **lanky**: dégingandé • **laid-back**: décontracté

• **bashful / shy / diffident**: timide • **uncommunicative**: peu disert • **gregarious**: grégaire • **taciturn**: taciturne • **garrulous / talkative**: bavard • **sardonic**: sardonique • **mocking**: moqueur • **scornful**: méprisant • **chary / wary / cautious**: circonspect • **withdrawn**: renfermé, replié sur soi • **supercilious / arrogant / obnoxious**: arrogant • **irritable / ill-natured**: irritable • **jocular / facetious**: facétieux, blagueur • **jejune / callow**: immature • **tactless**: gauche, maladroit • **whimsical / impish / mischievous / puckish**: capricieux • **languid**: qui manque de dynamisme • **a wiseacre / a smart aleck**: un petit malin • **lewd / lubricious**: lubrique • **surly / ill-humored / sullen and gruff**: de mauvaise humeur, sinistre • **weak-willed**: sans volonté

fuzzy-cheeked (a): à la barbe naissante • **pimples / zits / spots**: des boutons • **a spotty adolescent**: un adolescent boutonneux • **a black spot / a blackhead**: un point noir • **a skin condition**: un problème de peau • **to menstruate / to have one's period**: avoir ses règles

to spread one's wings: prendre son envol • **to fly / to leave the nest**: quitter le nid • **to sow one's wild oats**: jeter sa gourme, faire les quatre cents coups • **Boys will be boys**: Il faut que jeunesse se passe • **callow youth**: la folle jeunesse • **to cut the umbilical cord**: couper le cordon ombilical • **to stand on one's own feet / to fend for oneself**: se débrouiller tout seul, voler de ses propres ailes • **to make it on one's own**: réussir seul • **young blood**: du sang neuf

Exercices

1. Circle the word which does not belong to the series.

	a	*b*	*c*	*d*	*e*
1.	mature	full blown	green	seasoned	experienced
2.	callow	fresh	inept	bumbling	competent
3.	mature	amateurish	oafish	rude	uncouth
4.	rebellious	mutinous	refractory	compliant	unruly
5.	fad	tradition	whim	craze	rage

2. Match numbered and lettered elements to form expressions.

1. volatile	**a.** clumsy
2. self-conscious	**b.** unoccupied
3. awkward	**c.** mandatory
4. callow	**d.** mercurial, fickle
5. idle	**e.** turn 18
6. come of age	**f.** grown-up
7. fad	**g.** insecure
8. compulsory	**h.** craze
9. adult	**i.** inexperienced

3. Say whether the adjectives are positive or negative. Tick the right box.

Adjectives	*Positive*	*Negative*
1. boastful	❑	❑
2. cheeky	❑	❑
3. considerate	❑	❑
4. grouchy	❑	❑
5. indolent	❑	❑
6. loutish	❑	❑
7. obnoxious	❑	❑
8. polite	❑	❑
9. respectful	❑	❑
10. rude	❑	❑

4. Read the passage to review the vocabulary you have learned. Answer the questions that follow.

Adolescence is a volatile age during which the young go through different phases. They adopt teen fashions and follow crazes that do not always square well with their parents. A teenaged American typically will learn how to drive; he will experience his first bout with alcohol or smoking and almost certainly have his or her first sexual experience. Left to their own devices, some adolescents might even light their first cigarette and indulge in soft or hard drugs. Adolescence is the time when mood swings develop, associated to cognitive, emotional and attitudinal changes. Sexuality and sexual desire usually begin to appear along with the onset of puberty.

At that time in the development of his or her life, a teenager is most likely to criticize authority he or she considers self-righteous, be it at school, at home where the authority of the elders is disputed, or in the media, whose unflinching certainties are no longer taken for granted. Teenagers start giving more importance to their friends, their peer group, and less so to their guardians, indulging in activities not always socially acceptable. Sometimes they consort with people not exactly to their parents' liking and who may live on the fringes of society. It is a time when teens take up a cause such as the defense of the homeless or radical environmentalism, protesting against the status quo, challenging the world in which they are trying to carve out a niche for themselves, in search of their own identity.

Teenage is a dicey period in a person's life when one wrong decision may lead to juvenile delinquency, boot camp or jail. Conversely, it may also be a period of fruitful discovery that may encourage the youngsters to give a hedonistic way of life a wide berth and during which they may take up useful occupations. Adolescent protest may lead to conflict and clashes in families and communities; on the other hand it might also be conducive to positive change and looking-forward attitudes. Aren't some great adventures experienced in one's youth after all?

1. Which sentence best sums up the passage?
   a. Adolescence is an easy period in a person's life.
   b. Adolescence creates conflicts.
   c. Adolescence can cause problems but be positive too.

2. What do adolescents dislike in authority?

a. its moralistic attitude

b. its lack of complacency

c. its hypocrisy

3. How would you describe the teenagers' relations with their parents?

a. They are anxious to make friends at any cost, regardless of what parents say.

b. They gradually steer away from parents to make lives of their own.

c. They are closer to their parents than at any other period in their lives.

4. What is a hedonistic way of life devoted to?

a. the desire to do good and help others

b. the pursuit of pleasure and self-indulgence

c. the search for sensuous enjoyment, especially good food and drink

5. Overall, how does the author define adolescence?

a. an age when you take everything for granted

b. a period when you start challenging values and long-standing traditions

c. a time when the young are afraid of making new experiences

6. What is the author's general attitude regarding teenage?

a. He is overly critical of teenage.

b. He is lenient with youth.

c. He presents a balanced view of teenage.

4 *Social rebels* / En conflit avec la société

"Disobedience, in the eyes of anyone who has read history, is man's original virtue. It is through disobedience and rebellion that progress has been made."
(Oscar Wilde)

Must-know words

the present generation • the younger generation • the older generation • the next generation • the previous generation • a whole generation • to belong to a generation

a conflict • a source of conflict • to be in direct conflict (with) • to bring sth into a conflict / to cause a conflict • to create a conflict • to lead [led] to a conflict • to provoke a conflict • to avert / to avoid / to prevent a conflict • to handle a conflict • to resolve / to end / to settle / to solve a conflict • to arise [arose / arisen] (from a conflict)

an argument • to have an argument • to get into / to get involved in an argument • to break [broke / broken] out • rebellion (against)

> ☞ **Adj.** bitter / heated / angry / silly / stupid + **argument**

Authority. hostile to authority • to rebel against authority • to question / to challenge authority • to defy authority • to reject authority • to resist authority • to revolt • a generation gap

> ☞ to **revolt** is to refuse to obey the constraints imposed by another; to **rebel** is to attempt to replace those constraints by a set of one's own.

troubled teenagers • insubordinate • insurrectionary • rebellious • mutinous • revolutionary • defiant • disobedient • quarrelsome • unruly • headstrong • uncompliant • ungovernable • antagonistic

Disagreement. to reproach sb for / with • to upset [upset] • misunderstanding • to quarrel (with) • to be argumentative • to argue all the time • to fight [fought] • to be sworn enemies • to take the gloves off • to give sb a piece of one's mind • a war of words • to be at each other's throat • to take up a cause • to clash (with) • to raise hell • to misbehave • to be out of line • to make trouble

Agreement. to see eye to eye with • to agree with • an agreement • to be reconciled with • reconciliation • an anger-management session

Words or expressions you may want to know

to undermine authority: saper l'autorité • **to try sb's patience**: éprouver la patience de qn • **to offend**: blesser, froisser • **to look for guidance**: chercher un sens • **to search for a meaningful cause**: rechercher une cause digne de ce nom • **to abhor the status quo**: détester le status quo • **to challenge societal values**: mettre en question les valeurs de la société • **to make a mark (on)**: laisser son empreinte (sur)

fractious: querelleur • **froward**: désobéissant, incontrôlable • **untractable**: ingérable • **willful**: obstiné • **unmanageable**: ingérable • **wayward**: rétif, qui n'en fait qu'à sa tête • **pig-headed / hard-headed / headstrong / bullheaded**: têtu • **mulish**: tête de mule • **restless**: impatient

to fall [fell / fallen] out with: se brouiller avec • **to be grounded**: être privé de sortie

• **a curfew**: un couvre-feu • **to tell off / to upbraid**: gronder, engueuler • **to let rip at sb / to give sb a ticking off**: passer un savon à qn

to get off on the wrong foot: mal démarrer • **to keep sb at arm's length**: tenir qn à distance • **to rub sb the wrong way**: irriter qn • **to be at loggerheads / to be at odds (with)**: être en désaccord (avec) • **to have a bone to pick with sb**: trouver à redire à qn • **a bone of contention**: une pomme de discorde • **to be in sb's bad books**: ne pas être en odeur de sainteté auprès de qn • **to be at daggers drawn**: être à couteaux tirés • **to set the fur flying**: faire du grabuge • **the gloves are off**: y aller sans prendre des gants • **to add insult to injury**: dépasser la mesure, aller trop loin, pour couronner le tout • **to lock horns (with)**: se disputer (avec) • **to cross swords**: croiser le fer • **to jump down sb's throat**: sauter à la gorge de qn • **to drive a wedge between people**: enfoncer un coin entre des personnes • **to make the feathers fly**: mettre le feu aux poudres

to clean the air: mettre les choses au point • **to mend fences**: se rabibocher • **to kiss and make up**: se réconcilier • **to meet sb half way**: parvenir à un compromis • **to smooth sb's ruffled feathers**: rendre le sourire à qn • **to take up the cudgels for**: prendre fait et cause pour • **to bury the hatchet**: enterrer la hache de guerre

to get on / along well with sb / to click: s'entendre bien avec qn • **to hit it off (with sb)**: bien s'entendre (avec qn) • **to get on like a house on fire**: s'entendre comme larrons en foire • **to have a soft spot for sb**: avoir un faible pour qn • **to be in with**: être bien vu de

Exercices

1. Find the nouns corresponding to the verbs.

Verbs	*Nouns*	*Verbs*	*Nouns*
1. disagree	....	**6.** argue	....
2. rebel	....	**7.** solve	....
3. offend	....	**8.** defy	....
4. disobey	....	**9.** reconcile	....
5. quarrel	....	**10.** submit	....

2. Find the adjectives corresponding to the nouns.

Nouns	*Adjectives*	*Nouns*	*Adjectives*
1. rebel	....	**5.** authority	....
2. quarrel	....	**6.** argument	....
3. trouble	....	**7.** insubordination	....
4. defiance	....	**8.** revolution	....

3. Find the antonym of each adjective. Match numbered and lettered words.

1. controllable	**6.** peaceful	**a.** obedient	**f.** antagonistic / rebellious
2. manageable	**7.** surly	**b.** aggressive	**g.** cautious
3. disobedient	**8.** good-humored	**c.** cheerful	**h.** unmanageable
4. accommodating	**9.** temperamental	**d.** uncontrollable	**i.** hostile
5. friendly	**10.** impulsive	**e.** irritable	**j.** gentle, pleasant

4. How would you describe someone who…? Complete the grid.

1. is not polite with the others ....
2. always disagrees with others ....
3. is calm with regard to attitude to life ....
4. doesn't like to socialize ....
5. doesn't confide in anybody ....
6. shuns the company of others and would rather be alone ....
7. has a quick temper and loses his cool ....
8. is ungovernable ....
9. keeps himself to himself ....
10. is gloomy and sullen ....

5. Read the passage to review the vocabulary you have learned. Answer the questions that follow.

There are numerous sources of conflict in society. Start with the family where troublesome or undisciplined children often quarrel among themselves; parents have to step in to resolve the siblings' differences. In their teenage years, youngsters tend to stray off the beaten path and parents must clear the air if they wish to have them follow the straight and narrow.

Unable to put up with their parents' authority, wayward and fractious teens, who simply wish to throw off the yoke of parental domination, sometimes run away and go missing for days on end. Lovers are prone to be at loggerheads too, but their spats are usually short-lived. As for parents, differences of opinions between themselves can lead to estrangement and eventually divorce. In several cases, conflict may arise from the financial situation, the rough patches a couple is going through or emotional events.

The school is also fertile ground for conflict when temperamental, willful, moody or just unruly pupils misbehave, raise hell or challenge the teacher's authority. When a teacher's reputation is undermined, it is likely that it will never be restored. Some youngsters have a bone to pick with authority and will challenge it whenever they can. A case in point is youth violence in the suburbs. Idle youths with time on their hands and no job prospects will run wild and set vehicles on fire as a way of expressing pent-up frustrations.

On the international stage, disagreements can be settled in a quiet way and differences reconciled in bodies such as the UN or the International Court of Justice. If things go from bad to worse, and no arbitration is possible, states at daggers drawn resort to force and go to war.

Strange as it may seem, it is usually conflict that makes headlines, more than reconciliation. Obviously the media's inclination is to feed on controversy, bickering, squabbling and falling out. Seldom do we read about concord, when the olive branch is held out and the hatchet is buried. But the truth is it hardly ever happens.

1. What is the main point of the article?
   a. There is harmony in the world.
   b. The world is a hotbed of dissent.
   c. Quarrels are few and far between.

2. What is the teenagers' most common reason for running away?
   a. authoritarian parents
   b. severe teachers
   c. a yearning for emancipation

3. According to the reading, what is youth violence in the suburbs evidence of?
   a. an act of rebellion against the government
   b. a glut of job prospects
   c. a way to have fun

4. What is the writer's point of view regarding war?
   a. It is the favorite solution to arbitrage a conflict.
   b. It is a last resort.
   c. It is the only alternative possible when all else has failed.

5. Which title would be the most adequate for the passage?
   a. Conflict is ingrained in man's society
   b. Birds of a feather flock together
   c. Harmony is possible between men of goodwill

5 *An ageing population /* Une population vieillissante

"Age is an issue of mind over matter. If you don't mind, it doesn't matter." (Mark Twain)

Must-know words

old age • ageing • senescence • an ageing population • to live to an old age • to get old • to grow [grew / grown] old • to be past one's prime • the ills of old age • frail • frailty • vulnerable • fragile • senility • senile

the baby boom • a baby boomer • the old people • the elderly • the senior citizens • geriatrics • a geriatrician • geriatric care • elderly care / eldercare • gerontology • a gerontologist • an antioxidant • Alzheimer's disease • osteoporosis • the aging process • longevity • an age barrier • the older generation

> ☞ **Geriatrics** is the branch of medicine that treats all problems peculiar to old age and the aging whereas **gerontology** is a branch of biology devoted to the scientific study of the aging process and old age.

retirement • to be retired • a pension • an old age pension • a pensioner • to live on a pension • a retirement pension • a right to retirement • to collect / to draw [drew / drawn] / to receive a pension • to be forced out of a job • to be let go of a job • to be forced into retirement • to extend the working life • to raise the pension age • to retain one's older workers • to stay active • a university for the third age

death • to die • to be dead • a dead person • a death certificate • the death rate • a funeral • a funeral home • to cremate • cremation • a graveyard • a cemetery • a corpse • a body • embalming

Words or expressions you may want to know

an age bracket: une tranche d'âge • **an old-age pensioner**: un retraité • **a centenarian**: un centenaire • **advanced in years**: âgé • **well on in years**: d'un âge avancé • **a ripe old age**: un âge très avancé • **to have one foot in the grave**: avoir un pied dans la tombe • **a wrinkle**: une ride • **wrinkled / wrinkly**: ridé • **to go grey**: grisonner • **to shrivel**: se ratatiner • **to wither**: se faner, dépérir

disabled / crippled: invalide, impotent • **a physical disability**: une infirmité physique • **to go gaga**: devenir gâteux • **to be in one's dotage**: être gâteux • **twaddle**: des fadaises • **doddering**: gâteux • **cranky**: revêche • **impaired vision**: les troubles de la vision • **osteoporosis**: l'ostéoporose • **rejuvenation**: le rajeunissement • **the fountain of eternal youth**: la fontaine de jouvence

to drivel: radoter, baver • **to slaver**: baver • **to drool**: baver • **to slobber**: baver • **saliva**: la salive • **to salivate**: saliver

ageism / age discrimination: la discrimination contre les personnes âgées • **a retirement home / a nursing home / an old people's home**: une maison de retraite • **assisted living**: les soins à domicile • **an assisted living facility**: une maison du troisième âge, un centre de soins assisté, une résidence pour personnes âgées • **a live-in helper**: une aide à domicile • **to eke out a pension**: toucher une maigre retraite • **Social Security (US)**: la caisse de retraite • **the Sunbelt**: les États méridionaux • **a gated community**: une communauté protégée • **the silver industry**: l'industrie du troisième âge • **the grey vote**: le vote des personnes âgées

People are living longer nowadays. life span: *la durée de vie* • **to live to the ripe old age of...**: *vivre jusqu'à un âge avancé de* • **to bring on longer lifespans**: *permettre de vivre plus longtemps* • **developments in the medical field / breakthroughs in science**: *des avancées scientifiques* • **a flu shot**: *la vaccination contre la grippe* • **to lead a healthier lifestyle**: *mener une vie plus saine* • **to go to the gym**: *aller au club de gym* • **to keep fit**: *garder la forme* • **to take part in outdoor activities**: *participer à des activités de plein air* • **a universal heath care system**: *un système généralisé de protection sociale* • **to receive health care services**: *être couvert* • **technological advances in medical devices**: *les progrès de la biomédecine* • **medical resonance imaging**: *l'IRM* • **a magnetic resonance imaging scan**: *une IRM* • **an X-ray machine**: *un scanneur* • **the work environment**: *l'ambiance au travail* • **stressful**: *stressant* • **to be abused / to be taken advantage of**: *être exploité* • **overwork**: *le surmenage* • **to have many years ahead of (sb)**: *avoir plusieurs années devant (soi)*

pension contributions: les cotisations à une caisse de retraite • **to pay money into a pension**: cotiser pour sa retraite • **to take out a pension**: souscrire un plan de retraite • **to go on Social Security**: prendre sa retraite • **to collect Social Security**: toucher une pension de retraite • **a pension fund**: un fonds de pension • **pension funds**: la retraite par capitalisation • **a pension plan / scheme / a superannuation plan / scheme**: un plan de retraite, un régime de retraite • **the pay-as-you-go pension system**: la retraite par répartition • **the entitlement age**: l'âge de faire valoir ses droits à la retraite • **to scrap the mandatory retirement age**: supprimer l'âge obligatoire de la retraite

to pass away / to decease: décéder • **a widow**: un veuf • **a widower**: une veuve • **my late husband**: feu mon mari • **an obituary**: une annonce nécrologique • **to bury**: enterrer • **a burial**: un enterrement • **a mortician**: un entrepreneur des pompes funèbres • **ashes**: les cendres • **a coffin / a casket**: un cercueil • **a shroud**: un linceul • **to be a pallbearer**: porter le cercueil • **a hearse**: un fourgon mortuaire • **a wake / a vigil**: une veillée • **a dirge**: un chant funéraire • **a mortuary**: une morgue • **a funeral pyre**: un bûcher funéraire • **to inhume / to inter (US)**: inhumer • **a wreath**: une couronne mortuaire • **a grave**: une tombe • **a tombstone / a headstone**: une pierre tombale • **a vault**: un caveau

to mourn: prendre le deuil de, pleurer la mort de • **bereavement**: le deuil, la perte • **bereaved**: endeuillé, affligé • **to draw up a will**: rédiger un testament • **estate tax**: les droits de succession • **to bequeath**: léguer • **a bequest**: un leg • **an heir / an heiress**: un héritier, une héritière • **heirloom**: l'héritage

The old and new generation. to bridge the age gaps with elders (through): *combler le fossé générationel (par)* • **to teach wisdom**: *enseigner la sagesse* • **to maintain contact / to keep in touch (with)**: *maintenir le contact* • **to be relevant in society**: *compter socialement* • **to care for one's parents in their old age**: *s'occuper de ses parents âgés* • **a generational contract**: *un contrat entre générations*

1. Circle the word corresponding to the definition.

1. growing old, aging (for a person)
   a. obsolescence b. senescence c. deliquescence d. tumescence
2. excessive fondness, foolish affection or infirmity as a consequence of old age
   a. debility b. feebleness c. infatuation d. dotage
3. ill-tempered, grouchy, cross, eccentric
   a. cranky b. frail c. senile d. spurious
4. creased, crinkled, furrowed
   a. hoary b. ebony c. wrinkled d. shriveled
5. grey, white with age, venerable, ancient
   a. ancient b. pellucid c. hoary d. withered
6. the length or duration of life
   a. durability b. longevity c. expectancy d. seniority
7. shaky, trembling (from old age)
   a. doddering b. teetering c. vacillating d. swaying
8. weakened by old age, feeble, infirm
   a. frayed b. seamless c. woebegone d. decrepit
9. matured, advanced, auspicious
   a. sour b. ripe c. prurient d. wanton
10. shrivel, fade, decay
    a. weather b. wither c. ward d. warrant

2. Match numbered and lettered elements to form expressions.

1. advances in	**a.** expectancy
2. senior	**b.** face
3. social	**c.** citizens
4. old-age	**d.** old age
5. life	**e.** security
6. the aging	**f.** medical and social care
7. a ripe	**g.** pension
8. a wrinkled	**h.** process

3. Complete the sentences with the words from the list.

ageism • barriers • expectancy • frail • gerontologists • out • raised • recruit • retire • senior

1. In certain sectors, especially manual workers, the average life .... is in the early 70s. So working longer might only give them a few years of retirement.
2. Given the choice most people say they would like to .... early but moves are afoot to extend our working lives.
3. The government is deliberating over whether to outlaw company retirement ages and the CBI has mooted that the state pension age be .... to 70 by 2030.

4. As the number of young people falls, organizations will find it harder to .... from their traditional pool of school-leavers and graduates.
5. Every time a .... worker retires, a whole lifetime of experience and knowledge about the job or organization is lost, too.
6. Older people who do want to work can still find themselves forced .... of a job simply because of their age.
7. Lingering stereotypes of the average senior citizen as a .... and passive creature are out of date today.
8. ...., or discriminating against people purely on the grounds of their chronological age, is deeply embedded and very widespread in our society.
9. Currently arbitrary age .... mean older citizens can't participate in many voluntary and civic activities, such as being a magistrate after a particular birthday.
10. The science of ageing has progressed by leaps and bounds in recent decades, and there is little doubt that .... will eventually find a way to avoid, or more likely delay, the unpleasantries of extended life.

4. Read the passage to review the vocabulary you have learned. Answer the questions that follow.

The post World War II baby boom and longer life expectancy pose serious future problems for society. The first reports of robust growth of the aging American population came to public attention in 1982. At the time, the Social Security Administration devised higher payroll taxes and made plans to increase the entitlement age from 65 to 67.

This may not be sufficient in the long term. If one takes into account recent health changes, the elderly US population could number more than 108,3 million by 2040—with 39,5 million over 85. Growth of the elderly population, therefore, could be much more rapid than entitlement programs currently assume.

Other countries face even greater difficulties in coping with their aging populations. In Japan, for example, life expectancy is already three years higher than in the US. By 2024, a quarter of the Japanese population will be older than 65. If remedies are not taken now, the aging population will become a drain on the western countries' economic growth with skyrocketing social security payments and taxes. These implications do not bode well for industrialized nations, most of which have progressively older populations.

Because of better health care, nutrition, and increased health awareness, the health of the elderly has shown gradual improvement in recent years. Less dependence in general, and use of special equipment by those disabled, means improved health and less reliance on costly personal assistance. This, in turn, shows the climb of health care costs.

How can the health of the elderly be improved while reining in expenses? More research on age-related changes is required. Health changes in the elderly population due to improved early care and nutrition, better education and the perception among the elderly that health can be improved to late ages, needs to be closely monitored at the national level. Many of these changes have been recognised by private business. The investment spurt in elderly-friendly housing, home care health products, and services, and products for disabled elderly community residents are examples of how market innovations can outstrip national policy.

More research is also needed to explore biological limits to the plasticity of aging. "Senescence", for example, was only recently applied to a number of diseases that afflict the elderly. There is now greater focus on its individual components, including such diseases as Alzheimer's and osteoporosis. Further research may lead to medical solutions that reduce costs. Advances in cataract surgery, for example, may curb costs by eliminating the disability associated with visual impairment.

If improving health enables the elderly to lead more productive lives, social and policy changes are needed. Whole new careers may evolve as a result. Periodic retraining programs must be implemented. Partial retirement can be cost effectively built into economic institutions. Entitlement ages must be reassessed to reflect current health trends.

1. What might be an appropriate title for the article?
   a. The growth in social security costs
   b. How to live longer
   c. The challenges of old age

2. Which of the following threats linked to an ageing population is not mentioned?
   a. the clash between generations
   b. the burden on national budgets
   c. the increase in entitlement programs

3. According to the article, what has been a reason for the increase in life expectancy?
   a. enhanced educational opportunities
   b. better physical exercise
   c. advances in nutrition

4. What has been the role of the private sector in dealing with old age?
   a. It has cashed on technical innovations.
   b. It has taken over some of the functions usually filled by government.
   c. It has spearheaded medical research.

5. What might be one consequence of living longer?
   a. the need to move the retirement age forward
   b. the necessity to train people regularly
   c. the need for the elderly to be represented in politics

6 *Eating out* / Au restaurant

"The murals in restaurants are on par with the food in museums."
(Peter De Vries)

Must-know words

a restaurant • an ethnic restaurant • a Chinese / Thai / Japanese / Italian restaurant • a theme restaurant • a drive-through restaurant • a take-away restaurant • a diner • an eatery • a pizzeria • a canteen / a refectory • a café • a coffeehouse • a bar • a wine bar • a tea shop • a food guide • to go out for lunch / dinner / breakfast

to eat out • to eat at home • to book a table • to call ahead • a reservation (for) • to make a reservation • to confirm a reservation • to cancel a reservation • a table (for) • smoking or non smoking?

The table. buffet • to lay [laid] the table • the table layout • a table mat • a tablecloth • a napkin / a serviette (UK) • to clear the table • to clear off / to bus tables (US)

> ☞ to consult, have, look at, read, see, study, choose from, order (sth) from + the **menu**

to order • an order • to place an order • today's special / the house special / the daily special • the wine list • to come (with) / to serve (with) • the cheese plate • dressing

a dish • onion soup • oysters • duck • turkey • chicken • sausage • pizza • lasagna • curry • lacquered duck • hot dog • fish and chips • nuggets • dessert • afters • a milk shake • a fruit basket • fruit cocktail • a fruit cake • a fruit salad • apple sauce • ice-cream • a cornet (UK) / a cone • a flavor • sherbet • beverages • jelly • chocolate • (to toss) pancakes

a restaurant owner / a manager • to run a restaurant • a chef • a cook • a sommelier • a bartender • a waiter / a waitress • to wait on (a table) • a head waiter / a maître d' (US) • a cashier • a dishwasher

> ☞ A **busboy** is a young man who clears tables in a restaurant or in a cafeteria. Also called assistant waiter.

to cook • to fry • to grill • to roast • to bake • to prepare a meal • to cook a meal • time-consuming

to complain • the check / the bill • to pay the bill • service charge • a tip / a gratuity (US) • to leave a tip • to tip • to split the check • to go Dutch

Words or expressions you may want to know

the catering industry: l'industrie de la restauration • **a staff restaurant**: un restaurant d'entreprise • **an inn**: une auberge • **a lounge bar**: un bar d'hôtel

a food critic: un critique gastronomique • **a patron**: un habitué • **a set menu**: un menu fixe • **the house special**: la spécialité du chef / de la maison • **a tasting menu**: un menu dégustation • **an entrée**: un plat principal • **a starter**: une entrée • **an appetizer**: une entrée, un hors-d'œuvre • **a main course**: un plat principal • **a side dish**: un plat d'accompagnement • **a recipe**: une recette

a station waiter / a head waiter / a captain (US): un chef de rang • **a carhop**: un voiturier • **a pastrycook**: un pâtissier

> ☞ **tender, lean** (maigre), **red** (rouge), **raw** (cru), **roast** (rôti), **smoked** (fumé), **minced** (haché) + **meat**

☞ **assorted raw**: des crudités • **snails in the shell / escargots with butter and garlic**: des escargots à la bourguignonne • **meat loaf**: un / le pâté de viande chaud • **brains**: la cervelle • **a kebab**: une brochette • **liver paté**: le / du foie gras • **clear broth**: un consommé • **creamy soup**: un velouté • **monkfish**: de la lotte • **mussels**: des moules • **chicken breast**: du suprême de volaille • **rib steak**: une entrecôte • **kidneys**: des rognons • **braised sauerkraut with meat**: de la choucroute garnie • **a tart**: une tourte • **fish stew**: de la bouillabaisse • **egg-fried rice**: du riz cantonais • **a spring roll**: un rouleau de printemps

rare / undercooked (a) (meat): rouge • **well done (a)**: bien cuit • **medium / rare (a)**: à point • **greasy / fatty / oily (a)**: graisseux • **over cooked / overdone (a)**: trop cuit • **to be done to a turn**: être cuit à la perfection

a dessert: un dessert • **a sweet (UK)**: un entremets • **stewed fruit**: la compote • **an apple turnover**: un chausson aux pommes • **a jam roll**: un roulé à la confiture • **an angel cake**: un gâteau de Savoie • **a vanilla slice / a napoleon**: un mille-feuilles • **a wafer**: une gaufrette • **a pie**: une tarte • **an upside down apple pie**: une tarte aux pommes tatin • **an apple tart**: une tartelette aux pommes • **a fruit tart**: une tarte (au citron) • **a little tart**: une tartelette • **a rice pudding**: un gâteau de riz • **custard**: la crème anglaise • **a custard tart**: un flan • **egg custard (UK)**: les œufs au lait • **a sponge cake**: une génoise, un biscuit de Savoie • **a cream puff**: un chou à la crème • **a sundae**: une coupe de crème glacée

Exercices

1. Circle the word which may *not* belong to the series.

	a	*b*	*c*	*d*
1.	waiter	lettuce	cook	bartender
2.	lunch	dinner	supper	snack
3.	starter	main course	afters	tea
4.	pekish	edible	hungry	starved
5.	fatty	sweet	oily	greasy
6.	rare	medium	well-done	tossed
7.	oysters	custard	jam roll	angel cake
8.	salad	bill	tomato	cucumber

2. Find the meaning of the expressions in bold letters and match them with those in the right column.

1. Let's go out for a **slap up dinner**.
2. I really **fancy an Indian**!
3. **I'm starving. I could eat a horse!**
4. **I'm just a bit peckish.**
5. That **hit the spot**!

a. That's just what I needed.
b. I am extremely hungry!
c. Let's go out and have a lot to eat!
d. I want to go for a curry.
e. I am not particularly hungry but I feel like having something to eat.

3. Read the passage to review the vocabulary you have learned. Answer the questions that follow.

Going out for a meal is a habit which is quite developed in the United States where people go out for lunch, dinner breakfast or brunch. Americans eat out frequently for one reason: it is affordable. American cities have a wide range of eating options, from upscale restaurants serving haute cuisine to well known fast food joints and all-you-can-eat buffets, not to mention countless specialty and ethnic places reflecting the diversity of the American population and tastes. Even though specialty restaurants can be found mostly in large cities, smaller cities have at least a Chinese, an Italian or a Mexican restaurant.

The French influence has made itself felt through high cooking, but also in the vocabulary used in restaurants. Head waiters are referred to as maître d's, the wine steward is called the sommelier, particularly in posh places. On menus you will read familiar words such as entrée (which is a main course in American food parlance) or à la carte (individually priced items). You can also find prix fixed menus. Many cooking styles and sauces also claim French lineage.

Other cultures have been part of American cooking culture as well, as evidenced by words such as pasta, gyros, tortillas, bagels or schnitzel. Ask any waiter if you don't know what those words mean, he'll be happy to answer your request.

If there is one thing that distinguishes American restaurants from any other in the world, it is service. Part of the restaurant personnel's salary indeed relies on tipping. Tips are voluntary and reward the efforts of good service while reducing uncomfortable feelings of inequality. The better the service, the bigger the tip, even though, in many restaurants, discretionary tipping is being replaced by a standard service charge (between 15% and 20% of the check).

Americans are picky about their food in restaurants. Many are on a diet, have food allergies. They will ask for their coffee with 2% milk, their bagel with non-fat cream cheese or their salad with a special dressing, or dressing on the side. Main courses usually come with vegetables, rice or potatoes. You will be asked "Soup or salad?", "Baked potatoes, French fries or rice?" or "What dressing would you like? Ranch, blue cheese, Italian, cranberry vinaigrette?" If you order breakfast, eggs can be scrambled, fried, over easy, sunny side up, poached, soft-boiled. And bread comes in countless varieties—white, whole-wheat, rye, bagel, muffin, tortilla.

Americans are used to being served large quantities of food, having then the impression to get their money's worth. The left-over food can be wrapped or boxed in a doggy bag, which might be served later.

Brunch is another typical American tradition. It is reserved for the week end and is served in place of breakfast (a usually quick affair on week days) and lunch (which, by the way, Americans eat quickly, sandwiches, salads or soups being the popular choices). Dinner is considered the main meal of the day. Americans eat fairly early (around 6 in the evening) although it can be later in large cities where people are dining out. Supper, which is taken at home, is another alternative in the evening. It is a light meal.

When you are invited for a meal out, you are not supposed to pay. Yet, among friends, it is quite common for each person to pay for themselves, a practice known as going Dutch or splitting the check. This practice is quite acceptable in a country which values fairness.

1. What is the main reason why Americans go out to eat?

a. They don't have time to cook.

b. They like to be with friends.

c. Restaurants are plentiful and cheap.

2. What can be inferred from the reading about restaurants in America?

a. They have developed into a major scale industry.

b. They cater to all sorts of tastes.

c. They are evidence that the melting pot is alive and well.

3. Which country has been most influential on American cooking?

a. France b. Spain c. Germany

4. What does the author suggest about tipping in American restaurants?

a. It is independent from the quality of service.

b. It is all the more generous as a waiter's salary depends on it.

c. It is a sign of generosity from outgoing Americans.

5. What is said about the Americans' attitude regarding food?

a. They are fastidious about their food.

b. They are indifferent to what they eat.

c. They are partial to the style in which food is served.

6. What is the main meal in America?

a. lunch b. supper c. dinner

7. What is it customary to do when having a meal out with friends?

a. The person who invites settles the bill.

b. Each friend pays according to what they have eaten.

c. The check is divided equally among the friends.

7 Everyday problems / Les problèmes quotidiens

"Not only is there no God, but try getting a plumber on weekends."
(Woody Allen)

Must-know words

to break [broke / broken] • to break down • a breakdown • to be out of order • to mislay [mislaid] • to fix • to repair • to mend • a repairman

a window pane • a mirror • a glazier • to install / to fit a window

to leak / a leak • to block / to obstruct • a blockage • a pipe • to drip [dripped] • to flood [flooded] • a plumber • plumbing

to stain / a stain • to remove a stain • a stain remover • to ruin • to come off • the dry cleaner's

a door key • a door lock • to lock / a lock • a spare key • a bunch / a set of keys • to insert a key in the lock • to unlock • a locksmith • to stick [stuck] • to have new locks fitted • to lock oneself out

a power cut / outage • to be cut off / to be disconnected • a wire / a cable • an electrician • to blow a fuse • to restore power

to crash (computer) • to be cut off / to go dead (line) • to be disconnected • troubleshooting

to start one's car • the battery • to be dead • a battery cable • a battery charger • a tyre (UK) / tire (US) • a flat (US) / a puncture • a jack • to break down • to run out of petrol / gas (US) • a mechanic

to oversleep • an alarm clock • to fall down • to spill coffee • to get burned • to bump / to bang one's head (against) • to slip on a rug / carpet • a domestic accident • to break one's leg / one's hip

an appointment • to miss an appointment • to reschedule • to schedule

to be lost • to lose one's way • to ask for directions • to look (it) up • a directory • to be new around here • to find the information

Words or expressions you may want to know

☞ **to flake (off)**: s'effriter, s'écailler • **a flake of paint**: une écaille de peinture • **to peel (off)**: s'écailler / enlever en pelant • **to chip**: ébrécher **(cup / plate)**, écorner **(furniture)** • **a chip**: une ébréchure, un éclat **(wood / glass / stone)** • **to dent**: cabosser • **a dent**: une bosse • **to crush**: broyer • **to shatter**: voler en éclats • **to squash**: écraser • **to smash sth to smithereens**: faire voler en éclats, briser en mille morceaux

to crack: se fissurer, se fêler, fêler, lézarder, crevasser • **a chink**: une fente, une fissure • **to shatter (glass)**: fracasser • **to split into two**: se briser en deux • **to snap**: se briser d'un coup sec • **to splinter**: se briser en éclats • **to break into smithereens**: se briser en mille morceaux

to spring [sprang / sprung] a leak: avoir une fuite • **to plug [plugged] a leak**: colmater une fuite • **an open tap**: un robinet ouvert • **to overflow**: déborder • **to flood**: inonder • **to fix a leak**: réparer une fuite

a key pattern: un modèle de clé • **a skeleton key**: un passe-partout • **a bolt**: un verrou • **to get a key cut**: se faire faire un double • **to pick a lock**: forcer une serrure

to blow [blew / blown] a fuse: faire sauter un plomb • **the electricity grid**: le réseau d'électricité • **the electricity meter**: le compteur d'électricité • **the electricity board**: le tableau électrique • **a meter reader**: un employé du gaz / de l'électricité

to bump-start: pousser pour faire démarrer • **to give a car a bump-start**: démarrer une voiture en la poussant • **the repair shop**: l'atelier de réparation • **a secondary battery**: un accumulateur • **a tow truck**: une dépanneuse • **to tow**: remorquer • **a tow bar**: une barre de remorquage • **a cost estimate**: un devis

a concussion: une commotion (cérébrale) • **to suffer a concussion**: être victime d'une commotion • **to sprain / to twist an ankle**: se fouler la cheville • **to dislocate one's shoulder**: se luxer l'épaule • **the ER (emergency room)**: les urgences

Exercices

1. Associate each item to an incident.

	clock	*moped*	*sink*	*knee*	*vase*	*cup*	*roof*	*handle*
1. broken down	❑	❑	❑	❑	❑	❑	❑	❑
2. cracked	❑	❑	❑	❑	❑	❑	❑	❑
3. stopped	❑	❑	❑	❑	❑	❑	❑	❑
4. blocked	❑	❑	❑	❑	❑	❑	❑	❑
5. banged	❑	❑	❑	❑	❑	❑	❑	❑
6. chipped	❑	❑	❑	❑	❑	❑	❑	❑
7. leaking	❑	❑	❑	❑	❑	❑	❑	❑
8. come off	❑	❑	❑	❑	❑	❑	❑	❑

2. Complete the sentences with the words from the list.

battery • *concussion* • *crashed* • *glazier* • *leak* • *locksmith* • *outage* • *repair* • *stained* • *tire*

1. The coffee I've spilt has .... my trousers. I'll have to take them to the dry cleaner's. • **2.** The rusty pipes had begun to ...., flooding the kitchen. • **3.** The kid next door broke the window pane. We'll have to call the .... to have a new one fitted. • **4.** He had left his keys home and could not get in. He had to call a .... to let himself in. • **5.** Power began to flicker on late Thursday evening, hours after a major power .... struck simultaneously across dozens of cities in the eastern United States and Canada. • **6.** What would you do if your computer ....? You've got a backup, right? • **7.** The most common way to deal with a dead .... is by jump-starting it. All you need is a set of jumper cables and another car. • **8.** If you have to change a flat ...., park your car well off the road so that you have enough room to work while staying clear of passing traffic. • **9.** The quarterback, who had had a ...., felt dazed and acted confused, repeatedly asking the same questions, or forgetting where he was. • **10.** Worried over the specter of thousands of people running short of water, the city has taken it upon itself to .... a damaged pipe that supplies millions of gallons.

3. Read the passage to review the vocabulary you have learned. Fill in the gaps with the right words.

Complaints is what I hear all day long. I am in charge of a fix-it overnight service that caters to all sorts of demands, be they a woman calling to have a new window .... 1. fitted in because the kid next door, who was playing ball in her yard, broke it or a man asking to send in a repairman because there was a .... 2. in the roof threatening to turn the trickle of rain into a flood in the upper floor. Why not call the glazier or the plumber, I wonder.

There are more outlandish inquiries as well, such as how to change a light .... 3. when the fuse has blown or how to remove coffee .... 4. from the couch. The most common requests, though, concern people who have locked themselves .... 5. and can't get .... 6. I personally look after those complaints, as I am a .... 7. by training. You should see the distraught and peeved look on some people's faces as they are tinkering with the .... 8. trying to find a way out of their predicament.

Last week there was a power .... 9. in the northern district of the town where I have my business. I worked almost 24 hours a day trying to restore .... 10. to those who had been cut .... 11., even troubleshooting the youngsters' computers which had .... 12. and could not be made to reboot.

Women have something about automobiles. In the dead of winter, it is surprising to see the number of .... 13. going dead on their cars. Naturally, as I .... 14. start the vehicle, I advise protecting the engine and trying to put the car in a garage for the night but often to no avail. Helping out with car problems is not the most pleasant work: I am called in the wee hours or when rush hour has started but I am welcome as if I were the Savior. Some people do not hesitate to ask me to change the snow .... 15. on their car too, arguing that the garage next door has not opened yet or that the mechanics are too busy or lazy to come.

When more personal problems occur, fortunately I am not the only one on .... 16. When an elderly man has fallen down the stairs and suffered a .... 17., or a woman cannot get up after falling off her bed, it is up to the firefighters or the doctors to rush and help them, often breaking the door in the bargain when there are no neighbors or janitors to access their homes. I know that they will always call me later to repair the damage.

8 *Food and diet* / L'alimentation et le régime

"More die in the United States of too much food than of too little."
(John Kenneth Galbraith)

Must-know words

vegetables • aubergine / eggplant • courgette (UK) / zucchini (US) • cucumber • tomato • potato • broccoli • celery • rhubarb • endive • onion • carrot

fruit • exotic / tropical fruit • a fruit tree • an apple • a pear • a lemon • a peach • a melon • an orange • an apricot • passion fruit • a banana

nutrition • nutritious • nutritional property • a nutrition label • food consumption • to feed (a population) • metabolism • a lifespan • life expectancy • overfed • underfed • ill-fed

rich food • food additives • sweetened drinks • food safety • a food allergy • allergic (to) • food intolerance • a deficiency • a vitamin • a calorie • to burn calories • protein

salmonella • food poisoning • listeria • malnutrition • malnourished • under nourished

a diet • dietetic food • health food • a healthy diet • a balanced diet • to be on a diet • to lose weight • to slim down • a salt-free diet • a diet high in / rich in • diet foodstuffs • good health

obesity • obese • to be overweight • excess pounds • to put on weight • to watch one's figure • weight loss • junk food

an eating disorder • bulimia • a compulsive eater • underweight • anorexia • a sedentary lifestyle • to exercise • to build up fat • ravenous • voracious • to go on an eating binge • to be addicted to food • to indulge in food • to put on weight

a vegetarian • a vegan • amino acids • fatty acids • saturated fat • cholesterol • fiber • sugary food • exercise • to drop off pounds • to exercise • to keep fit

genetically modified organisms (GMOs) • Frankenstein food(s)

Words or expressions you may want to know

cooking: la cuisine • **cookery**: la cuisine (activité) • **a cook**: un cuisinier, une cuisinière • **a good cook**: un cordon bleu • **a cookery book**: un livre de cuisine • **a recipe**: une recette • **culinary**: culinaire

an avocado: un avocat • **Brussels sprouts**: des choux de Bruxelles • **a cauliflower**: un chou-fleur • **cabbage**: le chou • **lettuce**: la laitue • **spinach**: les épinards • **beans**: les haricots • **garlic**: l'aïl • **beet**: la betterave • **turnip**: le navet • **a mushroom**: un champignon • **peppers**: les poivrons • **citrus fruit**: les agrumes

an orchard: un verger • **to prune**: tailler • **to ripen**: mûrir • **ripe**: mûr • **to pick**: cueillir • **soft fruit**: les fruits rouges • **a grapefruit**: un pamplemousse • **a plum**: une prune • **lime**: le citron vert • **grapes**: le raisin • **a vineyard**: une vigne • **a berry**: une baie • **a cherry**: une cerise • **a mango**: une mangue • **a pineapple**: un ananas • **skin**: la peau • **to peel**: peler • **a seed**: un pépin • **the core**: le trognon

appetite: l'appétit • **to have a good appetite**: avoir bon appétit • **to eat with an appetite**: manger de bon appétit • **to give**

one an appetite: ouvrir l'appétit • **to whet / to excite / to stimulate the appetite**: stimuler l'appétit • **to suffer from lack of appetite**: ne pas avoir d'appétit • **to spoil / to take away sb's appetite**: enlever l'appétit à qn • **to wet one's whistle**: mettre l'eau à la bouche • **a loss of appetite**: une perte de l'appétit

to bite: croquer, mordre • **to have a bite**: prendre un morceau / une bouchée • **to bolt down**: se goinfrer • **to chew**: mâcher • **to cook**: faire cuire • **to devour**: dévorer • **to digest**: digérer • **to gnaw**: ronger • **to gobble / to binge**: engloutir • **to gulp**: avaler à grosses bouchées, engloutir • **to guzzle**: s'empiffrer • **to munch**: mastiquer • **to nibble**: grignoter, chipoter • **to peck**: grignoter • **to pig out (on food)**: s'empiffrer, s'en mettre plein la cravate • **to swallow**: avaler • **to wolf down**: engloutir

to gulp: avaler à pleine gorges, lamper • **to pour**: verser • **to quench one's thirst**: étancher sa soif • **to quaff / to swig**: boire à longs traits • **to sip**: siroter

fat: la graisse • **flab**: la graisse superflue • **excess weight**: la surcharge pondérale • **weight gain**: la prise de poids • **body mass index (BMI)**: l'indice de masse corporelle (IMC) • **the waistline**: la taille • **to have a sweet tooth**: avoir un faible pour ce qui est sucré • **to blimp up**: engraisser • **to crave for food**: avoir un besoin maladif de manger

a dietician: un diététicien • **a trace element**: un oligo élément • **carbohydrates**: les féculents • **trans fats / trans fatty acids**: les acides gras non saturés • **an antibody**: un anti-corps

flabby: flasque • **stout / portly**: corpulent • **podgy / pudgy**: rondelet, grassouillet • **husky / burly**: costaud • **chubby**: potelé • **plump**: grassouillet, rondelet, bien en chair • **a paunch / a pot**: une panse, une brioche • **a potbelly**: une bedaine • **fitness cuisine**: la cuisine minceur • **a diet therapy**: une cure d'amaigrissement • **a diet plan**: un programme pour maigrir • **a lean / low calorie diet**: un régime maigre / hypocalorique • **an appetite suppressant**: un coupe-faim • **a bathroom scales**: un pèse-personne

free range chickens: des poulets élevés en batterie • **organic**: biologique • **starch**: amidon

an aroma: un arôme • **aromatic**: aromatique • **a flavor**: une saveur • **to flavor**: aromatiser • **to season**: assaisonner • **taste**: le goût • **a savor**: une saveur • **savory**: savoureux • **acrid**: âcre • **salty / savory**: salé • **bitter**: amer • **bitterness**: l'amertume • **spicy / hot**: épicé • **sour**: acide • **sourness**: acidité • **tart**: aigrelet • **sweet**: sucré • **sugary**: trop sucré • **fatty**: gras • **greasy**: graisseux • **palatable**: comestible • **luscious**: succulent • **juicy**: juteux • **spoilt**: gâté • **rotten**: pourri • **bland**: fade, terne • **insipid**: insipide

1. Match each adjective with its category. Tick the right box.

Adjectives	*Fat*	*Slim*
1. flabby	❑	❑
2. fleshy	❑	❑
3. lean	❑	❑
4. plump	❑	❑
5. portly	❑	❑
6. pudgy	❑	❑
7. skinny	❑	❑
8. slender	❑	❑
9. spare	❑	❑
10. stout	❑	❑
11. thin	❑	❑

2. Match numbered and lettered elements to form expressions.

1. go on	a. weight
2. put on	b. a fitness club
3. to grow	c. on chocolate
4. to join	d. in exercise
5. to shed	e. a diet
6. to cut down	f. excess pounds
7. to drop (off)	g. pounds
8. to engage	h. fatter

3. Complete the sentences with the words from the list.

balanced • calories • diet • eating • fat • obesity • overweight • slimmer • unwanted

1. If you want to lose those .... kilos before the summer, you'd better start exercising now.
2. A traditional McDonald's burger with a 16-ounce Coke and small order of fries carries 627 .... and 19 grams of ....
3. .... habits formed by children are hard to shake in adulthood: 60% of obese children grow up into obese adults.
4. Most people find it easy to go on a ...., but harder to stick to it.
5. The latest figures estimate that the rate of .... in British men has increased by two thirds in the last 10 years, while 20 per cent of children are ....
6. Housewives in the 1950s actually ate more calories than their modern counterparts - but they were significantly .... because their daily lives involved far more physical activity.
7. The best way to tackle obesity is by not getting .... in the first place. A combination of a healthy, ... diet, and regular exercise should do the trick in most instances.

4. Read the article to review the vocabulary you have learned. Answer the questions that follow.

More than 66 percent of Americans are overweight or obese, according to the Centers for Disease Control and Prevention, in Atlanta. Although the number of obese women in the United States appears to be holding steady at 33 percent, for most Americans the risk is growing. The scapegoat is the nation's poor diet habits. Whenever there have been attempts at putting warning labels on sodas, snacks and French fries packs, like those on cigarettes, the powerful food lobbies have stepped in and squashed the effort. Yet, statistics show that the calls to ban junk foods from schools is starting to be heard, especially in California. New York and other cities now require restaurants to disclose calorie information on their menus.

As Americans have been getting fatter and fatter, there is not much that has been done except a surfeit of conventional wisdom. Some health specialists or exercise gurus have advocated returning to traditional diets, with fruits and cabbages galore or doing without the car and taking a 20-minute walk every day for example. Should those conditions be filled, America's excess pounds would slowly but surely melt away.

Scientists are far less sanguine. They claim that many of the so-called facts about obesity are tantamount to speculation or oversimplification of the medical evidence. Although they do not deny the importance of dieting and keeping fit, those environmental influences do not alone determine a person's weight. Body composition also is dictated by DNA and monitored by the brain. Bypassing these physical systems is not just a matter of willpower.

Have Americans ever eaten well? We may wonder. Back in the 1960s, when Americans were still comparatively thin, billions of hamburgers were being sold in McDonald's restaurants every year.

May the recent rise in obesity have more to do with our increasingly sedentary lifestyles than with the quality of our diets? First, the federal government told Americans to exercise for half an hour a day. Then, dietary guidelines issued in 2005 changed the advice, recommending 60 to 90 minutes of moderate exercise a day. People were up in arms. Many said the goal was unrealistic. But for many scientists, the more relevant question was whether such an exercise program would really help people shed pounds. The leisurely after-dinner walk may be pleasant, and it may be better than another night parked in front of the television. But modest exercise of this sort may not do much to reduce weight, evidence suggests.

The temptations of our environment may not be entirely to blame for rising obesity rates. Actually, new research suggests that the environment that most strongly influences body composition may be the very first one anybody experiences: the womb.

According to several animal studies, conditions during pregnancy, including the mother's diet, may determine how fat the offspring will become as adults. Human studies have shown that women who eat little in pregnancy, surprisingly, more often have children who grow into fat adults. More than a dozen studies have found that children are more likely to be fat if their mothers smoke during pregnancy.

The research is just beginning but already it has debunked some hoary myths about dieting. The body establishes its optimal weight early on, perhaps even before birth, and defends it vigorously through adulthood. As a result, weight control is difficult for most of us. And obesity, the terrible new epidemic of the developed world, might be almost impossible to cure.

1. What is the article mainly concerned with?

a. It describes the worsening obesity rates of the Americans.

b. It questions the long-standing notions behind the reasons for obesity in America.

c. It sounds the alarm about the dangers of overeating for pregnant mothers.

2. What do some scientists warn people against?
   a. the present lifestyle of the American people
   b. taking traditional explanations for granted
   c. smoking during pregnancy
3. What is said about the number of obese women in America?
   a. It is on the decline.
   b. It is steadily increasing.
   c. It is neither growing nor decreasing.
4. How can the reasons for the rise in obesity be accounted for?
   a. by the dietary habits of the American people
   b. by the environment
   c. by the lack of exercise
5. According to some scientists, when are the risk-factors for obesity mainly determined?
   a. during pregnancy
   b. in everyday life
   c. in the daytime, by the lack of exercise
6. Which following statement is true, according to the article?
   a. The more a woman eats during pregnancy, the greater the chances of having fat children.
   b. The less a woman eats during pregnancy, the greater the chances of having fat children.
   c. It is more the quality of what a pregnant woman eats that matters than the quantity.
7. What is inferred about smoking during pregnancy?
   a. It is harmless if it is balanced by a healthy diet.
   b. It is less important a factor than a healthy diet.
   c. It is harmful to health regardless of the diet.
8. What is the author's conclusion regarding obesity?
   a. It is a disease that can be held in check.
   b. It is a pandemic which is bound to spread wider across the world.
   c. It is one of the scourges of the developed world.

9 *Life in the city* / La vie dans les villes

"City life is millions of people being lonesome together."
(Henry David Thoreau)

Must-know words

a metropolitan area • a town • a home town • a university town • a thriving town • a boom town • a mushroom town • a dormitory town • a ghost town • a market town • a city • a megacity • a megalopolis • a city dweller • a green belt • the countryside • country life • a village • a hamlet

a section • a shopping district • a research park • an inner city district • a red light district • a hot spot • a financial district • a rough district • a working class district • a slum district • a Central Business District (CDB)

downtown • the city center • a shopping precinct (UK) / a strip mall / a shopping precinct (US) • a pedestrian area • the inner city • a suburb • to live in the suburbs

to settle in a city • to live in a city • to go to / into town • urban lifestyle • to move out of town • to flee [fled] a city • urban exodus • to own • to rent • a rental • a landlord / a landlady • a tenant • a renter • to commute • a commuter • a commuter train • zoning • a community member

posh • residential • wealthy • affluent • affordable (housing) • bustling / lively • cramped • insecure • squalid • overcrowded • dehumanized • unsanitary (conditions) • poverty-stricken • crime-ridden • drug-infested • gang-ridden • to lack sanitation

a barracks • an apartment block • a botanical garden • a bus shelter • a casino • a cathedral • a church • a cinema house / a movie theater • a city hall / a town hall • a clinic • a court of justice / a tribunal • a department store • a doctor's surgery • a fine arts museum • a fountain • green / open spaces • a hotel • a motel • a job center • a library • a monument • a mosque • nightlife • an open air market • a police / precinct station • a post office • a prison / a correctional facility • a public library • a retirement / a nursing home • a high school • a sports arena • a sports ground • a sports center • a fitness centre • a square • a swimming pool • a synagogue • a playhouse / a theater • a university / a college (US) • a youth hostel • an art gallery • a historic building • a modern building

a railway / bus station • the subway / the underground / the metro • a taxi rank (UK) / stand (US) • a traffic jam • congestion • rush hour • a busy street

to run / to manage a city • a mayor • a city manager (US) • a councilman / a selectman / an alderman (US) • the city council

urban ills • urban decay • pollution • a pollutant • population explosion • property prices • a shack • to squat • a squatter • street crime • a mugging • assault • to be mugged • gang warfare • to breed despair / crime • cost of living • depopulation

urban renewal • slum clearance • to clear away • to raze • to level • to demolish • to knock down • to rehabilitate • to upgrade • to refurbish • to beautify • stressful

architecture • an architect • architectural works • an architectural monument • to design buildings • landscape architecture • Gothic • Roman • building materials • a construction site • aesthetics • a zero energy building • a building code • historic preservation • land use

Words or expressions you may want to know

an urban district: une communauté urbaine • **the urban fabric**: le tissu urbain • **town / city planning**: l'urbanisme • **a town planner**: un urbaniste • **a cityscape**: un paysage urbain • **urban sprawl**: la péri-urbanisation • **sprawling**: tentaculaire • **a commuter belt**: la grande banlieue • **a conservation area**: un site classé • **a brownfield site**: un site de friches urbaines • **a greenfield site**: un terrain agricole à bâtir, un terrain agricole construit • **a developed area**: une zone bâtie • **a development area / zone**: une zone à urbaniser en priorité (ZUP) • **site / land development**: l'aménagement foncier • **an industrial park (US) / an industrial estate**: une zone industrielle • **green spaces**: les espaces verts

public amenities: les équipements collectifs • **sports facilities**: les infrastructures sportives • **a housing development**: un grand ensemble • **a housing estate**: une cité HLM • **council housing**: les logements sociaux • **a council flat**: un logement HLM • **a housing subdivision**: un lotissement • **a lease**: un bail • **a strip mall / a shopping mall / a power center**: un centre commercial • **a superstore / a big box**: un hypermarché

downtrodden / dilapidated / blighted / run down / seedy / shabby: minable, délabré, déshérité, miteux • **derelict**: abandonné • **a dodgy district**: un quartier peu recommandable • **squalor**: la crasse • **squalid**: crasseux • **urban blight**: la dégradation urbaine • **gentrification**: l'embourgeoisement • **community policing**: l'îlotage • **to walk the beat**: être en patrouille • **a no-go area**: une zone de non-droit • **to be out of bounds (for)**: être interdit d'accès (à)

> ☞ The following verbs mean to have a pernicious, destructive, or ruinous effect on something: bomb attacks that **blasted** the chance for peace ; hopes **blighted** by ill wishes ambitions **dashed** by lack of funds ; plans **nipped** in the bud ; a life **wrecked** by alcohol.

an urban renewal program: un programme de rénovation urbaine • **to renovate / to rehabilitate**: rénover • **eminent domain (US) / compulsory purchase (UK) / expropriation**: l'expropriation

> **Living in a city: the upside. a sense of community**: un sentiment de communauté • **to feel connected to the community**: avoir un sentiment d'appartenance à une communauté • **to watch out for each other's children**: surveiller les enfants • **to check in on elderly neighbors**: veiller aux voisins plus âgés • **to enjoy leisure activities**: profiter des loisirs • **to attend cultural events**: participer à des activités culturelles • **to experience city life**: connaître la vie en ville • **employment opportunities**: des occasions de trouver du travail • **transportation facilities**: des transports publics
>
> **The downside. a housing shortage**: une pénurie de logements • **to live in a cramped flat**: vivre dans un appartement exigu • **the cost of living**: le coût de la vie • **the council tax**: les impôts locaux • **stress-related problems**: les problèmes liés au stress • **to breathe polluted air**: respirer de l'air pollué • **noise pollution**: la pollution sonore • **urban violence**: la violence urbaine • **the crime rate**: le taux de criminalité • **a mugging**: une agression

1. Match numbered and lettered elements to form expressions.

1. city	6. peak	a. store	f. lane
2. bus	7. traffic	b. hours	g. area
3. department	8. main	c. amenities	h. station
4. police	9. taxi	d. centre	i. lights
5. pedestrian	10. public	e. street	j. rank / stand

2. Find the answers to the definitions.

a. castle • *b. liquor store* • *c. town hall* • *d. post office* • *e. office* • *f. office block* • *g. synagogue* • *h. park* • *i. cathedral* • *j. skyscraper* • *k. car park*

1. a workplace in a building ....
2. the building which houses a community's governmental agencies ....
3. an extremely tall building, usually in the city center ....
4. a public garden, a play area ....
5. an area where cars are placed while not in use ....
6. an antique building where kings and queens used to live ....
7. a building of offices ....
8. a Catholic, or an Episcopal place of worship ....
9. an establishment where one can buy alcoholic beverages ....
10. a public office responsible for sending letters by mail ....
11. a place of worship for the Jews ....

3. Read the passage to review the vocabulary you have learned. Answer the questions that follow.

Although there were signs of revival in the American cities during the 1980s, they still suffer from urban decay, compounded by the drug problem, gang-warfare, homelessness and the scourge of aids, not to mention rampant violence. Philadelphia is a case in point, exemplifying all the problems US cities are plagued with. The outward flight of business to the suburbs or to the newly created edge cities is possibly the most serious one: it has been draining away a white middle class anxious to find decent schools and safe streets, thus leaving behind the wasteland of inner-cities, eroding the tax base of the city itself.

Actually there aren't many avenues left to cope with the urban crisis: some believe that more government aid is the key to the plight of the cities while others think it is money down the drain. Regional government involving cooperation between neighboring cities is dangled as the next best solution. Finally laisser-faire politics sounds like the least coherent but most expeditious way.

Such a mixed bag of solutions is too radical to produce measurable results, though. That is why some people suggest community policing (cities taking their problems into their own hands), the development of home ownership, a greater emphasis on education with a wider choice offered to the students and an improved transportation system to take the underprivileged to where jobs are; welfare ought to be overhauled to move people off relief and into jobs, too. But it is the whole system that needs streamlining so as to make sure that it is the people who need it most who benefit from it.

1. According to the reading, what is the key to solving urban ills?
   a. setting up better cooperation with local governments
   b. preventing businesses from leaving the city
   c. the necessity for cities to control their destiny
2. What brought about the exodus of the white middle class to the suburbs?
   a. the yearning for safer living conditions
   b. the necessity to find jobs
   c. a less stringent tax system
3. Which of the following urban ills is not mentioned in the reading?
   a. insecurity
   b. the lack of adequate educational facilities
   c. lax controls on welfare
   d. pollution
4. Overall, what can be inferred from the situation in cities?
   a. They have not come up to urban planners' expectations.
   b. They have developed at a steady pace but now need speedy solutions.
   c. They are definitely on the mend.
5. In the reading, what are the recommendations to make cities better places to live in?
   a. The fate of cities should be left to urban planners exclusively.
   b. Urban services ought to be rationalized and made more efficient.
   c. Cities must be built on the human scale.

10 Country life / La vie à la campagne

"The country life is to be preferred, for there we see the works of God; but in cities little else but the works of men. And the one makes a better subject for contemplation than the other."
(William Penn)

Must-know words

the country • the countryside • to live in the countryside • country life • a country road • a rural area • a countryman • a countrywoman • a landscape • a village • a farming village • a fishing village • a coastal village • a villager • rural economy • rural exodus

farming • farmland • the land • picturesque • arable land • cultivated land • fertile land • a farmer • a farm hand / a laborer / a farm worker • to farm land • a cattle farm • a fish farm • a small farm • a plot / a tract of land • a small piece of land • farm equipment • farm machinery • a tractor • a cattle truck

fieldwork • to grow [grew / grown] • to cultivate land • to sow [sowed / sown] • a seed • GMOs (genetically modified organisms) • genetically modified crops • Frankenstein food • the green revolution • food security • a ban on GMOs • a proponent of GMOs • to meet consumer opposition • a moratorium on imports

a crop • a basic crop • crop rotation • to plant a crop • to raise a crop • to get the crop in • crop failure • pesticides • herbicides • cotton • maize / Indian corn • rice • tobacco • sugar cane • cocoa • agribusiness • food production • a farm produce • a dairy produce • farm exports

cattle • cattle raising • a cattle farm • a cattle farmer • to raise cattle • a cow • a bull • a sheep • a horse • a stable • a pigsty • a duck • a cock • a hen • a turkey • a goose • a chicken

Words and expressions you may want to know

the heartland: le terroir • **a country town**: une ville de province • **a hamlet**: un hameau • **a market town**: un bourg • **grassland**: les prairies, les prés • **woodland**: les bois • **a vineyard**: une vigne • **to plough / to plow (US)**: labourer • **a plough / a plow (US)**: une charrue • **pasture / grazing land**: les pâturages • **a meadow**: une prairie • **a brook**: un ruisseau • **a footpath**: un sentier • **a lane**: un chemin • **fallow land**: les jachères • **a breadbasket**: un grenier à blé

organic farming: l'agriculture bio • **factory farming**: l'élevage industriel • **intensive farming**: l'agriculture intensive • **farm subsidies**: les subventions agricoles • **food processing industries**: les industries agro-alimentaires • **farm income**: le revenu agricole • **a farm slump**: une crise agricole • **a farm foreclosure**: une saisie d'exploitation • **to foreclose**: saisir • **to evict**: expulser • **an eviction**: une expulsion • **to sell on the block**: vendre aux enchères

a day laborer: un journalier • **a smallholder**: un petit exploitant • **a sharecropper / a tenant farmer**: un métayer • **a cattle rancher**: un éleveur de bétail • **a wine grower**: un exploitant viticole

barren land: la terre stérile • **idle land**: la terre non cultivée • **a corn belt**: une région de culture du blé • **manure / fertilizer**: le fumier, l'engrais • **hay**: le foin • **a haystack**: une meule • **to make hay**: faire les foins • **to mow**: faucher • **to harrow**: herser • **to**

winnow: vanner • **to reap**: moissonner • **to harvest**: moissonner, vendanger, récolter • **a harvester**: une moissonneuse • **to glean**: glaner • **a chaff**: une balle • **a blight**: une maladie végétale • **drought**: la sécheresse • **a draft animal**: un animal de trait • **cross-breeding**: le croisement des races • **hybridisation**: l'hybridation • **nitrogen**: l'azote

a bumper crop: une récolte exceptionnelle • **a food crop**: une culture vivrière • **yield**: le rendement • **oats**: l'avoine • **wheat**: le blé • **alfalfa**: la luzerne • **soja bean**: le soja • **barley**: l'orge

livestock: le cheptel • **a yoke**: un joug • **to graze**: paître • **a goat**: une chèvre • **an ox [pl. oxen]**: un bœuf • **a hog**: un porc • **fowl**: la volaille, les oiseaux de basse cour • **poultry**: la volaille • **a goose [pl. geese]**: une oie • **a hen**: une poule • **a duck**: un canard • **a trough**: un abreuvoir • **a feeding trough**: une auge • **to cull**: sélectionner, éliminer, supprimer, abattre, massacrer

to provide higher yields: obtenir de meilleurs rendements • **to require less water / fertilizer**: nécessiter moins d'eau / d'engrais • **to be resistant to herbicides**: être résistant aux herbicides • **to control pests**: maîtriser la prolifération d'insectes nuisibles • **drought resistance**: la résistance à la sécheresse

1. Name the agricultural operations.

1. What do you do with seeds? ....
2. What do you do with a plough? ....
3. What do you do with a harrow? ....
4. What do you do with a scythe? ....
5. How do you make the land more fertile? ....
6. How do you kill pests and weeds? ....
7. What do you do when the crops are ready? ....
8. What do you do with a tractor? ....
9. What do you do when the grapes are ripe? ....

2. Match each word in the left column with its definition.

1. crop	**a.** granary
2. organic	**b.** a large-scale farming enterprise
3. subsidy	**c.** cultivated produce of the ground
4. silo	**d.** confiscation
5. glut	**e.** financial aid
6. seizure	**f.** animal science
7. agribusiness	**g.** biological
8. husbandry	**h.** excessive supply

3. Read the passage to review the vocabulary you have learned. Complete the passage with words from the list.

biotechnology • crop • crops • farmers • farming • fruit • herbicides • organic • pesticides • seed • vegetables • yields

January should be a quiet time for mid-western .... 1. Instead, they find themselves facing one of the hardest .... 2. decisions of the year. Should they risk putting genetically modified (GM) .... 3. in the ground or not? For some, the agronomics are easy, they believe that GM products expand .... 4. and lower costs. Nicholas Kalaitzandonakes, a professor of agribusiness at the University of Missouri reckons that the benefits to farmers of GM soyabean technology alone were in the order of $400m-1bn in 1999. Farmers were effusive about the potential of .... 5. But the European Union has withheld approval of some GM .... 6. varieties until exhaustive trials are done. .... 7. companies, such as Monsanto have been ineffective in defending their new technology; environmentalists are attacking GM products even though some of them reduce the need for conventional .... and .... 8. Although ".................... " 9. standards in America are supposed to exclude GM products, one organic foods store in Washington, D.C. happily offers .... and .... 10. grown without pesticides which in fact have been genetically modified not to need them. (adapted from *The Economist*)

11 *Architecture and civil engineering /* Architecture et génie civil

"The mother art is architecture. Without an architecture of our own we have no soul of our own civilization."
(Frank Lloyd Wright)

Must-know words

an architect • an architectural site • Gothic / Roman architecture • the Renaissance • a building designer • to design buildings • the structure / behavior of a building • materials • the pyramids of Egypt • the Roman Coliseum

environmental sustainability • a green building • energy-efficient technology • a zero energy building • building technology • interior design

a carpenter • an electrician • a plumber • a painter • a ceiling • a floor • a lift • an elevator • shutters • curtains • a window pane • a stairwell • a basement • a dining room • a living room • a bedroom • a bathroom • a carport • a cellar • a kitchen • a library • a study • a garage • a playroom • a nursery

a castle • a mansion • a skyscraper • office space • an office block / tower • a tower block • a high rise • a flat • a loft • a condo • a condominium • a slum • a bridge

> ☞ **A condominium** = a form of ownership in which the owner has title to a housing unit and also owns a share in the common elements (such as elevators and hallways, and perhaps the land) (*appartement en co-propriété*).

construction time • scheduled work • the completion date • the start of work • to renovate • to condemn • to demolish • to knock down • to reconstruct • to develop

Words and expressions you may want to know

landscape design: l'architecture de paysage • **an architect's bill**: un mémoire d'architecte • **construction work**: les ouvrages d'art • **an engineering structure**: un ouvrage d'art • **a listed building**: un bâtiment classé • **a historic building**: un bâtiment historique • **a flying buttress**: un arc-boutant • **a vault**: une voûte • **a capital**: un chapiteau • **a steeple / a spire**: une flèche • **a keystone**: une clé de voûte • **an apse**: une abside

building trades: les métiers du bâtiment • **a building standard**: une norme de construction • **a surveyor**: un expert-géomètre • **a (building) contractor**: un entrepreneur en bâtiment • **a project engineer**: un responsable des travaux • **a foreman**: un contremaître • **a (building) site**: un chantier • **scaffolding**: les échafaudages • **earth-moving**: le terrassement • **excavation / earthwork / dirt moving**: excavation • **to break ground**: donner les premiers coups de pioche • **to excavate / to dig out**: terrasser • **to strip the ground**: débroussailler • **to lay the foundations**: creuser les fondations • **masonry**: la maçonnerie • **plastering**: le plâtrage • **the shell**: le gros œuvre • **a shell**: une structure • **a metal frame**: une ossature métallique • **the skeleton**: l'ossature • **the builders**: les ouvriers du bâtiment • **a bricklayer**: un maçon • **a roofer**: un couvreur • **a glazier**: un vitrier • **a plasterer**: un plâtrier • **a property developer**: un promoteur immobilier • **a real estate agency**: une agence immobilière

(reinforced) concrete: le béton (armé) • **mortar**: le mortier • **form**: le coffrage • **a bearing wall**: un mur porteur • **a front wall / a face wall**: une façade • **to reface**: ravaler • **roofing**: la toiture • **a gutter**: une gouttière • **glazing**: le vitrage

☞ **amenities**: les aménagements, les équipements • **air conditioning**: la climatisation • **a balcony**: un balcon • **cable hookup**: l'accès au câble • **gas heat**: le chauffage au gaz • **hardwood floor**: le parquet • **high ceilings**: la hauteur sous plafond • **large closets**: les rangements • **sunny**: orienté sud • **view**: la vue • **a fireplace**: une cheminée • **controlled access**: l'accès surveillé • **community facilities**: les aménagements collectifs

a semi-detached house: une maison mitoyenne • **a detached house**: un pavillon • **terraced houses**: des maisons de même style • **an apartment building**: un immeuble d'habitation • **a penthouse**: un duplex au dernier étage • **an estate / a housing estate**: une cité • **a tenement**: un immeuble ancien et délabré • **a bedsitter (UK) / an efficiency**: un studio • **a storey**: un étage • **single-storey**: à un étage • **floor area**: la surface au plancher • **an attic**: les combles

a blueprint: un projet • **a design office**: un bureau d'études • **a layout**: une implantation, un tracé • **full scale**: échelle grandeur nature • **a tender notice / a bid notice**: un appel d'offres

a cable-stayed bridge: un pont suspendu à haubans • **a suspended bridge**: un pont suspendu • **a footbridge**: une passerelle • **an underwater tunnel**: un tunnel sous-marin

Exercices

1. Complete the table.

	Nouns	*Verbs*
1.	structure	
2.	architect	
3.		occupy
4.		rent
5.	innovation	
6.		built
7.		destroy
8.		dwell
9.		complete
10.		condemn

2. Give the answers to the definitions.

1. He lays bricks: .... • **2.** He does woodworking: .... • **3.** He drives and operates engineering vehicles: .... • **4.** He does the wiring: .... • **5.** He does the decorative moldings on ceilings and walls .... • **6.** He does the piping, drainage and heating: .... • **7.** He lays or repairs roofs: ....

3. Match the words with their definition.

1. to break ground	**a.** to uncover by digging
2. to complete	**b.** a temporary platform for supporting workmen during the building of a structure
3. to develop	**c.** a mold for setting concrete
4. to excavate	**d.** to begin digging at the start of a new construction
5. to survey	**e.** the center stone of a masonry arch
6. to scaffold	**f.** to build on a piece of land
7. to keystone	**g.** to measure a piece of land and its boundaries
8. to form	**h.** to reach the end

4. Circle the right word.

1. Our neighbors can't move into their house until it has been (**developed / renovated**).
2. The (**condemned / reconstructed**) building is being cleaned of toxins caused by the collapse of the adjacent chemical factory
3. A 150-year-old (**listed / inscribed**) building in Essex has been sold to developers who plan to turn it into a hotel.
4. A gift to the town in 1868, the chimes have been removed from the church **(buttress / steeple)** for repairs.
5. Hundreds of alumni attended the ceremony during which the Chancellor (**laid / lay**) the foundation stone for a new 11-storey college building.
6. With its high (**cellars / ceilings**), arched doorways, stone floors and wide terraces that overlook the bay, the elegant Crosley Mansion is the perfect residence for the new ambassador.
7. The Scottish Government has unveiled bold plans for a new a cable-(**staying / stayed**) bridge over the Forth costing between £3.25 billion and £4.22 billion.
8. The (**completing / completion**) date for the new stadium was recently pushed from 2010 to 2013 owing to unexpected delays.

5. Read the passage and answer the questions that follow.

The house of the future

In the house of the future, flexibility is the number one rule. The house is adapted to suit the size of the family or changing lifestyles. Among the house's features are structural bays which can be added to its timber frame to increase the space, a rainwater collection system for toilet flushing, and solar water heating panels.

The home has been designed to be self-sustaining. It has been built to use energy in the most efficient way possible. The house is packed with high tech features to both save energy and manage it in a more efficient way. One of the fascinating features of the house is the solar room, which is a important part of the building's self-sustaining plan. The floor is a solar absorbing floor - terracotta tiles. Basically the sun comes through the special glass panes, the air in there is warmed and that is used to heat and ventilate the house. The ventilation control system is absolutely crucial and is unique to this house. Most of the rooms in the house are ducted with air. 'Bad' air rooms have air extracted from them and the 'good' air rooms have air pumped into them so, for example, the bedrooms have fresh air pumped in while the kitchen has air taken out. A complex computer control system regulates how all these environmental systems work together.

The house of the future is also unusual because it collects all the rainwater that falls on it and its garage roof. It is independent for water, which is all filtered to drinking quality.

In terms of energy bills, the eco-house makes significant savings over a regular house. In that respect, even though future owners may find the price tag a bit steep, given the quality of materials, they will actually find the house a good return on their investment in the long term.

Flexibility is key to its design and is conceived as a model for future housing, capable of reproduction in many different locations.

Tick the right box.

	Right	***Wrong***
1. The house can be expanded at will.	❑	❑
2. Water is recycled through a device installed on the garage roof.	❑	❑
3. No energy is wasted in the house.	❑	❑
4. The floor is a solar panel.	❑	❑
5. The air is heated thanks to water.	❑	❑
6. Such a house is costly to build but cheap to maintain.	❑	❑
7. It is necessary to dig a well to collect water.	❑	❑
8. The model of the house can be adapted for different environments.	❑	❑

12 Is school necessary? / À quoi sert l'école ?

"Education is not filling a bucket, but lighting a fire."
(William B. Yeats)

Must-know words

the educational system • primary / secondary / post-secondary education • higher education • a boarding school • a day school • a religious / denominational / faith-based school • an art school • an engineering school • a day care center • a nursery school / a kindergarten / pre-school • a grammar school • a high school • a junior high school

> ☞ **to know** = to already have the information • **to find out** = to get the information • **to study** = to learn about a subject (through a course / books) • to study for an exam • to study law / medicine • **to learn** = to get knowledge / skills • to learn about / from / how to • to take a course

school life • a school year • a term • a quarter • to go to school • compulsory / mandatory schooling • co-educational • state run • fee paying • the school leaving age • to miss a class • to teach [taught] a class • a period • a break / a recess • to drop out • a drop out • discipline • school violence

a curriculum / a syllabus • a course • a class • a course of study • a required course • optional • a subject • to learn [learnt / learned] • to study • a degree • a classroom • a teachers' room • a media center • a learning resources center • a nurse station • a chemistry lab • a gym • a cafeteria

hard sciences • arithmetic • mathematics • algebra • geometry • physics • chemistry • life sciences • computer science • philosophy • history • geography • modern languages • fine arts • economics

a student • a student council • a student officer • a schoolboy / girl • a pupil • a schoolmate • a schedule • a form (UK) / a grade (US) • the grading system • an exam • a quiz • a test • a paper

a teacher • a professor • a head teacher • a school administrator • a principal (US) • a vice-principal • to evaluate a teacher • an evaluation form • a student evaluation

Words or expressions you may want to know

literacy: le fait de savoir lire et écrire • **numeracy**: le fait de savoir compter • **continuing education**: la formation permanente • **further education**: l'éducation post-scolaire • **grade school**: l'école primaire • **a vocational school**: un lycée professionnel • **a parochial school**: une école confessionnelle • **a comprehensive school (UK)**: un établissement secondaire polyvalent • **a middle school**: un collège • **a charter school (US)**: un établissement sous contrat • **to enroll**: s'inscrire

to master the three Rs (reading / writing and arithmetic): maîtriser les savoirs de base • **an academic year**: une année scolaire • **home schooling**: l'école à la maison • **to be home-schooled**: suivre des cours à domicile • **a free period**: une heure de permanence • **a stream**: un niveau • **enrolment**: les effectifs • **a freshman**: un lycéen / étudiant de première année • **a sophomore** (2e année), **a junior** (3e année), **a senior** (4e année) • **extracurricular / outside activities**: les activités extracurriculaires • **an elective**: un cours facultatif • **self-taught**: autodidacte • **a distance learning course / a correspondence course**: un cours par correspondance • **a tutorial (UK) / a seminar (US)**: une petite classe, un séminaire • **humanities**: les sciences humaines • **a prerequisite**: un prérequis

to play truant / to skip classes: faire l'école buissonière • **truancy**: l'école buissonière • **a careers officer / adviser**: un conseiller d'orientation • **unruly**: indiscipliné • **boisterous**: bruyant • **to make an uproar / to kick up / to make / to create a ruckus**: chahuter, faire les fous • **to rag / to bait**: chahuter (un professeur) • **to crib**: pomper • **to cheat**: tricher • **to bully**: malmener, maltraiter, tyranniser • **a bully**: un dur, une brute • **ragging (UK) / hazing (US)**: le bizutage

a textbook: un manuel • **an exercise book**: un cahier • **a notebook**: un carnet • **a folder**: une chemise • **a pencil**: un crayon • **a fountain pen**: un stylo-plume • **a ballpoint**: un stylo bille • **an eraser**: une gomme • **glue**: de la colle • **a felt-tipped pen**: un feutre • **an overhead projector**: un rétroprojecteur

to receive an education: faire des études • **to provide an all round education**: offrir une éducation complète • **to enter higher education**: entamer des études supérieures • **to continue one's education**: poursuivre ses études • **to complete one's education**: terminer ses études • **to transmit knowledge**: transmettre la connaissance • **to complete assignments**: réaliser des tâches • **to develop a sense of responsibility**: développer un sens des responsabilités • **a crisis in teacher recruitment**: une crise des vocations / de recrutement des enseignants • **the dumbing down of education**: la baisse du niveau

Is school necessary? to attend school: fréquenter l'école • **school attendance**: l'assiduité • **to learn from a teacher**: apprendre d'un professeur • **to learn from books**: apprendre dans les livres • **to draw pupils into a discussion**: faire participer les élèves à la discussion • **class participation**: la participation en classe • **to present ideas to one's classmates**: présenter ses idées à ses camarades de classe • **to make oral presentations**: faire des exposés • **to acquire knowledge**: acquérir des connaissances • **to work in groups**: travailler en groupe • **to complete class projets**: réaliser des projets scolaires • **to benefit from the teacher's knowledge**: profiter des connaissances de l'enseignant • **to receive the benefits of a teacher's knowledge**: recevoir la connaissance d'un enseignant

1. Check your knowledge. Complete the following definitions.

1. a program or class for four-year-old to six-year-old children that serves as an introduction to school. ....

2. education in addition to that received at secondary school. It may be at the same level, at a higher level, or at a lower level than secondary education. ....

3. a procedure by which students choose and sign up for classes each semester. ....

4. failure to attend school ....

5. subjects such as English, philosophy, language, and literature ....

6. a second-year student ....

7. an adjective that describes activities outside the classroom ....

8. a synonym for not compulsory ....

9. instruction given to students individually or in small groups ....

10. members of the teaching staff ....

2. Find the opposite words or notions.

1. attend class	**a.** fee paying
2. day school	**b.** drop out
3. mandatory	**c.** boarding school
4. free school	**d.** pass
5. state run	**e.** optional
6. complete one's studies	**f.** parochial
7. fail	**g.** skip classes

3. In this article, words have been underlined. Find their equivalent in the questions.

How will technological change shape tomorrow's school?

The prospects for education in the age of technology are nearly <u>boundless</u> (1). Technological change poses a formidable challenge to the idea that children and adults should be educated in a specific place and at specific hours. In the not very distant future, the technology will exist to teach anyone anything at any time. One can envision cable systems offering hundreds of channels in a new world of pedagogical plenty where children and adults alike will be able to <u>dial up</u> (2) a program on their home television to learn whatever they want to know, <u>at their own convenience</u> (3). At their home-learning stations, pupils will be able to tune in to a series of educative channels; the learning program will be able to identify their level of competence and then move to the appropriate level of challenge.

Adults will be able to find what they want to learn on their <u>blinking</u> (4) screens, either at home or at the office. If <u>Joe Six-Pack</u> (5) wants to learn how to operate a new software package, he can call it up on the screen at his workplace. Mrs Joe-Six-Pack will use her laptop to learn the mathematical applications she needs for a promotion. Both of them may decide to spend an evening <u>browsing</u> (6) through the collection of the world's great museums, with the help of a witty and erudite guide.

If one can learn anything at a time and place of one's choosing, even the mothers of very young children will be able to plug in without being obsessed with being on time to fetch Joe Jr. when school <u>lets out</u>

(7). Thus the old clichés about the mother being tied to the sink (8) and the one pursuing relentlessly (9) a career track are bound to (10) be replaced by the proud mother-manager able to further (11) her own career while taking care of her kids.

The new era in education should promote greater equity of access to good education. There was a time when schooling was limited to traditional buildings and managed by a state bureaucracy; then poor children got the least-experienced teachers and the poorest quality of instruction. In the new era, technology will make it possible to provide exactly the same quality of instruction to every child. Using the same technology, all children will have access to the same electronic-teaching programs, learning at their own pace (12) and in settings of their own choosing. Regardless of (13) race or parents' income, little Joe will have the same opportunity to learn any subject from the same teachers as children in the wealthiest neighborhoods. Thus instead of restricting the amount that affluent (14) districts may spend as a way of equalizing resources, we'll be able to use the electronic medium to ensure that all children have access to the same educational opportunities at a reasonable cost.

We could look forward to (15) a future of boundless progress. But there is a worm in the apple. Any advance knowledge creates inequities between learners and non-learners. When someone first introduced a violin into a village, a few learned how to play it, most did not; inequality was created. As soon as the first personal computer became available, gaps appeared between technophile and technophobic users. The spread of NTIC into education will create winners and losers, even though everyone has access to the same technologies.

1.	a. inexhaustible	b. finite	c. untold	d. fathomable
2.	a. tune in	b. turn into	c. tune in to	d. adjust to
3.	a. at leisure	b. at random	c. when they are available	d. whenever they want
4.	a. sparkling	b. glistening	c. twinkling	d. shining
5.	a. the average American	b. Joe Doe	c. any drunken American	d. Uncle Sam
6.	a. grazing	b. checking out	c. looking through	d. scrutinizing
7.	a. is on strike	b. has closed down	c. refuses a child	d. is over
8.	a. doing the dishes	b. taken up with the housework	c. doing a wash	d. cooking meals
9.	a. adamantly	b. intermittently	c. haltingly	d. unremittingly
10.	a. are likely to	b. are sure to	c. are prone to	d. are able to
11.	a. go far	b. advance	c. impede	d. sweeten
12.	a. motion	b. allure	c. speed	d. progress
13.	a. notwithstanding	b. indifferent to	c. nonetheless	d. to the contrary
14.	a. crowded	b. busy	c. down to heel	d. well-to-do
15.	a. anticipate	b. intend	c. encourage	d. dread

13 *A college education /* L'enseignement supérieur

"I think that there's this prejudice, that people that have a college education are more intelligent than people that don't." (Casey Affleck)

Must-know words

to go to university / college / school (US) • to have a college education • a graduate school • (a) law school • (a) medical school • to go to law school / medical school • to apply to a university • to apply for a program • financial aid • admission (to) • to get admitted to • to be rejected (from) • to be denied admission • to be wait-listed • a waiting list

> A **degree** = an academic title conferred by universities and colleges as an indication of the completion of a course of study, or as an honorary recognition of achievement. In the humanities the first degree is that of bachelor of arts (B. A. or A. B.); the second that of master of arts (M. A. or A. M.). The degree of bachelor (of arts, science, divinity, law, etc.) is conferred upon those who complete a prescribed course of undergraduate study. The equivalent in sciences is B.Sc or M.Sc. The first degree in medicine is that of doctor of medicine (M. D.). the degree of doctor is conferred as a complimentary recognition of eminent services in science or letters, or for public services or distinction (as doctor of laws (LL. D.) or doctor of divinity (D. D.), when they are called honorary degrees. A **diploma** = an official document given by an educational institution conferring a degree on a person or certifying that the person has satisfactorily completed a course of study.

a student • a transfer student • an undergraduate student • a graduate (student) • to register / to sign up for a class • a course catalog • coursework • a seminar • a campus • campus life • a students club • a dormitory • a roommate • a freshman • a sophomore • a junior • a senior • to assign roommates • to match roommates

a professor • a doctorate • to do doctoral work • a PhD • to graduate (from) • graduation • the graduation ceremony • a degree • a diploma

Words or expressions you may want to know

a school of government: un institut de sciences politiques • **GPA (graduate point average)**: la moyenne de notes • **a transcript**: un bulletin scolaire, un relevé de notes • **a scholarship**: une bourse • **a fellowship**: une bourse de recherche • **a grant**: une bourse, une subvention • **tuition fees**: les droits d'inscription • **a curriculum**: un programme (par année) • **a core curriculum**: un tronc commun • **a syllabus**: un programme (par cours) • **a class list / roster**: la liste des élèves • **to enrol**: s'inscrire • **enrolment**: les inscriptions

to major in: se spécialiser en • **a major**: une spécialisation • **a credit (hour) / a unit**: un crédit ECTS • **a foundation course**: un cours fondamental • **an internship**: un stage • **to gain practical work / professional experience**: acquérir une expérience pratique • **to apply one's knowledge**: appliquer ses connaissances • **a career plan**: un plan de carrière • **co-ed (= co-educational)**: mixte • **a fraternity / a sorority**: un club d'étudiant(e)s

faculty: le corps enseignant • **an academic**: un universitaire • **tenure**: la titularisation • **a board of regents**: un conseil d'administration • **a chancellor**: un recteur • **a dean**: un doyen • **a provost**: un directeur général adjoint, un doyen • **a dean of students**: un directeur des études • **a proctor (Oxford / Cambridge)**: personne chargée de la discipline • **an associate professor**: un professeur associé • **an assistant professor**: un professeur chargé de cours • **a visiting professor**: un professeur invité • **a lecturer**: un maître de conférences • **to lecture**: faire cours

an academic degree: un diplôme universitaire • **a bachelor's degree**: une licence • **a B.A. (Bachelor of Arts)**: une licence de lettres • **a B.S. (Bachelor of Science)**: une licence en sciences • **post-graduate studies**: les études de troisième cycle • **an M.A. (Master of Arts) / an M.Sc. (Master of Science)**: une maîtrise • **a Ph.D. (Doctor of Philosophy)**: un doctorat • **an MBA (Master in Business Administration)**: un MBA

the lecture system: le cours magistral • **the finals**: les examens de fin d'année • **a commencement ceremony**: une cérémonie de remise de diplômes

> ☞ The **valedictorian** is the student with the best grades who delivers the valedictory (a farewell oration) at graduation. The **salutatorian,** or salutatory speaker is the graduating student with the second highest academic rank; she/he delivers the opening address at graduation exercises.

endowment: la dotation • **an alumnus [pl. alumni]**: un ancien élève • **an alma mater**: une université où l'on a fait ses études, son ancienne université

to attend college: fréquenter une université • **to learn new skills**: acquérir de nouvelles compétences • **to increase one's opportunities for the future**: améliorer ses perspectives d'avenir • **the first time away from home**: la première fois que l'on est loin de chez soi • **to pursue one's studies**: poursuivre ses études

Exercices

1. Match numbered and lettered elements to form expressions.

1. to graduate	**a.** for a program
2. to enroll	**b.** in biology
3. to be admitted	**c.** graduate work
4. to apply	**d.** research in physics
5. to award	**e.** to Harvard
6. to drop	**f.** out of school
7. to major	**g.** in a university
8. to do	**h.** a course in applied math
9. to pursue	**i.** from college
10. to teach	**j.** a degree

2. Choose the word from the list that is closest in meaning to the underlined part of each sentence. Write it in the blank.

a. alumni • b. curriculum • c. enroll • d. roommate • e. secular • f. tuition fees • g. valedictorian

1. He has not made up his mind which class he wants to sign up for. .... • **2**. The board of regents has suggested that a new set of humanities classes be offered starting next September. .... • **3**. In the United States, some universities are affiliated with a religion, some are not. .... • **4**. As the student having obtained the best grades, she was asked to deliver the keynote speech at the commencement ceremony. .... • **5**. The student he shares a room with is majoring in computer science. .... • **6**. The sums of money US universities charge can be astronomical. .... • **7**. The former students from Johns Hopkins have been asked to contribute money towards the building of a new medical research lab. ....

3. Complete the sentences with the words from the list.

academic • campus • catalog • finals • honors • major • transcript • tuition fees • undergraduate

1. In the U.S. the .... year is divided into semesters or terms. **2**. .... studies usually lead to a B.A. or a B.Sc. **3**. University courses generally end with exams called .... **4**. In a U.S. university, you choose courses from a course .... **5**. Most university-sponsored events take place on .... **6**. Students in America have to pay .... for enrolment in courses. **7**. At the end of their sophomore year, American students choose a .... and sometimes a minor. **8**. Students are sent a .... of their grades when they graduate. **9**. An .... degree is a first degree obtained with distinction in the UK.

4. Complete the passage with the correct words.

I have just arrived at Penn State University where, as an international student, I have chosen to live on .... 1. instead of downtown. I do most of my research in the .... 2., attend .... 3. in comfortable halls and take my meals at the .... 4. hall. I have .... 5. to and been accepted for an MSc program in electrical engineering. Later on, if I can, I'll probably .... 6. and go for a PhD.

In a US university, the .... 7. year begins in September and runs to the end of June. It is divided into .... 8. The professors may sometimes seem remote and standoffish in their lectures but when you have .... 9. with them, they are friendly and helpful. This upcoming summer I will be doing an .... 10. with a company specializing in nano-tubes and anodes. It will provide me with a first hands-on .... 11. of what the world of work is like.

5. Read the passage to review the vocabulary you have learned. Answer the questions that follow.

There is no denying that America today has the best system of higher education in the world. According to different ranking systems, America always comes on top. Seventeen of the top twenty universities are

American. American universities employ 70% of the world's Nobel-prize winners. They produce about 30% of the world's output of articles on science and engineering.

Nowhere in the world does a larger percentage of the population go on to higher education than in America, with about a third of college-aged people getting first degrees and about a third of those continuing to get advanced degrees. The make up of the student body is more diversified than anywhere else. A majority of undergraduates are female; a third are from racial minorities; and more than 40% are aged 25 or over. About 20% come from families with incomes at or below the poverty line. While half attend part-time, 80% of students work to help support themselves or receive assistance through a system of grants, scholarships and fellowships.

How can this success be accounted for? Wealth clearly is not foreign to it. America spends more than twice as much per student as the OECD average and alumni and philanthropists regularly shower universities with gold. History also plays a part. Americans have always nurtured a passion for higher education. The Puritans established Harvard College in 1636, barely two decades after they first arrived in New England.

The main reason for America's success, however, lies in organization. The first principle is that the federal government plays a limited part. There is no centralization of education, although there is a Department of Education. Academics are not treated as civil servants. Instead, universities have a wide range of patrons, from state governments to religious bodies, from fee-paying students to generous philanthropists. The academic landscape has been shaped by rich benefactors such as Ezra Cornell, Cornelius Vanderbilt, Johns Hopkins and John D. Rockefeller. And the tradition of philanthropy survives to this day, helping institutions to build up vast and rich endowments, money that will serve for scholarships, new buildings and, naturally the best professors.

Limited government does not mean indifferent government. The Morrill Land Grant Act of 1862 created land-grant universities across the country. The states poured money into community colleges. The GI Bill of 1946 brought universities within the reach of everyone. The federal government continues to pour billions of dollars into science and research.

The second principle is competition. Universities compete for everything, from students to professors to football or basketball stars. Professors vie for federal research grants. Students scramble for college bursaries or research fellowships. This means that successful institutions cannot rest on their laurels.

The third principle is that higher education is not the preserve of a few; it is opened on to the world. Bertrand Russell once expressed astonishment at the worldly concerns he encountered at the University of Wisconsin: "When any farmer's turnips go wrong, they send a professor to investigate the failure scientifically." America has always regarded universities as more than ivory towers. Henry Steele Commager, a 20th-century American historian, noted of the average 19th-century American that "education was his religion"—provided that it "be practical and pay dividends". America has pioneered the art of forging links between academia and industry. American universities earn more than $1 billion a year in royalties and license fees. More than 170 universities have "business incubators" of some sort, and dozens operate their own venture funds.

American institutions are not loath to innovate and follow the trends as closely as can be. In what other countries will universities explore such a wide range of subjects, including GBLT—gay, lesbian, bisexual and transgender studies? In what other countries will you find media labs in which students are free to roam the world of ideas and innovate?

American universities have established a counterbalance to the power of the faculty in the person of a president, which allows some of them to act more like entrepreneurial firms than lethargic academic bodies.

The American system's diversity has allowed it to combine excellence with access by providing a wide range of different types of institutions. Only about 100 of America's 3,200 higher-education institutions are research universities. Many of the rest are community colleges that produce little research and offer only two-year courses. But determined and able students can climb up the academic ladder from a humble two-year college to a prestigious research university.

To be fair, one reason why America's best universities are so good is that they have borrowed liberally from abroad—particularly from the British residential universities that grew up in Oxford and Cambridge in the Middle Ages, and from Wilhelm von Humboldt's German research university in the early 19th century. (adapted from *The Economist*)

1. What is the reading mainly about?
   a. the strengths of American universities compared to European ones
   b. the keys to the crowning success of American universities
   c. how American universities have borrowed from European ones
2. What does the article say about students in America?
   a. Most students get bachelor's and master's degrees.
   b. More people attend university than anywhere else in the world.
   c. Few high school leavers go on to university.
3. How is higher education financed in the United States?
   a. It is largely funded by the federal government.
   b. It enjoys the generosity of alumni.
   c. Universities scrape by on shoestring budgets.
4. What is the role of federal government regarding higher education?
   a. It is rather indifferent to the plight of the university.
   b. It invests mostly in the humanities.
   c. It has always encouraged the development of universities.
5. What can be said about the links between the private sector and academia?
   a. They are close.
   b. They are non existent.
   c. They are loose.
6. Which two words may characterize the American university system?
   a. entrepreneurship and risk-taking
   b. diversity and flexibility
   c. respect for tradition and status quo
7. Who wields power in an American university?
   a. the faculty
   b. the president
   c. the alumni
8. What can be inferred about today's HE system in America?
   a. American universities have copied the French university system.
   b. The British model has inspired the American model.
   c. The US HE system started from scratch.

14 *Failing and passing* / La réussite et l'échec

"I was thrown out of college for cheating on the metaphysics exam; I looked into the soul of the boy sitting next to me." (Woody Allen)

Must-know words

homework • to do one's homework • a paper • to hand in a paper • a grade (US) / a mark (UK) • to mark / to grade (a paper)

an exam(ination) • an entrance examination • an examination paper • an oral examination • a written examination • a test • a level / a standard • to revise • to sit (for) an exam • to pass • to succeed • to be successful

academic failure • to fail an exam / to flunk an exam • to re-sit • to repeat a year • to do badly in an exam

academic achievement • a class ranking • a gifted student • an expert at / in • to have brains

to get into / to be admitted to • admission to • to be rejected (from) • rejection from • a rejection slip / letter • an acceptance letter

Words or expressions you may want to know

a school report / a report card / transcripts: un bulletin scolaire • **a placement examination (US)**: un test de niveau • **a mock exam**: un examen blanc • **a requirement**: un niveau requis • **a performance**: un résultat • **to swot (UK) / to cram for an exam**: bachoter, réviser

to administer: administrer, faire passer • **to invigilate**: surveiller • **to cheat (in an exam)**: tricher (à) • **to assess / to rate**: évaluer • **assessment**: l'évaluation, le bilan • **continuous assessment**: le contrôle continu

to pass with flying colors: être reçu haut la main • **to sail through**: réussir haut la main • **a straight-A student / a stellar student**: un excellent étudiant • **stellar grades**: des notes remarquables

> ☞ The **SATs** (Scholastic Aptitude Tests) are standardized tests used by colleges and universities in the United States to aid in the selection of incoming freshmen. The SAT is administered by the private, non-profit College Board, and is developed, published, and scored by the Educational Testing Service (ETS).
>
> The **ACT** (**American College Testing** Program) is a standardized achievement examination for college admissions in the United States produced by ACT, Inc. It was first administered in Fall 1959 by Everett Franklin Lindquist as a competitor to the College Board's Scholastic Aptitude Test, now the SAT Reasoning Test.

a struggling student: un élève qui a du mal à suivre • **to get a fail (UK) / to fail / to flunk (US)**: être recalé • **to scrape through**: réussir de justesse • **to fail miserably**: échouer lamentablement • **an under-achiever / a low achiever / a failure**: un raté / qui est sans ambition • **remedial work / courses**: des cours de soutien

> ☞ **to dumb down** (informal): to make or become less intellectual, simpler, or less sophisticated: to dumb down a textbook.

the dean's list: la liste des meilleurs étudiants, le tableau d'honneur • **to be cut out for**: être fait pour • **an all-round student**: un étudiant bon en tout

☞ **The Dean's List**, published at the end of each semester, contains the names of students who are ranked in the top 15 percent of their college. Almost all U.S. universities and colleges award bachelor's degrees with honors - usually "cum laude" (with praise), "magna cum laude" (with great praise) and "summa cum laude" (with highest praise)– degrees without honors are awarded "rite."

to earn a degree with honors: réussir avec mention • **to earn a degree summa cum laude (US)**: décrocher un diplôme avec les félicitations • **to confer a degree**: remettre un diplôme • **to award a diploma**: décerner un diplôme

☞ **An Honours Program** is a special academic program for exceptional students in Britain. These programs are accelerated and more challenging than regular courses of study. They vary widely from school to school. Ex.: She plans to take honors in history. Also: She graduated from college with (high) honors: *Elle a eu son diplôme avec mention (très) bien.*

Exercices

1. Which category do the adjectives belong to? Tick the right box.

Adjectives	*Achiever*	*Low achiever*
1. absent-minded	❑	❑
2. articulate	❑	❑
3. attentive	❑	❑
4. bright	❑	❑
5. broad-minded	❑	❑
6. clever	❑	❑
7. dumb	❑	❑
8. focused	❑	❑
9. gifted	❑	❑
10. hard-working	❑	❑

2. Find the antonyms to the adjectives.

1. broad-minded ....

2. clever ....

3. extroverted ....

4. hardworking ....

5. literate ....

6. orderly ....

7. active ....

8. lazy ....

9. sloppy ....

10. focused ....

3. Read the passage to review the vocabulary you have learned. Answer the questions that follow.

There is no question that aptitude tests have changed the academic landscape in the United States. Thus, the SATs have paved the way for one of the major social revolutions in American history, and brought about the rise of meritocracy. They have helped to push open the doors of American universities to people who had nothing but their **brains** (1) to speak for them. As a consequence, American universities became the most advanced and democratic in the world.

SATs were the **brainchild** (2) of James Bryant Conant, a chemist, educational administrator and president of Harvard University from 1933-1953, and assistant dean Henry Chauncey, the founder of the Educational Testing Service, which was in charge of designing tests for the College Board.

When Conant was president, Harvard was considered as a finishing school, dominated by the New England upper class, who would spend their time **reveling** (3) and **lounging** (4) in college fraternities and attending debutante balls. Upon completion of their education, those **idle** (5) youths would slide effortlessly into top positions, be it in banking, business or law. Conant then asked Chauncey to invent tests that would highlight people's abilities regardless of status or wealth rather than their inherited **polish** (6) and connections. One of the reasons behind the tests was to try to lure people from a wider range of backgrounds.

Revolution in academia ensured as other universities followed suit. With the advent of mass education, **in the wake** (7) of the Second World War, the Education Testing Service became the arbiter of a huge system of educational opportunity. Deprived children **flooded** (8) into the universities as never before—and thence into jobs that had once been the holy preserve of the Wasp elite. Well-off children either had to survive on their own brain-power or else **make do with** (9) less famous institutions.

Yet standardized tests have been trumped up. As a matter of fact, universities are willing to take other factors into consideration when it comes to admitting applicants. Test results are **discounted** (10) where star athletes are being considered for admission. Children of alumni (the so-called legacies) or staff are given a head start. Affirmative action has distorted and perverted the system, taking in students with lower SAT scores only to see a disproportionate number of them **drop out** (11) as they are unable to cope with the intellectual pressures. Should universities admit students on the basis on their grades and test scores only, the proportion of successful poor applicants would actually go up rather than down.

Tick the right box.

	R	*W*
1. The SAT helped transform access to American universities.	❑	❑
2. Prior to the introduction of SATs the American system of higher education was skewed in favor of well-to-do families.	❑	❑
3. The passage criticizes the complacency of American universities where SATs are concerned.	❑	❑
4. Being the child of an alumnus doesn't help to be admitted to a university.	❑	❑
5. The reading implies that affirmative action is not a good policy in academia.	❑	❑
6. Poor students today stand much less chance to succeed academically than rich ones.	❑	❑
7. The SAT has been a social equalizer.	❑	❑
8. The access to the American university system is a highly democratic one today.	❑	❑

Find the synonyms to the words in bold letters in the reading.

1. brains	a. physical vigor	b. the nervous system	c. intellectual power
2. the brainchild	a. the viewpoint	b. the creation	c. the ploy
3. reveling	a. making merry	b. mourning	c. sobering up
4. lounging	a. toiling	b. wasting time	c. sauntering
5. idle	a. laid off	b. industrious	c. shiftless
6. polish	a. veneer	b. depth	c. fake
7. in the wake of	a. prior to	b. in the aftermath of	c. in the run up to
8. flooded	a. poured	b. spewed	c. plunged
9. make do with	a. be satisfied with	b. do without	c. deal with
10. discount	a. disregard	b. deduct	c. tinker with
11. drop out	a. are disadvantaged	b. stop attending	c. seek help

15 *Scientific knowledge* / La connaissance scientifique

"Science may set limits to knowledge, but should not set limits to imagination."
(Bertrand Russell)

Must-know words

a scientist • scientific • a scientific field / domain • applied sciences • experimental sciences • environmental science • social sciences • cognitive science • earth science • genetics • a clone • cloning • botany • geology • genomics • economics • linguistics • climatology • volcanology • oceanography

mathematics • applied mathematics • financial mathematics • operational research • algebra • geometry • arithmetic • physics • fluid / solid mechanics • optics • aeronautics • materials science • chemistry • biochemistry • molecular biology • spintronics • electronics • computing • geophysics • entomology • an entomologist • an immunologist • an epidemiologist

astronomy • an astronomer • astrophysics • the cosmos • a cosmologist • a planetarium • an observatory • a telescope • a constellation • a galaxy • a meteorite • a meteor • an asteroid • a supernova • an exoplanet • cosmic rays • the solar system • a crater • a magnetic field • a supernova • a black hole • star formation • the Big Bang • planet formation • dark matter • dark energy • a light year • the theory of gravity • relativity • an orbit • to orbit

archaeology • an archaeologist • an archeological site • culture history • cultural evolution • Ancient Rome • anthropology • the early civilizations • an excavation • a site excavation • a dig • to excavate • looting • a pharaoh • the Stone Age

> ☞ an **artifact** / an **artefact** (*un objet*) is any object made or modified by a human culture, and recovered by some archaeological endeavor.

an atom • a molecule • a neutron • an electron • a ion • lipids • a protein

theory • theoretical • practice • practical • experiment • to do / to conduct / to carry out an experiment • the quantum theory • the probability theory • the chaos theory

> ☞ Do not confuse **experiment** (n and v) and **experience.** To experiment means to conduct a test or investigation; an experiment is a test, a scientific trial and observation of reactions to known factors in order to establish a hypothesis. (*They are experimenting with a new drug*). It also means to try something new, as in order to gain experience (*Students experiment sexually*). **Experience** refers to what people have done and what has happened to them in the past.

to analyze • to observe • a phenomenon [pl. phenomena] • to describe • intuition • intuitive • to make progress • to confirm • to validate • to evaluate / to assess • to experiment (on / with) • to carry out an experiment • a test • test results • data • an empirical law • a study / a survey • a hypothesis [pl. hypotheses]

> ☞ The word **data** is the plural of **datum**. Examples of correct usage: "The data were taken over a period of three days." "How well do the data confirm the theory?"

experimental work • lab work • a lab test • laboratory research • laboratory testing • animal experimentation • to benefit from the progress of science • to make informed decisions • to think through and grasp explanations • to fire the imagination

Words or expressions you may want to know

particle physics: la physique des particules • **quantum physics**: la physique quantique • **quantum mechanics**: la mécanique quantique • **continuum mechanics**: la mécanique des milieux continus • **civil engineering**: le génie civil • **electrical engineering**: le génie électrique • **nuclear engineering**: le génie nucléaire • **a chemical**: un produit chimique • **a chemical reaction**: une réaction chimique • **an algorithm**: un algorithme • **ornithology**: l'ornithologie • **an ornithologist**: un ornithologue

computer science (CS): l'informatique • **information technology (IT)**: les technologies de l'information **(includes computers, software, Internet / Intranet and telecommunications technology)** • **information science / informatics**: l'informatique

a nucleus: un noyau • **a bacillus [pl. bacilli]**: un bacille • **a cell**: une cellule • **a bacterium [pl. bacteria** ou **bacteriae]**: une bactérie • **carbohydrates**: les glucides • **a larva [pl. larvae]**: une larve • **coral**: le corail • **a lagoon**: un lagon

to proceed by trial and error: tâtonner • **to make headway**: faire des progrès • **to break new ground**: faire de nouvelles découvertes • **laboratory findings**: les découvertes en laboratoire • **a field test**: un essai sur le terrain / grandeur nature • **to postulate / to posit**: postuler • **a prerequisite**: une condition préalable • **to hold the key (to)**: détenir la clé (pour) • **to throw light on**: faire la lumière sur • **to untangle / to unravel (a mystery)**: révéler un mystère • **to do pioneer work**: faire œuvre pionnière • **to overcome a hurdle**: surmonter un obstacle • **random**: aléatoire • **controversial / debatable**: contestable, controversé • **to challenge**: contester • **the findings**: les découvertes, les conclusions

lab facilities: les laboratories (infrastructures) • **a sample**: un échantillon • **lab apparatus**: le matériel de laboratoire • **a bunsen burner**: un bec bunsen • **a test tube**: une éprouvette • **a patent**: un brevet • **to patent**: breveter

1. Make sure you know the corresponding nouns.

Verbs	*Nouns*
1. to discover	....
2. to invent	....
3. to formulate	....
4. to conclude	....
5. to patent	....
6. to analyze	....
7. to dissect	....
8. to experiment	....
9. to find	....
10. to investigate	....

2. Find the corresponding adjectives.

Nouns	*Adjectives*
1. analysis	....
2. biology	....
3. chemistry	....
4. observation	....
5. physics	....
6. science	....
7. theory	....
8. practice	....
9. experiment	....
10. conductivity	....
11. magnet	....
12. cell	....

3. Associate the verbs and the nouns. Tick the right box.

Verbs	*research*	*experiment*	*tests*
1. to do	❑	❑	❑
2. to make	❑	❑	❑
3. to carry out	❑	❑	❑
4. to conduct	❑	❑	❑
5. to perform	❑	❑	❑

EXERCICES

4. Give the plural of the following.

1. species..........
2. formula..........
3. alga..........
4. nucleus..........
5. radius..........
6. bacillus..........
7. datum..........
8. bacterium..........
9. apex..........
10. axis..........
11. electron..........
12. parenthesis..........

5. Read the passage to review the vocabulary you have learned. Answer the questions that follow.

Science has by all means contributed to the progress of mankind. Thanks to medical advances, it has extended life, conquered diseases, pushed back the limits of old age, and, more generally helped man to live a better life. Yet, the world it has unveiled has turned out to be more intricate and awesome than imagination or fiction could have envisioned. In the brave new world that science has invented, questions have arisen about whether it has the support to meet the future challenges of pollution, disease, energy, education, development, food and water security as well as urban sprawl or demographics.

The public has grown wary of cutting-edge technologies and novel drugs. New fields such as genetic engineering, germ warfare, global warming, nuclear power, the proliferation of biological weapons and other WMDs are examples that try the patience and sometimes the tolerance people have shown facing unfettered science and its potential applications or consequences. New tensions have shown that research involving deadly pathogens, stem cells, human cloning or animal experimentation were not to be trifled with.

Some of the apprehensions about science started in the 1960s when events such as the Vietnam War sparked off a general distaste of a science whose aims were to kill, cripple and maim, rather than save and rescue. At the same time, the environmental movement showed that the planet was not to be tampered with for the benefit of a few. Growth had frontiers, and zero was the limit. When the cold war ended, the physical sciences began to lose their luster and financial support. After spending $2 billion, Congress killed the physicists' pre-eminent endeavor, the Superconducting Super Collider, a giant particle accelerator.

Science also led to a deeper unease by shaking traditional beliefs. Fundamentalism and challenges to Darwin's theory of evolution (intelligent design) are there to prove that old certainties rush to fill the vacuum left by the inconclusiveness of science where major issues of everyday life are concerned. In a world emerging from the most violent centuries of its history one question is worth asking: does science still matter today, and do people care about it?

Clearly, science has mattered and for a long time. The balance of achievements speaks for itself. Advances in health, medicine and dieting have helped raise life expectancy in the United States in the past century from roughly 50 to 80 years. Between 1950 and 1990, the world population more than doubled, today exceeding six billion. In biology, the structure of DNA and RNA, in vitro fertilization, test tube babies, Dolly—the first mammal to be cloned from an adult cell—have made a positive impact on man's life. The mapping of the human genome has led scientists towards a detailed understanding of how the body works, paving the way for new treatments for orphan or genetic diseases. In physics, breakthroughs brought about digital electronics, nanotechnologies, spintronics and other subatomic discoveries.

American rocket science won the space race, put men on the moon, probed distant planets and lofted hundreds of satellites, including the International Space Station (ISS) and the Hubble Space Telescope.

Yet it seems that the downside of science can't make up for the upside. Major problems have arisen: acid rain, environmental toxins, the Chernobyl nuclear catastrophe, the Bhopal disaster, nuclear waste processing, global warming the melting of the polar ice cap, the depletion of the ozone layer, GMOs, the accidents of two space shuttles, the flooding in Louisiana brought on by Katrina—one of the deadliest hurricanes in the history of the United States—or the wildfires caused by Santa Anna in California, spam mail, Trojan Horses and computer viruses have helped feed social disenchantment with science. Genetics research and the patenting of genes have given the impression that life has become a commodity to be traded and that its sanctity had been forever sullied. Notwithstanding advances in cancer research, the deadly disease still fells too many lives. The question is whether science has reached its limits, or rather, what are the limits of science in a world of diminishing returns. In physics, that theme runs through "The End of Science," a 1997 book by John Horgan.

Meanwhile, other countries, especially in Asia, are spending more on research, taking away some of the creative talent and glory that America once enjoyed. Europe is building the most powerful atom smasher, ITER, an international tokamak research/engineering project designed to demonstrate the scientific and technological feasibility of a full-scale fusion power reactor.

Should public support or interest for science falter, we may enter an age in which a scientific elite will strive to achieve their own, narrow personal interests at the expense of the common good. "For any man to abdicate an interest in science," Jacob Bronowski, the science historian, wrote, "is to walk with open eyes towards slavery." (Adapted from *The New York Times*)

1. Which of the following ideas is not included in the article?

a. Public opinion has grown weary of scientific accomplishments.

b. People have become disillusioned by the capacity of science to solve problems.

c. State aid to science has been on the increase over the past years.

d. The international situation has led to public disaffection for sciences.

2. According to the author, how have science and religion co-existed?

a. People have unabashedly put their faith in the progress of science, regardless of their own faith.

b. Science has gradually taken over religion in people's minds.

c. Religion has been a refuge for people wary of science.

3. How does the writer define the general trend of western thought today?

a. More trust than ever has been put in science.

b. Traditional beliefs have been weakened to the benefit of science.

c. People tend to veer away from science.

4. What is the attitude of the American people regarding science?

a. They have a tendency to ignore the ills of science and point to its benefits only.

b. They are prone to blame science for the evils it has brought about rather than the benefits they have enjoyed from it.

c. They rue the 20th century for all the progress it brought to them.

5. What is the state of research in America?

a. It stalled after World War II.

b. It lost its shine after the Berlin Wall came down.

c. It has known a revival since the end of the 1950s.

6. How do people consider genetics?

a. as a cure-all science

b. as a threat to the very definition of man

c. as a merchandise to be handled with extreme care

7. What does the author warn the readers against?

a. Science must remain everybody's concern.

b. Being a scientist may become a second-rate profession.

c. Man must be the master of science, not its servant.

8. Which would be a suitable title to the article?

a. Science is harmful to mankind

b. Science without conscience is but the ruin of the soul

c. Does science still matter?

16 *Spiritualité / La spiritualité*

"Science without religion is lame, religion without science is blind."
(Albert Einstein)

Must-know words

theology • theological • theocracy • the clergy • a religion • religious • to practice one's religion • ecumenical • to convert (to) • to preach • faith • a creed • piety • pious • impious • devotion • to believe (in) • a belief [pl. beliefs] • religious beliefs • religious toleration • freedom of worship • to be deeply religious • a sacrifice • to sacrifice • profane • a sacrilege • sacrilegious

Christianity • a Christian • Islamism • a Moslem / a Muslim • the Koran / the Quran • Catholic • Protestant • Jewish • a Jew • the Pope • the Vatican • Buddhism • atheism • atheistic • deism • mysticism • agnosticism • animism

a church • a cathedral • a synagogue • a mosque • a temple • a chapel • a monastery • an abbey • Gothic • Roman / Romanesque

the Bible • the Old / New Testament • the Ten Commandments • God • Adam and Eve • a saint • the Lord • the Virgin Mary • an angel • the devil • Satan • a prophet

the Church = the pulpit • to go to church • to attend church • to preach • a preacher • to pray • a prayer • to persecute • persecution • a martyr • martyrdom • a sect • a prejudice • a disciple • a pilgrim • a pilgrimage • to go on a pilgrimage • Mecca

Genesis • the Garden of Eden • heaven • Paradise • the purgatory • hell

Words or expressions you may want to know

a follower: un adepte • **tenets**: les croyances • **devout**: fervent, croyant • **faithful**: fidèle • **the faithful**: les fidèles • **laity**: la laïcité • **lay**: laïc • **a layman**: un laïc • **disestablishment**: la séparation de l'Église et de l'État • **secularism**: la laïcité • **secular**: séculier, **(teaching / school)** laïc, **(art / writer / music)** profane • **a secular society**: une société qui a perdu la foi • **an established church**: une église établie • **bigotry / fanaticism**: le fanatisme • **sectarian / bigoted**: sectaire • **to worship**: adorer • **a worshiper**: un adorateur • **to revere**: révérer • **to deify**: déifier • **fundamentalism**: le fondamentalisme • **to defile / to desecrate / to profane**: profaner • **defilement / desecration / profanation**: la profanation • **profane**: profane • **a profanity**: un blasphème

the Gospel: l'Évangile • **the Scriptures**: les Écritures • **an epistle**: une épître • **an apostle**: un apôtre • **the Messiah**: le Messie • **the Holy Spirit**: le Saint-Esprit • **Doomsday**: le Jour du Jugement dernier

a clergyman: un homme d'Église • **a minister / a reverend**: un pasteur • **a rabbi**: un rabin • **a cleric**: un ecclésiastique • **a priest**: un prêtre • **a bishop**: un évêque • **an archbishop**: un archevêque • **a monk**: un moine • **an imam**: un imam • **to be ordained / ordination**: être ordonné / l'ordination

to bless: bénir • **a blessing**: une bénédiction • **to administer sacraments**: administrer les sacrements • **to baptize / to christen**:

baptiser • **a sin**: un péché • **a sinner**: un pêcheur • **to sin**: pécher • **to atone**: expier • **atonement**: l'expiation • **salvation**: le salut • **to redeem**: (se) racheter • **redemption**: le rachat

the congregation: les fidèles • **a cult**: une secte • **pagan**: païen • **a heathen**: un païen • **heresy**: l'hérésie • **a dissenter**: un dissident

a vicarage: un presbytère (anglican) • **a rectory**: un presbytère (catholique) • **a parish**: une paroisse • **a convent**: un couvent • **a spire / a steeple**: une flèche • **an apse**: une abside • **a cross**: une croix • **a chancel**: un chœur • **a keystone**: une clé de voûte • **a pillar**: un pilier • **a pew**: un banc d'église • **a pulpit**: une chaire • **a communion rail**: une table de communion • **the organ**: les orgues • **stained glass windows**: les vitraux

Exercices

1. Find the nouns from the verbs.

1. to atone: .... • **2.** to save: .... • **3.** to bless: .... • **4.** to convert: .... • **5.** to pray: .... • **6.** to attend (church): .... • **7.** to deify: .... • **8.** to believe: .... • **9.** to persecute: .... • **10.** to revere: ....

2. Circle the right answer(s).

1. **agnostic** means believing that:
   a. there is a supreme being
   b. humans cannot know whether there is a god
   c. there is no God
2. **ecumenical** means:
   a. inter-religious or interdenominational
   b. of or relating to the worldwide Christian church
   c. sectarian and parochial
3. **animism** is the belief that:
   a. there are no animated spirits
   b. a life-force exists within human beings
   c. natural objects have souls
4. **deism** is the belief that God … .
   a. is present everywhere in nature
   b. exists but is not involved in the world
   c. is the universe

5. **atheism** is:
   a. lack of reverence for God or sacred things
   b. non-conformism
   c. the doctrine or belief that there is no God
6. **secularism** is:
   a. a doctrine that establishes the supremacy of God over man
   b. a philosophy that rejects all forms of religious faith and worship
   c. a state in which there is an official religion

3. Match the roots of the following words with their origins and meanings.

belief • by God • choice of beliefs • country dweller • devout • discourse • god • knowledge • right • soul

Words	*Origin*	*Meaning*
1. anima	....	....
2. deism	....	....
3. agnosticism	....	....
4. pagan	....	....
5. theology	....	....
6. heresy	....	....
7. orthodox	....	....
8. pious	....	....
9. bigot	....	....

4. Read the passage to review the vocabulary you have learned. Answer the questions that follow.

In the 18th century, French philosopher Voltaire made the statement "For seventeen hundred years the Christian sect has done nothing but harm". At the time of the Reformation, about four hundred years ago, many Catholics thought that the breakdown of their church system meant the end of all religions. And long before that in the days of pagan Rome, the few Christian martyrs went to their death believing that religion and the worship of the true God was dying with them. Several times in the history of mankind, prophecies of doom have been uttered but never fulfilled.

Religion is and has always been an essential part of man's life. It is universal and fundamental. In every age and clime, civilized and less civilized people have found some object of or reason for worship. Man has never been able to do without religion.

Not that every religion is necessarily a good religion. In India, the destitute have lived under the yoke of the caste system. Some sects have denied their followers basic human rights. In the Middle Ages and later, in 17th century America, women accused of being witches were burnt at the stake. Protestants had to flee persecution at the hands of the Catholics. Today, horrific terror attacks are carried out in the name of religion. In modern times, religion has challenged the theories of progress and evolution. Thus, it is essential for man to avoid falling into the pitfalls of ignorance, superstition and blind acceptance of someone else's beliefs.

On the other hand, more good than evil has been done thanks to religion. Religion has imposed moral values that have been carried into the family or society. It has inspired many artists and brought about fabulous works of art too. For those whose life has been shattered or ruined by violence or accident, religion is often the only refuge left. Oftentimes it is the church that has given shelter to the homeless. Clergymen visit the outcasts in prison and minister to the poor when the welfare state will no longer meet people's basic demands. Martin Luther King, Pope John Paul II, Billy Graham, Mother Theresa are perennial symbols of comfort, standing as purposeful beacons to audiences too often searching for guidance and wisdom. It is the power of religion that enables man to transform or transcend life.

1. What does the article mainly focus on?

a. the power of religion over man's life

b. how religion has shaped man's destiny for better and worse

c. the harm done in the name of religion throughout the ages

2. How does the author describe the place of religion?

a. The history of religion has been one of ups and downs.

b. Religion has exercised a steady and positive influence on man.

c. Religion has played a negative role in man's life.

3. Which of the following arguments is not made by the author?

a. Religion can be misleading.

b. Religion has hardly ever been a last resort.

c. Man should always beware of religion.

4. Overall, what can be inferred from the role played by religion?

a. It is a necessity to man.

b. It is an expedient.

c. It is the refuge of the scoundrel.

5. Which of the following episodes is not directly mentioned in the reading?

a. the Inquisition

b. the Salem witchcraft trials

c. the Scopes trial

d. Jihad

e. the St. Bartholomew's Day massacre

f. Guernica

17 Migration / Les migrations

"Remember, remember always, that all of us, and you and I especially, are descended from immigrations and revolutionists." (F.D. Roosevelt)

Must-know words

a homeland • a native country • an immigrant • an emigrant • to migrate (from / to / into) • a wave of immigration • a visa • a passport • illegal immigration • migration (to / from) • a border • a foreign worker • a guest worker

> ☞ Don't confuse **immigrant**, a person who **comes** to live in a country from another country and **emigrant**, a person who **leaves** one country to reside in another country.

• to flee [fled] a country • to escape (from) • religious persecution • famine • a political refugee • in search of • to settle (in)

> ☞ **Pogroms** were organized persecution or extermination of a national, religious or ethnic minority, especially the Jews.

a foreigner • foreign • a citizen • citizenship • to apply for / to obtain / to acquire citizenship • to admit / to take in • to assimilate (into) • to adapt (to) • to integrate (into) society • integration • the language barrier • naturalization • an illegal • a melting pot • a mosaic • a land of opportunity

immigration labor • a brain drain • a quota system • selective immigration • a work permit • a migrant worker • low skilled • unskilled • highly skilled

immigrant prejudice • to welcome • to turn away • to expel • to send back • to deport • to discriminate against • to be prejudiced / biased (against) • xenophobia • xenophobic • to steal jobs • to take jobs away from

> ☞ **xenophobia** means means fear or dislike of strangers.

Words and expressions you may want to know

an alien: un ressortissant étranger • **undocumented**: clandestin, sans papier • **a hyphenated American**: un Américain issu de deux cultures • **a land of plenty**: une terre d'abondance • **a Promised Land**: une terre promise

push / pull factors: les facteurs d'incitation / d'attrait • **to seek [sought] political asylum**: demander l'asile politique • **to seek refuge from the war**: chercher à fuir la guerre • **to strike [struck] new roots / to put down roots**: s'implanter • **to curb / to contain / to stem immigration**: limiter / contenir / endiguer l'immigration • **the Border Patrol**: la patrouille de l'air et des frontières

a skills shortage: une pénurie de main-d'œuvre qualifiée • **to shun / to spurn a job**: bouder un emploi • **to turn down a job**: refuser un emploi • **to be sought**: être recherché • **to remit**: envoyer des fonds • **a sweatshop**: un atelier clandestin • **a farm laborer**: un ouvrier agricole • **a menial job**: un emploi subalterne • **a boon**: une aubaine • **a bane**: un fléau • **a scapegoat**: une tête de Turc

> ☞ A **scapegoat** is a person or people (often innocent) who are blamed or punished for the crimes, sins or sufferings done by others. The origin is biblical (*Leviticus*). **Scapegoating** is the act of holding a person, group of people responsible for a multitude of problems. Other terms: **the fall guy, a patsy, a whipping boy**.

to sneak into a country: s'introduire illégalement dans un pays • **to smuggle (people) in**: faire entrer clandestinement

1. Find the nouns corresponding to the verbs.

Verbs	Nouns	Verbs	Nouns
1. to absorb	....	**6.** to adjust	....
2. to admit	....	**7.** to settle	....
3. to remit	....	**8.** to apply	....
4. to persecute	....	**9.** to uproot	....
5. to smuggle	....		

2. Fill in the gaps with the words from the list.

aliens • *assimilating* • *border* • *home country* • *identity* • *immigrated* • *refugees* • *roots* • *settling* • *stem* • *waves*

1. In America, immigrants are proud of their ...., the country they or their family came from before .... in the U.S. • **2.** The 2,000-mile long .... which separates the U.S. and Mexico is one of the longest in the world. • **3.** The U.S. government has decided to tighten its controls at the borders so as to .... the flow of illegal immigrants. • **4.** The advocates for ending immigration argue that immigrants pose a cultural threat to America and that society is no longer capable of .... them. • **5.** Most governments recognize as .... those who live in fear of political persecution if they return to their .... • **6.** The U.S., with its mix of different races and nationalities, is said to be a .... pot. • **7.** Individuals living in or visiting the United States and who are not citizens of the U.S. are considered to be .... by the authorities. • **8.** The Pilgrims first .... to the Netherlands and became more organized as a community before sailing to America. • **9.** The United States faced large .... of immigration from Europe between the mid-1800s and the early 1900s. • **10.** The concept of French ....remains rooted deep in the country's centuries-old culture.

3. Match numbered and lettered elements to form expressions.

1. to climb up	**a.** oneself up by the bootstraps
2. to steal away	**b.** of opportunity
3. to take	**c.** jobs from the natives
4. to strike	**d.** from rags to riches
5. to pull	**e.** the social ladder
6. to go	**f.** it rich
7. a land	**g.** advantage of

4. Circle the mistake(s) in each sentence.

1. There <u>is some evidences</u> (a) that European <u>economies</u> (b) that have taken in many migrant workers <u>have also benefited</u> (c), not only in total output but also in terms of GDP per head.
2. <u>In most Europe</u> (a) there is another strong reason for accepting more immigration: demography. <u>Most countries</u> (b), in western and eastern Europe alike, <u>face the prospect of populations</u> (c) that will both age and shrink over the next 50 years.

3. As Britain's strong employment figures show (a), far from robbing British jobs (b), immigrants have helped to create more, a point political leaders make all too seldom (c).
4. Already many construction workers from Poland and elsewhere are returning (a), home partly because hot housing markets in Britain are cooling (b) fast, partly because wages at home have raised (c) in response to labor shortages.
5. More language tuition (a) should be offered to help immigrants to integrate. More money should be spent to improve infrastructure (b), such as schools, hospitals and roads, that is being put under extra pressure by a dwindling of immigrants (c).
6. Foreign workers are now being seeked (a) by small- and medium-sized (b) businesses, particularly fast-food restaurants and hotels, which have trouble (c) both in attracting and retaining local employees.
7. Immigration over the past seven years was the highest (a) for any seven-years period (b) in American history, bringing 10.3 million new immigrants (c), more than half of them without legal status, according to an analysis of census data released today by the Center for Immigration Studies in Washington.
8. Across the developing world, migrants move in (a) other poor countries nearly as often as they move to rich ones (b). Yet their numbers and hardships (c) are often overlooked.
9. Nicaraguans build Costa Rican buildings. Paraguayans pick Argentine (a) crops. Nepalians (b) dig Indian mines. Indonesians clean Malaysian homes. Farm hands from Burkina Faso tend the fields in Ivory Coast (c). With rich countries tightening their borders, migration within the developing world is likely to grow.
10. In 1960, according to census figures, the largest national group of immigrants was the Italians, accounting to (a) 13 percent of the foreign-borns (b). Today, Mexicans account for one-third of all immigrants. Spanish-speakers make up nearly half of the 37.5 million foreign-born people in the country. Young Latino immigrants have brought Spanish to states that had had few exposure (c) to it, like Iowa and North Carolina.

5. Read the passage to review the vocabulary you have learned. Answer the questions that follow.

The world has recently known historical events that have somewhat changed the nature of the immigration problem: the **demise** (1) of communism, the breaching of the Berlin Wall, the reunification of the two Germanys, the return of Hong-Kong to China in 1997, the widening of the European Union (EU) in the wake of the advent of the single market in 1993 and the euro in 2002, along with the free circulation of persons and goods have deeply altered the patterns of migration throughout Europe; the problem has been **compounded** (2) by the civil war in ex-Yugoslavia, which has brought about the exodus of thousands of displaced persons fleeing warfare to find shelter in the West. It follows that a new array of difficulties has cropped up regarding the **nagging** (3) issue of immigration: with borders opening right and left, immigrants have been **anxious** (4) to leave their home countries for various reasons, be they economic, religious or political. Thus East Germans, deprived of a livelihood, Muslims in flight from pogroms and massacres in Serbia and Bosnia (in the name of "ethnic cleansing"), Chinese or Vietnamese boat people fleeing Hong Kong to escape Communist China, Africans escaping from the jaws of terror or deprivation have **sparked off** (5) unprecedented waves of immigrants anxious to leave their past behind and settle in the West to make a fresh start.

Those historical events haven't gone smoothly; in many countries, there have been **flare-ups** (6) of racist and ethnic violence against the newcomers, as was shown in Germany where new entrants have regularly been the prey of racist attacks, arson and violence from mindless hooligans and dispirited jobless Germans. In France, the problem of the headscarf showed not long ago that immigration was an issue that wouldn't go away; the inability of politicians of all **stripes** (7) to cope with the problem of immigration has fueled the arguments of extreme-right activists; immigration has thus become the stock-in-trade of right-wing rabble-rousers, belonging to far-right parties in France or Britain, who have taken to delivering inflammatory speeches aimed at garnering votes for themselves and flouting human rights.

Taking in poverty-stricken immigrants has not been easy for affluent countries in the West; as a matter of fact, it seems to have raised many problems for the governments, helpless in front of this flow and unable to find **sensible** (8) solutions. Actually what has changed is not the fact that Western countries have welcome immigrants - they have been doing so for several centuries - but the fact that the number of refugees or economic migrants has been unprecedented; the problem is all the worse since western economies are faring rather badly: with a high unemployment rate, sluggish growth and few job prospects for an increasingly disillusioned youth, immigrants have become scapegoats, whipping boys for our ills. Conversely, so as to protect themselves, the attitude of the new immigrants has changed: they tend to live in groups, rarely venture outside their communities alone. Besides, they have tried to cling to their **erstwhile** (9) traditions and customs, all the more so as they have felt threatened in their very identity. If America has learned to cope with this phenomenon (indeed Chinese, Italian, Jewish districts are a common sight in U.S. cities), European countries have trouble adjusting to the new conditions and most of the time resent the presence of foreigners (or should we say strangers?) on their soil. Moreover, immigrants to America have always tried to adopt the local customs, applying for citizenship, whereas in Europe in general, people are under the impression that foreigners are here to take advantage of what riches western countries can offer, and not to contribute to the national economies.

Assimilation must remain the goal of politicians; it is true that, because of their different origins, immigrants present unheard-of problems of adjustment. But if they are to settle in western countries, they should a least endeavor to adopt national laws and customs. Should we remind them that becoming a citizen is a goal worthy of sacrifices, and that it doesn't mean that you ought to lose your identity, but on the contrary gain one? On the other hand, people must understand that immigrants can be an **asset** (10) to our economies, not a liability, and that they have traditionally brought talent, vitality and creativeness to the life of a country; a country unable to open itself up onto the world is a country doomed to die from a slow death. Tolerance, which is the **hallmark** (11) of civilized countries, shouldn't be a hollow word: living together, studying together, working together should turn the stranger at the door into a friend at our table, where sharing and enjoying are key words if we are to build a future of hope and friendship, not a land of despair and hatred. (Adapted from *The Economist*)

1. Which of the following ideas are not mentioned in the reading?

a. Immigration has become an increasingly worrying problem.

b. Some politicians have seized on the immigration issue and exploited it to their own advantage.

c. Whereas America has integrated its immigrants, much remains to be done in Europe.

d. Becoming the citizen of a country entails certain duties.

e. Affirmative action might be a remedy to the problem of assimilation.

2. What role has the enlargement of Europe played in migratory movements?
   a. It has increased the flows of people across Europe.
   b. It exemplifies the plight of deprived populations.
   c. It shows that religion plays a key role in migration.
   d. It shows that a Europe of nations is but a fleeting dream.

3. What are the reasons which lead immigrants to migrate today?
   a. religious
   b. economic
   c. political
   d. all of the above

4. How welcome are immigrants?
   a. They are eagerly sought after.
   b. They are the victims of racist taunts and violence.
   c. They try to be as inconspicuous as possible.
   d. They are being wooed by right-wing politicians.

5. In what way have Europe's economic difficulties affected immigrants?
   a. They have been blamed on the immigrants.
   b. They have weakened the ties within immigrant communities.
   c. They give short shrift to the tradition of welcoming immigrants.
   d. They have led immigrants to stay away.

6. In the conclusion, what is the author's opinion regarding immigration?
   a. He believes that immigration altogether is highly positive.
   b. He thinks that immigrants have to place their rights before their duties.
   c. He claims that immigration is both a bane and a boon.
   d. He trusts that goodwill and tolerance will help immigrants to assimilate.

Find synonyms to the words mentioned in the reading.

1. demise	a. downfall	b. disruption	c. advent
2. compounded	a. alleviated	b. made worse	c. multiplied
3. nagging	a. irksome	b. critical	c. unbearable
4. anxious	a. eager	b. worried	c. aghast
5. sparked off	a. lit up	b. hindered	c. triggered
6. flare-ups	a. crackdowns	b. outbreaks	c. cover-ups
7. stripes	a. hues	b. backgrounds	c. styles
8. sensible	a. soft	b. sensitive	c. reasonable
9. erstwhile	a. current	b. latter	c. of yore
10. asset	a. disadvantage	b. boon	c. flaw
11. hallmark	a. characteristic	b. motto	c. rubberstamp

18 *Affirmative action /* La discrimination positive

"No man is an island, entire of itself; every man is a piece of the continent."
(John Donne)

Must-know words

an ethnic minority / group • a minority • racism • racist • race relations • a multiracial society • a prejudice • racial prejudice • the color of skin • a bias • a gender bias • sexist • brotherhood

> ☞ **Racism** is defined as prejudice or discrimination based on the belief that race is the primary factor determining human traits and abilities, whereas **racialism** refers to the belief in the existence and significance of racial categories, but not necessarily in a hierarchy between the races. **Racialism** implies the existence of a social or political movement that promotes a theory of racism. The words are sometimes used as synonyms.

discrimination (against) • sex / gender discrimination • age discrimination • to be discriminated against • to discriminate against • discriminatory • segregation • desegregation • oppression • the oppressed • tolerance • intolerance • genocide • to hate • hate / hatred • xenophobia • xenophobic • a foreigner • an illegal alien

civil rights • minority rights • equal rights • the Civil Rights movement • superior / inferior (to) • to integrate • integration

Words or expressions you may not know

a racial bias / bias : un préjugé racial / une insulte raciale • **a racist attack** : une aggression raciste, une ratonnade • **overt ÷ subtle racism** : le racisme affiché / voilé • **blatant racism** : le racisme flagrant • **racial profiling** : le profilage racial

> ☞ Adjectives meaning free of preference in judgment :
>
> • **fair** = the most general (a fair referee, a fair deal)
>
> • **just** = conformity with what is legally or ethically right or proper ("a just and lasting peace", Abraham Lincoln).
>
> • **equitable** = justice dictated by reason, conscience, and a natural sense of what is fair (*an equitable distribution of gifts among the children*).
>
> • **impartial** = lack of favoritism
>
> • **unprejudiced** = without preconceived opinions or judgments
>
> • **unbiased** = absence of a preference or partiality (*he provided an unbiased account of his family problems*)
>
> • **objective** = detachment that permits impersonal observation and judgment (*an objective jury*)
>
> • **dispassionate** = free from or unaffected by strong emotions (*a dispassionate observer / narrator / film / discourse*) : calme, froid, impartial, objectif

a bigot / bigoted : un sectaire / intolérant • **bigotry** : le sectarisme • **anti-Semitism (ni) / anti-Semitic (a)** : l'antisémitisme / anti-sémite • **ethnic cleansing** : le nettoyage ethnique • **eugenics** : l'eugénisme

☞ **Ethnic cleansing** is the mass expulsion and killing of one ethnic or religious group in an area by another ethnic or religious group in that area.

a hate speech: un discours raciste • **a hate group**: un groupuscule raciste • **civil disobedience**: la désobéissance civile • **a hate crime**: un crime raciste • **a racist slur**: un épithète raciste

affirmative action / positive discrimination: la discrimination positive • **racial preference**: la préférence raciale • **to give preferential treatment**: accorder un traitement de faveur • **reverse discrimination**: la discrimination à rebours, l'égalitarisme • **to redress discrimination**: corriger les discriminations • **to promote access to education, employment, or housing among certain designated groups**: promouvoir l'accès à l'éducation, l'emploi ou le logement (pour certains groupes repérés) • **to be representative of the population**: être représentatif de la population • **to give preferential treatment (to)**: accorder un traitement préférentiel (à) • **an underrepresented group**: un groupe sous-représenté • **to enhance representation of racial, ethnic, gender group**: améliorer la représentation d'un groupe racial, ethnique / des femmes • **an opponent of affirmative action**: un adversaire de la discrimination positive • **to be counter-productive**: atteindre des objectifs contraires

☞ **Affirmative action** policies were introduced in the US in the 1960s. They were intended to promote access to education or employment for historically socio-politically minorities and women, redress the consequences of past discrimination and encourage institutions to be more representative of the population. The term "affirmative action" was first introduced by President Kennedy in 1961 as a method of redressing discrimination that had persisted in spite of civil rights laws and constitutional guarantees. It was developed and enforced for the first time by President Johnson (1963-1969).

Exercices

1. Circle the word that may not belong to the series.

	a	*b*	*c*	*d*
1.	separate	segregate	discriminate	set apart
2.	integration	apartheid	Jim Crowism	ostracism
3.	Blacks	Afro-Americans	Negroes	Wasps
4.	legal	unfair	lawful	statutory
5.	injustice	unfairness	lily-white	inequality
6.	prejudiced	biased	bigoted	one-sided
7.	tolerant	liberal-minded	dogmatic	progressive

2. Fill the gaps with the words from the list.

Act • affirmative • civil • literacy • outlawed • positive • separate • supremacy • unequal

In 1965, President Lyndon Johnson signed the Voting Rights .... 1. and began to complete a process that should have been resolved at Gettysburg a century earlier. After the .... 2. War black Americans were free to vote, but southern whites invented a myriad of restrictions to stop them doing so, forcing them to pass impossible .... 3. tests and threatening complainers with the sack or much worse.

The new legislation .... 4. such intimidation, allowing millions of black southerners to vote. Together with the previous year's Civil Rights Act, it led a revolution to change the two-tone nature of American society, in which whites and blacks lived .... 5. and .... 6. lives. This entailed not just ending legal white .... 7. (allowing blacks, for instance, to sit at lunch counters, occupy the front seats on buses, and vote), but also devising programs of .... 8. discrimination to push blacks forward. .... 9. action programs were set up to help black students to get places at universities and black-owned businesses to win government contracts.

3. Read the passage to review the vocabulary you have learned. Answer the questions that follow.

The tragedy of affirmative action is that a policy which was originally designed to bring Americans together is now tearing them apart. It suffers from a fatal flaw. To cure discrimination, government must **sanction** (1), encourage or require discrimination—preference in jobs, college admissions and government contracting—based on race, sex, ethnicity or national origin. Sooner or later, the contradiction was bound to bite, and it now has.

Affirmative action is **gnawing** (2) at the nation's social fabric without doing much else. The jobs gains for women and blacks over the past three decades stem mostly from the **outright** (3) ban on job discrimination and a shift in social norms. In 1960, only 7 percent of doctors were women; now 22 percent are. Blacks have also made large gains, and the remaining problems now have more to do with low skills and poor work habits than discrimination. Among men over 25, for example, 20 percent more of whites have full-time jobs than blacks.

The best argument for affirmative action might have come from the fact that people tend to **hire** (4) people like themselves. Managers tend to clone themselves, which explains why large organizations discriminate. Companies and universities may unconsciously have habits that, though understandable, are exclusionary. Although this might justify aggressive recruiting among groups that are poorly represented, it doesn't justify **lowering** (5) standards for jobs or colleges, nor does it justify all the federal, state, and local laws and regulations that in the name of affirmative action promote, permit or impose racial, sexual or ethnic preferences.

On another level, what dooms preferences is that they offend most Americans morally. A small minority only agrees to preferences to **make up for** (6) past discrimination. Preferences have survived disapproval only because, until recently, there were widespread **taboos** (7) against criticizing them. White males shut up, afraid of being called racist. Today, the taboos are dissolving.

An entire generation **has come of age** (8) that has never seen a "whites only" sign or, for that matter, reacted in shock at the sight of a woman doing what used to be called a man's work. Racial and sexual discriminations have not vanished, but they **have** substantially **abated** (9) and no longer require remedies that, however well-intentioned, necessitate a compromise of principle. Another criticism that might be leveled at affirmative action programs is its imagined ideal, that every group should be proportionately represented in every occupation or industry. But people will never arrange themselves so conveniently. Talents, backgrounds and ambitions vary too much. True, past discrimination and custom barred some jobs to women and blacks. But even absent such history, the affirmative action ideal would not have occurred. Not enough women want to be carpenters to raise their representation to 50 percent.

Because its **premise** (10) is unrealistic, affirmative action is unworkable. It if is not modified, or abandoned, in significant proportions, it must fail. As the work force mixes more by race, sex and ethnicity, legally sanctioned preferences give many people, beneficiaries and victims, cause for **resentment** (11). Some think they've been denied preferences they deserve; others believe they've lost jobs, college spots, contracts they've earned.

Except as remedies for **blatant** (12) discrimination, preferences ought to end. This doesn't mean benign neglect. Discrimination would remain illegal and should be prosecuted **relentlessly** (13) and **ruthlessly** (14). But in a country as diverse as the US, there must be a common set of values and beliefs that serves as social glue. The American ethic has always held that individual effort and achievement are valued and rewarded. Affirmative action, by definition, obscures, if not obliterates individuality. It now probably does more harm than good in a country where the virtues of diversity are not only acknowledged but are celebrated.

Discrimination and group favoritism, however well-intended, undermine that ethic and **loosen** (15) the social glue. As a group, only blacks support preferences and even this support may be **waning** (16). Many successful Afro-Americans resent having their accomplishments **stigmatized** (17). The proliferation of sheltered groups has made the last large unprotected group (white, non-Hispanic males) itself a minority. Actually, one form of discrimination has been substituted for another. The contention **spawned** (18) by affirmative action **dwarfs** (19) its other effects, for good or ill.

Ultimately, affirmative action is fated to disappear. Voters **loathe** (20) it and the courts are giving it another look. After 30 years, it is time to curb its application. The program has outlived its usefulness. Whatever good it has done, it violates the American creed that we must be judged as individuals, not on the basis of race, or sex. The civil rights era is over. The civil liberties era must begin. (Adapted from *The Economist*)

1. What is the main idea of the reading?
   a. Discrimination still exists in the USA.
   b. Affirmative action has exhausted its usefulness.
   c. Reverse discrimination ought to be sanctioned.

2. The main idea in paragraph 2 is that:
   a. blacks and women are still discriminated against
   b. the progress of minorities is mostly due to legal, not political decisions
   c. there are fewer black doctors than white doctors

3. In paragraph 3 the author implies that:
   a. affirmative action has strengthened academic standards
   b. it is easier to study and work if you are black or a woman today
   c. policies are partly to blame for the failure to combat discrimination

4. According to paragraph 4:

a. white men have long been reluctant to excoriate pro-minority policies

b. it is from now on against the law to take racial preferences to task

c. those who disapproved of preferences were the first to benefit from them

5. According to paragraph 5:

a. affirmative action is an unattainable ideal

b. policies alone don't justify the advancement of minorities

c. much legislation remains to be passed for discrimination to disappear

6. According to paragraph 6, affirmative action:

a. is bound to displease friends and foes alike

b. can eventually work provided it is amended

c. has altered the outlook of the world of work

7. In paragraph 7, the author:

a. advocates an end to the struggle against discrimination

b. insists on the necessity to restore age-old American values

c. points out that affirmative action has done more harm while trying to do good

8. According to paragraph 8, affirmative action has become:

a. irrelevant b. ludicrous c. counterproductive

Circle the word(s) closest in meaning to those of the article.

1. sanction	a. ratify	b. penalize	c. approve
2. gnawing	a. wearing away	b. impairing	c. corroding
3. outright	a. qualified	b. complete	c. instant
4. hire	a. recruit	b. imitate	c. hate
5. lowering	a. anteing up	b. devaluing	c. downgrading
6. make up for	a. disallow	b. compensate for	c. alleviate
7. taboo	a. acceptable	b. anathema	c. blessing
8. come of age	a. become adult	b. gone through years	c. is old enough
9. abated	a. enhanced	b. waned	c. surged
10. premise	a. assumption	b. hypothesis	c. postulate
11. resentment	a. contentment	b. forbearance	c. acrimony
12. blatant	a. shocking	b. shameful	c. flagrant
13. relentlessly	a. on and on	b. haltingly	c. brazenly
14. ruthlessly	a. callously	b. unrelentingly	c. gently
15. loosen	a. relax	b. tighten	c. fasten
16. waning	a. growing	b. waxing	c. abating
17. stigmatized	a. disparaged	b. maligned	c. lauded
18. contention	a. harmony	b. agreement	c. assertion
19. dwarfs	a. maximizes	b. dominates	c. hinders
20. loathe	a. embrace	b. cherish	c. abhor

19 *The war on drugs /* La guerre contre la toxicomanie

"Thou hast the keys of Paradise, oh, just, subtle, and mighty opium!"
(Thomas De Quincey)

Must-know words

the drug market • drug abuse • narcotics • soft / hard drugs • drug consumption • to try drugs • to experiment with drugs • to abuse drugs • to use / to take drugs

> ☞ **Abuse** has different meanings according to situations. Abuse applies to injurious or improper treatment: to abuse sb's authority (=misuse), to commit sexual assault on, to revile; to malign, to speak insultingly (*The actress abused the policeman who gave her a parking ticket*). Abuse is also a noun (u): child abuse, alcohol abuse, the abuses of a dictatorship, rape, sexual assault; to shout abuse, to commit abuses against. There is an adjective: abusive

ecstasy • glue • a pill • a hallucinogenic plant • a mushroom • opiate / opium • heroin / cocaine • crack • crystal meth • methamphetamines • to sniff • to do cocaine • a dose / a fix • an overdose • a line of coke / a rail • a needle

a drug addict • a heroin addict • an addiction • drug addiction • opiate addiction • to try drugs • to be addicted to / hooked on • addictive / addictiveness • a trip • to trip on • a drug clinic • to be drug-free

> ☞ A **cartel** is the association of people or of interest groups controlling a certain area of business. The most notorious was the Medellín Cartel, an organized network of drug smugglers originating in the city of Medellín in Colombia and operating through the 1970s and 1980s. It was built and run by Pablo Escobar.

drug processing • a processing lab • the drug trade • a drug trafficker • the drug cartel • a drug lord / a drug baron • narco dollars • to push drugs • to deal in drugs

Words and expressions you may want to know

substance abuse: la toxicomanie • **recreational drugs**: les drogues occasionnelles • **poppy**: le pavot • **an acid head**: un consommateur de LSD • **a joint / a reefer / a stick**: un pétard • **speed**: les amphétamines • **snow**: la cocaïne • **shit**: le hachisch • **weed / grass / pot**: l'herbe

to snort: renifler, respirer • **to mainline**: se piquer • **a fix / a jab / a shot**: une piquouse • **withdrawal symptoms**: les symptômes de l'état de manque • **to be spaced out**: être dans les vaps • **to freak out**: halluciner • **to be stoned on**: se shooter à • **stoned / high / spaced**: défoncé • **to go cold turkey**: être en manque • **detoxification**: la désintoxication • **to kick a habit**: se désintoxiquer

smuggling: la contrebande • **a smuggler**: un contrebandier • **a drug runner / pusher**: un trafiquant • **a drug kingpin**: un gros bonnet de la drogue • **money laundering**: le blanchiment de l'argent • **to yield drug**: produire de la drogue • **crop eradication**: la destruction des cultures • **to spray herbicide on**: arroser d'herbicide… • **a seizure**: une saisie • **crackdown**: la répression • **decriminalization**: la dépénalisation

a plague / an evil: un fléau • **a scourge**: une calamité • **a health hazard**: un risque pour la santé • **to wage a war (on)**: mener une guerre (contre / à) • **to be weaned off**: être sevré • **to stay off drugs**: s'abstenir de prendre des drogues • **a cure**: un remède • **to check in for rehabilitation**: se faire hospitaliser pour traitement • **a substance-abuse rehabilitation center**: un centre de désintoxication • **a relapse**: une rechute • **to recover (from)**: se remettre (de) • **to be clean**: être abstinent

Exercices

1. Form the nouns corresponding to the verbs.

Verbs	*Nouns*
1. to experiment	....
2. to abuse	....
3. to recover	....
4. to detoxify	....
5. to rehabilitate	....
6. to withdraw	....
7. to eradicate	....
8. to seize	....
9. to prosecute	....

2. Form expressions using words from the list.

alcohol • *dependency* • *drugs* • *habit* • *marijuana* • *pill* • *sb for drugs* • *tobacco*

1. to develop ....

2. to use ....

3. to smoke ....

4. to kick ....

5. to pop ....

6. to screen ....

3. Circle the right word.

1. Things other than drugs can be (**potent / addictive**), such as gambling or even the Internet.

2. The factory manager (**misused / abused**) the funds intended for his employees' pension fund.

3. The pharmaceutical company is (**experiencing / experimenting**) with the new drug in order to find a cure for the disease.

4. Research has shown that (**renovation / rehabilitation**) schemes that admit addicts into drug-free centers are more effective at reducing drug use than methadone alone.

5. Today, the job of the prison staff is to (**recover / wean**) inmates off drugs—especially methadone—and teach them the skills they need to make something of their lives.
6. Crop-(**eradication / poppy**) efforts are part of a counternarcotics strategy that includes increased efforts against traffickers.
7. Farmers sell their product cheaply to drug-distribution (**cartels / partnerships**) that are owned by drug lords.
8. The Indian government has several (**covert / sly**) operations in the Middle East and Indian subcontinent to keep track of various drug dealers.

4. Fill in the gaps with the words from the list.

addiction • addictive • addicts • Aids • appealing • by • cities • inner • intense • little • peddling • potent • scourge • snorted • states • wave • wrought

In New York City, the sleazy dealers .... 1. dope in Manhattan's Washington Heights call it "crack". In the south central part of Los Angeles, the desperate .... 2. chasing an elusive high know it as "rock". On both coasts, and in Chicago, Detroit and other .... 3. throughout the U.S., the drug by either name is an expensive yet highly .... 4., highly .... 5. form of cocaine that is rapidly becoming a .... 6. Pushers sell it in tiny plastic vials for as .... 7. as $10. Smoked or .... 8., a single hit of crack provides an .... 9. rush in a matter of seconds. It goes straight to the head. The National Cocaine Hotline estimates that 1 million Americans in 25 .... 10. around the country have tried crack. Yet, from January through April, while New York police seizures of marijuana fell off 92% from the year before and heroin seizures fell off 88%, cocaine seizures rose ....11. 41%. The rapid spread of crack leads some experts to fear a new .... 12. of cocaine .... 13. in the U.S., possibly as serious as the devastation .... 14. by the heroin wave of the late 60s. The drug is most popular in the .... 15. city. In some instances, heroin addicts have turned to the seemingly safer method of smoking cocaine because of the spread of .... 16. among needle-using junkies; but crack's low cost has also made it .... 17. to teenagers. Kids as young as twelve have called the coke hotline in desperation.

20 *Social inequality* / Les inégalités sociales

"The hopes of the Republic cannot forever tolerate either undeserved poverty or self-serving wealth."
(F.D. Roosevelt)

Must-know words

wealth • wealthy • the ruling class • the wealthy / the well-off • luxury • luxurious • a gap • a two-tier society • the social fracture

poverty • penury • social exclusion • the underclass • the poor / the destitute • the have-nots • penniless / broke • bankrupt • bankruptcy • the underprivileged • the needy • poverty-ridden • to live below the poverty line • to live in poverty • to be on the dole • the working poor

the homeless • a homeless person • street children • a vagrant • a tramp • to live on the street • a cardboard city • a slum district • the welfare state • to be / to live on welfare • assistance • a welfare worker • a welfare check • food stamps

Words or expressions you may not know

a society of plenty: une société d'abondance • **to be wallowing in it / rolling in it**: être plein aux as • **to strike it rich**: faire fortune • **to live in the lap of luxury**: vivre dans l'opulence

grinding poverty: la misère noire • **to eke out a living**: gagner une maigre pitance, vivoter • **to be hard up for money / short of money / poverty-stricken**: être fauché, être à sec • **destitute**: indigent, sans ressources • **the destitute**: les pauvres • **to be on the breadline**: fréquenter les restos du cœur • **to make both ends meet**: joindre les deux bouts • **to live from hand to mouth**: mener une vie d'expédients • **to live on handouts**: vivre de la charité d'autrui • **begging / panhandling**: la mendicité • **a beggar / a panhandler**: un mendiant • **a depressed area / a pocket of poverty**: une région sinistrée • **privation / deprivation / hardship**: les privations

street people: les sans abri • **to have no fixed abode**: ne pas avoir de domicile fixe • **a bum**: un clochard • **a rough / a street sleeper**: un SDF • **a makeshift dwelling**: un logement de fortune • **vagrancy**: le vagabondage • **a vagrant / a hobo**: un vagabond • **to sleep rough (on city streets)**: dormir à la dure (dans la rue) • **to bed down for the night**: s'installer pour dormir • **a sleeping bag**: un sac de couchage • **to pay the rent**: payer le loyer • **to evict**: expulser • **an eviction**: une expulsion • **to repossess**: saisir • **a repossession / a foreclosure**: une saisie • **to auction off / to put on the block**: vendre aux enchères • **a city shelter**: un foyer municipal • **an emergency shelter**: un centre d'hébergement d'urgence • **a shantytown**: un taudis • **a shack**: une cabane • **to fight off the cold**: lutter contre le froid • **a soup kitchen**: une soupe populaire

social welfare: la protection sociale • **a welfare case**: un cas social • **relief**: l'assistance • **welfare benefits**: l'aide sociale • **a safety net**: un filet de sécurité • **a welfare recipient**: un prestataire de l'aide sociale • **to be on income support**: toucher le RMI • **minimum guaranteed income**: le RMI • **unemployment / housing benefits**: l'allocation chômage / logement • **job training**: la formation professionnelle

1. Circle the word that may not belong to the series.

	a	b	c	d	e
1.	broke	penniless	strapped	down and out	affluent
2.	roam	wander	mortgage	on the move	unsheltered
3.	hard up	well-off	deprived	precarious	dispossessed
4.	handouts	destitute	outcasts	beggars	derelicts
5.	affluent	wealthy	well off	rich	destitute

2. Circle the expression closest in meaning to the one in bold letters.

1. Money's getting scarce. I'm afraid we'll have to **tighten our belts** a bit.
   a. We'll have to spend less.
   b. We'll have to work harder and make more money.
2. Elderly people usually have trouble **making both ends meet**.
   a. They can't pay their debts.
   b. They're always short of money at the end of the month.
3. The company's been **in the red** since the beginning of the year.
   a. The company is bleeding money.
   b. The company is profitable.
4. He **paid through the nose** for his 1930 vintage car.
   a. It cost him an arm and a leg.
   b. He got it for a song.
5. Henley smashed his father's BMW into a tree. The damage came to $5,000. His father will have **to foot the bill**.
   a. The father will pay for the damage.
   b. Henley will have to play football to pay for the damage.

3. Complete the sentences with the right word. Fill in the blanks.

bills • ends • entrenched • exclusion • ghettos • impoverished • line • poor • poverty • rate • threshold

1. In the United States the .... rate is 14 percent. • **2.** Half of America's .... are either children or the elderly. • **3.** About 40 million Americans live below the poverty .... They have trouble making both .... meet. • **4.** The poverty .... for children—nearly 20 percent—is nearly double that of the elderly. • **5.** In 2005, the poverty .... was $12,500 for a family of two living in a city. • **6.** America's poor are often concentrated in what the Census Bureau refers to as "poverty areas" and are colloquially called .... • **7.** In his 1960 presidential campaign, Kennedy saw with his own eyes how .... poverty was in depressed areas like West Virginia. • **8.** The prime minister has declared that the government's crusade against social .... was working, but his claim coincided with new figures that showed homelessness had reached a new record high. • **9.** Millions of people in Britain face an .... old age unless urgent steps are taken to cope with a reported £57bn gap in pension provision caused by longer lives, earlier retirement and inadequate saving. • **10.** Since the glassware company he worked for closed its doors this time last year, Dan has found it hard to pay his ....

21 Perpetrating crimes / L'acte criminel

"Educate your children to self-control, to the habit of holding passion and prejudice and evil tendencies subject to an upright and reasoning will, and you have done much to abolish misery from their future and crimes from society."
(Benjamin Franklin)

Must-know words

criminality • crime • a crime • legal ÷ illegal • lawful ÷ unlawful • to break the law • a lawbreaker • a criminal offence • juvenile crime • a juvenile delinquent • delinquent • white collar crime • to commit a crime • a crime of passion • a passionate crime • to fight crime

> ☞ **Crime** usually means any serious violation of human laws: the crime of treason or robbery. **Offense** is used for an infraction of either human or divine law, and does not necessarily mean a serious one. A **misdemeanor** is a less serious crime while a **felony** is a major crime.
>
> Make sure you know the difference between: murder is **a crime** (nc) / **crime** (ni) is rampant.

treason • spying • corruption • blackmail • fraud • (bank) robbery • theft • a thief [pl. thieves] • shoplifting • hijacking • burglary • rape • murder • a homicide • gang warfare • domestic violence • child abuse • antisocial behavior • a motive (for)

a violent society • aggressiveness • vengeance • anger • madness • the spiral of violence • a vicious circle • permissive • permissiveness • a rough neighborhood • lack of parental supervision • to rebel against • a violent film / video • alienation

Words or expressions you may want to know

to abide by the law: respecter la loi • **law-abiding**: soucieux du respect des lois • **to have a brush with the law**: avoir maille à partir avec la justice • **to run afoul of the law / to have a run-in with the law**: se mettre en infraction avec la loi • **to turn to crime**: basculer dans la criminalité • **to be in cahoots (with)**: être de mèche (avec) • **to connive (with)**: être de mèche (avec) • **to infringe (rule / law)**: contrevenir, enfreindre • **to infringe upon sb's rights**: empiéter sur les droits de qn • **to break the law**: enfreindre la loi • **a breach (of)**: une infraction, un manquement (à) • **trespass**: entrée non autorisée • **a trespasser**: un intrus

an offense: un délit, une infraction • **a felony**: un crime grave • **a misdemeanour (UK), misdemeanor (US)**: un délit mineur • **organized crime**: le grand banditisme • **a hate crime**: un crime raciste • **crime-plagued / crime-ridden**: gangrené par la criminalité • **a petty crime**: un larcin • **petty crime**: la petite délinquance • **gang rape**: une tournante • **to attack / to assault**: agresser

(grand) larceny: le vol (qualifié) • **a stick up**: un hold-up • **a break-in / a burglary**: un cambriolage • **a first-degree murder**: un assassinat • **a second-degree murder**: un meurtre • **bribery**: la corruption, la subornation • **embezzlement**: le détournement de fonds • **forgery**: la contrefaçon • **to swindle**

/ **to fleece** / **to con**: escroquer • **looting**: le pillage • **arson**: l'incendie volontaire • **carjacking**: le vol à la portière • **mugging**: les agressions • **an abduction**: un enlèvement • **to stab**: poignarder • **manslaughter**: l'homicide involontaire • **purse snatching**: le vol à l'arraché • **statutory rape**: le détournement de mineur • **assault and battery**: les voies de fait, coups et blessures

family breakdown: l'éclatement de la cellule familiale • **absentee parents**: des parents absents • **to bully / to abuse**: maltraiter • **a housing project**: une cité HLM • **a single parent family**: une famille monoparentale • **permissiveness**: le laxisme • **permissive (a)**: laxiste • **lenient**: indulgent • **to condone**: fermer les yeux sur • **a criminal record**: un casier judiciaire • **to consort (with)**: s'associer (avec)

☞ **breach** = used infrequently in reference to laws or rules, more often in connection with desirable conditions or states of affairs (a breach of the peace, of good manners, rules, of courtesy) • **infraction** = clearly formulated rules or laws (an infraction of the criminal code, of university regulations, of a labor contract) • **infringement** = encroachment on another's rights • **violation** = willful, forceful or aggressive, refusal to obey the law or to respect the rights of others: repeated violations of parking regulations, with complete lack of regard for legal, moral, or ethical considerations (human rights violations) • **transgression** = behavior that exceeds the limits imposed by a law, especially a moral or divine law, a commandment, or an order; implies sinful behavior: a serious transgression of social customs, of God's commandments • **trespass** = willful intrusion on another's rights, possessions.

Exercices

1. Fill in the blanks and find a word from the list.

1. F_L_N_	6. _R_N_D_ _N_
2. C_ _M_N_L_T_	7. A_D_C_I_N
3. _FF_NS_	8. R_ _E
4. L_WBR_ _K_NG	9. B_RG_A_Y
5. M_SD_M_ _N_R	10. A_ _O_

2. Circle the word that may not belong to the series.

	a	b	c	d	e
1.	criminal	felon	lawbreaker	treason	delinquent
2.	crime	larceny	felony	misdemeanor	accomplice
3.	scofflaw	heinous	ghastly	grisly	horrendous
4.	illicit	lawless	illegal	lawful	unlawful
5.	break	violate	abide	offend	transgress
6.	co-conspirator	confederate	accessory	abettor	partner in crime
7.	wrongdoing	kindness	barbarity	atrocity	crime
8.	defile	manhandle	impair	hurt	violate

3. Fill in the blanks with the corresponding words following the example.

Offences	*Verbs*	*Offenders*
murder	to murder	a murderer / a murderess
1. abduction	....	....
2. arson		....
3. blackmail	....	....
4. bribery	....	
5. burglary	....	....
6. embezzlement	....	....
7. looting	....	....
8. mugging	....	....
9. rape	....	....
10. robbery	....	....

4. Associate words from each column whose meanings are close.

1. assault	a. ransom
2. bribery	b. treason
3. deception	c. break-in
4. embezzlement	d. mugging
5. fraud	e. bootlegging
6. kidnapping	f. price fixing
7. looting	g. theft
8. piracy	h. graft
9. robbery	i. pillaging
10. spying	j. swindling
11. trafficking	k. hijacking
12. trespassing	l. misappropriation

5. Match each crime with its description in the press.

armed robbery • *arson* • *burglary* • *counterfeit currency* • *kidnapping* • *mugging* • *murder* • *statutory rape*

1. A Christmas fire that destroyed Calvary Lutheran Evangelical Church in Santa Ana was deliberate, fire officials said Monday. No one was injured in the blaze but damage is estimated at $1 million. ....
2. A Plymouth man who prosecutors say broke into a pharmacy to look for drugs was convicted in Common Plea court Monday afternoon. ....
3. A Greenwood bank branch employee called 911 as a gunman herded employees and a customer toward the vault Wednesday afternoon. ....
4. Charlie White, a high school sophomore, told police that he was walking near his home about 5 p.m. last Monday when a man attacked him, striking him several times in the head with a hammer and stealing his cell phone and $10. ....

5. In West Bend, four boys were arrested on accusations of passing fake $5 bills to buy meals at McDonald's and purchase items at a number of retailers. Police seized a scanner, printer and computer hard drive in the case. ....
6. A man who plagued Syracuse for more than two years, snatching girls from the streets to sexually assault them and leave them bound with tape, might still be at large if not for the odd markings on his arms and his own guilty conscience. ....
7. Local police have charged a 16-year old high school student after he allegedly had sexual relations with a girl under the age of 12 at a Chapel Hill motel. ....
8. In November 1997, she hailed a cab with an 18-year-old friend named Clifton. He had a gun, and within minutes, the cab driver was shot in the head. The driver took several days to die. Each of the teenagers later said the other had done the shooting. ....

6. Read the passage to review the vocabulary you have learned. Fill in the gaps with the missing words.

The new mayor was elected on a platform of .... 1. and order. After several decades during which the crime rate kept .... 2., public opinion thought it was time to halt the upward trend and adopt a more .... 3. policy.

During his campaign, the mayor-elect's message was that he would be tough on crime and tough on the causes of crime. Especially on .... 4. delinquents who have been given to shoplifting, tagging, jumping subway turnstiles, and, more seriously, have broken into homes, snatched old ladies' purses or even been prone to car-jacking. But because of their age they are too often let off with a mere .... 5. on the wrist.

True, society may be partly to blame for the rise in crime, which is not surprising, given the ....6. aggressiveness of youths who live in ....7., gang-...........................8. ....9. areas and feel outcasts in their own country. Their only outlet for pent-up violence has been to .... 10. vehicles, taunt the firefighters, ... 11. stones at the police and challenge them in a cat-and-mouse game in the maze of housing ....12. Gangs of youths involved in drug trafficking have also been caught rioting or fighting for turf and customers. Since the mayor took office, crime has fallen by nearly a third, according to data released by the FBI. Yet, violent crime, muggings and fear of crime have not .... 13. Organized crime is very much alive, as evidenced by numerous bank ....14., drug running and trafficking that have occurred recently. The courts have not helped, the law being too ....15. in the eyes of the people. Stiffer ....16. should be handed out, meaning the country's prisons and young offenders' institutions are likely to become overcrowded. One of the solutions would be to establish a policy that would strike a balance between community-support ....17. and a strict enforcement of the law. Adding many new and draconian laws to the statute book would make the criminal-justice system unmanageable and, in some respects, worse at protecting the public. On the other hand, ...18. with youngsters that make life miserable for all is no solution either.

22 *Investigating crime /* Les enquêtes criminelles

"Laws are like cobwebs, which may catch small flies, but let wasps and hornets break through."
(Jonathan Swift)

Must-know words

law and order • a police officer • a cop • a police station / precinct (US) • a police investigator • a criminologist • the secret service • a bodyguard • a traffic cop • a ticket • a parking ticket • to write a ticket • a traffic violation • a fine

a uniform • a bullet-proof vest • a badge • a whistle • a helmet • a police van • a police / squad / car / cruiser / unit • a patrol car • to patrol one's beat

a speed camera • a speed trap • a crime scene • a criminal investigation • to investigate • to fingerprint • DNA testing • evidence • an eye witness • to testify • a testimony • a clue • to search • an alibi • to make an arrest • to place under arrest • to apprehend

to chase • a roadblock • to search • to hunt down • a trail • to follow / to lose a trail • a fugitive (from justice) • to surrender • public safety • interrogation • a lawyer • to make a confession • guilt • guilty • a lie detector • ballistics

Words and expressions you may want to know

to enforce the law: appliquer la loi • **law enforcement**: l'application de la loi • **a law enforcement officer**: un fonctionnaire chargé de l'application de la loi • **a squad**: une brigade • **the anti-riot police**: la police anti-émeutes • **a sleuth / a private eye (P.E.)**: un limier • **a medical examiner / a coroner**: un médecin légiste • **an informant**: un informateur • **an informer / a snitch**: un indic, un délateur • **to grass on / to snitch / to rat**: dénoncer • **wiretapping**: les écoutes téléphoniques • **a bug**: un micro

a shield: un bouclier • **a truncheon / a billy club / a baton / a bludgeon**: une matraque • **to bludgeon**: matraquer • **tear gas**: le gaz lacrymogène • **handcuffs**: les menottes • **to handcuff**: passer les menottes • **shackles**: des chaînes • **shackled**: enchaîné • **fettered**: entravé • **manacles**: les menottes • **to manacle**: passer les menottes • **a flak-jacket**: un gilet pare-balles • **to impound**: mettre en fourrière • **the pound**: la fourrière

a police blotter: une main courante • **police records**: les archives de police • **to have a record**: avoir un casier judiciaire • **to have a clean record**: ne pas avoir de casier • **a prowl car**: une voiture de patrouille • **an unmarked car**: un véhicule banalisé

forensic science: la médecine légale • **offender profiling**: le profilage • **an inquest**: une enquête • **to stake out**: surveiller • **community policing**: l'îlotage • **a search warrant**: un mandat de perquisition • **to search**: perquisitionner

to be on the lam / on the run: être en fuite / en cavale • **a manhunt**: une chasse à l'homme • **a bloodhound**: un limier • **a dragnet**: un filet • **to track down**: traquer • **to put a tail on**: prendre en filature • **to book**: coffrer • **a mug shot**: un portrait • **an identikit picture / an e-fit (UK)**: un portrait-robot • **to work under cover**: être infiltré • **to commit**: incarcérer • **to read sb their rights**: informer qn de ses droits • **bail**: la caution • **to bail out**: libérer sous caution •

1. Fill in the gaps with the right word.

cruisers • *guns* • *handcuffed* • *helmets* • *plain clothes* • *radios* • *shields* • *tear* • *truncheon* • *uniform* • *vests* • *whistle*

1. A police officer wears a blue .... when he is on duty. • **2.** Policemen on patrol keep in touch with each other thanks to two-way .... • **3.** A detective usually wears .... instead of a uniform. • **4.** They arrested the burglar, read him his rights and .... him to prevent escape. • **5.** State troopers travel along motorways in police .... • **6.** Before a raid, police officers don bullet-proof .... for self-protection. • **7.** Although all police officers in the U.S. carry ...., most never have a chance to use them. • **8.** The bobby on the beat used to go round his local area on a bicycle armed only with a .... and a .... • **9.** The riot police were in full gear, wearing .... and carrying .... to protect themselves against the stones thrown by the demonstrators. • **10.** To scatter protesters, the police sprayed the crowd with .... gas and lobbed smoke grenades.

2. Give the definitions to the following.

1. if you have never been arrested you have a clean..
2. the police open one when they suspect foul play..
3. the person in charge of conducting an autopsy..
4. the reason why an autopsy is conducted..
5. the art of studying bullets..
6. listening to a telephone conversation without being detected..
7. a useful device if you want to spy on someone's calls..
8. medical procedures and scientific testing done for use in court...
9. shackles locked around the wrists to hold them tight..

3. Circle the mistake in each sentence.

1. New York City is on track to have <u>fewer than</u> (a) 500 homicides this year, by far the lowest number in <u>a 12-months period</u> (b) since reliable Police Department statistics <u>became available</u> (c) in 1963.
2. In the eyes of some criminologists, the police will be <u>hard pressed</u> (a) to drive the killing rate much lower, since <u>most of killings</u> (b) occur now <u>within the four walls</u> (c) of an apartment or the confines of close relationships.
3. <u>Nearly two decades ago</u> (a), the city's crack-cocaine <u>epidemy led</u> (b) to headlines about gang wars, semiautomatic gunfire in schoolyards and a police blotter that showed more than <u>six homicides a day</u> (c), on average.
4. Police statistics, <u>which are subject</u> (a) to an internal auditing system in use since <u>the early 1990s</u> (b), show dips in six of the seven major crime categories, according to the <u>department's last reports</u> (c).
5. Overall crime <u>is down of 6.47 percent</u> (a), compared to the same period last year. <u>In addition to</u> (b) the homicide rate, the number of rapes, robberies, burglaries, grand larcenies and car thefts are all <u>on the decline</u> (c).
6. The <u>police are</u> (a) not above the law. When <u>it arrests</u> (b) someone on suspicion of having <u>committed a crime</u> (c), police officers have to follow certain procedures.

7. After they have <u>charged someone of</u> (a) having committed a crime, the police need permission to <u>remand that person in custody</u> (b) until the <u>case is heard</u> (c) in court.
8. Since <u>a shooting</u> (a) in Dunblane in 1996, when a gunman <u>has killed</u> (b) 16 children and their teacher, private ownership of handguns above .22 calibre <u>has been banned</u> (c) in Britain.

4. Read the passage to review the vocabulary you have learned. Answer the questions that follow.

In many countries, law and order policy has taken a harsher turn. The reason is plain to see. Popular fear of crime, violent crime in particular, has grown in recent years. People are demanding that something bold be done about it. Politicians are responding in kind. In itself this is nothing new, but the current shift, reflecting the scale of the perceived problem seems greater than before. True, there has always been a debate between two rival camps, the liberals emphasizing rehabilitation, the social roots of crime and the rights of the accused, the conservatives emphasizing deterrence, retribution and the rights of the victims. But today there seems to be a growing consensus among politicians of all stripes for greater severity, for sending people for longer terms.

Taken at face value, America's experience of sending more people for longer terms, seems to suggest that harsher and longer prison sentences is the right policy. It is sometimes claimed in the United States that sterner sentencing goes hand in hand with falling crime. Nobody would expect the crime rate to drop if the prisons were emptied. In that sense, prison does work.

But it does not follow that a policy of more incarceration, indiscriminately applied, makes sense. The high cost of keeping somebody locked up is clear. But the corresponding benefits are less so. There is no conclusive evidence that greater imprisonment acts as a significant deterrent. For most crimes, rates of detection are so low that the risk of facing punishment, mild or severe, may seem too small to worry about. As for rehabilitation, rates of recidivism vary according to the prison regime. Yet in no case do they lend support to the view that prison makes good citizens. Often, a harder, better connected and more professional law-breaker emerges than the one who went in.

1. Which title would be the most appropriate to this passage?
  a. Rising crime rate in America
  b. Does prison work?
  c. There is no deterrent to crime
  d. Liberals and Conservatives split over solutions to crime

2. Which of the following best describes the conservatives' attitude regarding criminals?
  a. conciliation and prevention
  b. requital and punishment
  c. compensating the criminals
  d. an ounce of prevention is worth two ounces of cure

3. Which of the following best describes the liberals' attitude regarding criminals?
  a. conciliation and sympathy for the criminals
  b. requital and punishment
  c. compensating the victims
  d. an ounce of prevention is worth two ounces of cure

4. What is the United States' prison policy like?

a. It offers ways to rehabilitate prisoners.

b. It only locks up hardened criminals.

c. It is prone to punishing people harshly.

d. It tends to be more lenient than any other nation in the treatment of criminals

5. What can be inferred from the author's opinion regarding prison policies?

a. He wholeheartedly supports prison policies in the United States.

b. He thinks that locking up people is a fruitless way to fight crime.

c. He urges America to reconsider its crime policies.

d. He advocates longer sentences for recidivists.

23 *Beyond a reasonable doubt /* Sans l'ombre d'un doute

"A jury consists of twelve persons chosen to decide who has the better lawyer."
(Robert Frost)

Must-know words

to administer justice • to deal out justice • to see justice done • to seek [sought] justice • summary justice • legal procedure

the judiciary • to go to law school • a law student • a court (of justice) • a courthouse • a tribunal • a barrister • a lawyer • an attorney • a counsel • a legal adviser • a defense lawyer • a client • to retain a lawyer

☞ A **barrister** is a lawyer who has been admitted to "plead at the bar." That means that he or she has been called to the bar by the "benchers" of one of the four Inns of Court (Middle Temple, Inner Temple, Gray's Inn and Lincoln's Inn) and, subject to pupilage requirements, is allowed to appear in court to argue a client's case. A **solicitor**, on the other hand, is a lawyer who, after having served under the supervision of a practicing solicitor for two years, is admitted to practice by the Master of the Rolls. Solicitors have limited rights to practice before the courts ("rights of access"), but traditionally "instruct" a barrister to appear in court for them. The instructions provide the barrister with necessary information and documents, and outline the tasks which the solicitor wishes the barrister to perform.

a magistrate • a judge • a justice of the peace • the parties • a complaint • a trial • a murder trial • a civil case • to plead guilty • to plead not guilty • to extradite • to flee from justice • a fugitive from justice • to investigate

the jury • a jury member / a juror • to sit on the jury • to take an oath • to be sworn in • the evidence • a search for truth • an alibi • an eye witness • to hear the witnesses • to call a witness • to examine a witness • to take the witness stand • a deposition • to testify • a testimony • to cross examine • a settlement

to reach a verdict • to convict • to be found guilty / not guilty • to acquit • to sentence • a sanction • a suspended sentence • to appeal (against a conviction)

Words and expressions you may want to know

litigation : le contentieux, le litige • **to litigate** : poursuivre • **to mete out justice** : rendre la justice • **a law degree** : un diplôme de droit • **in the eyes of the law** : aux yeux de la loi • **law enforcement** : l'application de la loi • **case law** : la procédure • **due process of law** : la procédure légale régulière • **law abiding** : qui respecte la loi • **a plaintiff** : un plaignant • **a lawsuit** : un procès • **a law firm** : un cabinet d'avocats • **to lay [laid] down the law** : dire la loi • **fees** : les honoraires

☞ When a person is **arraigned**, he or she must be called by name before a judge or magistrate who makes sure that the **defendant** is the person named in the **complaint**, **indictment**, or information, which is then read to formally notify the defendant of the charges. The defendant may then enter a **plea** of guilty, not guilty, or another plea allowed by law.

the bar: le barreau • **a prosecutor / a district attorney**: un procureur • **to work on a case**: travailler sur un dossier • **a brief**: un dossier d'un litige • **court proceedings**: les poursuites judiciaires • **to sue**: ester en justice • **to prosecute**: engager des poursuites • **to detain**: placer en détention • **a trial / a suit**: un procès • **prosecution**: les poursuites judiciaires • **a court order**: une ordonnance judiciaire • **a summons**: une assignation • **to arraign**: traduire en justice • **to appear in court**: comparaître en justice • **to indict**: accuser, mettre en accusation • **to charge sb (with)**: accuser qn (de) • **a charge / a count / an indictment**: une accusation, un acte d'accusation • **to press charges**: engager des poursuites • **to drop charges**: abandonner les poursuites • **to dismiss a case**: classer l'affaire • **to try a case**: juger une affaire • **a subpoena**: une assignation à comparaître • **a plea**: une instance, un recours, un plaidoyer • **to incriminate**: incriminer

a culprit: un coupable • **the dock**: le banc des accusés • **the accused**: l'inculpé, le prévenu • **a defendant**: un prévenu • **to plead the 5th**: invoquer le 5e amendement • **miscarriage of justice**: l'erreur judiciaire • **a probation officer**: un officier judiciaire • **perjury**: le parjure • **to perjure oneself**: se parjurer • **pardon**: la grâce • **to pardon**: grâcier • **amnesty**: l'amnistie

Exercices

1. Complete the table.

	Nouns	*Adjectives*	*Verbs*
1.	crime		
2.	deterrence		
3.			enforce
4.			offend
5.	prison		
6.	guilt		
7.	punishment		
8.			indict
9.			miscarry
10.	trial		

2. Find the nouns corresponding to the verbs.

1. to dismiss ....
2. to convict ....
3. to sentence ....
4. to appeal ....
5. to judge ....
6. to acquit ....
7. to confess ....
8. to reverse ....
9. to litigate ....
10. to sue ....
11. to try ....
12. to prosecute ....

3. Match numbered and lettered elements to form expressions.

1. to work	**6.** to practice	**a.** law	**f.** fees
2. to retain	**7.** to hear	**b.** to law school	**g.** on a case
3. to pay	**8.** to advise	**c.** clients	**h.** disputes
4. to win	**9.** to be trained	**d.** to the bar	**i.** a case
5. to go	**10.** to be admitted	**e.** in the law	**j.** a lawyer

4. Fill in the gaps with the words from the list.

admitted • *bar* • *briefs* • *cases* • *clients* • *court* • *fees* • *firms* • *lawyer* • *retain*

After reading for the .... 1., Allie didn't know what to do. Should she work for government or for the private sector? After being .... 2. to the bar, she was hired by one of New York's most prestigious law .... 3. She had many .... 4. who paid enormous .... 5., but as a .... 6., she also did volunteer work, providing free legal aid to the needy or those who could not afford to .... 7. legal assistance. Most of her afternoons were spent in .... 8., where she pleaded while she would spend the mornings working on .... 9., preparing her .... 10. for the afternoon court session.

5. Read the passage to review the vocabulary you have learned. Answer the questions that follow.

Some people will say that becoming a lawyer is not for the faint of heart. It takes grits and guts. It is a profession which has confrontation at its core. You must relish the verbal jousts, know how to use the nooks and crannies of procedure to your own advantage, be aggressive and use charm at the same time, sound persuasive even though deep inside you are not convinced. Another argument that may speak against becoming a lawyer is that you must lack empathy for others. Although your client may have been seriously wronged, you must be able to cope with the case, let it go and move on to something else without second thoughts. Conversely, representing a defendant whose record is not entirely lily-white entails that you will be able to distance yourself from the person and look at the client as a case, and nothing but that. On the downside, the surfeit of lawyers in America today makes it ever more difficult to earn a decent living unless you have specialized in an area that few people deign to venture into. If you don't have all the cash upfront, don't expect to be paid a dime unless you win the case.

But how exciting the job is! First of all, the studies. Going to law school is never dull. In order to get your law degree, you have an opportunity to discover, from the inside, how society works. If you enjoy researching, analyzing, solving problems, you'll get to do a lot of that. Once admitted to the bar, you affect the lives or real people. One of the best parts is that you have the opportunity to help people with issues that are normally too complex or too emotional for them to handle without rational advice.

Life in a court of justice holds excitement in store; every day is different. A case is like a play. There is a beginning, the lawsuit, and an end, the sentencing. There is a plot, the case, and a unity. All parties want to see justice done. Be it the magistrate or the jury members, they are all seeking the truth. What matters is to elicit the facts, come to persuasive conclusions and enforce the law. A trial is like a theatre performance. In their box, the silent jury members, who have sworn to tell the truth, sit in solemn silence. The witnesses that take the stand are most often eager to tell their side of the story. The defending counsel who cross-examines them is another character in the drama that unfolds before the eyes. Plaintiffs, who seek that their rights be upheld in court, are sometimes villains, sometimes heroes, depending on the arguments being bandied by the lawyers.

People do revere lawyers. They are like doctors, they cure the ills of society. On the other hand, you have to accept that the court system never determines who is right and wrong. The court exists to resolve conflicts between individuals. There is no greater mental high than defending a case against a stacked deck and still finding a way to win.

1. Which idea best summarizes the passage?
   a. Being a lawyer is no fun.
   b. A lawyer's life is never boring.
   c. Being a lawyer: the case for and against

2. What qualities are necessary to become a lawyer?
   a. You must feel a strong sympathy for people.
   b. You need to cultivate a sense of detachment.
   c. You have to show no interest in people's lives.

3. What is one of the consequences of lawyers galore in the USA?
   a. Most have trouble making both ends meet.
   b. They are all well-paid.
   c. A majority are destitute.

4. What does the author compare a trial to?
   a. a farce
   b. a thriller
   c. a play

5. How are lawyers considered as a profession?
   a. They are hated by a majority of people.
   b. They are generally respected.
   c. It is a profession like any other.

6. What should people expect in a court of justice?
   a. to discover the truth
   b. to have the villains punished
   c. to have disputes settled

24 *A leisure society* / Une société de loisirs

"Leisure time is that five or six hours when you sleep at night."
(George Allen)

Must-know words

to give a party • to have a good time • to have fun • to go out with friends • to get together • to play cards • to play games • to go out • to interact with people • to keep one's mind alert • to go dancing / clubbing • an amusement park • a theme park

leisure • leisure time • the leisure industry • to relax • to rest • to take a rest • restful • relaxing

a hobby / a recreational pursuit • to take up a hobby • to have a hobby • to indulge / to follow / to enjoy a hobby • to collect • to play a musical instrument • a crossword puzzle • to go to a show • a circus • outdoor / indoor activities • to spend one's time indoors / outdoors

a holiday / a vacation (US) • to vacation / to holiday • to go away on holidays • to take a vacation (US) • to spend a vacation • to take a few days off • to spend one's holidays • the holiday season • the Summer holidays • a vacation spot • to go camping

Words and expressions you may want to know

to unwind: se détendre • **recuperation / recup**: les RTT • **free time / spare time**: le temps libre • **to play chess / draughts**: jouer aux échecs / aux dames • **to do jigsaw puzzles**: faire des puzzles • **a funfair**: une foire foraine • **a board game / a parlour game**: un jeu de société • **to take one's mind off things**: se détendre / ne penser à rien • **to have a cushy time**: se la couler douce

to entertain: amuser / divertir / recevoir des amis • **the entertainment industry**: l'industrie du spectacle • **a variety show**: un spectacle de variétés • **a street performer**: un artiste de rue • **a performance**: une représentation

> ☞ **S'amuser**: **amuse** (oneself, the audience, the guests) ; what amuses is usually playful or humorous and pleases the fancy • **carouse** = engage in a drunken revel, drinking deeply and frequently • **cavort** = behave in a high-spirited, festive manner; make merry, have lively or boisterous fun • **celebrate** • **divert** = turn the attention from serious thoughts or pursuits to something light, amusing, or lively • **entertain** (*distraire*) = engage and hold the attention by being pleasing and sometimes instructive • **make merry** • **regale** (with) : régaler (de) • **revel** = to make merry, indulge in boisterous festivities: *prendre du plaisir à* ; revel (n) = joyful enjoyment • **roister** = to revel noisily or without restraint • **romp**: *s'ébattre*

a bank / legal holiday: un jour chômé • **a national holiday**: une fête nationale • **the Easter break**: les vacances de Pâques • **a holiday maker / a vacationer**: un estivant • **a package holiday**: des vacances organisées • **a package seller**: un voyagiste • **a holiday mood**: une atmosphère estivale

sick leave: le congé de maladie • **a long weekend**: un pont • **maternity leave**: le congé de maternité • **a parental leave**: un congé parental • **to be on leave** : être en congé • **a sabbatical** : un congé sabbatique

a summer camp / a holiday camp : une colonie de vacances • **activity holidays** : des vacances à thème / des vacances actives • **a second home** : une résidence secondaire • **a summer home** : une maison de vacances • **a seaside resort** : une station balnéaire • **a winter resort** : une station de sports d'hiver • **a beach holiday** : des vacances au bord de la mer

Exercices

1. *Play, see, go* or *have*? Fill in the grid with the right expression.

a. a band • b. jigsaw puzzles • c. dancing • d. to the cinema • e. a play • f. out tonight • g. out for a drink • h. a party • i. cards • j. a movie • k. chess • l. crosswords • m. fun

1. go	2. see	3. have	4. play	5. do

2. *Go, go for, go to*? Complete the expressions.

1. .... the beach, the cinema, the park, the zoo, an exhibition
2. .... a ride, a drive in the country, a swim, a walk
3. .... clubbing, hunting, fishing, shopping

3. Associate the series of words (*holiday / leave / resort / season / time*).

1. seaside • beach • skiing ....
2. holiday • off • tourist • high ....
3. package • school • traffic ....
4. absent • sick • French ....
5. free • good • lovely • spare ....

4. Complete the sentences with the words *holiday* or *holidays*.

1. Although the origin of the word '..........................' is 'holy day', not all public .... known as bank .... are connected with religious celebrations.
2. .... in Britain are not as long as they are in many other European countries.
3. About 40% of the British population do not go away anywhere for their ....
4. Most French people go on .... in July and August.
5. Before the 1960s only the affluent took .... abroad. Now it has become standard fare to travel to the Continent.

5. Match each type of holiday with the correct word from the list.

break • furlough • leave • long weekend • paid holiday • parliamentary recess • recess • sick leave • vacation

Category	***Type of holiday***
1. a magistrate or a judge	....
2. a sick employee	....
3. a serviceman	....
4. a college student between two terms	....
5. an MP	....
6. people on Memorial Day	....
7. a wage earner	....

6. Read the passage to review the vocabulary you have learned. Answer the questions that follow.

Americans are amongst the most industrious nations in the world. Factory workers in the United States are working much harder than in the past half century. Whereas the country could boast of having cut the average working week from 70 hours in 1850 to less than 40 hours in the 1950s, yet the number of hours clocked by American workers has risen to an average of 42 in manufacturing.

About 25 per cent of American workers in the private sector do not get any paid vacation time. Another 33 per cent take only a seven-day vacation, including a weekend. The working poor work even longer. It is common to see them work two jobs so as to try to make both ends meet and avoid falling into the poverty trap. As for executives and lawyers, they boast of 80-hour weeks and they dare not take any vacation. Ambition, fear of being fired, feeling indispensable and self-imposed getaway guilt all help to explain why workers do not use all of their vacation days and why many prefer to take respites that are shorter than two weeks, even if they have banked significantly more vacation time. Shrinking-vacation syndrome has gotten so bad that some American companies have taken to shutting down their national operation twice a year to make sure that people stop working, around Christmas and the 4th of July.

Admittedly, the consequences have taken their toll. On the family first. If parents work more, they spend less time with their children. The kids are left alone to fend for themselves. It is no wonder therefore if juvenile delinquency is on the rise or if children feel perturbed or depressed for lack of guidance. The consequences lie heavy on the life of the couple too. Living separate lives, so to speak, tries the most solid marriages. Some do not withstand the test of distance or absence. Hence the high rate of divorce in America.

Many reasons can be found to account for the Americans' work ethic. The Pilgrim Fathers were Puritans, with a Calvinistic view of life and religion. To fulfill God's will, they had to rise early. "He who does not work shall not eat" was a common sentence in the 17th century colony of Jamestown. Many Americans live a frugal life and eschew all pleasures. Weak labor unions leave the door open to workers' exploitation, and might be blamed to explain why Americans work so hard. Overtime is run of the mill especially as the earning power has been declining or stagnating for the past decades. Americans are forced to work longer to maintain their living standards although it must be reckoned that overtime pay is less taxed than, say, in Europe. And if American consumers wish to keep up with the Joneses, they must toil longer hours. Henry Adams, a 19th century historian and writer, returning from many years spent in

Europe, noticed that "The American, by temperament, worked in excess; work and whiskey were his stimulants—work as a form of vice." There is more than an ounce of truth in this, especially when TV is not so good.

1. What is the article mainly about?
a. the Americans' work habits
b. the Americans' fear of losing their jobs
c. how the Americans spend their leisure time

2. What has been the Americans' attitude concerning work over the past decades?
a. They have been driven by get-rich-quick schemes.
b. They have toiled longer hours to gain their salvation.
c. They have worked ever harder to keep their heads above water.

3. What is said about the Americans' vacation time?
a. They enjoy as much vacation time as the Europeans.
b. They think that vacation is a waste of time.
c. They tend to forgo vacation time.

4. What is the downside of the Americans' work ethic?
a. It has contributed to a higher suicide rate.
b. There is a significant number of broken homes in the US.
c. Children are prone to drop out of school.

5. Among the reasons why Americans work so hard, which is not mentioned?
a. labor's lack of clout
b. the Calvinist work ethic
c. acquisitiveness
d. the necessity to maintain one's standard of living
e. conspicuous consumption

25 *Wanderlust* / L'envie de voir le monde

"Traveling is a fool's paradise." (Ralph Waldo Emerson)

Must-know words

a tourist • a visitor • a tourist resort • ecotourism • mass tourism • a tourist destination • a tourist spot • a tourist attraction • the tourist season • a destination • to attract / to draw tourists • a guided tour • a tourist agency / a travel bureau • a travel brochure • a travel guide • air travel • to travel by car / train / bus • to fly [flew / flown] • a flight • to hitch-hike • a hitch-hiker • to rent a car

travelling • to travel (to a destination) • a journey • a voyage • a trip • to go on a cruise • to go on a safari • to travel around the world • to go off • to go on a journey • to take a trip (to) • to go on a trip • to travel abroad / overseas • a destination • an itinerary • jet lag • to be jet lagged • to embark • to disembark • to fly business class / first class

☞ There is a marked difference between **voyage** (= across the seas), **journey** (= getting from A to B on land) and **trip** (= usually a short journey, as in a one-day trip, a day tripper). Trip can also be used to refer to a journey. • **Travel** is a verb and an uncountable noun, which is used to talk about travelling in a general way: air travel / rail / sea / business / long-distance travel. Travel/travelling = moving from one place to another: *Travel(ling) broadens the mind.* Spelling: travel**i**ng (US) / trave**ll**ing (UK) • **Tourism** = the industry or business of providing holiday transport, accommodation and/or entertainment.

luggage / baggage • excess luggage • a suitcase • hand luggage • a reservation • to make a reservation • a sleeping bag • a visa • a passport • to issue a visa • a border • a frontier • customs • to clear customs • to go through customs • a customs officer • the border patrol

☞ A **journey** can be safe / hazardous / arduous / comfortable / pleasant

to stay in / at a hotel • a three-star hotel • a week end rate • to go camping • wild camping • to pitch camp • a campfire • a camping ground / a camping site • a campsite • caravaning • to sleep under the stars • to sleep rough • a biking trail • a hiking • a hiker • a hiking mecca • a rafting adventure • fishing • canoeing • kayaking • sunbathing • a sunbather

Words and expressions you may want to know

to flock to: se précipiter vers • **a tourist spot**: un coin touristique • **a tourist trap**: un piège à touristes • **a package tour**: un séjour à forfait • **to tour a country**: visiter un pays • **a package holiday**: un séjour à forfait • **to stay**: séjourner • **a stay**: un séjour • **to go sightseeing**: faire du tourisme • **to take in the sights**: admirer les paysages • **the peak season**: la haute saison • **the off season**: la basse saison • **tourist earnings / revenues**: les revenus tirés du tourisme

to travel off the beaten track: voyager hors des sentiers battus • **to travel light**: voyager léger • **to pack up**: faire ses valises • **to go on a cruise**: partir en croisière • **a pilgrimage**: un pèlerinage • **to backpack**: voyager sac au dos • **all inclusive**:

tout compris • **scuba-diving**: la plongée sous-marine • **potholing**: la spéléologie • **whitewater rafting**: la descente de rapides • **trekking**: la randonnée

a long haul flight: un vol long courrier • **a short haul flight**: un vol moyen courrier • **accommodation**: le logement • **a tourist home**: une chambre chez l'habitant • **a youth hostel**: une auberge de jeunesse • **a boardinghouse / a guest house**: une pension de famille • **full board**: la pension complète • **half-board**: la demi-pension • **a rest house**: un gîte d'étape • **to check in a hotel**: descendre dans un hôtel • **to check out (of a hotel)**: libérer la chambre • **check out time**: l'heure de libération de la chambre • **a guest**: un client

an alien: un étranger • **well-travelled**: qui a beaucoup voyagé • **an independent traveller**: un voyageur indépendant • **a seasoned traveller**: un voyageur chevronné • **footloose**: libre comme l'air • **to be travel sick**: avoir le mal des transports • **to be sea sick / to be car sick**: avoir le mal de mer / être malade en voiture • **wanderlust**: l'envie de voyager • **to get an insight into**: permettre de comprendre • **to acclimatize**: s'acclimater • **acclimatization**: l'acclimatation • **a culture shock**: un choc des cultures • **to repatriate**: rapatrier • **repatriation**: le rapatriement

Exercices

1. Complete the sentences with the right word. *(journey / trip / travel(s))*

1. I'm sorry the manager's away on a business ....
2. We're leaving soon. I've got to pick up the tickets from the .... agent.
3. After walking across the North American continent, he published a book of ....
4. We went on a day .... to see Plymouth Plantation.
5. He took a year off to .... around the world.
6. The high speed train will cut the .... time by almost two hours.
7. The .... by road is very hazardous. We advise visitors against travelling by car.
8. They're thinking of taking a .... to Europe this Summer.

2. Match numbered and lettered elements to form expressions.

1. to travel	a. the sights
2. to travel off	b. in revenues
3. to go	c. with tourists
4. to see	d. abroad
5. to explore	e. the beaten track
6. to bring	f. round the world
7. to be packed	g. the wilderness
8. to sail	h. on a tour

EXERCICES

3. Circle the word which does not belong to the series.

	a	b	c	d
1.	travel	journey	trip	voyage
2.	abroad	home	overseas	foreign
3.	visa	passport	tripper	customs
4.	suitcase	rucksack	battery	backpack
5.	trip	adventurer	traveler	explorer
6.	adventurous	enterprising	daring	coward

4. Find the answers to the definitions.

1. a short journey that you make to a country and back again ....
2. undertaking a journey for religious purposes ....
3. travel from one place to another (formal use) ....
4. a journey during which you visit many places of interest ....
5. a holiday during which you travel on a liner and visit places ....
6. a long journey on a ship or in a spacecraft ....
7. originally a hunting trip, it is today an adventure trip, typically in Africa, for the purpose of photographing wildlife ....

5. Read the passage to review the vocabulary you have learned. Answer the questions that follow.

Traveling has played a role in human affairs since before recorded times. The motives that spurred men to explore their environment were many. Strong among them were the satisfaction of curiosity, of trade, the conversion of the **heathen** (1) and the desire for political or economic power. Scientific interest in the earth and its environment was also one of the main factors behind traveling, which may explain today's exploration of space. No doubt the earth's surface has virtually lost its mystery. There is hardly a single place left man has not **trodden** (2) So the question arises, now that our horizon has shrunk, is there any point in traveling?

First, people may travel to get away from it all. After **toiling** (3) a year in a cramped office under the supervision of a **cantankerous** (4) boss, the only thing people can think of, dream of, long for, is to escape, as far away and as long as possible. No matter how uncomfortable traveling may be, they are ready to hop into the first charter plane, and fly into the sun to the other end of the world where their idea of relaxation is resting on a pristine palm-fringed beach, and dancing with narrow-hipped local girls.

Second, people travel because they have a taste for curiosity and culture. Traveling is a means of getting to know what other countries look like. It is a way of meeting people, of getting an insight into their way of living. They may also visit museums, tour the picturesque side of towns or gaze at churches. That kind of culture-oriented traveling is a sure way to open one's mind to the curiosities of the world.

Finally, you find the adventurer, the one who sets out on foot across the Himalayas or Amazonia. He or she is equipped with little else than courage and determination, and a strong desire to live on the brink, albeit not always aware of the stakes. Short of broadening the mind, this kind of trip strengthens the character, and the ego.

Yet, there remains another land long not yet traveled, that of the self. For if one life can suffice to explore the world, is it enough to discover who we are, explore the **intricacies** (5) of our personality, get to know ourselves? "Though we travel the world over to find the beautiful, we must carry it with us or we find it not," wrote Emerson, who deemed travel a "fool's paradise". The same is even truer of our sense of destination or home: whatever we find when we move is only what we had inside us all along. In our haste to travel the world, we often forget to look into ourselves, we hardly ever take time for thought and introspection. In our foolish quest for exotic and **remote** (6) lands, in our anxiety to **trudge** (7) off the beaten track, we ignore why we take the long road, and never the high road. We mistake the pitfalls of adventure for the **thrills** (8) of discovery. We confuse the journeys into the heartlands with the ego trip. Going off on a safari is the surest way to say I exist. In our haste to get there, **by hook or by crook** (9), we have forgotten why we want to get there. Traveling abroad then becomes the safest way to escape from ourselves, ignore the reality within. But traveling is meaningless if it doesn't put man to the test; it is irrelevant as long as it's dissociated from self-discovery. It presents us with a challenge no riskier or **loftier** (10) than knowing first who we are and then why we are, because of where we go and why.

1. What does the writer say about traveling?
   a. It is an enriching yet a limited experience.
   b. It offers boundless opportunities to discover oneself.
   c. It has lost much interest since our planet has been explored.
   d. It is altogether pointless.

2. Among the following reasons for traveling, which is not mentioned?
   a. a way of fleeing from one's humdrum life
   b. rest and relaxation
   c. spending money
   b. the discovery of new cultures
   e. a taste of adventure

3. Why does the writer criticize traveling?
   a. People shun the exotic and remote destinations.
   b. There are too many destinations to choose from.
   c. People do not make the difference between the where and why.

4. Which title would you choose for the passage?
   a. Go west, young man   b. Travel broadens the mind   c. Travel light and you'll go far

Which word(s) is or are synonym(s) of those in bold letters in the reading?

1. heathen	a. non believer	b. righteous	c. worshiper
2. trodden	a. crushed	b. trampled	c. strutted
3. toiling	a. neglecting	b. snaring	c. laboring
4. cantankerous	a. cheerful	b. grumpy	c. bellicose
5. intricacy	a. clarity	b. complexity	c. dilemma
6. remote	a. faraway	b. far-flung	c. godforsaken
7. trudge	a. tiptoe	b. plod	c. dawdle
8. thrills	a. demise	b. beginning	c. excitement
9. by hook or by crook	a. using two means of transportation	b. by any means possible	c. whether you like it or not
10. lofty	a. lowly	b. ambitious	c. commanding

26 Adventure / L'aventure

"Adventure is not outside a man; it is within." (David Grayson)

Must-know words

the spirit of adventure • a sense of adventure • a thirst for adventure • to have a taste for adventure • to go in search of adventure • an adventurer • an adventuress • adventurous • adventure-seeking (tourist) • an unfortunate experience • a terrifying / a hair raising adventure • to venture (into) • to embark on an adventure

to explore • an explorer • exploration • unexplored / unchartered / unmapped • an expedition • to mount an expedition • to go on an expedition • to set off on / to set out on an expedition • to undertake an expedition • to head / to lead [led] an expedition • to be part / to take part in an expedition

to discover • a discovery • a voyage of discovery • to conquer • conquest • a conqueror • to follow the beaten track • to get lost • to be missing • to lose hope • to build a shelter • a search crew

a challenge • to take up a challenge • to put oneself to the test • to push back one's limits • to fulfill a dream • to come back alive / safe and sound • to break with the past • to leave everything behind • to go in search of oneself • to start a new life • to re-invent oneself • an ego trip

Words and expressions you may want to know

to stake out new territory: explorer de nouveaux territoires • **trail blazing**: faire œuvre de pionnier • **to trail blaze**: ouvrir la voie • **the wilds**: les terres sauvages • **back-country**: l'arrière-pays • **to seek [sought] out virgin lands**: rechercher les terres vierges • **a pioneering trip**: un voyage d'exploration • **to answer the call of the wild**: répondre à l'appel de l'inconnu • **untamed nature**: la nature sauvage • **to camp rough**: faire du camping sauvage

to live one's life on the edge: vivre dangereusement • **to prove one's mettle**: montrer de quoi l'on est capable • **to rise [rose / risen] to a challenge**: se montrer à la hauteur d'un défi • **to be fraught with risk**: être risqué

hazardous: dangereux • **daring**: osé • **bold**: audacieux • **challenging**: stimulant • **unspoilt / pristine / virgin / untamed territory**: des paysages vierges • **remote**: éloigné, distant, lointain • **to travel off the beaten track**: voyager hors des sentiers battus • **to lure / to entice (away)**: attirer, séduire • **to draw [drew / drawn]**: attirer

1. Find the antonyms.

1. wilds ....
2. spoilt ....
3. daring ....
4. boring ....
5. cautious ....
6. safe ....
7. tamed ....
8. indomitable ....
9. enterprising ....
10. wary ....

2. Associate the words with each category.

climbing • diving • riding • surfing • whitewater rafting • wildlife

1. moose, deer, bighorn sheep, elk, antelope ....
2. horseback, cattle drive, dude ranch ....
3. snow, ice, rock, roping ....
4. rapids, kayak, canoe, waterfall ....
5. reef, sharks, manta ray, snorkel ....
6. tunnel, spot, eight-footer, swell ....

3. Classify the adjectives according to the categories. Tick the right box.

	adventurous	*non adventurous*
1. independent-minded	❑	❑
2. home-bound	❑	❑
3. tough	❑	❑
4. bold	❑	❑
5. wimpy	❑	❑
6. materialistic	❑	❑
7. undaunted	❑	❑
8. plucky	❑	❑
9. foolhardy	❑	❑
10. cautious	❑	❑

4. Complete the forms of adventure with the right words.

boarding • crossing • diving • going • hunting • navigating • sailing • swimming • teaching • trekking

1. .... in the Himalayas
2. deep sea .... on a coral reef
3. snow .... in the Andes
4. .... down the Amazon on a boat
5. .... and camping with rangers in African safari parks
6. .... with dolphins in Florida
7. .... in a remote village in China
8. .... on an expedition to Antarctica
9. .... the desert in a jeep
10. .... from Europe to America in a boat race

EXERCICES

5. Review the vocabulary you have learned and complete the passage.

Although the world has been .... 1. for a long time now there are still .... 2. territory left for adventure. Admittedly, the times of the Lewis and Clark .... 3., or that of Livingston for that matter, are gone. Even the outer space has been .... 4. with satellites and spacecraft have been .... 5. far into the unknown fringes of the universe. Man has gone deep down to the .... 6. of the oceans and has climbed the .... 7. mountains. Yet, does it mean that adventure is dead? If by adventure you mean going into the wild, you may be in for a surprise. Very few areas have been left .... 8. From the rainforest to the wilds of Alaska, civilization has left its .... 9. Wherever you go, you can be reached. However, be it spiritual, intellectual or mystical adventure, the search for the unknown and the .... 10. of discovery is still intact. Some people repair to some remote sanctuary on a quest for spiritual adventure, others bury themselves in books .... 11. for knowledge and self-enlightenment. Ultimately, there remains the personal adventure, the trip in search of oneself, where you will tread alone trying to discover yourself. Such a trip is all the more worthwhile taking in the machine age when people no longer take time to pause and mull over the most mystifying question: who am I?

27 *Tinseltown* / Hollywood

"For me, the cinema is not a slice of life, but a piece of cake."
(Alfred Hitchcock)

Must-know words

the film world • the cinema • the art of film • American cinema • a genre • a film version • to be based on

> ☞ **What are movies for?** Movies are made / designed to make people think • to entertain • to amuse • to relax • to take your mind off the troubles of the day • to put sb in a good mood • to make people dream • to touch the heart • to inspire • to offer insights into • to play an educational role • to build a national culture / identity • to bring excitement into people's lives • to express our emotions • to offer role models

to watch a movie • to go to the cinema / to the movies (US) • a moviegoer • a film buff • a film fan

a film • a motion picture • a color film • a black and white film • the talkies • a silent movie • a cartoon • an animated film • a comedy film • a romantic comedy • a drama • an action film • an adventure film • a documentary film • a detective film • a horror film / a gory / a scary movie • a drama • a musical • a thriller • a horse opera / a western • a science fiction film • a space opera • an adult movie • a low budget film / a quickie

a film studio • a film / a movie / a motion picture • a movie theater / a movie house • an opportunity for entertainment • a much needed source of entertainment • to provide people with entertainment • to reduce teenage delinquency • a projector • an award • an Oscar • an Academy Award • to win an Oscar • an Oscar winning film • a film festival

the film industry • the production staff • a producer • to make a film • to distribute • a film distributor • movie making / film making • the motion picture industry • a movie studio • to adapt • adaptation (of) • to direct (the actors) • to direct a film

Words and expressions you may want to know

a studio head / a mogul: un nabab • **the majors**: les grands studios • **an independent film / an indie film**: un film indépendant • **the silver screen**: le grand écran • **the audience**: le public • **to release a movie**: sortir un film • **to come out / to open**: sortir • **a theatrical release**: une sortie en salle • **a screen**: un écran • **a film review**: la critique d'un film • **a film critic**: un critique (de film) • **a reviewer**: un critique de cinéma • **a film score**: la musique de film • **the sound track**: la bande son

a film maker / a moviemaker: un réalisateur • **a film premiere**: une première • **a screening / a showing**: une séance de cinéma • **to be on show / to be showing**: être à l'affiche • **censorship**: la censure • **to screen / to show a film**: passer un film

to feature / to star: avoir pour vedette • **a hit**: un succès • **a flop**: un échec • **to flop / to bomb**: faire un bide • **a lousy flick / a clunker / a turkey**: un navet • **a blockbuster**: un grand succès • **a mammoth production**: une superproduction • **the box office takings**: les recettes au guichet • **to bring in / to rake in / to gross**: rapporter • **to draw in large audiences**: attirer les foules

a full-length film / a feature: un long métrage • **a short (feature / film)**: un court métrage • **a cult film**: un film culte • **a trailer**: une bande annonce • **a period drama**: un drame d'époque • **an art film**: un film d'auteur • **a disaster film**: un film catastrophe • **an epic of the screen**: un film à grand spectacle • **a guns and ammo movie**: un film de sang et de feu • **a biopic**: un film biographique

screenwriting: l'écriture de film • **a screenwriter / a scriptwriter / a screen play writer**: un(e) scénariste • **a storyboard**: un scénarimage • **a screenplay**: un scénario • **to set the action (in)**: situer l'action (dans, à) • **script doctoring**: la réécriture de scénarios • **a set**: un lieu de tournage • **the set**: les décors • **the floor / the location / a stage**: le plateau / un plateau • **properties / props**: les accessoires

Exercices

1. Complete the sentences with the words from the list.

costume • dialogue • directed • editing • filmed • screenplay • starred • subtitles

1. In *Star Trek* when the Klingon language is spoken, ... are often placed on the screen to enable the viewers to understand what is being said.
2. In Mel Gibson's *The Passion of the Christ*, the .... was in Aramaic, Latin and Hebrew instead of modern English.
3. Typically, the editor follows the .... as the guide for establishing the structure of the story.
4. For specific reasons, Spielberg's *Shindler's List* was .... in black and white.
5. Bogart .... in the film *The African Queen*, with Katharine Hepburn, ... by his friend John Huston.
6. A .... designer knows that doing research into period, place and character is the foundation of a genuine movie.
7. .... is the activity of selecting the scenes to be shown and putting them together to create a film.

2. Circle the right word.

1. A film (**director / manager**) directs the artistic and dramatic aspects of a film.
2. *Forrest Gump's* special (**effects / tricks**) includes the blending of Gump with footage of various historical figures.
3. Films are made up of a series of individual images called (**shots / frames**) which, shown in rapid succession, gives the illusion that motion is occurring.
4. Directors often work closely with (**producers / productors**), who are responsible for the non-artistic elements of the film, such as financing, contract negotiation and marketing.
5. Motion pictures are a popular form of (**distraction / entertainment**), and a business.
6. Showings of (**silent films / mute films**) were commonly accompanied by live music, frequently improvised by a piano or organ player.

7. A film (**team / crew**) is a group of people hired by a film company for the purpose of producing a film.
8. In 2004, Sean Penn won an Oscar for his (**play / performance**) in *Mystic River*.
9. When (**repeating / rehearsing**), it is essential to listen to what the director says.
10. All the objects, costuming, furniture and similar items used on stage to provide verisimilitude of setting are called (**props / accessories**).
11. *Once Upon a Time in the West* and *Once Upon a Time in America*, were edited to Morricone's music (**sheet / score**) as the composer had prepared it months before the film's production.
12. A film (**crew / cast**) is a group of people hired by a film company, employed during the production.

3. Read the passage to review the vocabulary you have learned. Answer the questions that follow.

The film industry is relatively recent. It was born in the dying days of the 19th century when the Lumière brothers, whose father ran a photographic firm in Lyon, held their first private screening of projected motion pictures in March 1895. By the end of that year the Lumières had organized the first fee-paying screening, featuring ten short films including their first film. The *cinématographe*—a three-in-one device that could record, develop, and project motion pictures—was further developed by the Lumières, coming up on the heels of a significant number of processes leading up to their film camera.

Yet, although the two brothers' role in the history of cinema was relatively brief—they refused to sell their cameras to other film makers, for example—their invention was to play a major role in the entertainment industry. If the first films were silent, merely visual art through the late 19th century, film makers began to develop a narrative structure by stringing scenes together to tell stories with the help of techniques such as camera movement. Sound was produced by hiring a pianist or an organist that would play music fitting to the mood of the film at any given moment. By the 1920s, film scores were being composed by major productions. In the 1920s, new technology allowed filmmakers to attach to each film a soundtrack of speech, music and sound effects synchronized with the action on the screen. The talking picture, or talkie, was born. The introduction of color came later and was more reluctantly accepted by movie makers until post WWII when it became an essential feature to attract audiences in the competition with television, which remained a black and white medium until the mid-1960s.

Today, the film industry from Hollywood to Bollywood is a multi-billion industry. More importantly yet, films have become cultural artifacts which reflect specific cultures and in turn affect them. For that reason, film is considered an art form, a source of mass entertainment as well as a channel to educate and sometimes brainwash audiences. The visual element gives pictures a universal power of communication which dubbing, or subtitling, has rendered even more ubiquitous.

The development of the movie industry has spawned countless other occupations, among which film criticism. Film critics review new releases whose box-office performances, more often than not, are not affected by the reviews, especially in the case of blockbusters or mass marketed comedy, horror or action films. But, as movies have become a huge industry, the impact of film critics cannot be ignored. Profit is a key engine, due to the costly and risky nature of movie making. Torn between hoping to create works of lasting social significance, turning a quick buck, or winning an Oscar, film makers have often been forced to navigate between different genres catering to different audiences.

1. Where was the cinema born?

a. in France

b. in the United States

c. in Russia

2. What does the writer say about the Lumières' influence?

a. It made itself felt in the 1890s only.

b. It was a lasting one despite their short-lived contribution.

c. It was short-lived and is almost forgotten today.

3. When did the music score appear?

a. It was present at the birth of cinema.

b. It appeared with the talkies.

c. It did not materialize before the 1950s.

4. What can be inferred about color cinema?

a. It was popular as soon as it was invented.

b. It was invented at the same time as color TV.

c. It gradually but ineluctably imposed itself.

5. What is the goal of cinema as an art form?

a. to entertain

b. to educate

c. to condition

6. Why does the writer mention film criticism?

a. It plays a major role in box office success.

b. It may contribute to the success or the failure of movies.

c. It is a profitable industry.

7. What does being a film maker mean?

a. making compromises

b. being adamant about one's own choices

c. listening closely to the critics

28 Star appeal / Le vedettariat

"An actor's a guy who, if you ain't talking about him, he ain't listening." (Marlon Brando)

Must-know words

a film star • a cinema star • an actor • an actress [actresses] • a film school / an acting school • a film career • an agent • a film debut • a film library • an audition • to audition • to try out for a role • a film test / a test shot / a screen test • to sign a contract • a celebrity • to achieve star status • fame • famous • appeal

a talent scout / agent • to act • to play in a film • to be in a film • a film legend • a film star • a screen star • film making • a director of photography • a special effects man • an audio engineer

shooting • camera movement • to rehearse / a rehearsal • to shoot on location • to shoot in a studio • studio shooting • a scene • dialogue • lighting

post-production and editing • the soundtrack • the music score • subtitling • special effects • sound effects • optical effects

Words and expressions you may want to know

cast: la distribution • **a cast list**: une liste des interprètes • **to read for parts**: passer des auditions • **a fee**: un cachet • **to feature in**: jouer dans • **acting / performing**: le jeu des acteurs • **to film well**: être photogénique • **to impersonate**: incarner à l'écran • **a screen name**: un nom de scène • **to star (in)**: être la vedettte (dans) • **to publicize one's movie**: faire la promotion d'un film (dans lequel on joue)

a film part: un rôle au cinéma • **a starring role / a lead role / the title role**: un rôle principal • **a bit part**: un rôle secondaire • **a supporting role**: un rôle secondaire • **a cameo part / role**: un petit rôle • **the leading man / woman**: le rôle principal • **a name part**: un vrai rôle • **an extra / a walker on**: un figurant • **to play a part**: jouer un rôle • **an understudy / a stand-in**: une doublure • **a stuntman / a stuntwoman**: une cascadeur / une cascadeuse • **to perform a stunt**: effectuer une cascade • **a villain**: un traître, un méchant

stardom: le vedettariat • **to rise to stardom**: accéder à la notoriété • **the road to stardom**: les sentiers de la gloire

the film crew: l'équipe de tournage • **an assistant director**: un assistant réalisateur • **a chief cameraman**: un chef opérateur • **a lighting director**: un chef éclairagiste • **a cameraman**: un cadreur • **a best boy**: un électricien • **a continuity girl**: une script-girl • **a boom operator**: un perchiste • **a gaffer**: un chef électricien • **a make-up artist**: une maquilleuse • **a prop man**: un accessoiriste • **a stills man**: un photographe de plateau • **a dolly man / a grip**: un machiniste

a shot / a take: une prise de vue, un plan • **a shooting angle**: un angle de prise de vue • **a close shot**: un plan rapproché • **a retake**: une deuxième prise • **a cue**: une réplique • **the dailies / the rushes / the out-takes**: les rushes, les chutes

to dub: doubler • **dubbing**: le doublage **to edit**: monter • **editing**: le montage • **opticals**: les trucages optiques • **a fade in**: un fondu enchaîné • **a rating**: un visa d'exploitation

1. Match numbered and lettered elements to form sentences.

1. *The Crucible* is based on a ......
2. The action of *Apocalypse Now* ......
3. Director Terrence Malick's *The Thin Red Line*......
4. Many foreign films are made available to the public in two formats ......
5. Although the story is supposed to take place in Vietnam ......
6. A feature film is sometimes defined as ......
7. A film editor splices separate ......
8. Some of the most-frequently used practical stunts ......

a. ...... any film more than 60 minutes in length.
b. ...... screenplay by Arthur Miller.
c. ...... are fake fighting, high jump, tripping and falling down.
d. ...... dubbed and subtitled.
e. ...... takes into a coherent film.
f. ...... is an adaptation of James Jones' 1962 autobiographical novel.
g. ...... location shooting was done in the Philippines.
h. ...... is set in Vietnam.

2. Find the answers to the definitions.

1. the bad character in a film or work of fiction ....
2. an actor able to replace a regular performer when required ....
3. a difficult or unusual or dangerous feat in a movie scene ....
4. an actor who plays the major role ....
5. the choice of actors to play particular roles in a play or movie ....
6. an annual award by the Academy of Motion Picture Arts and Sciences for achievements in motion picture production and performance ....
7. someone employed to discover and recruit talented persons ....

3. Match the definitions.

assistant director • *cinematographer* • *gaffer* • *key grip* • *mixer* • *set dresser*

1. He's responsible for the lighting, correct exposure, correct use of lenses, choice of film ....
2. He's responsible for recording the sound ....
3. He's responsible for making sure all the lighting equipment is where it should be and operating properly ....
4. He's responsible for the rigging (carpentry) and for moving and readying the sets and camera dollies ....
5. He or she decorates the set ....
6. He keeps order on the set and makes sure the production moves according to schedule ....

4. Read the passage to review the words you have learned. Complete the gaps with the words and expressions from the list. You may need to change the form of some of the words.

Jena knew when she was five that she wanted to act, it was a childhood dream of hers. She had assumed that it was what she would end up doing. She had always dreamt of .... 1. in movies ever since she had seen Lilian Gish perform in *The Unforgiven*. She wanted to go on the stage, although she knew she'd be lucky if she got into an audition.

Once she had finished .... 2. school Jena decided to go in for a film .... 3. She expected to read for roles and go through a series of screen .... 4. while she tried out for different roles, pinning her hopes on becoming a film star in a distant future and, who knows, be nominated for an .... 5. and become a film legend. Hollywood looked like the ideal place to launch her career and break in to showbiz. She went to auditions, looked out for .... 6. notices, scheduled interviews, posted her profile and résumé online and finally got noticed by a talent agent. She had her foot in the door.

At first she did bit parts in B-movies, biding her time and waiting for a break. Her name could be seen at the bottom of the .... 7. list, which, in a way, was comforting for the relatives and friends she had left behind before heading for the West Coast. The .... 8. she earned were barely enough to scrape by but she was confident; she knew that a pretty girl like her who filmed well would eventually catch the attention of a studio or film maker and sign a ludicrous .... 9.

Her lucky break came one day when she was asked to substitute for the .... 10. actress who had fallen out with the film director and had to be replaced immediately. At least she had a name part, and thought she would no longer have to play the extras or the .... 11. The film .... 12. welcomed her warmly. There was John, the lighting director, who was responsible for designing all required lighting, and implementing the design into the set. She worked closely with the .... 13. girl while she was rehearsing, making sure she knew her lines in the .... 14., sometimes doctoring the script to make the story more pungent. She would marvel at the daring and dangerous feats of the .... 15. of the action movie she was acting in. In the evening, when shooting was over, she was sometimes invited to watch the .... 16. and discuss camera movement or shooting angles. Later, when the film was in the process of being edited, she lent her voice for the .... 17. of the Spanish version. The film went on to become a box office .... 18.

Yet Jena never became the Hollywood film legend she had aspired to be. Although she played in many movies, she found life in .... 19. Town shallow. She longed for the theatre and when Broadway made an offer, she just couldn't resist the temptation and flew to New York City. Today, you can sometimes see her name, at the top of the .... 20.

29 On stage / Tous en scène

"No man is too busy to read Shakespeare." (Charles Buxton)

Must-know words

acting • to go to the theatre / ballet / opera • a theatre district • a playhouse • the audience • a theatre manager • a drama festival • a drama club • an acting school • to act in / to appear in / to perform in / to star in + musical

an opera • a ballet • a comedy • a tragedy • a puppet show • a farce • a drama • comic • tragic • dramatic • a musical • improvisation

to write a play • to do a play • to produce / to present / to perform / to produce + a play • to put a play on stage • to be in a play • to write for the stage • to be adapted for the stage

a comedian • an actor • an actress • costumes • a curtain • to raise / to drop the curtain • a role • a hero • a villain • to clap • to boo • a round of applause • to be on tour • a standing ovation

Words and expressions you may want to know

a repertory troupe: une troupe de répertoire • **a playgoer**: un amateur de théâtre • **a theatre company**: une compagnie théâtrale • **to go on the stage**: faire du théâtre

a theatrical performance: une représentation théâtrale • **to give / to put on a performance**: donner une représentation • **a skit**: un numéro • **to rehearse**: répéter • **a rehearsal**: une répétition • **staging**: la mise en scène • **a debut**: une première représentation

the cast: la distribution • **to cast a play**: superviser la distribution des rôles • **the members of the cast**: la troupe • **a stage manager**: un régisseur • **to tell lines**: dire son texte

a dramatist / a playwright: un dramaturge • **a play by Shakespeare**: une pièce de Shakespeare • **a theatre critic**: un critique de théâtre • **to review a play**: faire la critique d'une pièce • **the opening night**: la première

> ☞ **the action**: l'intrigue, l'action • **a plot**: une intrigue • **climax**: l'apogée (n.m) • **catharsis**: la catharsis • **pathos**: le pathos • **comic relief**: l'intervalle comique • **apotheosis**: l'apothéose • **denouement**: le dénouement • **the epilogue**: l'épilogue • **an act**: un acte • **a scene**: une scène • **a long speech**: une tirade • **an aside**: un aparté • **a cue / a rejoinder**: une réplique • **a punch line**: une dernière réplique • **a surprise ending / a dramatic turn of events / a dramatic twist**: un coup de théâtre • **a twist**: un tour inattendu • **a libretto**: un livret • **a librettist**: un librettiste

to perform: jouer • **stage direction**: la direction d'acteurs • **an interval / an intermission**: un entracte • **to give sb his/her cue**: donner la réplique à qn • **a curtain call**: un rappel

the house: la salle • **the stalls (UK) / the orchestra (US)**: les fauteuils d'orchestre • **the front row**: le premier rang • **the dress circle**: la corbeille • **the circle**: le balcon • **the gods**: le poulailler, le paradis • **the stage**: la scène • **a proscenium / an apron-stage**: une avant-scène • **a wing**: une aile • **backstage**:

les coulisses • **a dressing room**: une loge d'artiste • **a scene change**: un changement de décor • **the scenery / the scenes / the props**: le décor • **a prompt / a prompter**: un souffleur

☞ **Idioms with *stage*. to upstage (a rival)**: supplanter (un rival) • **to take centre stage**: occuper le devant de la scène, être le clou d'un événement • **at this stage**: à ce stade • **to leave the stage**: quitter la scène • **off stage**: dans les coulisses • **to go on the stage**: faire du théâtre • **to set the stage**: planter le décor • **to hold the stage**: tenir la vedette • **behind the scenes / off stage**: en coulisses

☞ **to write a musical**: écrire une comédie musicale • **to direct an opera**: diriger un opéra • **to rehearse for a play**: répéter pour une pièce • **to see a play / a production** • **a play / an opera opens**: la première d'une pièce, d'un opéra a lieu • **the show has played to packed audiences**: le spectacle se joue à guichets fermés • **the show ran for years on Broadway**: la pièce s'est jouée pendant des années à Broadway • **the musical closes this week**: la dernière de la comédie musicale a lieu cette semaine • **a play / a show folds**: c'est la dernière d'une pièce / d'un spectacle • **the characters in the play**: les personnages de la pièce • **a play *by* Eugene O'Neill**: une pièce d'Eugene O'Neill

Exercices

1. Suffixes in *-ic* et *-ical* can be used to form adjectives from nouns (*artistic, musical*). Yet there are differences between adjectives ending with *-ic* and *-ical*: *comic* = amusing = arousing or provoking laughter but *comical* = ridiculous. Circle the right word.

1. A (**classic / classical**) performance is a great and memorable one.
2. He was funny. He had a (**comical / comic**) attitude.
3. We went to the (**comic / comical**) opera last night.
4. Buster Keaton, he was some (**comic / comical**) actor!
5. The Globe Theatre is a (**historic / historical**) building.
6. The death of a hero is always a (**tragic / tragical**) moment.
7. He's doing (**historic / historical**) research on the Elizabethan theatre.
8. The clown was wearing a (**comical / comic**) hat that made the children laugh.
9. After falling into the orchestra pit, the elderly actress was listed in (**critic / critical**) situation.
10. The literary critic made nothing but (**critical / critic**) remarks about Barker's new performance of *The Castle*.

2. Circle the right answer.

1. The stage was hidden behind a beautiful red … .
   a. wallpaper b. rug c. curtain d. shutter
2. In a theatre, actors usually perform on … .
   a. the pit b. stage c. the circle d. gods

3. A … is a part in a play. It is also a character.
   a. scene b. act c. role d. climax
4. The upper floor projecting from the rear over the main floor in an auditorium is called the … .
   a. gods b. balcony c. front rows d. circle
5. The items or objects used by the cast on stage are called … .
   a. things b. stuff c. gizmos d. props
6. The company can sit there and relax after a show. It is a … room.
   a. red b. blue c. green d. black
7. A matinee is a theatrical performance held … .
   a. in the afternoon b. in the morning c. in the evening d. at night only
8. A person who writes plays is a … .
   a. player b. playwright c. novelist d. dramatist
9. A practice before a performance is a … .
   a. repetition b. run c. rehearsal d. preview
10. When you clap your hands after a performance you … .
   a. applaud b. applause c. tap d. bravo

3. Which category do the following words belong to?

act • *backstage* • *balcony* • *costume* • *dress circle* • *dressing room* • *gallery (the gods)* • *lights* • *mask* • *orchestra stalls* • *pit* • *props* • *proscenium* • *scene* • *set* • *stage* • *upper circle* • *wings*

1. where the audience sit ……………………………
2. where the actors play ……………………………
3. where the actors get ready ……………………………
4. where the orchestra play ……………………………
5. what the actors wear ……………………………
6. what you find on stage ……………………………
7. the parts of a play ……………………………

4. Complete the sentences with the words from the list.

booed • *cue* • *manager* • *plot* • *prompt* • *rehearsal* • *scene* • *standing*

1. The ……………………… is the fundamental thread that runs through a story, providing the reason for the actions of the characters. • **2.** In opera it was traditional for the ……………………… to be positioned with the head projecting through a small slit cut in the stage floor down stage centre, with a wooden hood or cover to mask the person from the audience. • **3.** At the dress ……………………… the actors are in costume and all technical problems have been sorted out. • **4.** The stage ……………………… supervises the production of play from the rehearsals to the opening night. • **5.** She tried to give me the ……………………… by the motion of her lips, but I couldn't read her. • **6.** When the play was over the audience clapped loudly and gave the leading actor a ……………………… ovation. • **7.** The playacting was so awful that the audience ……………………… and hooted the actors off the stage. • **8.** The first ……………………… of *Hamlet* is the walk of a castle.

5. Read the passage and review the vocabulary you have learned. Answer the questions that follow.

Why do people go to the theatre?

People go to the theatre to enjoy themselves. Whether sitting in the gods or in the front row, there can be but one reason, which is to bask in the acting of the performers, revel in the plot unfolding before their very eyes and absorb the lines written by the playwrights of yore.

Going to the theatre is a way of stepping from the outside world into a temple of entertainment; it also means ascending from one level of civilization to a higher level. It means immersing oneself into a world where you feel time has become frozen and you are going to re-live a historical period. The theatre carries you away from the nagging present time, it is escapism at its best because, in an odd way, you slip into the costumes of the performers and flee to a different century or place. Acting is a departure from reality whereas the cinema, all to often, is a reminder of this reality. The theater is the doorway through which another world can be reached. A world in which anything is possible and the unsolvable can be solved. It is the catharsis, of which Aristotle speaks, that we humans crave.

Another reason why people enjoy going to the theatre is that it brings live the words that were written and enshrined once and for all. If writing possesses a somewhat passive quality, putting the lines into the mouths of the actors and actresses makes art real again, as if resuscitating the deceased and mute reality of the past.

Naturally, you will learn to appreciate the acting because in an actor's or actress's interpretation, the people on stage adopt attitudes and postures that you will in turn adapt or copy to further your own goals or improve your own skills.

Finally, what better pleasure can you draw from drama or tragedy than the sheer act of letting the imagination roam wildly for a couple of hours? For it seems that if the cinema imposes itself on you, if the film is something that you submit yourself to, the theatre, on the other hand, gives ample room to let your unbridled thoughts run wild.

Right or wrong? Tick the right box.

	R	W
1. There are no compelling reasons why people go to the theatre.	❑	❑
2. Going to a play is less exciting than watching a movie.	❑	❑
3. The theater gathers people together.	❑	❑
4. Seeing a play is tantamount to escaping into a familiar world.	❑	❑
5. Today's playwrights are essential in helping people revisit the past.	❑	❑
6. The theatre is an antidote for people's worries.	❑	❑
7. You can daydream while seeing a play.	❑	❑
8. Theater-goers are familiar with stage managing.	❑	❑

30 *The sound of music* / La musique

"Music is a kind of inarticulate unfathomable speech, which leads us to the edge of the infinite, and lets us for moments gaze into that." (Thomas Carlyle)

Must-know words

a musician • pop music • folk music • chamber music • classical music • electronic music • film music • religious / sacred music • a college of music • a school of music • a music festival • to listen to music • to play music • a form of self-expression • to explore / to express one's emotions • emotional power

a musical instrument • to play / to practise an instrument • a music teacher • to study the piano • piano practice • to accompany **on** the piano • a music composition • to write music • a piece of music • a concerto • a sonata

a concert • to go to a concert • a concertgoer • a concert hall • a piano recital • to perform • a performance • to conduct an orchestra • a solo • a soloist • to give a concert • to attend a concert • to hold / to organize a concert • a concert program • a recital • a piano recital • to give a recital

singing • a chorus • a duet • to sing in / out of tune • to sing a cappella • a bass • an alto • a baritone • a soprano • a tenor • a serenade • an opera singer • tessitura • timbre

a musical instrument • a keyboard instrument • a piano • to play **the** piano • a cello • a guitar • a harp • a violin • a banjo • a wind instrument • a bassoon • a trombone • a trumpet • a tuba • a clarinet • an oboe • a saxophone • percussions • the drums

> ☞ We say a flute but a **flautist** (UK) and a **flutist** (US).

show business • pop culture • a rock band • a record company • a record store • to record • to tape • to release a record • a live recording • to be on tour • to perform on stage • to record live • a live performance • to attend a live performance • to watch a performance on TV • to improvise • improvisation

Motown • Mersey sound • soul music • rhythm and blues • jazz • gospel • blues • disco • a protest song • rock • pop rock • hip-hop • dance • country music

Words and expressions you may want to know

twelve-tone music: la musique dodécaphonique • **solfeggio / solfa / solmization**: le solfège • **C D E F G A B C**: do ré mi fa sol la si do • **scales**: les gammes • **an arpeggio**: un arpège • **sharp**: dièse • **flat**: bémol • **to sight read**: déchiffrer • **the score**: la partition • **to set to music**: mettre en musique • **a gig**: un concert (pop)

a conductor / a bandmaster: un chef d'orchestre • **a baton**: une baguette • **a leader**: un premier violon • **a concert artist**: un concertiste • **vocal(s)**: le chant • **a vocalist**: un chanteur

a harpsichord: un clavecin • **an organ**: un orgue • **a mouth organ**: un harmonica • **a stringed instrument**: un instrument à cordes • **the strings**: les cordes • **a viola**: un alto • **a fife**: un fifre • **a pipe**: un pipeau • **a brass instrument**: un cuivre • **a horn**: un cor • **a bugle**: un clairon • **bagpipes**: les cornemuses

an entertainer: un artiste, une vedette • **a teen idol**: une idole des jeunes • **to cut a record**: faire un disque • **to top the charts**: être en tête des ventes • **to go gold**: devenir disque d'or • **to idolize**: adorer

1. Form adjectives from the nouns.

Nouns	*Adjectives*
1. choir	....
2. harmony	....
3. instrument	....
4. melody	....
5. music	....
6. opera	....
7. rhythm	....
8. tune	....

2. Match numbered and lettered elements to form expressions.

1. to conduct
2. to sing
3. to compose
4. to play
5. to hum
6. to write
7. to read
8. to take up
9. to accompany

a. a symphony
b. on the piano
c. unaccompanied
d. an orchestra
e. the tuba
f. out of tune
g. a musical instrument
h. lyrics / music
i. a tune
j. a song
k. a score

3. Find the answers to the definitions.

1. notes of a chord struck in quick succession ....
2. raises the pitch of a note by one semi tone ....
3. lowers the pitch of a note by one semi tone ....
4. arrangement of notes so as to please the ear ....
5. a group of musicians playing brass instruments ....
6. composed on a sacred or mythological theme ....
7. music to be played outdoors in the evening ....

4. Complete the passage with the words from the list.

adulation • fainted • gold • hips • hit • performer • scandalous • show • stage • teen-age

Mr. Presley was once the object of such .... 1. that teen-age girls screamed and .... 2. at the sight of him. He was also denounced for what was considered sexually suggestive conduct on ....3. Preachers inveighed against him in sermons and parents forbade their children to watch him on TV. In his first television appearance on the Ed Sullivan show, his act, which might be thought of as tame by today's standards, was considered by the broadcasters to be so .... 4. that the cameras showed him only from the waist up, lest his wiggling .... 5. show.

Mr. Presley's early .... 6. songs are an indelible part of the memories of anyone who grew up in the 50's. "Hound Dog," "Heartbreak Hotel" and "Blue Suede Shoes" were .... 7. anthems. Like Frank Sinatra in the decade before and the Beatles a decade later, Mr. Presley was more than a singer—he was a phenomenon, with 45 .... 8. records that sold more than one million copies each.

Mr. Presley was a .... 9.-business legend before he was 25 years old. At the age of 30 he was the highest-paid .... 10. in the history of the business. He made 28 films, virtually every one of them frivolous personality vehicles and nearly all of them second-rated at best, but they have grossed millions.

31 *The art world* / Le monde de l'art

"Every artist dips his brush in his own soul, and paints his own nature into his pictures."
(Henry Ward Beecher)

Must-know words

the fine arts • an artist • an artist's studio • abstract art • figurative art • modern art • an art collector • an art critic • an art dealer • an art historian • an art lover • art history • the art market • an art school / college • a school of painting • an artistic movement • an artistic temperament • the creative process • creativity • to make music • to make art • to make a contribution to society • to learn about one's own culture

painting • a painter • a painting (by) • a paint box • an oil painting • a watercolor • a masterpiece • drawing • to draw • a drawer • engraving • a lithograph • a collage • a study • a cartoon • a caricature • a landscape • a seascape

sculpture • a sculptor • to sculpt • a model • marble • brass • plaster • pottery • bronze • a statue • a bust • photography • a picture • a photograph • a photographer • a digital camera • architecture • an architect • a portico • a frieze • frescoes • music • dancing • to dance • a dancer • ballet dancing • choreography • a ballerina

a fine arts museum • an art institute • an art gallery • to go to a museum / to visit a museum • a collection • an art exhibition • an art show • to exhibit / to display / to show / to have on display • a patron of the arts • to donate

art theft • an art thief • an art criminal • authentic / genuine • a fake • to fake • to forge • to authenticate • an art detective

a public auction • a price estimate • an auction house • to auction off • to bid • a bidder • the highest bidder • the reserve price • the auctioneer

Words and expressions you may want to know

a print: une estampe • **a paint brush**: un pinceau • **a canvas**: une toile • **an easel**: un chevalet • **charcoal**: le fusain • **a sketch**: une esquisse • **a crayon**: un crayon de couleur, un pastel • **a mural**: une peinture murale • **an engraving**: une gravure • **a still life [pl. still lifes]**: une nature morte • **a self portrait**: un autoportrait • **a daub**: une croûte • **a tint**: une teinte • **a tone / a tinge**: un ton • **chiaroscuro**: le clair-obscur • **gaudy**: voyant, criard • **garish**: voyant, criard, tapageur • **showy**: voyant, tape-à-l'œil, criard

to carve: découper • **to model**: modeler • **to chisel**: tailler • **a chisel**: un ciseau, un burin • **clay**: l'argile • **a potter's wheel**: un tour de potier

a lens: une lentille • **exposure**: l'exposition • **a viewfinder**: un viseur • **a roll of film**: une pellicule • **film**: la pellicule

☞ **gaudy** = a challenge to the eye, as by brilliant colors and not in good taste • **flashy** = insistent and vulgar display • **garish** = crude vividness of color, and too much ornamentation • **showy** = what is strikingly conspicuous, but not necessarily offensive to good taste

a means of expression: un moyen d'expression • **self-expression**: l'expression de soi • **to explore one's emotions**: explorer ses émotions • **a process of self-exploration**: un processus d'exploration intérieure • **to fulfill a need to create**: répondre au besoin de créer • **to elevate humanity**: élever l'homme

a curator: un conservateur de musée • **to bequeath**: léguer • **a bequest**: un leg • **to endow / an endowment**: faire une dotation / une dotation • **patronage**: le mécénat • **a patron**: un mécène

to loot: piller • **looting**: le pillage • **an art heist**: un vol d'objets d'art • **art theft**: le vol d'œuvres d'art • **spurious**: faux

Why visit museums? To find out about / to learn about a culture: découvrir une culture • **to be interested in arts / history**: s'intéresser aux arts / à l'histoire • **to provide art for the masses**: permettre au plus grand nombre l'accès à l'art • **to soak up culture**: absorber la culture • **a museum devoted to**: un musée consacré à • **a critical repository of our heritage**: un dépositaire essentiel de notre héritage • **to sustain and celebrate a heritage**: soutenir et célébrer un héritage • **a wealth of resources**: un trésor de ressources • **to preserve the past**: préserver le passé • **to open a window into / on**: ouvrir une fenêtre sur • **to lift our spirits**: redonner le moral • **to fund a museum**: financer un musée

Exercices

1. Underline the word in the right column which is *not* associated with the word in the left column.

1. architecture	frieze • cornice • portico • pediment • etching
2. cinema	blockbuster • talkie • autocue • cartoon
3. colors	hue • tinge • tint • chiaroscuro • light • crayon
4. drawing	trace • marble • stencil • sketch • outline
5. genre painting	landscape • brush • seascape • still life • fresco
6. painting	sketch • drawing • tempera • fiddle • brush
7. photography	film • exposure • lens • shutter • oil • negative
8. novel	fiction • narrative • to hatch • plot • lyrics
9. sculpture	cast • chisel • brass • pedestal • murals
10. theater	stalls • cartoon • gods • wing • balcony

2. Circle the mistake in the sentences.

1. William Morris, a 19th-century designer-craftsman, founded a arts-and-crafts (a) movement to oppose the havoc (b) he saw the Industrial Revolution wreaking upon (c) England.
2. The art (a) has a way of surviving because artists (b) are as optimistic as seaside innkeepers (c).
3. Last year, any law enforcement officers (a) from all over the world gathered at FBI training headquarters (b) to discuss art theft (c).

4. Art is always vulnerable: the ravages of time (a) have blackened frescoses (b), eroded the Sphinx and reduced whole civilizations to rubble (c).
5. Art lovers still remind (a) the spectacular robbery of Boston's (b) Isabella Stewart Gardner Museum in 1990 when several Rembrandts (c) and a Vermeer were stolen.
6. An insatiable demand for (a) art works and antiquities in recent years has kept (b) prices raising (c) well above the rate of inflation.
7. He has spent (a) 14 years in New York investigating (b) art crime before opening (c) a private consultancy business in 2007.
8. One of the biggest buyers of art of dubious (a) provenance in the world is told (b) to be the Metropolitan Museum of Art in (c) New York.
9. A new power has been emerging (a) fast on the art collecting scene: the Chinese, who were (b) the biggest buyers recently and have invested (c) heavily in Western art.
10. The art market is a worldwide industry which (a) gross turnover (b) may be as high as $50 billion (c) a year.

3. Complete the sentences with the words from the list.

before • by • for • from • in • of • off • on • to • without • ø

1. A small Seurat vanished after the alarm systems were turned .... and .... guards had started their rounds.
2. At high noon even art .... display can be easy to steal.
3. The sketch was identified as the one stolen .... a small Spanish museum in 1985.
4. Art thieves couldn't do .... the cooperation of gallery owners, flea-markets purveyors, auction houses, museums, insurers, and collectors.
5. The U.S. Customs Service has helped stem the smuggling of archaeological loot .... one region: Latin America.
6. The 1970 UNESCO Convention imposes .... importers the burden .... proof that an article is not stolen when it comes .... relics .... specific regions of Latin America.
7. .... official count, the Anatolian peninsula is home .... 20,000 monuments, 10,000 tombs, 5,000 mounds that may conceal buried settlements and 3,000 ancient cities belonging .... 36 various pre-Turkish cultures.
8. He was arrested .... stealing 10-odd paintings from a New York gallery.
9. Today, Katz's paintings are included .... some 50 public collections in the U.S. and abroad, and are .... great demand.
10. Pre-Columbian artifacts from Latin America have virtually stopped entering .... the U.S.

4. Read the passage to review the vocabulary you have learned. Answer the questions that follow.

The stolen-art trade has become a world-wide industry valued as high as $6 billion per year, the largest black market behind drugs and arms trafficking. Yet the rate at which art crime is solved is reported to be a startlingly low ten percent. Investigations are hampered by the cult of secrecy within the art world itself—museums sometimes don't report thefts, fearing to expose their vulnerability to future crimes and thereby hurt their chances of receiving new donations. The art trade is probably one of the most opaque and least regulated commercial activities in the world.

One of the largest art thefts in history took place at the Isabella Stewart Gardner Museum in Boston in 1990. In the wee hours of March 18, in the wake of St Patrick's Day, two men dressed in police uniforms and sporting fake black mustaches knocked on a side door and claiming they were investigating a disturbance were let inside the museum. They set upon the on-duty security guards, handcuffed them, duct-taped their feet and mouths and stowed them in the basement. No weapons were used. For close to an hour and a half they had the full run of the place, picking and choosing. They made off with $300 million in art, including Vermeer's *Concert* (only 35 paintings by the Dutch painter are known to exist in the world), three Rembrandts (including *Storm on the Sea of Galilee*, his only known seascape), and a Manet. Yet they left behind other valuable artworks by Raphael and Fra Angelico as well as Titian's *Rape of Europa*, one of the greatest masterpieces in any American museum collection. They also took some comparatively minor items such as Degas pastels and the final of Napoleonic battle flag.

A $5 million reward was offered by the museum for a crime that so far has remained unsolved. None of the masterpieces have been recovered. Investigators blamed the IRA, South American drug traffickers, the local Mob. According to some theories, the art might have been used for a bargaining chip and traded to win immunity for other crimes. As such works are too well known to be resold on the market, experts claim that the theft was commissioned by an obsessive and reclusive collector (called a "Dr No" in art circles) who would have found a way to obtain works he could never have procured legally to enjoy for his own personal satisfaction.

1. What sort of business is art crime according to the reading?
   a. It is the most profitable business in the world.
   b. It is the third largest illegal market in the world.
   c. It is an infant industry that has grown quickly.

2. Which two adjectives characterize the way the Boston art theft was carried out?
   a. audacity and boldness
   b. selectivity and delicacy
   c. ruthlessness and extreme violence

3. Which group is not likely to have masterminded the theft?
   a. Russian mafia types
   b. organized crime members
   c. museum guards
   d. James Bond types
   e. drug dealers

4. When did the heist take place?

a. in full daylight

b. late at night

c. at daybreak

5. What did the thieves make off with?

a. an inordinate number of masterworks

b. a selected number of pieces

c. a couple of paintings only

6. Who is likely to have carried out the theft?

a. a large and well-organized gang of thieves

b. a couple of solo artists in disguise

c. four guards working for the museum

7. What has happened to the Isabella Stewart Gardner art?

a. It has been recovered.

b. It is still missing.

c. It is in the hands of the FBI.

8. What made the theft exceptional?

a. the way it was carried out

b. the number of victims

c. the quality of the stolen artwork

32 The written word / L'écriture

"Books are the carriers of civilization. Without books, history is silent, literature dumb, science crippled, thought and speculation at a standstill. I think that there is nothing, not even crime, more opposed to poetry, to philosophy, ay, to life itself than this incessant business." (Henry David Thoreau)

Must-know words

culture • a man / woman of culture • a cultural heritage • cultural diversity • a cultural industry • to be well-read • a learned person • a scholar • an erudite

a book • a bestseller • a paperback • to read • a reader • to write • a writer • to make / to write a book • fiction • Gothic fiction • non fiction • science fiction • fantasy • a novel • a novelist • a short story • a short story writer • poetry • a poem • a poet • a play • a playwright • a biography • a detective story • a thriller • a history book • an autobiography • a reference book • an anthology • an art book • an atlas • an e-book • an encyclopedia • a comic book • a bibliography

the publishing industry • the book trade • to publish • a publisher • an author • to translate • to plagiarize • to ban a book • a library • to borrow a book from • to take out a book

a table • a table of contents • a chapter • a cover • a jacket • a character • copyright law • a copyright holder • to expire • to be in the public domain • to digitize

a book lover • a bibliophile • a manuscript • to print • a printer • a printing plant / works • an edition • a first edition • a rare edition • publication • a translation • an out-of-print book

Words and expressions you may want to know

a hardback: un livre relié • **a second hand / a used book**: un livre d'occasion • **a textbook**: un manuel scolaire • **a cliffhanger**: un récit à suspense • **bookish**: intellectuel, studieux • **to skim through a book**: feuilleter un livre • **a verse**: une strophe • **a line**: un vers • **a stanza**: une strophe • **a binding**: une reliure • **the spine**: le dos

☞ **Style can be acidic**: acide • **acrid**: mordant / acerbe • **awkward**: gauche • **clumsy**: maladroit • **colloquial**: familier • **compendious**: compendieux, concis • **derisive**: moqueur • **fatuous**: imbécile, stupide • **forbidding**: rébarbatif • **forcible / impressive**: vigoureux • **hackneyed / trite**: banal, rebattu • **humorous**: humoristique • **impassioned**: passionné • **ironic / ironical**: ironique • **lively**: vivant • **moving**: émouvant • **pompous / bombastic / inflated**: ampoulé • **pithy**: concis, piquant • **ponderous**: **(style / joke)**: lourd, **(speech / tone / voice)** pesant et solennel • **pedestrian / prosaic**: prosaïque • **racy**: plein de verve • **slipshod**: négligé • **stilted**: guindé • **stodgy**: lourd • **straightforward**: direct • **tedious**: pénible, fastidieux • **terse**: concis • **touching**: attendrissant • **vapid / flat**: plat, insipide • **vivid**: vif, vivant • **vulgar**: vulgaire • **witty**: spirituel • **wordy**: prolixe

the plot: l'intrigue • **a storyline**: une intrigue, un scénario • **to unfold / to unravel**: se dérouler • **to depict / to portray**: peindre, dépeindre, décrire • **a climax**: un paroxysme • **catharsis**: la catharsis • **cathartic**: cathartique

verse: la poésie, vers, strophe **(stanza)**, couplet **(song)** • **a travel book**: un travelogue

• **to bring out a book**: sortir un livre • **to proofread**: lire les épreuves • **a book fair**: un salon du livre • **a review**: une critique • **to censor**: censurer • **censorship**: la censure • **bookburning**: l'autodafé • **to bowdlerize**: expurger • **copyright infringement**: la violation du droit d'auteur

☞ **A review can be enthusiastic** • **excoriating** (éreintant) • **favorable** • **glowing** (chaleureux) • **hostile** • **poor** • **rave** (dithyrambique) • **scathing** (acerbe, caustique, cinglant) • **withering** (cinglant, blessant)

Exercices

1. Match numbered and lettered elements.

1. novelists	**a.** write dramas, tragedies and comedies
2. playwrights	**b.** help write atlases
3. journalists	**c.** write about the lives of famous people
4. biographers	**d.** write works of fiction
5. geographers	**e.** write articles in papers and magazines

2. Circle the mistake(s) in each sentence.

1. *War and Peace* is one of the best romances (a) I have ever read. It tells the history (b) of Russian society during the Napoleonic Era. It is usually described as one of Tolstoy's two major masterpiece (c).
2. I am looking for a collection (a) of novels (b) by Raymond Carver, an American writer. Novels are short and easy to read, especially on (c) the train.
3. What (a) is the name of that (b) famous editorial house (c) you mentioned the other day? Was it Penguin or Oxford University Press?
4. His new book is just out (a). He's got rave critics (b) from the mainstream (c) press.
5. 'If yet I have not all thy love,
   Dear, I shall never have it all'
   are two of my favorite (a) verses (b) by (c) John Donne.
6. *David Copperfield* is a novel (a) of (b) Charles Dickens. It was first published in 1850. Like all except five of his works (c), it originally appeared in serial form.
7. The development of the printing press (a) represented a revolution for communicating the latest (b) scientific thesis (c) and research results to the academic community
8. The phrase *All rights reserved* was once a necessary formal notice indicating all rights granted under existing copyright law are retained (a) by the copyright author (b) and that legal action may be taken against copyright infringement (c).
9. Fantastic (a) is a genre that uses magic (b) and other supernatural forms as a primary element of plot, theme, and setting (c).
10. *The Spy Who Came in From the Cold* by John le Carré is set in the world of Cold War espionage (a) and helped to usher in an era of more realistic Gothic (b) fiction, based around professional spies and the battle of wits between (c) rival spymasters.

EXERCICES

3. **Rank the adjectives on style according to their connotation. Tick the right box. Then give their translation.**

Adjectives	*Positive*	*Negative*	*Translation*
1. acidic	❑	❑	....
2. awkward	❑	❑	....
3. clumsy	❑	❑	....
4. colloquial	❑	❑	....
5. forbidding	❑	❑	....
6. forcible	❑	❑	....
7. trite	❑	❑	....
8. impassioned	❑	❑	....
9. lively	❑	❑	....
10. bombastic	❑	❑	....

4. **Read the passage to review the vocabulary you have learned. Answer the questions that follow.**

Books are being digitized at an ever faster pace as new technologies emerge and projects are put together to build the largest virtual library in the world. The dream for some entrepreneurs is to re-create a modern Library of Alexandria containing all public-domain texts.

As books go digital, new questions, both philosophical and commercial, arise. How, physically, will people read books in future? Will technology "unbind" books, as it has unbundled other media, such as music albums? Will reading habits change as a result? What happens when books are interlinked? And what is a book anyway?

Change is least likely in the physical medium of books. Electronic books have existed for a decade now. Several thousand books are available online for download. The question is who is going to read the millions of pages that Google and the likes are in the process of digitizing? Will people read them on screen, before going to a bookstore to buy the paper version or borrowing them from library? Or will they just skim through the books for tidbits of information?

The biggest changes are likely to be seen in what becomes a book in the first place. If you consider what happened in the music industry where albums are dead, it is to be feared that playlists of individual books will replace them, to be shared with friends. This is what has already happened for encyclopedias. Wikipedia, which is free, collaborative and online, has eaten into sales of paperbound alternatives. So books that people would not traditionally read in their entirety, or that require frequent updating, are likely to migrate online and perhaps to cease being books at all. Textbooks, cookbooks, dictionaries and directories will soon follow suit.

Digitized non fiction books, especially scholarly ones, might present advantages as they will benefit from hyperlinks, thus reducing the time spent looking for primary sources, the location of a book, trudging through the library, pulling the book off the shelf, queuing for the photocopier. Such links will also make books much easier to discover, by helping search engines.

What about all the different genres of books? Obviously, some types of fiction—novels—are also likely to migrate online and to cease being books. Many fantasy fans, for example, have already put aside books and logged on to virtual worlds, in which muscular heroes and heroines get together to slay dragons and such like. Science fiction may go the same way, and is arguably already being created by "residents" of online worlds such as Second Life.

Most stories, however, will never find a better medium than the paper-bound novel. That is because readers immersed in a storyline want above all not to be interrupted, and all online media teem with distractions. People do not read fiction in order to accomplish a specific task in a limited amount of time, as they read reference and school books.

Being short, short stories and poems fit the new media, so some may do well online and need not be bound in paper. Commuters could receive their daily haiku or sonnet on their mobile phones while taking the bus to work. They might also use the new media to enjoy poetry in a more traditional way.

But even anthologies of short stories and poems, like longer novels, are unlikely to disappear. People want to be guided by others. They also want media suitable for unhurried reading in beds and bathtubs and on beaches. Above all, they want paper books for what digitization is revealing them to be. Books are not primarily artefacts, nor necessarily vehicles for ideas. Rather, they are souvenirs of the way we felt when we read something. That is something that people are likely to go on buying. (Adapted from *The Economist*)

1. Which title might be the most appropriate for the article?
a. The death of books b. The future of books c. Reading online is fun

2. What is the article mainly concerned with?
a. the gradual disappearance of books from library shelves
b. the way online resources will make access to books easier
c. how the Internet will lead to the invention of new literary genres

3. According to the passage, what is likely to happen to books in their present physical form?
a. They are bound to be replaced by on-line reading altogether.
b. They will be transferred from libraries to online sites.
c. They are here to stay.

4. What does the author say about online books?
a. Only some of them will be tapped into on line.
b. All of them will be read from cover to cover online.
c. Only parts of certain books will be read online.

5. What is the category of books most likely to be read online?
a. non fiction books b. fiction books c. reference books

6. Why do readers tend to prefer paper novels to online ones?
a. They can read at leisure. b. They are not interrupted. c. Reading is for pleasure.

7. In what way will the Internet change the way of books?
a. Novels are likely to become more popular.
b. Poetry might see a revival of the genre.
c. Scientific knowledge will become widespread.

8. Why can it be inferred that physical books will stay?
a. Books are associated with one's personal life.
b. Electronic reading is tiring for the eyes.
c. It is not comfortable to read online while lying on a beach.

33 *Sport crazy* / Les fondus de sport

"When money comes in at the gate, sport flies out at the window." (Theodore Roosevelt)

Must-know words

physical activity • amateur / professional sport • a sportsman • a sportswoman • to take up a sport • an athlete • athletic • a sport event • a sports magazine • to train (for) • training (for) • a training session • to compete • a tournament • a match • a game • to keep fit • to exercise • to be in good / bad shape • to be in top shape

> ☞ You can **do sport** or **play sports**. You can also **practise a sport**.

a competition sport • a team sport • street sports • ball sports • combat sports • equestrian sports • gymnastics • indoor / outdoor sports • motor sports • mountain sports • mountaineering • rock climbing • water sports • winter sports • athletics • extreme sports • martial arts • karate • judo • swimming • fishing • hunting • car racing • boxing • cycling

a team • a team player • team spirit • the home / visiting team • a coach • a trainer • a champion • to support a team • a match • a game • an opponent • a competition / a contest • a challenge • competitive • the score • the outcome • a podium • a reward • a cup • a title • to equalize • a spectator • a supporter

defeat • to defeat • victory • to win • to beat • a hooligan • hooliganism • a riot • doping • a doping case • drug use • anti-doping rules • a banned substance • erythropoietin (EPO) • testosterone • to test positive • a dope test • a blood test • to disqualify • to expel • to ban (from)

the Olympic Games • a gold / silver / bronze medal • a tournament • a goal • to score a goal • an own goal • a championship • a yellow / red card • an injury

a sport arena • a stadium • a racetrack • a court • a golf course • a swimming pool • an ice rink • sports gear • a racket • a net • a helmet • gloves

> ☞ **Practicing extreme sports.** to take risks • risk taking • a risk taker • to risk one's life / neck • to get the adrenalin going • a rush of adrenalin • to get a kick out of sth • to like thrills and spills • to push the danger button • to court danger / death • to flirt with death • to play with danger • to live life on the edge

Words and expressions you may want to know

to practice sports / to play / to do sport: faire du sport • **to be keen on sports**: être passionné de sport • **to take up a sport**: se mettre à la pratique d'un sport • **to stay in good physical shape**: rester en bonne condition physique • **to develop excellence**: apprendre à devenir excellent • **to learn to work on a team**: apprendre à travailler en équipe • **to put oneself to the test**: se mettre à l'épreuve • **to rise to a challenge**: être à la hauteur d'un défi • **to contribute to a person's development**: contribuer à l'épanouissement d'un individu

sports facilities: les infrastructures sportives • **sportsmanship**: la sportivité • **an all-round sportsman**: un sportif complet •

to root for a team: encourager une équipe • **a referee / an umpire**: un arbitre • **to vie for (a title / the championship)**: lutter pour (un titre / le championnat)

a spectator sports: un sport populaire • **to provide people with entertainment**: offrir une distraction • **sliding sports**: les sports de glisse • **fencing**: l'escrime • **scuba diving**: la plongée sous-marine • **rowing**: l'aviron • **sailing**: la voile • **a regatta / a sailing race**: une régate • **blood sports**: les sports sanguinaires • **fox hunting**: la chasse au renard • **eventing**: le concours complet • **show jumping**: le saut d'obstacles • **track-and-field sports**: l'athlétisme • **paragliding / hang gliding / parapenting**: l'aile volante • **sky diving**: le saut en parachute • **wrestling**: la lutte • **archery**: le tir à l'arc • **bullfighting**: la corrida • **figure skating**: le patinage artistique • **weightlifting**: l'haltérophilie • **adventure racing**: le raid

the pitch: la pelouse • **a golf links**: un terrain de golf • **a tracksuit**: un survêtement • **a bib**: un dossard

a tie / a league match: un match de championnat • **a home game / an away game**: un match à domicile / à l'extérieur • **a friendly**: un match amical • **a grand slam**: un grand chelem • **a try**: un essai • **a foul**: une faute • **the runner-up**: le second • **a draw**: un match nul • **a performance-enhancing drug**: un anabolisant • **to cheat**: tricher • **match-fixing**: le trucage des matches • **to achieve fame**: atteindre à la notoriété

Exercices

1. Complete the expressions with the right verb or noun.

do • team • title • play • competition • challenge • defeat • victory • practise • go

1. .... jogging, windsurfing, horse riding, swimming
2. .... a game of chess, basketball, a set of tennis
3. .... sports, gymnastics, aerobics, athletics
4. .... regularly, hard, for
5. put together, field, be on a ....
6. clinch, defend, retain, covet a ....
7. pose, face, rise up to, take on a ....
8. cutthroat, fierce, stiff, intense ....
9. romp to, secure, pull off, claim ....
10. bitter, devastating, crushing, resounding ....

2. Fill in the blanks with the right sport word.

1. In ...., each side tries to score a try and then to convert it by kicking the ball over the crossbar.

2. ...., popular among Britain's upper classes, is played on grass using a hammer.

3. Rugby .... is a form of rugby football played by 13 players whereas Rugby .... is played by 15 players.

4. ...., the national game of Scotland, is played on links or courses. Most of them consist of 18 ....

5. A .... is a small pile of sand on which the ball is placed at the beginning of a play for each hole.

6. In golf, players try to finish a hole in a given number of shots, which is known as ....

7. The aim of (field) hockey is to hit a small white ball into the other team's goal with wooden hockey ....

3. Match numbered and lettered elements to form expressions.

1. to suffer	a. 3 laps to the finish
2. to be sidelined	b. out of bounds
3. to retire	c. at the post
4. to throw	d. engine failure
5. to cross	e. down a slope
6. to clock	f. the breaststroke
7. to ski	g. for a hip injury
8. to snowplow	h. the hammer
9. to throw	i. a line
10. to cast	j. the finishing line
11. to swim	k. a right
12. to be pipped	l. under 3'

4. Associate each sentence to its sport.

baseball • bowls • boxing • cricket • darts • fencing • judo • rugby • soccer • tennis

1. They change sides every other game. ....
2. If you commit a foul, the referee might give you a yellow or red card. ....
3. It's an ace if you fail to return your opponent's serve. ....
4. Each side endeavored to score a try. ....
5. The ball is bowled six times from the same direction. ....
6. It is the noble art of self-defence. ....
7. The ball stopped close to the jack. ....
8. Three strikes and you're out. ....
9. The aim is to score a particular number of points usually 301 or 501. ....
10. The contest was declared a draw. ....

EXERCICES

5. Beat, lose ou win? Mark the right verb(s).

	win	lose	beat	
1.	❑	❑	❑	.... the outgoing champion
2.	❑	❑	❑	.... the championship
3.	❑	❑	❑	.... the semi-final
4.	❑	❑	❑	.... in the quarter final
5.	❑	❑	❑	.... a point
6.	❑	❑	❑	.... the gold medal
7.	❑	❑	❑	.... the 100-meter hurdles
8.	❑	❑	❑	.... the 3-year old world record
9.	❑	❑	❑	.... a fiercely contested competition
10.	❑	❑	❑	.... by one tenth of a second

6. Read the passage to review the vocabulary you have learned. Answer the questions that follow.

Doping has become a bane in modern sports. More than ever athletes are resorting to illicit performance-enhancing drugs, blood transfusions or the use of the hormone erythropoietin. Not that doping is a recent phenomenon. It can be traced as far back as the classical Olympic Games of 480 BC when Dromeus of Stymphalos won the Marathon. His claim: he had eaten meat exclusively, whereas the typical regimen at that time comprised bread, greens, vegetables, cheese and figs. Today, meat has become standard fare. It has given way to much more hazardous substances that athletes right and left have turned to for the sake of victory.

Although doping is considered unethical by sports federations and organizations, cycling, weightlifting, but also baseball or tennis have been tainted by doping scandals. High profile cases have attracted media coverage as famous sports people have tested positive for doping substances. At the same time, the media coverage has increased public awareness of this phenomenon.

There are many reasons why sportsmen and sportswomen use drugs, regardless of the threat to their health. Athletes today, especially professional athletes, have very lucrative contracts and sponsorship deals, and steroids are known to improve performance, strengthen muscular power, postpone fatigue, reduce and repair injuries. If you are an athlete looking to stretch a sports career far, such drugs are bound to be an indispensable part of the dietary intake. As the stakes involved in competition sports grow higher, the rule is to get around the rules.

Due to their scope and sophistication, doping practices are a threat to more than just the world of sport. The moral values attached to sport are increasingly called into question while the health of athletes is at risk. Abusing illicit substances destroys the spirit of the game. As athletes reach for the forbidden phial and search for the best possible performances, they do not realize that the ideals of sport are distorted and trampled on. They do not realize that the younger generations will push themselves harder and farther so as to emulate their models, yet doing harm to their health for the sake of fifteen minutes of fame. Yet, what is the point of making millions of dollars if you have ruined your health and can no longer enjoy your wealth? Accidents are bound to happen too. Many athletes have collapsed on the finishing life never to stand up again, the victims of too many drugs to go higher and faster. Finally, doping only confirms that winning at all costs has turned into a huge business where performance is dwarfed by marketing techniques and deal making. Athletes and players are no longer in charge of their own destiny. They have become the pawns of the corporate world.

Right or wrong? Tick the right box.

	R	W
1. Doping is a recent phenomenon in the world of sport.	❑	❑
2. Only few sports have been affected by doping altogether.	❑	❑
3. People are hardly familiar with doping scandals.	❑	❑
4. For some athletes, victory matters more than health.	❑	❑
5. Men only are involved in doping scandals.	❑	❑
6. Doping is not a form of cheating.	❑	❑
7. Sport ideals are given short shrift because of doping.	❑	❑
8. Sport brings short-lived fame.	❑	❑
9. Athletes may become the plaything of business interests.	❑	❑
10. Had it not been for the press, doping scandals would have been unheard of.	❑	❑

34 *Meet the press* / La presse écrite

"Newspapers are unable, seemingly, to discriminate between a bicycle accident and the collapse of civilization." (G.B. Shaw)

Must-know words

the mass media • electronic media • media coverage • a media event • censorship • to abolish / to lift censorship • to tighten censorship • freedom of the press • the First amendment

> 📖 The **First amendment** to the Constitution of the United States guarantees the right of free expression.

information overload • a wealth of information • access to information • communication technology • to keep people informed • to abuse a position of power • to manipulate

the press • the daily press • Fleet Street • the fourth estate • the tabloids • investigative journalism • a newspaper • a morning / an afternoon paper • a Sunday paper • a men's / women's magazine • a children's magazine • a TV magazine • a fashion magazine • an e-zine / a webzine • a news stand • a newsagent • a paper boy • a paper route • to subscribe • a subscription • a subscriber

> 📖 The **fourth estate** was so called by Thomas Carlyle (1795-1881) referring to a statement made by Edmund Burke (1729-1797), the other three estates being the nobility, the church and the commoners (or middle class).

the press corps • a journalist • a newsman • a newspaper man • a print journalist • to start a paper • to run a paper • a pressroom • a news agency • a correspondent • a foreign correspondent • a columnist • a freelancer • to freelance • a cartoonist • a paparazzi • to read between the lines

> 📖 **Fleet Street** is a famous street in London, England, named after the River Fleet. It was traditionally the home of the British press, up until the 1980s.

the news • a piece / a bit / an item of news • a news article • a story • a press release • an interview • a column • a front / back page • the fashion page / sports page • small ads • classified ads • the weather report / forecast • to be front page news • a headline • to make headlines • a cover

> ☞ You say **on** the radio • **on** television • **on** the Internet • **on** screen • **on** the computer, but with the printed media we say **in** (**in** the magazine • **in** the newspapers).

to report news • to inform • to spread the news • to have news value • a news source • a press conference • to investigate • an investigation • to sensationalize • to publicize • to affect the way people think • to have an effect on the way people think

Words and expressions you may want to know

readership: le lectorat • **media hype**: le battage médiatique • **a media circus**: un cirque médiatique • **a media mogul / tycoon / baron**: un patron de presse • **the quality press**: les journaux sérieux • **the gutter press / the yellow press / yellow journalism**: la presse à sensation • **a broadsheet**: un journal de qualité • **to hype up an event**: grossir / médiatiser un événement

☞ Press always goes with **the**. **News** is always used in the singular (All the news that **is** fit to print).

a celebrity magazine : un magazine people • **a glossy magazine** : un magazine de luxe • **a freesheet / a giveaway paper** : un gratuit • **a pulp magazine** : un magazine à sensation • **a journal** : une revue savante • **circulation** : la diffusion, le tirage • **an issue** : un numéro • **a back issue** : un ancien numéro • **a copy** : un exemplaire • **to sell [sold] well** : bien se vendre • **to come out** : paraître

a publisher : un éditeur • **a wire service** : une agence de presse • **an editor-in-chief** : un rédacteur en chef • **a desk** : un secrétariat de rédaction • **the news / city desk** : le service des informations • **a special reporter** : un envoyé spécial • **the editorial staff** : la rédaction

newsworthy : digne d'intérêt • **breaking news** : flash info • **hard news** : des mauvaises nouvelles • **a leader / an editorial** : un éditorial • **a cover story** : un article en couverture • **the agony column** : le courrier du cœur • **a feature** : une chronique, un reportage spécial • **a syndicated column** : un éditorial vendu à plusieurs journaux • **news in brief** : la rivière / faits divers / nouvelles brèves • **a serial** : un feuilleton • **a banner headline** : une manchette • **a bleed page** : une page à fond perdu • **a by-line** : le signataire d'un article • **the layout** : la maquette • **a deadline** : une date limite • **a flag / a nameplate / a masthead** : un drapeau • **a section / a split** : une rubrique, un cahier • **a box** : un encadré • **a graph** : une courbe, un graphique • **a caption** : une légende • **a pie chart** : un camembert • **to put a paper to bed** : boucler un journal • **to go to press** : sortir • **hot off the press** : vient de paraître

☞ A **sidebar** is extra information for an article that is contained in a separate area on a spread or page. The information is usually secondary to the main article but can be used as a means of attracting the reader to delve into the main article. It is a secondary story that accompanies a main story.

☞ An **op-ed**, abbreviated from OPposite EDitorial—on account of the tradition of newspapers placing such materials on the page opposite the editorial page—is similar in form and content to an editorial, but represents the opinion of an individual contributor, who may be affiliated with the publication.

libel : la diffamation • **a libelous statement** : une déclaration diffamatoire • **character assassination** : la diffamation • **to taint / to tarnish / to sully a reputation** : salir une réputation • **to take to court** : poursuivre en justice • **a libel suit** : un procès en diffamation • **to invade the privacy** : envahir la vie privée • **to bring attention to the private lives of famous people** : attirer l'attention sur la vie des célébrités • **a celebrity's personal life** : la vie privée d'une célébrité • **to defame** : diffamer • **to damage the reputation** : nuire à la réputation • **to withhold information** : faire de la rétention d'informations • **to expose a scandal** : révéler un scandale • **to cover up a scandal** : étouffer un scandale • **a whistleblower** : un corbeau • **biased / unbiased** : partial / impartial • **to gag the press** : bâillonner la presse • **to sanitize the news** : expurger les informations • **a black-out on news** : une absence totale de nouvelles

1. Fill in the sentences with the words from the list.

barons • bookstall • boy • editor • editorial • freedom • issue • newsagent • publisher • scandal • syndicated

1. Many American families have their newspapers delivered to their home by a paper ....
2. As I don't subscribe to any paper, I usually buy my daily from a ....
3. In the U.S., features are generally ...., which means that one paper in each area can buy the right to print them.
4. It is up to the .... to decide what stories to include each day, but the .... has control over general policy.
5. Newspapers owners have so much clout that they are often called press ....
6. An .... is a statement of opinion from an editor or publisher about a topic of general or particular interest. It reflects the opinion of the paper or magazine.
7. In this week's ...., you'll find a report on the rain forest and the prime minister's campaign for the national elections.
8. .... of the press implies that people should have the right to express themselves.
9. The Watergate ...., which was exposed by two *Washington Post* journalists, was to lead to the demise of President Nixon in 1974.

2. Match the headline words of the left column with their synonyms in the right column.

1. pledge	a. restart
2. hit	b. flow
3. seek	c. break apart
4. rescued	d. trim
5. resume	e. struck
6. collapse	f. attack, rebuke
7. back	g. saved
8. stream	h. pledge
9. prevail	i. promise
10. tackle	j. think about
11. pare	k. win out
12. consider	l. look for
13. assail	m. support
14. vow	n. come to grips with

3. Circle the mistake(s) in the underlined words or expressions, if any.

1. People's magazines featuring the <u>life</u> (a) of actors, actresses <u>make</u> (b) good copy. People buy them by the <u>thousands</u> (c) every week.
2. Because of the death of the Princess, the editorial <u>staff</u> (a) had to <u>hurry</u> (b) a special <u>edition</u> (c).
3. The time a paper is put to <u>sleep</u> (a) also depends whether it is a morning or evening paper and whether it will sell <u>well</u> (b) or just remain <u>unsold</u> (c).

4. Following his abduction and in anticipation of <u>yelling</u> (a) headlines, the family decided to put an <u>insert</u> (b) in the paper to try to find their missing child. A reward was <u>posted</u> (c).
5. In a paper, you will find the <u>credit</u> (a) line right underneath a picture. Sometimes there is a <u>caption</u> (b) under the picture. More often than not, it is a <u>caricature</u> (c).
6. A graph is a visual aid used to show statistical <u>trends</u> (a) and patterns. It is a <u>pictorial</u> (b) representation of information in a news <u>report</u> (c), for example.
7. <u>All sold</u> (a) copies are usually sent back to the <u>print</u> (b) shop for <u>recycling</u> (c).
8. On a <u>camembert</u> (a) chart, you can display graphically the categorical <u>data</u> (b), in which the proportion of each category is represented by the size of a <u>sector</u> (c) of a circle.

4. Complete the article with the words from the list.

authoritarian • classified • express • first • fourth • gagged • guarantee • harassment • interest • monopoly • organizations • universal

Freedom of the press is a ....1. given by a government that there will be free press, and that the news gathering .... 2. will be free to exercise the right to obtain information and tell the public. In the US, this right is guaranteed by the .... 3. Amendment to the Constitution, but not all countries are protected by such a provision. The information that the government will not authorize to disclose is called .... 4. or secret. It may concern affairs regarding the national .... 5. In developed countries, press freedom also implies that people should have the right to .... 6. themselves in writing or through other ways of expression. Although the Universal Declaration of Human Rights states that freedom of expression is a .... 7. right, in many countries—especially .... 8. regimes such as Cuba, where the press is .... 9. —journalists are victims of persecution and .... 10. Some are even murdered. In such countries, where there is a state .... 11. on TV, radio and the written press, censorship is the rule. In democratic countries, on the other hand, the media are sometimes compared to the ....12. branch of government. It is an essential component of the social contract binding the state and the people.

35 *Prime time / Les heures de grande écoute*

"The television, that insidious beast, that Medusa which freezes a billion people to stone every night, staring fixedly, that Siren which called and sang and promised so much and gave, after all, so little." (Ray Bradbury)

Must-know words

to watch television / TV • interactive television • on TV • the telly • the tube • the idiot box • the small screen • color TV • cable TV • to be wired for cable • a TV set • a flat-screen television • an LCD screen • the remote (control) • a satellite dish • a TV station • a TV channel • a VCR • a subscriber • a subscription

a network • a news network • to televise • to telecast • a TV studio • a TV program • a live program / broadcast • prime time • a commercial • a TV spot • a couch potato • to watch the news • to have access to

a news broadcast • a sports broadcast • a reporting • a news magazine • the weather man • the weather forecast • a variety show • a soap opera • a sitcom • a game show • a quiz show • a teleplay • a series • an episode • a sequel

☞ A **docusoap** is a TV genre which mixes a documentary program and a soap. A **docudrama** is a dramatized film based on a semi-fictional interpretation of real events. A **sitcom** (situation comedy) is a humorous drama based on situations that might arise in day-to-day life. A **zitcom** is a sitcom aimed at a teenage audience. Zitcoms (a zit = a pimple) are most often seen on Saturday mornings, or on children's networks like Nickelodeon. An **infomercial** is a television commercial presented in the form of a short documentary (about 30 minutes long). **Infotainment** (also called **soft news**), is a combination of information and entertainment.

the viewing audience • a televiewer • a TV producer • TV coverage • to cover an event • a TV crew • a producer • a cameraman • a teleprompter • a microphone • an educational role • TV addiction • to be glued to the screen • the impact of television • a programme appropriate for sb's age

Words and expressions you may want to know

pay per view television: la TV à la carte • **digital terrestrial television**: la télévision numérique terrestre (la TNT) • **High Definition Television (HDTV)**: la télévision haute définition • **to channel surf / hop**: zapper • **an anchorman / -woman**: un présentateur / une présentatrice • **to anchor**: présenter (un journal) • **a broadcaster**: un chroniqueur, un journaliste • **a compere / a host / a presenter**: un présentateur • **to compère / to compere (US)**: présenter, animer une émission • **the dumbing down of television**: l'abêtissement de la télévision

ratings / viewing figures: l'indice d'écoute • **air time**: le temps d'antenne • **a panellist**: un participant (à une émission) • **a chat show / a talk show (US)**: un débat, une causerie • **reruns (US) / repeats (UK)**: des rediffusions • **to be on air**: être à l'antenne • **to go off air**: rendre l'antenne

to spend hours watching TV: passer des heures à regarder la télé • **to be sensitive to violence**: être sensible à la violence • **to glamorize violence**: glorifier la violence • **to distort facts**: déformer les faits • **to**

mould opinions: façonner les opinions • **to exercise our imagination**: stimuler notre imagination • **homogenization of culture**: l'homogénisation de la culture • **to condition / to brainwash**: conditionner • **to be inactive**: être inactif / passif • **to be unimaginative**: manquer d'imagination • **to be exposed to unrealistic and unnatural levels of stimulation**: être exposé à des niveaux de stimulation irréalistes et inhabituels • **to destroy communication**: détruire la communication • **to benefit from television**: profiter de la télévision • **a tool that gives us access to**: un outil qui nous permet d'accéder à • **a powerful learning tool**: un puissant outil d'apprentissage • **to limit TV viewing time**: limiter le temps passé devant la TV • **to monitor what the children watch**: surveiller ce que les enfants regardent • **television is blamed for many of the ills in our society**: la télé est rendue responsable de bien des maux de la société • **to make sense of what one watches**: comprendre ce que l'on regarde • **to hold sb's attention**: capter l'attention de qn • **an attention span**: une capacité de concentration • **to hinder listening skills**: entraver les capacités d'écoute

Exercices

1. Match numbered and lettered elements to form expressions.

1. to provide	**a.** violence
2. to brainwash	**b.** to the screen
3. to glamorize	**c.** fashion
4. to expose	**d.** information
5. to influence	**e.** channels
6. to play	**f.** scandals
7. to be glued	**g.** people's minds
8. to switch	**h.** an educational role

2. Circle the possible mistake(s) in each sentence.

1. The World Cup Final was televised life (a) from Wimbledon. It was followed by nearly eight hundred million (b) people across (c) the world.
2. Television channels are competing with each other (a) to attract the largest public (b). This is known as the ratings (c) war.
3. In most cities today, cable (a) television providers deliver signals over coaxial (b) or fiber-optic (c) cables for a fee.
4. The contrast (a) of a picture measures how vibrant (b) and impacting the colors are. Measured in *cd / m*^{2} equivalent to the amount of candles (c) required to power the image.
5. If you have aerial TV (a) you needn't have an aerial (b) installed on your roof but with satellite you need a plate (c).
6. Watching (a) TV in the summer is hardly exciting. There are no new programs (b) and it's all rebroadcasts (c).

7. The average American spends (depending on the survey (a) and the time of year) from two-and-a-half to almost five hours a day seeing (b) television, most of which is more commercials (c) than film anyway.
8. In 1952, television news has covered (a) the presidential nominating conventions of the two major parties for the first time ever. From then on, all presidential elections debates have been televised (b). The most memorable debates took place (c) in 1960 and opposed Richard Nixon and John F. Kennedy.
9. The indexes (a) were designed to indicate the age groups for which the programs might be suitable (b): TV-G (for general audiences), TV-PG (parental guidance (c) suggested), TV-14 (unsuitable for children under 14), and TV-MA (for mature audiences only).
10. On Jan 23, 1977 ABC passed (a) the first episode of its 26-hour miniseries (b) "Roots". The Jan. 30 installment became the third most-watched TV emission (c) in history, earning a 51% rating.

3. Review the words you have learned and fill in the blanks.

Some people just can't do without television. They will spend hours on end, literally .... 1. to the set, unable to get their eyes off the .... 2. Those couch .... 3. are fascinated by everything that moves and transports them to the virtual world lying beyond the .... 4. box. The .... 5. for TV is particularly noticeable when there is a worldwide sporting event going on, like the Olympic Games. With time on their hands and an empty evening ahead, some people will tune .... 6. to variety shows, ... 7. channels, fighting for the remote. Their attention .... 8. being quite limited, they don't even realize that they are being ....9., taking everything they see at face value and contributing therefore to the .... 10. of culture.

4. Read the passage to review the vocabulary you have learned. Answer the questions that follow.

Television has become a pervasive machine. Homes are more likely to have a set than a telephone or plumbing. Watching TV occupies a bigger slice of the average person's life than any pursuit, save work and sleep. Now television promises to become more powerful: to offer more entertainment, more engagingly.

Critics predict an information glut. A television system of unlimited channels will flood people with more of what is already drowning them. Others fear less submersion than seduction. No one who has played video games doubts their addictiveness. In the past, television was the opiate of the masses, goes the argument. In the future it will be their crack cocaine.

With the rise of cable and satellite TV, communal moments are bound to become scarcer. Broadcast networks and public channels used to be forces of cohesion. Today, the decline of public channels is one of many factors helping fragment national cultures everywhere. That fragmentation might be exacerbated, as specialist programs divide people by interest (the Fly-Fishing channel), ethnicity (the Jamaican Channel) or religion (the Hindu Channel). Paradoxical as it may seem, boundless communication creates groups of stunning narrow-mindedness.

More pernicious, this fragmentation may increasingly take place along class lines. Already the well-off of America and elsewhere are seceding from the public sphere into well-protected neighborhoods and well-financed schools. We can talk of an information aristocracy in which the rich—the information haves—use upmarket services and programming while the poor—the information have-nots—are stuck with plain old TV. With the least educated citizens often the most technophobic, and a tragic number functionally illiterate, public policies may not be enough to fend off the inegalitarian effects of new communications technology. Worse, those effects may be magnified internationally, as the rich world is wired faster than the poorer one. (Adapted from *The Economist*)

1. What is the article mainly about?

a. the history of communications

b. television as an instrument of social cohesion

c. a denunciation of the perversity of television

2. How much time do people spend watching TV?

a. less time than time sleeping and working

b. more time than doing any other activity

c. as much time as eating

3. What does the author mean by information glut?

a. a lack of information

b. a surfeit of information

c. an abundance of fake information

4. What does the author compare TV with?

a. a seductive mistress people easily fall in love with

b. an enthralling lover that carries you away to fantasy worlds

c. a slave master you become hooked on against your will

5. What will be the impact of TV in future?

a. It will strengthen social bonds.

b. It will cause the fraying of the social fabric.

c. It will lead to the collapse of individualism.

6. What does the author infer about the gap between the technological haves and have-nots?

a. It is likely to narrow.

b. It will eventually be bridged.

c. It is bound to grow wider.

36 *Health trouble* / Les ennuis de santé

"Sickness is a sort of early old age; it teaches us a diffidence in our earthly state."
(Alexander Pope)

Must-know words

to be in good / poor health • healthy • to keep fit • to feel great • health trouble • to be in critical condition • unhealthy

☞ The following words are often used with the word **health**: health benefits / health risks / health problems / health care / health education / health system • to be in good / poor / excellent health • to enjoy good health • to maintain one's physical and mental health • to nurse back to health • health can worsen / deteriorate / fail

Healthy can also apply to the following: a healthy appetite / a healthy diet / a healthy economy

pain • to be in pain • painful • painless • to suffer • a prognosis [pl. prognoses] • a symptom • a disorder • a discomfort • a diagnosis [pl. diagnoses] • to diagnose • a vaccine • immunization (against) • antibiotic

pathology • a disease • to treat / to fight / to prevent / to cure + a disease • to catch / to contract / to come down with + a disease • to suffer from a disease • to pass on / to transmit a disease • a cure for a disease • the risk of disease • an epidemic • a pandemic • the carrier of a disease

illness • an illness • to be ill / to fall [fell / fallen] ill • benign • mild • curable • incurable • infectious • contagious / catching • sickness • sick • sickly • to spread • to propagate • to treat • treatment • to recover • recovery

a pathogen • an infection • a germ • a virus • a bacterium [pl. bacteria] • a parasite • cramps • to have a fever • a cyst • a burn • a sunburn • asthma • asthmatic • allergy • allergic • stomachache • diarrhoea (UK) / diarrhea (US) • indigestion • appendicitis • a headache • a migraine • a cold • to faint • a coma • aids • a nervous breakdown • a heart attack • pneumonia • the flu(e) • bronchitis • polio • multiple sclerosis • cholera • diphtheria • laryngitis • leprosy • meningitis • a venereal disease (V.D.) • typhus • malaria • dengue fever • rhinitis • otitis • loss of voice • diabetes • gastritis • cirrhosis • jaundice • hepatitis • glaucoma • cataract • blindness • conjunctivitis • tuberculosis (TB) • rheumatism • multiple sclerosis • leukemia • autism • an orphan disease • an autoimmune disease • an antidote (to / for / against)

☞ An **endemic** is a disease that is constantly present to a greater or lesser degree in people of a certain class or in people living in a particular location • an **epidemic** is a widespread outbreak of an infectious disease that infects many people at the same time • a **pandemic** is an epidemic that is geographically widespread occurring throughout a region or even throughout the world

cancer • cancerous • a cancer patient / sufferer • a cancerous cell • to screen sb for cancer • to develop a cancer • a metastasis [pl. metastases] • breast / liver / prostate / lung / colorectal / cervical + cancer • chemotherapy • radiation treatment

sleep disturbances • stress • eating problems • bulimia • anorexia • Alzheimer's disease / Alzheimer's • Parkinson's disease • bipolar

Words and expressions you may want to know

a quack: un charlatan • **a faith healer**: un guérisseur, une guérisseuse • **past / previous history**: les antécédents • **unfit / poorly / unwell**: souffrant • **to be under the weather**: être souffrant • **to feel off color / out of seed**: ne pas se sentir bien • **to be ailing**: être malade • **to sting [stung]**: piquer • **to itch**: démanger • **to ache**: faire mal • **to swell**: enfler • **to fester (cut / wound)**: suppurer • **to relieve**: soulager • **relief**: le soulagement • **a pain killer**: un analgésique • **a side effect**: un effet secondaire • **to be hale and hearty**: être en pleine santé, être vigoureux

to break out: se déclarer (maladie) • **an outbreak**: une manifestation soudaine, une épidémie • **a scourge**: un fléau • **to be felled / to be stricken by a disease**: être frappé par une maladie • **to eradicate / to wipe out a disease**: éradiquer une maladie • **to pull through**: s'en sortir • **a shot**: une piqûre • **a quarantine**: une quarantaine • **to quarantine**: mettre en quarantaine

a blister: une ampoule • **a boil / a carbuncle**: un furoncle • **a rash**: de l'urticaire • **a wart**: une verrue • **a whitlow**: un panaris • **a bruise**: une contusion • **a sore**: une plaie • **hay fever**: le rhume des foins • **food poisoning**: l'intoxication alimentaire • **hoarse**: enroué • **dizzy**: pris de vertige • **measles**: la rougeole • **mumps**: les oreillons • **scarlet fever**: la scarlatine • **chickenpox**: la varicelle • **a stroke**: un AVC • **glandular fever**: la mononucléose infectieuse • **shingles**: le zona • **HIV positive (a)**: séropositif • **rabies**: la rage • **angina**: l'angine de poitrine • **high blood pressure**: l'hypertension • **ear, nose and throat (ENT)**: l'oto-rhino-laryngologie • **tonsilitis**: une amygdalite • **gallstones**: des calculs rénaux • **the rickets**: le rachitisme • **scurvy**: le scorbut

☞ **Pain can be**: **mild**: discret • **chronic**: chronique • **constant**: constant • **persistent**: persistant • **recurrent**: périodique • **excruciating**: atroce • **throbbing**: lancinant • **dull**: sourd • **unbearable**: insupportable • **agonizing**: déchirant • **splitting**: épouvantable • **acute**: vif • **sharp**: aigu • **intractable**: intraitable, insurmontable • **blinding**: fou • **exquisite**: vif, aigu • **shooting**: violent • **gnawing**: qui tenaille • **boring**: vrillant • **gnawing**: qui ronge • **nagging**: persistant, continu • **gripping pain**: des crampes

Exercices

1. Associate the elements with the right verb.

to catch • to come down with • to contract • to develop • to feel • to suffer

1. .... aids • cancer • meningitis • pneumonia
2. .... a breakdown • a heart attack • a stroke
3. .... chickenpox • a cold • mumps • measles • glandular fever
4. .... aids • an allergy (to) • liver problems • pneumonia
5. .... appendicitis • chickenpox / the flu • food poisoning
6. .... under the weather • faint • awful • dizzy

2. Circle the word(s) that complete(s) the expressions.

Expressions	*a*	*b*	*c*
1. a … headache	dull	suffering	splitting
2. to be listed in … condition	severe	critical	fatal
3. to … pain	ease	relieve	complain
4. to … a disease	recover	improve	catch
5. a pain …	relief	killer	complaint
6. a … effect	side	sharp	sick
7. to be in … coma	ø	a	the

3. Complete the collocations.

black • bruise • chest • lump • sore • stomach

1. I have a .... throat
2. I have a .... on my leg.
3. I've got .... pains.
4. I've got a .... eye.
5. I've got a .... ache.
6. I've got a .... in my throat.

4. Form the adjectives from the nouns.

Nouns	*Adjectives*
1. allergy	....
2. asthma	....
3. bacteria	....
4. cancer	....
5. diabetes	....
6. epilepsy	....
7. obesity	....
8. rheumatism	....
9. virus	....
10. rabies	....

5. Match numbered and lettered elements to form expressions.

1. to carry	**a.** to depression
2. to develop	**b.** against
3. to vaccinate	**c.** with antidepressants
4. to decimate	**d.** an epidemic
5. to control	**e.** sb against meningitis
6. to be prone	**f.** a population
7. to treat	**g.** immunity to
8. to inoculate	**h.** a virus

6. Circle the mistake in each sentence, if any.

1. It's known (a) as the long goodbye, but Alzheimer's disease (b) takes a similarly long time to diagnosis (c).
2. A study in the *New England Journal of Medicine* found that the immunizing effects of the varicella vaccine (a), a childhood shot routine (b) since 1995, may eventually wear off in some youngsters—the more time since the shot, the worse the access (c) can be.
3. People (a) who smoke are liable (b) to get a particularly virulent form of lung cancer (c).
4. Measles (a), mumps (b) and the whooping cough (c) can be prevented by vaccines and their incidence has declined dramatically in the past 50 years.
5. An epidemic (a) break-out (b) of malaria is closely linked to the weather because the mosquitoes that transmit the parasite need pools of standing water in which to lay (c) their eggs.
6. Around (a) the globe, especially in Third World countries, tuberculosis (b) is rampant, killing roughly two million people (c) annually.
7. If the bird flu germ (a) became easily transmissible (b), some experts say it could kill tens of millions (c) of people.
8. Why do 800,000 young African children still die of malaria (a) per year—more than from any other disease (b)—when there are medicaments (c) that cure for 55 cents a dose?
9. To determine whether (a) a disease is caused by genetical (b) factors, researchers study the pattern inheritance (c) of the disease in families.
10. In an effort to detect autism as early as possible, regardless its cause (a), the American Academy of Pediatrics (AAP) issued recommendations for physicists (b) to start screening (c) patients twice.

7. Many words have been taken from the medical field to other domains. Fill in the blanks with the right words or expressions.

1. After due diligence had been completed on the hi-tech firm, the auditors gave the start-up a .... of health. • **2.** He expressed hope that the resumption of flights to Kenya would help revive the .... tourist industry in the East African country, battered by civil war and mismanagement. • **3.** Queens Park, a rundown district, is home to around 1,500 residents who say they have been .... by drug dealers and violence throughout its existence. • **4.** The candidate called for a huge .... of money to build cheap homes and fix thousands of ageing and dilapidated government-owned houses and units. • **5.** There is no doubt that Russia under Putin progressed from being the .... man of Europe to a country now able to flex its muscles. • **6.** Peak oil is not just a theory: major oil-producing regions have already reached their peak and are in .... decline, such as the US itself, the North Sea region, Mexico, Venezuela and many others. • **7.** Laughter is .... : you can catch it without asking for it, or even necessarily wanting it. • **8.** Try not to make any reference to her husband's drinking habits - I know it's a .... point with Kay at the moment. • **9.** The car shop has called. The mechanic has .... the trouble that caused the engine knock. • **10.** He got bitten by the writing-.................... a long time ago. He spends his time in his study, working away on novels.

8. Review the vocabulary you have learned and fill in the blanks.

There are many factors which are likely to cause disease. Many people suffer from minor ailments such as headaches, rashes or ....1., an inflamed state of the skin caused by being out in the sun too long. Minor ailments also comprise ....2., caused by eating too fast, especially by eating high-fat foods quickly, ...3., which is the passage of excessively liquid or excessively frequent stools, a sore ....4., a painful inflammation of the pharynx, conjunctivitis which is an inflammation of the delicate membrane lining the eyelids and covering the eyeballs, causing itching and watering. Children will catch diseases such as measles, ... 5. or ....6. cough, characterized by recurrent spasmodic bouts of coughing. Children and youngsters can be .... 7. with vaccines, a preparation (oral or injection) intended to prevent a disease from occurring.

There are more serious illnesses that may lead to chronic or acute .... 8. For some people, the prognosis is not always encouraging. Coming .... 9. with a disease is never pleasant. In winter, you are likely to .... 10. the flu, accompanied with high fever; if you are lucky you will have a simple cold. If you are .... 11. with the flu, you must take to bed and wait until the fever has gone down. In Spring, some people have .... 12., brought about by plants (hay fever) or exposure to dust mites, cockroaches and diesel fumes.

Infectious (or .... 13.) diseases can be transmitted by a variety of mechanisms, including aerosols produced by coughs and sneezing, by bites of insects or any other .... 14. of the disease. Contaminated water or food play a significant role too. Sexually transmitted diseases, such as venereal diseases, are spread from one person to another through sexual contact.

Basic hygiene can prevent the .... 15. and viruses and the risk of disease, especially catching ones: wash one's hands carefully and regularly; wear a mask to prevent spreading the germs when you sneeze or cough. In any case, avoid all physical contact.

.....................16. are known to have struck humankind since its beginnings. The plague was the scourge in the Middle Ages, decimating hundreds of thousands of people across Europe. There are no known ....17. for that disease which has almost disappeared from the face of the Earth. More modern epidemics have affected western and developing countries as well: smallpox (which is said to have been .... 18.today); since the 1980s when it was first discovered, aids has brought about thousands of casualties. .... 19. is another epidemic that strikes Africa and yet can be cured rather easily.

The West's killer diseases are .... 20. disease and cancer. Smoking and drinking are the foremost causes. People's nutritional habits and .... 21. factors (detected through the family history and patterns) play a role in those affections. Cancer patients undergo chemotherapy and ....22. treatment to help the body's own immune system to fight the cancer or the tumor. When there are too many metastases, it means the cancer has spread to other organs. The chances of developing cancer can be lessened if you are screened regularly and maintain a healthy life style. You can also keep .... 23. by exercising regularly and practicing sport. Whatever the disease, patients cling to the hope of .... 24. as soon as possible and return to a normal life.

37 Genetics / La génétique

"The cloning of humans is on most of the lists of things to worry about from science, along with behavior control, genetic engineering, transplanted heads, computer poetry and the unrestrained growth of plastic flowers." (Lewis Thomas)

Must-know words

the science of heredity • a gene • a geneticist / a gene scientist • a gene bank • a genetic marker / tracer • the genetic code • a genetic disorder • gene therapy • gene testing • a genetic test

genetic engineering • epigenetics • molecular biology • biogenetics • biotechnology • bioinformatics • bioengineering • bioethics

the human genome • the genotype • genetic inheritance • genomics • to decode the human genome

a cell • cellular • a base • a chromosome • sperm • a nucleotide • a nucleus [pl. nuclei] • an RNA molecule

• a genetic defect • a genetic disease • heredity • legacy • a hereditary trait • to predict a disease • a predisposition to disease • to pass on from one generation to another • a family disease • a faulty gene • a defective gene • a genetic abnormality • a malformation • a gene mutation • a birth defect • congenital • a chromosomal abnormality / disorder • haemophilia / hemophilia (US) • autism • autistic

gene manipulation • to manipulate a gene • genetic manipulation / tinkering • to play God • to interfere with nature • eugenics • cloning • a clone • to clone • to raise ethical issues • to open up new prospects

Words and expressions you may want to know

the genetic make-up / the gene pool / the genetic blueprint: le patrimoine génétique • **gene mapping**: la cartographie génétique • **the mother / parent cell**: la cellule mère • **a cancerous cell**: une cellule cancéreuse • **a germ cell**: une cellule germinale • **a soma cell**: une cellule somatique • **a stem cell**: une cellule souche • **stem cell research**: la recherche sur les cellules souches • **an antibody**: un anticorps • **the DNA (deoxyribonucleic acid)**: l'ADN (acide désoxyribonucléique) • **DNA sequencing**: le séquençage de l'ADN • **a double helix**: une double hélice • **to break down DNA**: séparer l'ADN

to be cancer-prone: être susceptible d'avoir un cancer • **to run in a family**: être héréditaire • **a cleft palate / a harelip**: un bec-de-lièvre • **mental retardation**: le handicap mental • **trisomy**: la trisomie • **Down syndrome**: le mongolisme, la trisomie 21 • **a screening test**: un test de dépistage • **gene-splicing**: la recombinaison génétique • **an ethical code**: un code de déontologie • **an ethics panel**: un comité d'éthique • **to create designer babies**: créer des bébés sur mesure

to decipher the human genome: déchiffrer le génome humain • **a gene patent**: un brevet sur les gènes • **to patent a gene**: breveter un gène

EXERCICES

1. Match numbered and lettered elements to form expressions.

1. to understand
2. to have potential
3. to cure
4. to decipher
5. to map
6. to manipulate
7. to terminate
8. to confront

a. genetic disorders
b. the human genome
c. a pregnancy
d. human life
e. a dilemma
f. medical benefits
g. a gene

2. Form nouns from the verbs.

Verbs	*Nouns*
1. to discover	....
2. to research	....
3. to invent	....
4. to experiment	....
5. to decipher	....
6. to donate	....

3. Read the passage to review the words you have learned and fill in the blanks.

breeding • chromosomes • concerns • encoded • engineering • heredity • modified • offspring • traits

Genetics (which comes from a Greek word meaning to give birth) is the science of genes and .... 1., how particular qualities or traits are transmitted from parents to .... 2. A British scientist, William Bateson, suggested the word to describe the study of inheritance, in 1905 and used the term genetics publicly in a conference in London in 1906. Genetics can be applied to other domains, such as the .... 3. of plants and animals. Genetic information is carried in .... 4. where it is represented in the chemical structure of DNA molecules. The information necessary to synthesize the amino acid sequences in proteins is .... 5. in genes. The phenotype, determined by the genotype, is a set of observable .... 6. or characteristics of an organism, for example hair color, weight, or the presence or absence of a disease. Genetics can determine how humans act although other factors play a role too. Genetic ....7., which has led to genetically .... 8. food and transgenic plants has raised environmental and health .... 9. in public opinion.

38 *Government and politics /* Gouvernement et politique

"In all forms of government the people is the true legislator."
(Edmund Burke)

Must-know words

politics • to enter / to go into politics • to be engaged in politics • a policy • a politician • foreign / domestic / industrial + **policy** [policies] • to develop / to frame a policy • political • a political movement • a political party • a political leader • a political regime • the right wing • the left wing • the political arena

a state • a statesman • a stateswoman • a head of state • a president • a vice-president • a head of government • the Cabinet • a prime minister • a senator • an MP (Member of Parliament) (UK) • a legislature • a governor • an ambassador • a mayor • a town counselor (UK) / an alderman (US) • a city manager • a First Lady • a First Family

ideology • ideological • (a) democracy • representative democracy • direct democracy • democratic • a democrat • a republic • republican • a republican • autocracy • totalitarianism • totalitarian • a monarchy • an empire • imperial • a colony • colonialism • the executive • the legislative • the judiciary

a dictator • a dictatorship • dictatorial • a doctrine • a doctrinaire • dogmatist • a fanatic • fanaticism • a dogma • dogmatic • authoritarian • uncompromising • inflexible • unyielding

a general election • a referendum • a primary • the fight for the party's nomination • to duel • to come in first / second • to elect • to vote for • a candidate • an opponent • the majority • the opposition • to take office • to leave office • to be in office • to seize power • election day • to lose [lost] / to win [won] an election • to unseat • to upset [upset] • a voting machine

☞ A **plutocracy** is the rule of power of wealth or of the wealthy. **Autocracy** is a system in which power is concentrated in the hands of one person. **Theocracy** is a form of government in which God or a deity is recognized as the supreme civil ruler. **Oligarchy** is a forms of government in which power is in the hands of a small elite. **Anarchism** opposes all forms of organized authority by the state. A **krytocracy** is a government ruled by judges. **Ochlocracy** is government by mob. It is sometimes synonymous with **mobocracy**.

a political campaign • a contest • to compete for votes • to make an appeal (to) • a campaign strategist • a political spot • a polispot (political spot) • negative campaigning • a presidential TV debate • to hold a meeting • a message • to go after an opponent • to finance a campaign • to back a candidate • a rally • to attend a rally

Words and expressions you may want to know

a policy-maker : un décideur, un stratège, un responsable • **a power broker** : une éminence grise • **politicking** : la politique politicienne • **the Foreign Office (UK)** : le Ministère des affaires étrangères • **a secretary** : un secrétaire, un ministre (US) • **the Secretary of State** : le ministre des Affaires étrangères • **a portfolio** : un portefeuille (ministériel) • **a congressman**: un membre du Congrès (représentant) • **a lawmaker**: un législateur, un membre du Congrès • **the Speaker**: le président de la Chambre • **the Attorney General**: le ministre de la Justice • **an outgoing / an incumbent president**: un président sortant

suffrage / the right to vote / franchise: le droit de vote • **a registered voter**: un électeur inscrit • **a ballot**: un bulletin de vote • **to cast one's ballot**: voter • **a by-election**: une élection partielle • **an election pledge**: une promesse électorale • **to deliver on a promise**: tenir parole • **a platform**: un programme • **a constituency / a district**: une circonscription • **turnout**: la participation électorale • **a heavy turnout**: une forte participation • **a landslide**: un raz de marée • **a landslide victory**: une large victoire • **a term**: un mandat • **a poll**: un sondage • **a pollster**: un sondeur • **to tap into a pool of voters**: puiser des voix chez

a maverick: un non-conformiste • **a dissenter**: un dissident • **nonconformist**: non conformiste • **a loner**: un solitaire

to be on the campaign trail: faire campagne • **to canvass**: faire du démarchage / du porte-à-porte • **to appeal to**: faire appel à • **to stand for / to run for office**: se présenter à une fonction • **to stand [stood] down**: ne pas se représenter • **a caucus**: une réunion électorale • **a stump speech**: un discours standard • **a stance**: une position • **a showdown**: une confrontation • **to tally the votes**: comptabiliser les bulletins

What is a born leader? a leadership role • **an exemplary character** • **to be trustworthy**: être digne de confiance • **to walk the talk**: faire ce que l'on dit • **to be enthusiastic about one's work**: être enthousiaste dans son travail • **a person of passion and dedication**: une personne passionnée et dévouée • **to be a source of inspiration**: être une source d'inspiration • **a motivator (towards)**: qui sait motiver • **unafraid of rolling up one's sleeves**: qui n'a pas peur de retrousser ses manches • **to set directions**: imprimer une direction • **to inspire confidence in others**: inspirer la confiance chez autrui • **to convey reassurance and security in times of uncertainty**: rassurer et sécuriser pendant les périodes de doute • **to be calm, steadfast and composed in times of crisis**: être calme et serein pendant les périodes de crise • **to keep the main goal in focus**: ne pas perdre l'objectif de vue • **to view a situation as a whole**: voir la situation dans son ensemble • **to be committed to excellence**: exiger l'excellence • **to maintain high standards**: savoir fixer la barre haut

1. Complete the sentences with words with *pol-* root.

1. He is thinking of going into ...., just like his father did.
2. Nowadays, the British government is very reluctant to give .... asylum to refugees.
3. The choice of the new party leader was preceded by a lot of .... among the party grandees.
4. You need to be a bit of a .... to make your way up in a company.
5. His idea to eliminate the candidate who had already failed twice was a .... sound decision.

2. Circle the appropriate word.

1. My father used to say that **(politic / policy / politics)** is a dirty business.
2. For many British people, W. Churchill is one of the greatest **(politicians / statesmen / presidents)** of the 20th century.
3. The local MP has just died and there is going to be a **(referendum / recall election / by-election)** to replace him.
4. There has been a reshuffle. All the Cabinet **(ministries / ministers / managers)** have tended their resignation.
5. Free-market **(policies / politics / polices)** have now taken over the Western world.
6. America gained **(independence / power / democracy)** from England after the Revolution.
7. She's **(sitting / running / walking)** for office in the next election.
8. **(Adversaries / opponents / enemies)** always make lots of promises that they never keep once they get into **(the affairs / power / office)**.
9. According to the Constitution, American presidents can serve no more than two 4-year **(terms / periods / mandates)**.
10. The First **(Dame / Woman / Lady)** is the wife of the American president.

3. Find the answers to the definitions.

a. democracy • b. mayor • c. dictatorship • d. secretary • e. republic • f. ambassador • g. monarchy • h. politician

1. .... a form of government in which sovereignty derives from the people
2. .... a state ruled by a king or a queen
3. .... a system of government in which a country is ruled by a single person with absolute power
4. .... a form of government in which the citizens share the power
5. .... an individual involved in politics
6. .... the head of a town or city council
7. .... a diplomat that represents his or her country abroad
8. .... the head of a department

EXERCICES

4. Read the passage to review the vocabulary you have learned. Answer the questions that follow.

Politics, as an area of study, is concerned with developing the knowledge and understanding of government and society. The word 'politics' is derived from the Greek word *polis*, which means the state or community as a whole. The concept was an ideal state and came from the writings of great political thinkers such as Plato and Aristotle. For Aristotle, man is by nature a political animal. In *The Republic*, Plato describes an ideal state and the means to achieve it, an aim which has proved rather difficult to achieve.

Politics is a way of preventing society from falling into a violent and unstructured chaos by reducing it to be governed by the primitive instincts of man in order to resolve conflict by providing methods to do so. Politics is therefore a means of creating a more organized and peaceful society. For others, Ronald Reagan, for example, governments tend not to solve problems, only rearrange them. Power underpins the very existence of politics; it is a prerequisite for politics to exist. Without authority, politics simply is not feasible.

Politics has been viewed as the art of government and the exercise of power. Which means it has a huge impact on our daily life. Most of the key issues in our society - such as crime, poverty and the environment - are political. Whereas it mainly concerns itself with domestic, internal affairs, international politics is focused on the regional and global arena. Political science studies the general theories to inform and assess the explanation of historical events, political behavior, the workings of political institutions and actors, political processes and the policy output of governance and regulatory structures.

There exist different political systems depending on the regions and the history of the countries and continents. Democracy (literally 'rule by the people') is regarded as the best model, notwithstanding Aristotle's opinion according to which democracy is "a government in the hands of men of low birth, no property, and vulgar employments". It is a political system in which the supreme power lies in a body of citizens who can elect people to represent them. Majority rule is a basic tenet of democracy even though the rights of the minority are protected. Popular sovereignty is a common but not universal motivating philosophy for establishing a democracy. Yet, it should always be borne in mind that democracy does not guarantee equality of conditions—it only guarantees equality of opportunity.

The term 'republic' has many different meanings but today often refers to a representative democracy with an elected head of state, such as a president, serving for a limited term, in contrast to states with a hereditary monarch as a head of state, even if these states also are representative democracies with an elected head of government such as a prime minister. A republic is a state which is not led by a hereditary monarch. The term 'republic' is sometimes used to describe a representative democracy.

Contrary to a democracy, a dictatorship is an autocratic form of absolute government ruled by a dictator. In a dictatorship there is no constitution. The people do not have their say in political matters. Another form of dictatorship is totalitarianism, a state that regulates nearly every aspect of public and private behavior of the people.

1. What is the definition of politics, according to the reading?

a. social relations involving authority or power

b. the science that studies government and other political units

c. the profession devoted to governing and to political affairs

d. the opinion you hold with respect to political questions

2. What can be inferred about Plato's ideal state?

a. It is a concept.

b. It is a reality.

c. It is a fallacy.

3. What is the purpose of politics?

a. to organize society better

b. to prevent chaos and anarchy

c. to resolve conflict peacefully

4. What is the range of politics?

a. It is limited to the international arena.

b. It reaches into everyday activities.

c. It focuses on internal affairs mostly.

5. Among the following principles of democracy, which is wrong?

a. majority rule

b. popular sovereignty

c. power belongs to one single ruler

6. Who cannot be at the head of a republic?

a. a hereditary monarch

b. a prime minister

c. a head of state

7. In an autocratic form of government, where does political power lie?

a. It is in the hands of religious leaders.

b. It rests in the hands of a small elite.

c. It is held by a single self-appointed ruler.

39 *The Star-Spangled Banner /* La bannière étoilée

"The light may be fading on the 20th century, but the sun is still rising on America."
(William Jefferson "Bill" Clinton)

Must-know words

the US Constitution • to draft a constitution • a convention • the Founding Fathers • a preamble • an article • an amendment • to amend • to ratify • ratification • to interpret the Constitution • federalism • federalist

> 🕮 The **Founding Fathers** are the men who signed the Declaration of Independence (1776) or the Constitution of the United States (they are also called the **Framers**) in 1787, thus establishing the foundations of the American republic in the wake of the American revolution.

the President of the United States (POTUS) • the White House • Pennsylvania Avenue • the Oval Office • the vice-president (Veep) • presidential powers • commander-in-chief • to sign a bill • to veto a bill • to declare war • to appoint • to nominate • nomination • a brain trust • a presidential aide • a special adviser

(the) legislative power • Congress • Capitol Hill • the Senate • the House of Representatives • bicameral • a seat • a district • a bill • a committee • a congressman • a congresswoman • an act of Congress • a lobby • to lobby • the majority / minority leader

the judiciary • the judicial branch • the Supreme Court • a court of appeal • a decision • an opinion • a dissenting opinion • the majority opinion

a primary • a delegate • a super delegate • a ticket • to run on a ticket • a convention • the electoral college • an elector • a voter • a platform • a two-tier election • to go to the polls • to cast one's vote • a registered Democrat / Republican • an independent

> 🕮 The **electoral college** formally elects the President of the United States. American voters do not vote directly for the President, but for members of the electoral college. The people in each state and the District of Columbia vote for a minimum of three such electors. This part of the process is called the popular vote. Normally electors are pledged to vote for a particular presidential candidate. There are 538 electors. To be elected president, a candidate need the majority plus one vote of the electoral college, ie 270 votes.

> ☞ an **elector** sits on the electoral college whereas a **voter** votes in any election.

Words and expressions you may want to know

checks and balances: les poids et contrepoids, les pouvoirs et contre-pouvoirs • **the administration**: le gouvernement • **a term**: un mandat • **advice and consent**: l'avis et le consentement • **divided government**: la cohabitation • **a keynote address**: un discours phare • **inauguration**: l'investiture • **to inaugurate**: investir • **to be sworn in**: faire prêter serment • **to take the oath of office**: prêter serment

a lawmaker: un législateur • **to apportion**: répartir (les sièges) • **apportionment**: le découpage électoral • **gerrymandering**: le charcutage électoral • **a caucus**: un caucus • **to override a veto**: passer outre un veto • **oversight**: le droit de tutelle • **pork barrel legislation**: la législation du tonneau de porc • **a committee**: une commission

> ☞ **Pork barrel** is a political metaphor for the appropriation of government spending for lawmakers' own pet projects which are intended primarily to benefit particular constituents.

a mid-term election: une élection de mi-mandat • **a ballot initiative**: une initiative • **a referendum**: un référendum • **a recall**: un rappel (des élus) • **a caucus**: un caucus, une réunion de membres d'un même parti, un groupe parlementaire

a running mate: un colistier • **to go on the stump / to hit the hustings**: se mettre en campagne • **to barnstorm**: faire une tournée électorale • **a kingmaker**: un faiseur de roi • **a front runner**: un favori • **a dark horse**: un outsider • **the grassroots**: la base • **a constituent**: un électeur • **a registered voter**: un électeur inscrit • **an undeclared voter**: un électeur non déclaré • **an unaffiliated voter**: un électeur non affilié • **a swing voter**: un indécis • **to lean Democratic / Republican**: pencher pour les Démocrates / les Républicains • **to retool a campaign**: réorganiser une campagne • **a shoo in**: une victoire acquise d'avance • **an also ran**: un perdant • **election returns**: les résultats du scrutin • **a swing state**: un État indécis

a justice: un juge (de la Cour suprême) • **a Chief Justice**: un président de Cour suprême • **an Associate Justice**: un juge associé • **to impeach**: mettre en accusation • **impeachment**: la mise en accusation • **to try**: juger • **to remove**: destituer • **removal**: la destitution • **a misdemeanor**: un délit • **high treason**: la haute trahison

Exercices

1. Complete the sentences with the words from the list.

committees • floor • hopper • introduced • originate • override • session • sustaining • veto

1. All tax bills must .... in the House of Representatives but the Senate may amend them.
2. If a bill is .... in the House of Representatives and passed by a majority vote, it goes to the Senate, where it must also get a majority vote.
3. The president may .... a bill and return it, with whatever objections to it he may have, to the house where it started.
4. To .... a President's veto, a bill must pass both houses with a two-thirds majority.
5. If a bill fails to pass either house with the needed two-thirds vote, it cannot become law. This is called .... the President's veto.
6. Both houses have a number of .... which study bills and recommend the passage of the ones that they approve.
7. In the House, members place their bills in the ...., a box near the clerk's desk at the front of the chamber.
8. Senators can either submit their proposals and accompanying statements to clerks, or they can introduce bills from the .... , but only when the chamber is in ....

EXERCICES

2. Find the answers to the definitions.

1. the distribution of power between the national and state government ....

2. a change to a piece of legislation ....

3. the written explanation of a court's decision ....

4. the geographic area from which a US House member is elected ....

5. a group seeking to influence a bill ....

6. a list of candidates for election to public offices ....

7. the ceremony when a president takes the oath of office on Jan. 20 ....

8. a process of choosing ....

9. appropriation of government spending for projects to the benefit of constituents ....

10. allocation of legislative seats by law ....

3. Complete the sentences with the right word.

1. The president is the chief executive. He and the vice-president serve together for a four-year .... • **2**. Each state has as many electors and electoral votes as it has senators and .... • **3**. All electors in the United States make up what is called the .... college. • **4**. When the voters go to the .... they vote for the electors nominated by the political party of their choice. • **5**. The offices of President and Vice-President are the only ones under the federal government, that a .... citizen cannot hold. • **6**. If a presidential candidate does not get a majority of electoral votes, the House of Representatives elects a president from among the .... candidates with the most electoral votes. • **7**. Before he enters office, the president must take the .... of office in which he swears to carry out his........................ and .... the Constitution of the United States. The .... is usually given by the chief justice on January 20. • **8**. The vice-president becomes .... president if the president is unable to carry out his duties. • **9**. The Cabinet members are appointed by the president with the advice and .... of the Senate. • **10**. A president can be .... and .... from office if convicted of treason, bribery or other high crimes or ....

4. Read the passage to review the words you have learned. Fill in the blanks.

The American political regime is a presidential .... 1. The founding document is the Constitution, which was .... 2. in 1787 and ratified by the 13 states. It is the fundamental law of the American republic. It defines a set of basic rules that specify how the country is to be .... 3.

There are three branches in the United States government as established by the Constitution. First, the .... 4. branch makes the law. Second, the .... 5. branch executes the law. Last, the .... 6. branch interprets the law. Each branch has an effect on the other through a system of checks and .... 7. There is a strict separation of powers between the three different branches of government.

The .... 8. of the United States is the head of the executive branch of the federal government: he is head of state, head of government, and, theoretically, head of party. His role is to protect and preserve the laws to the best of his or her abilities. According to Article 2 of the Constitution, the President is .... 9. -in-chief of the armed forces. He can either .... 10. or sign into laws bills passed by both houses of Congress. He appoints his Secretaries who then form his .... 11. With the advice and consent of the Senate, he can make treaties, appoint federal officers, ambassadors and federal judges.

The presidential elections take place every .... 12. years. The President is elected indirectly through the electoral college to a four-year term. He cannot serve more than two .... 13., according to the 22nd Amendment to the Constitution, ratified in 1951. He is usually .... 14. in on January 20 outside the Capitol except if the 20th is a Sunday. Although there is a strict separation of church and state in the US, the president takes the oath of office on a Bible.

Legislative power is vested in a .... 15. Congress, which comprises two chambers, the Senate and the House of Representatives. The House of Representatives has 435 voting members. Each represents a congressional .... 16. Representatives serve a two-year term. House seats are .... 17. among the states on the basis of population. There are a hundred senators, two for each state. Senators serve 6-year terms. If each house has specific powers, yet legislation cannot be .... 18. without the consent of both chambers. The Congress meets in the US Capitol, in Washington, D.C. Congress has authority over financial and budgetary matters. It declares war, raises and maintains the army. The Senate has the appointment power. Both chambers exercise .... 19., the power to investigate and oversee the executive branch.

Judicial power is exercised by the judiciary (or .... 20. branch), which consists of a court system including the Supreme Court and lower federal courts. The function of the Supreme Court is to .... 21. the United States Constitution as well as the federal laws and regulations. The Supreme Court also looks into disputes between the executive and legislative branches.

The US system of government has worked for more than two centuries. The Constitution has remained basically the same, with the addition of 27 .... 22., the first ten of which are called the Bill of .... 23. This testifies to the solidity of a system that has gone through several wars and crises, including the Civil War, the impeachment of two presidents and the resignation of one.

40 Serving my country / Servir mon pays

"No army has ever done so much with so little."
(Douglas MacArthur, American General who commanded the Southwest Pacific Theatre in World War II)

Must-know words

the military • the armed forces • the Pentagon • the Defense Department • the ground forces • the Air Force • the Navy • a volunteer army • to do one's military service / duty • troops • an officer • a rank • to command • marshal • general • colonel • captain • admiral • a uniform • an epaulet • a military cap • to serve • to join the army • to enroll • to be in the army

an arsenal • a weapon • weaponry • arms • armaments • an arms sale • the arms race • a conventional / nuclear / biological / chemical weapon • to bomb • a bomb • an atomic bomb • a hydrogen bomb • a neutron bomb • a missile • a rocket • a grenade • a torpedo • to shoot [shot] • to fire • to launch • to bomb • to bombard • a mine • mining

the Navy • a fleet • a warship • a war vessel • a cruiser • a submarine • a frigate • a patrol boat • an aircraft carrier • the Air Force • an aircraft [pl. aircraft] • a jet fighter • a fighter bomber • an air base

Words and expressions you may want to know

a standing army: une armée régulière • **a serviceman**: un militaire • **an NCO**: un sous-officier • **fatigues**: un treillis • **basic training**: les classes • **to draft**: incorporer • **the draft**: la conscription • **an enlisted man**: un simple soldat • **a barracks**: une caserne • **boot camp**: le camp d'entraînement • **drilling**: l'exercice • **a veteran**: un ancien combattant • **to discharge**: rendre à la vie civile • **a chaplain**: un aumônier • **to dodge the draft**: se dérober au service militaire • **draft evasion**: l'insoumission • **a soldier of fortune**: un mercenaire

a weapon of mass destruction (WMD): une arme de destruction massive • **deterrence**: la dissuasion • **a deterrent**: une arme de dissuasion • **a lethal weapon**: une arme mortelle • **a rifle**: une carabine • **a machine gun**: une mitrailleuse • **a flame thrower**: un lance-flammes • **shrapnel**: les éclats d'obus • **a warhead**: une ogive • **a mortar**: un mortier • **to blow [blew / blown] up**: faire sauter

a battleship: un cuirassé • **a deck**: un pont • **a bridge**: une passerelle

1. Circle the word which does not belong to the series.

	a	b	c	d	e
1.	division	chaplain	regiment	battalion	brigade
2.	barracks	colonel	captain	lieutenant	sergeant
3.	admiral	commodore	airman	ensign	seaman
4.	aircraftman	paratrooper	flying officer	wing commander	rear admiral
5.	cap	helmet	stripe	draft	epaulet
6.	join	desert	enlist	conscript	draft
7.	flag	station	garrison	base	barracks
8.	parade	drill	muster	review	yell

2. Match numbered and lettered elements to form expressions.

1. to go	a. the Marines
2. to be	b. the command (of)
3. to do	c. one's military duty
4. to serve	d. AWOL
5. to take	e. arms
6. to lose	f. the draft
7. to join	g. in the army
8. to dodge	h. one's stripes
9. to review	i. on leave
10. to present	j. the troops

3. Complete the passage with the words from the list.

civilian • guns • layers • military • men • mortars • rocket • troop • uniforms • weapons

High above the country's broken cities, mules laden with .... 1. launchers, mines and machine .... 2. clank through forests of oak, led by men in black. The National Liberation Army's automatic .... 3. chatter nightly and .... 4. cramp in reply. The guerrillas who attack the government forces .... 5. slip back into the country to change from their black .... 6. into .... 7. clothes. In two weeks and with no fewer than 300 .... 8., the NLA has wreaked havoc. Its mine..................... 9. and snipers have killed four soldiers, ambushed convoys, threatened the U.S. .... 10. and pinned down government ministers.

4. Read the passage to review the vocabulary you have learned. Answer the questions that follow.

Napoleon, who brought military service to France back in 1798, thought a citizens' army embodied "the vitality of a nation, the purification of its morality, and the real foundation of all its habits." The idea that "the army is the school of the nation," as the Russians put it, has meant that conscription (or its avoidance) has been part of the lives of most young men for decades.

Most western nations have abolished national duty. Britain has long had an all-voluntary army. Yet, one argument is conscription's social virtues. In Switzerland for example, a militia system that brings the country's men out for several weeks' training every year until they reach their 50s is one of the things that hold together a population which speaks four different languages. For Napoleon, universal military service was essential to preserve the nation's identity, to provide a school of civic values and to maintain the vital link between the nation and its army.

On the other hand, new high-tech weapons require highly trained soldiers with more than a few months' square-bashing behind them. The jobs soldiers are likely to find themselves doing will require smaller, skilled professional armies, capable of rapid deployment alongside other countries' troops in many parts of the world. At home, growing pressure for spending cuts is leading to smaller armies, which hardly need conscription.

Is conscription still adapted to the modern world and should it be replaced by some kind of civilian service in humanitarian and environmental matters? As well as continuing to promote some form of national cohesion, this would prevent many more people being chucked on the dole at a time when unemployment among under-25s already stands at record highs. At the same time, it would strengthen the social fabric of nations in which the gaps between generations are all too often yawning.

1. What is the passage mainly about?
   a. the advantages of an all-professional army
   b. the reasons why a form of civilian service ought to be put in place
   c. the merits of conscription

2. Why does the writer defend the idea of a professional army?
   a. It helps fight against young people's unemployment.
   b. It strengthens the social fabric of a nation.
   c. It is in line with the development of modern warfare.

3. Why does a professional army make sense?
   a. The world situations calls for the deployment of small units.
   b. High tech weapons have replaced boots on the ground.
   c. Labor is in short supply to run the factories.

4. What is the nature of main argument in favor of the reintroduction of the draft?
   a. political
   b. economic
   c. ideological

41 *Military operations /* Les opérations militaires

"War is the statesman's game, the priest's delight, the lawyer's jest, the hired assassin's trade."
(Percy Bysshe Shelley)

Must-know words

the First / Second World War • WWI / WWII • a war of independence • a civil war • the cold war • Star Wars • a nuclear war • a colonial war • a holy war • cyberwarfare

the horrors of war • to be at war • to fight (against / over) • to fight a war • to wage a war • to make war • to win a war • to lose war • to declare war • a declaration of war • to avert / to prevent war • to spread (to) • patriotism • a patriot • patriotic • to fight for one's country • to fly the flag • a war hero • to sacrifice oneself (for) • a hero • to die a hero's death • war crimes

a battle • armed struggle • a military campaign • a belligerent • aggression • an ultimatum • to be on a war footing • to touch off • to trigger • to mobilize • to pursue the diplomatic track • a tactic • a strategy • an ally • an enemy • to take up arms • to go to war • a battle field • a battleground • to secede • a ceasefire • isolationism • friendly fire • a strike • an air raid • a target • proliferation • arms control • an arms race • to demilitarize

> ☞ **combat** = an armed encounter, to settle a dispute • **conflict** = a bodily, mental, or moral struggle caused by opposing views or beliefs • **contest** applies to either a friendly or a hostile struggle to obtain a prize or aim • **fight** = a hand-to-hand struggle for supremacy • **fight shy of** = to avoid meeting or confronting

firepower • to put armed forces on alert • to conquer • a conquest • to invade • an invasion • an invader • invasive resistance • sabotage • to annex • to defend • to defeat • a defeat • victory • to capitulate • to evacuate • killed in action (KIA) • missing in action (MIA) • a slaughter • a bloodbath • a POW (prisoner of war) • to suffer losses

terrorism • a terrorist • a terrorist attack • a terrorist organization • a terrorist group • a terrorist cell • a bomb attack • to hijack • the war on terror • to carry out an attack • to claim responsibility for an attack

peace • to make peace • a ceasefire • to violate • a violation • an armistice • a peacemaker • a peace treaty • to devastate • disarmament • to release prisoners • war crimes • a war criminal • a war memorial • a war cemetery • to survive • to readjust • war protest • an anti-war rally • a pacifist

Words and expressions you may want to know

an insurgency: une insurrection • **warfare**: les hostilités, la guerre, l'engagement armé • **an all-out war**: une guerre totale • **the phoney war**: la drôle de guerre • **a war of attrition**: une guerre d'usure • **a blitzkrieg**: une guerre éclair

on the brink of war: à deux doigts de la guerre • **to break out**: éclater • **to escalate**: escalader, s'intensifier • **to drag on**: traîner en longueur • **jingoism**: le nationalisme, le chauvinisme • **to wrap oneself in the flag**: se draper dans le nationalisme • **to withdraw / to pull out**: se retirer • **withdrawal / pull-out**: le retrait

a warmonger: un belliciste • **a foe**: un ennemi • **an onslaught**: un assaut • **a skirmish**: une escarmouche • **an ambush**: une embuscade • **a foray**: une incursion • **to go on a foray / to make a foray**: faire un raid • **to land**: débarquer • **a war torn country**: un pays ravagé par la guerre • **shelling**: les bombardements • **to shell**: bombarder • **to zero in (on)**: se concentrer sur, faire porter tous ses efforts sur

the trenches: les tranchées • **to be entrenched**: être retranché • **a dogfight**: un combat aérien • **a blockade**: un blocus • **a bulwark / a rampart / battlements**: un rempart • **a bastion**: un bastion • **a stronghold**: une place forte, une forteresse, un fort, un bastion • **to lay [laid] siege (to)**: faire le siège (de)

to retaliate (against): user de représailles (à l'encontre de) • **retaliation**: les représailles • **a curfew**: un couvre-feu • **to rout**: mettre en déroute • **a rout**: une déroute, une débâcle • **to put to rout**: mettre en déroute • **to surrender**: se rendre • **to be hemmed in**: être cerné • **to sustain losses**: subir des pertes • **a debacle**: une débâcle • **a quagmire**: un bourbier

a stalemate: une impasse • **a truce**: une trêve • **war damages**: les dommages de guerre • **casualties of war**: les victimes de guerre • **peace keeping**: le maintien de la paix • **the death toll**: le bilan des victimes • **cannon fodder**: la chair à canon

> ☞ Battle, skirmish, action = a conflict between organized armed forces • a **battle** = a prolonged and general conflict pursued to a definite decision: *the Battle of the Bulge in World War II* • a **skirmish** = a slight engagement on the outskirts of an area of battle • an **action** can be a battle or a skirmish or can refer to actual fighting or combat: *a major military action; action along the border; he saw action in the campaign.*

to plant a bomb: poser une bombe • **an IED (improvised explosive device)**: un engin piégé • **a bomb scare**: une alerte à la bombe • **a car bomb**: une voiture piégée • **a parcel bomb**: un colis piégé • **a suicide bomber**: un kamikaze • **to blow up**: faire exploser

1. Complete the sentences with *war*-root words or expressions.

1. As soon as he took office, George W. Bush decided to renew with Reagan's concept and development of .... to build a shield against missiles around the U.S. • **2.** The .... was the name given to the armed period at the beginning of WWII, when France was taken over by Germany. • **3.** The .... era saw the emergence of a Labour government in Britain and the development of the welfare state. • **4.** It was clear to all visitors that it was a .... country and that it would take months or years to restore peace and rebuild the nation. • **5.** Despite years of peace in the area, there had been a fresh .... in the mountainous regions. • **6.** The American citizen had not been able to marry the Russian girl he had met and fallen in love with. But of course it was in the days of the .... and things were difficult then. • **7.** The two African countries were .... where the frontiers should be. • **8.** There was no way the journalists could move freely around the country. The country was in the grip of an .... • **9.** Milosevic was prosecuted for the .... committed during the war in Kosovo. • **10.** In 1964, L.B. Johnson decided to .... on poverty at home and on communism abroad.

2. Find the noun(s) corresponding to the verb.

1. to mobilize: .... • **2.** to conquer: .... • **3.** to invade: .... • **4.** to ally: .... • **5.** to secede: .... • **6.** to resist: .... • **7.** to annex: .... • **8.** to capitulate: .... • **9.** to withdraw: .... • **10.** to disarm: ....

3. Circle the word that best completes each sentence.

1. The Security Council ruled that the dictator was clearly guilty of a (**violation / conquest**) of the neighboring territory.
2. Because the country was protected by the sea, the enemy could not (**annex / ally**) it.
3. Several armed groups joined the rebellion to (**secede / resist**) the foreign invaders.
4. Premature (**withdrawal / surrender**) of the UN peace-keeping forces would be likely to destabilize the region and trigger a humanitarian crisis.
5. President Nixon made (**disarmament / armaments**) one of the priorities of his administration in his discussions with the Soviets.
6. In a complete (**capitation / capitulation**) to the President and the Republican war machine, Congress is expected to vote to approve continued funding for the war.
7. War may be prosecuted in one or different (**stages / theatres**), in which military campaigns take place.
8. A friendly population is of immense importance to guerrilla (**fighters / soldiers**), providing shelter, supplies, financing, intelligence and recruits.
9. In war situations, (**civils / civilians**) may be attacked or killed as punishment for alleged collaboration, or as a policy of intimidation and coercion.
10. Where evenly matched adversaries decide that the conflict has resulted in a (**truce / stalemate**), they may cease hostilities to avoid further loss of life and property.

4. Match numbered and lettered elements to form expressions.

1. cannon
2. prisoner
3. missing
4. the death
5. the body
6. a veteran
7. a war

a. count
b. in action
c. memorial
d. fodder
e. toll
f. hospital
g. of war

5. Associate the verbs with their objects.

allies • a coalition • an army • muscle • support • a threat • war

1. to pose, blunt, parry, make good ....
2. to avert, stop short of, skip into ....
3. to show, flex, use one's ....
4. to mass, build up, raise ....
5. to stand by, back, consult with ....
6. to seek, drum up, line up, enlist ....
7. to weld, cobble together, bind ....

6. Complete the passage with the words from the list.

broke down • cease-fire • operation • peaceful • peace-keeping • sides • talks • treaty

As part of the collective effort to stop the fighting and to find a .... 1. solution to the conflict, the Secretary-General's personal envoy undertook several missions and discussed with all parties concerned, among other things, the feasibility of deploying a United Nations .... 2. operation. On 23 November, the personal envoy convened a meeting during which the different .... 3. reached agreement on an immediate .... 4. and on a number of other issues. Each of the warring parties expressed the wish to see the speedy establishment of a United Nations peace-keeping .... 5. However, while progress was made on the other issues, the cease-fire .... 6. almost immediately. A new round of .... 7. was therefore scheduled in the hope of reaching a general agreement. But the Secretary remained optimistic. "Peace is at hand," he said, expressing his belief that a peace .... 8. might be signed by the end of the year.

7. Read the passage to review the vocabulary you have learned. Answer the questions that follow.

In the United States, Memorial Day started after the Civil War. Freed slaves and abolitionists got together in Charleston, S.C., to honor the fallen Union soldiers who had given their lives to fight against slavery. At a ceremony in Maine in 1869, one fiery orator declared that "the black stain of slavery has been effaced from the bosom of this fair land by martyr blood." The holiday was so closely associated with the Union side, and with the fight for emancipation, that Southern states quickly established their own rival Confederate Memorial Day.

Over the next 50 years, though, Memorial Day became a tribute to the dead on both sides as well as to the reunion of the North and the South after the war. The new holiday was the reflection of a more inclusive, forward-looking nation eager to put the past behind. Yet, the recognition that the Civil War had been a moral battle against slavery was lost. There were dissenting voices though. Frederick Douglass, the abolitionist leader, continued to insist that Memorial Day should be about the battle between "slavery and freedom, barbarism and civilization." But the drive to make the holiday a generic commemoration of the Civil War dead won out.

The new Memorial Day made it easier for Northern and Southern whites to come together, and it kept the focus where political and business leaders wanted it: on national progress. But it came at the expense of American blacks, whose status at the end of Reconstruction was precarious. If the Civil War was not a battle to determine whether a nation "dedicated to the proposition that all men are created equal" could "long endure," as Lincoln declared in the Gettysburg Address, but a mere regional dispute, there was no need to continue fighting for equal rights.

When Woodrow Wilson spoke at Gettysburg on the 50th anniversary of the battle, in a Memorial Day-like ceremony, he avoided the subject of slavery and declared "the quarrel" between North and South "forgotten." The ceremony was segregated, and a week later Wilson's administration created separate white and black bathrooms in the Treasury Department. It would be another 50 years before the nation seriously took up the cause of racial equality again.

Since 1913, Memorial Day has changed even more. It has expanded—after World War I, it became a tribute to the dead of all the nation's wars—while at the same time fading. Today, Memorial Day is little more than the start of summer, a time for barbecues and department store sales. Much would be gained, though, by going back to the holiday's original meanings. (Adapted from *The Economist*)

1. What is the article mainly concerned with?
   a. all the past wars in which the United States fought
   b. the 19th century war between the states
   c. the commemoration of wars

2. What does the author denounce in the passage?
   a. war in general
   b. the gradual transformation of Memorial Day
   c. the peculiar institution

3. Who was the original Memorial Day meant to honor?
   a. The Confederate soldiers who were killed in action.
   b. The Northern soldiers who sacrificed their lives for a just cause.
   c. All the American soldiers killed in action.

4. How has the original meaning of Memorial Day changed over time?
   a. It has been lost altogether.
   b. It has been strengthened.
   c. It has never been lost.

5. What is said about the Civil War?
   a. It was a battle between two regional entities.
   b. It was a fight of the blacks against the whites.
   c. It was a struggle between good and evil.

6. What does the author regret about Memorial Day?
   a. It used to have a moral meaning attached to it.
   b. It heralded the beginning of Summer.
   c. It marked the celebration of a reunited country.

42 *The world arena* / La scène mondiale

"Let us never negotiate out of fear. But let us never fear to negotiate."
(John F. Kennedy)

Must-know words

the international stage / arena • diplomacy • a diplomat • a career diplomat • diplomatic circles • the diplomatic corps • diplomatic relations • foreign affairs • foreign policy • an ambassador • the community of nations • a vassal • to establish ties • to exchange ambassadors • to appoint an ambassador

a superpower • a bloc • an alignment • an alliance • isolationism • isolationist • unilateralism • a treaty • to sign a treaty • to ratify a treaty • to adhere to a treaty • a pact • unilateral • bilateral • multilateral • the free world • the Communist world • the third world • bipolar • unipolar

a summit • to attend a summit • to hold a summit • to play host to • protocol • a state visit • an official visit • a round of talks • a working session / lunch

to negotiate • to bargain • the bargaining table • to list one's demands • to call sb's bluff • to appease • to build bridges • a compromise • a deadline • an ultimatum • the bottom line • an obstacle • to clash • economic / financial sanctions • to impose sanctions • to lift sanctions • an embargo • a blockade • a settlement • to settle through diplomatic means • the collapse of diplomacy • to denounce a settlement • to sabotage an agreement

Words or expressions you may want to know

the Foreign Service (UK) / the State Department: le Ministère des affaires étrangères • **the State Secretary**: le secrétaire d'État • **gunboat diplomacy**: la diplomatie de la canonnière • **the comity of nations**: la courtoisie entre les nations

> ☞ The **Department of State**, also called **Foggy Bottom**, is headed by the **Secretary of State**. He or she is the President's official adviser on foreign policy matters. The State Department formulates policies and programs for the United States in its relations with other nations.

to play the national anthem: jouer l'hymne national • **to unroll the welcome mat**: dérouler le tapis rouge • **a motorcade**: un cortège officiel • **to review an honor guard**: passer en revue la garde d'honneur • **exchange of gifts**: l'échange de cadeaux • **a bash**: une grande fête • **a presidential levee**: une réception présidentielle • **a state dinner**: un dîner officiel

provisional (arrangement / agreement): conditionnel • **long-lasting**: durable • **an agenda**: un ordre du jour • **a talking point**: un point du débat • **a proposal**: une proposition • **a stand**: une position • **a fallback position**: une position de repli • **give and take**: les concessions mutuelles • **to stake out a position**: adopter une position • **to soften / to toughen a stance**: adoucir / durcir une position • **to strengthen / to shore up a position**: consolider une position • **to undermine a position**: saper une position • **to take a tough line on**: adopter une ligne dure à propos de • **to carry weight / clout**: avoir de l'influence • **to backtrack / to backpedal**: faire marche arrière • **to throw one's weight (behind)**: peser de tout son poids (sur) • **a stumbling block**: une pierre d'achoppement

☞ **the Monroe Doctrine**: la Doctrine de Monroe • **containement**: l'endiguement • **the Domino Theory**: la théorie des dominos • **the Marshall Plan**: le Plan Marshall • **the Suez Crisis**: la Crise de Suez • **the Bay of Pigs**: la Baie des Cochons • **the Cuban missile crisis**: la Crise des missiles de Cuba • **the Iron Curtain**: le Rideau de fer • **the Berlin Wall**: le Mur de Berlin • **the Camp David Agreements**: les Accords de Camp David • **the Evil Empire**: l'Empire du Mal • **the Axis of Evil**: l'Axe du Mal • **a rogue state**: un État voyou

to be at loggerheads / to be at odds (with): être en désaccord (avec) • **to bicker about**: se disputer • **to haggle / to wrangle over**: chicaner sur • **to defuse a controversy**: désamorcer une controverse • **to up the ante**: faire monter les enchères • **a hurdle**: un obstacle • **a deadlock**: une impasse • **a standoff**: une confrontation • **to reach a stalemate**: être dans l'impasse • **a showdown**: une épreuve de force • **to derail talks**: faire échouer les négociations • **to walk out**: quitter la table des négociations • **to pull out**: se retirer • **to break / to sever relations / ties**: rompre les relations • **to summon an ambassador**: convoquer un ambassadeur • **to expel**: expulser • **to recall**: rappeler

a goodwill mission: une mission de bons offices • **to placate**: apaiser • **to iron out obstacles**: aplanir les obstacles • **to settle a dispute**: régler un différend • **to resume negotiations**: reprendre les négociations • **to downplay a crisis**: minimiser une crise • **a breakthrough**: une avancée décisive • **a milestone**: une date historique

Exercices

1. Fill in the blanks with the words from the list.

a. ambassador • b. diplomatic • c. relations • d. summit • e. treaty • f. agreement

1. to ratify, sign, adhere to a ....
2. to appoint, recall, summon an ....
3. to establish, sever, break ....
4. to attend, hold, organize a ....
5. .... immunity, corps, service, pouch
6. to come to, fashion, wrestle an ....

2. Complete the sentences with the right word.

1. The latest round of .... between Israelis and Palestinians has broken down. • **2.** Weather permitting, further talks aimed at producing peace will be .... in Dublin next month. • **3.** Most heads of state are expected to .... the summit on climate change. • **4.** The two warring factions were persuaded to sit at the negotiating .... • **5.** The meeting was made possible thanks to the two envoys who had worked relentlessly behind the .... • **6.** After some exploratory talks, the summiteers had to get down to .... • **7.** The Canadian prime minister is to play .... to the G8 summit next year. • **8**. After much back and forth between the different delegations, the envoys finally .... together an agenda for the talks and sent out the invitations.

3. Read the passage to review the vocabulary you have learned. Answer the questions that follow.

Be it through the furtherance of commercial intercourse with other nations, military intervention destined to prop up friendly regimes, or the need to contain communism and to export democracy to the four corners while waging war to terrorism, American presence has gradually made itself felt in the international arena.

The stated goals of American foreign policy have varied from time to time but they have remained basically the same throughout the ages: to create a more secure, democratic, and prosperous world for the benefit of the American people and the international community. In many regards, the global cop role played by America has been subject of much debate, criticism and praise both at home and abroad.

American foreign policy has evolved following a pattern of domestic expansion and development. In his Farewell Address in 1796, George Washington had warned the country against foreign entanglements. Indeed, in the 19th century the US only played a small role in world affairs, the only exception being the conflicts with the Barbary pirates in 1801. On the other hand, the republic was quite active within or on its borders, be it hostile relations with Canada during and after the War of 1812, war with Mexico in 1846, war with the seceding Confederate States, or wars in the West with Native American nations that resisted expansion into their territory.

To counter the new independence of Spanish colonies in Latin America and keep Europeans at arm's length, the United States proclaimed the Monroe Doctrine in 1823 in opposition to European intervention in the Americas. Manifest Destiny, a divinely mandated obligation to "overspread the continent allotted by Providence for the free development of our yearly multiplying millions," was justification to wage war against Mexico, with the US annexing a large chunk of that country. Conflict with Russia and Britain broke out over the Oregon territory, and with Spain over Florida and Cuba. The last colonial power, Spain, was forced to surrender in 1898 and in the Pacific, the US fought the inhabitants of Spain's colony in the Philippines. The 1904 Roosevelt Corollary to the Monroe Doctrine, proclaimed a right for the United States to intervene to stabilize states in the region, further weakening European influence in Latin America and establishing U.S. regional hegemony.

The isolationist streak explained the reluctance of the US to step into world affairs during both world wars. It stayed neutral in 1914, preferring to make loans to the Allies but world events (especially submarine warfare) forced the country to enter the conflict. At the end of WWI, President Wilson, a Democrat, took a more idealistic, yet untenable position, putting forward his League of Nations and incorporating it into the Treaty of Versailles, yet, failing to shore up support at home particularly in the face of a Republican-controlled Senate.

A day that would "live in infamy" was to end for good America's isolationist stand. In 1947, the US was to step permanently onto the world stage when Britain, weakened financially by the war effort found herself unable to maintain her sphere of influence. Within a few weeks, the State Department devised a set of policies that turned the United States from isolationism to globalism.

In the post-war period, American foreign policy was marked by containment and the involvement into regional conflicts, particularly in Southeast Asia. In 1947, the Truman Doctrine laid down American policy to "support free peoples who are resisting attempted subjugation by armed minorities or by outside pressures". The consensus of anti-communism and the notion of national security were to be from then on something that Americans needed to worry about, even when the world was at peace with no apparent impending military threats. With the passage of the National Security Act in 1947, the armed forces were consolidated, the War Department became the Department of Defense, the CIA was set up as well as the National Security Council. At the same time, the USA expressed the need not only to establish permanent forces abroad for the first time but also, through NATO (1950), to balance Soviet rule in Europe. The Berlin blockade in 1948 and the Korean War in 1950 were the first tests of US military resolve.

The Cold war ushered in an era of political tension and an arms race between the Soviet Union and the United States, as evidenced by the Cuban missile crisis in 1962. Soon, South Vietnam became a battleground not only for military might but also a quagmire for ideological warfare. When Saigon collapsed in 1975, it heralded a period when America grew aware that it might no longer be prevailing through force only. After the opening with China and the collapse of the Soviet Union, America's attention turned to the Middle East conflicts and, since 2001, has been engaged in a war against terror, the terrorist foe having replaced the Evil Empire.

As diplomat in chief, the President of the United States is the one who conducts foreign policy. He has almost complete control of information. Because of the media attention, he has the ability to set the tone of national debate. In his role as commander-in-chief, he has broad authority over the armed forces once they have been deployed. Yet, treaties are valid if only two-thirds of the Senate grant approval; and it is up to Congress to provide funds for the army and navy. Thus, the Treaty of Versailles, at the end of the Second World War was never signed by the United States. If the predominance of the president has given rise to criticism of an imperial presidency, economic issues have gradually steered foreign affairs. With Congress being empowered to authorize or deny defense funding after the adoption of the War Powers Act, it is expected that the president's authority is likely to diminish.

1. What has been the position of the United States on the diplomatic stage throughout history?
   a. It has maintained a neutral stance in world affairs.
   b. It has shied away from its responsibilities as world's *gendarme.*
   c. It has increasingly been embroiled in world affairs.

2. How did George Washington feel about the international role of the US?
   a. The US ought to play a more active role on the international stage.
   b. The US should stay away from entering into alliances.
   c. The US had to establish a regional hegemony.

3. What was President Monroe's declaration about?
   a. The Western Hemisphere must remain open to European interference.
   b. All of North and South America lay within the exclusive power of the United States.
   c. The United States was to stay neutral in wars between European powers and its colonies.

4. How was American expansion seen in the 19th century?
   a. as foreign policy
   b. as military conquest
   c. as manifest destiny

5. What can be said about US foreign adventures at the end of the 19th century?
   a. They remained exceptional.
   b. They were run of the mill.
   c. They had grown to such an extent that they threatened world peace.
6. According to the passage, what can be inferred about the Treaty of Versailles?
   a. It was ratified by the United States Senate.
   b. It was rejected by the Senate.
   c. It confirmed America's isolationist streak.
7. What is "A day that will live in infamy" a reference to?
   a. America's entry in World War I
   b. America's rejection of the Treaty of Versailles
   c. the 1941 Japanese attack on Pearl Harbor
8. Who justified the threat of external danger to guide foreign policy?
   a. George Washington during the Independence War
   b. Abraham Lincoln during the civil war
   c. Harry Truman during the cold war
9. Who was the first president to disregard Washington's advice and join a military alliance?
   a. Franklin D. Roosevelt
   b. Harry Truman
   c. Lyndon B. Johnson
10. Why was Vietnam compared to a quagmire?
    a. The region was a marsh.
    b. It was a no-win situation.
    c. The fields were booby-trapped.
11. Who has power to initiate a war in the US?
    a. the House of Representatives
    b. the President of the United States
    c. the Senate
12. Who has the authority to negotiate treaties?
    a. the President of the United States
    b. the House of Representatives
    c. the Senate
13. At what stage does Congress have a say in a military intervention?
    a. at the beginning
    b. at the end
    c. in the middle
    d. all of the above
14. Why has the imperial presidency been decried?
    a. because Congress has surrendered some of its powers
    b. because the White House looks like the Taj Mahal
    c. because the president has become all too powerful

43 *Energy needs* / Les besoins énergétiques

"What a country calls its vital economic interests are not the things which enable its citizens to live, but the things which enable it to make war. Petrol is much more likely than wheat to be a cause of international conflict." (Simone Weil)

Must-know words

power • energy • a source / a form of energy • steam power • hydropower • solar energy • energy production • to generate electricity • to produce electricity • to consume / to use energy • energy supply • energy conservation • energy consumption • energy needs • energy waste

renewable • cheap • plentiful • abundant • scarce • inexhaustible • energy-saving • energy efficiency • energy-efficient goods / products • to save energy • to conserve energy

fossil fuels • oil • coal • a coal mine • a mining accident • to extract • the petroleum industry • an oil company • an oil producing country • the OPEC countries • an oil field • a reservoir of oil • proven reserves • to strike oil • to drill for oil • an oil rig • offshore drilling • a tanker • a barrel (bbl)

a nuclear scientist • nuclear fusion / fission • a particle • an atom • a nucleus • a proton • to split the atom • a particle detector • enriched uranium • to go nuclear • a nuclear reactor • the core of a reactor • a nuclear power station • radioactivity • contamination • to be exposed to radiation • enriched plutonium • radioactive waste disposal

gas • solar energy • a solar battery • a solar panel • solar heating • a wind turbine • a windmill • biomass • geothermal energy

Words and expressions you may want to know

alternative energy: les énergies douces • **to harness / to tap energy**: exploiter l'énergie • **to deplete**: épuiser • **a utility (company)**: une société de service public EDF / GDF • **a power station**: une centrale électrique • **a dam**: un barrage • **a nuclear power plant**: une centrale nucléaire • **wind power**: l'énergie éolienne • **a wind farm**: un parc d'éoliennes • **tidal energy**: l'énergie marine • **an energy-service company (ESCO)**: une entreprise spécialisée dans les économies d'énergie

a colliery: une houillère • **open cut mining / open cast mining**: l'exploitation à ciel ouvert • **white coal / hydroelectric power**: la houille blanche • **a lode**: un filon • **a dump**: un terril • **a firedamp explosion**: un coup de grisou • **a blast**: une explosion • **asbestos**: l'amiante

crude oil (US) / petroleum (UK): le pétrole brut • **an oil by-product**: un dérivé du pétrole • **petrol (UK) / gas (US)**: l'essence • **unleaded / lead free**: sans plomb • **a gas guzzler**: une voiture gourmande en carburant • **a wildcatter**: un prospecteur • **an oil deposit**: un gisement • **oil recovery**: l'extraction de pétrole

depleted uranium: l'uranium appauvri • **a breeder**: un générateur • **a containment building**: une enceinte de confinement • **spent fuel**: le combustible irradié • **nuclear waste**: les déchets nucléaires • **a meltdown**: une fusion (du cœur du réacteur) • **nuclear fallout**: les retombées radioactives • **to decommission a plant**: démanteler une usine • **a fail safe technology**: une technologie éprouvée

1. Associate the verbs and their objects.

1. to meet	**a.** an energy source
2. to cut down on	**b.** an oil shock
3. to waste	**c.** energy needs
4. to withstand	**d.** fossil fuels
5. to tap	**e.** electricity
6. to generate	**f.** energy
7. to deplete	**g.** energy consumption

2. Which form of energy do you associate the following words with?

1. photovoltaic ....
2. dam ....
3. tide ....
4. furnace ....
5. pipeline ....
6. meltdown ....
7. fallout ....
8. to drill ....
9. rad ....

3. Complete the passage with the words from the list.

burying • *dispose of* • *dumping* • *leak* • *nuclear fuel* • *nuclear power plants* • *nuclear waste* • *reprocess* • *shut down* • *storage space* • *vitrification*

Out of sight

Congress ordered the Department of Energy (DOE) to begin removing spent but still dangerous .... 1. from the five dozen or so commercial .... 2. by 2010. But legal and political obstacles got in the way. Utilities worry that if the DOE does not start removing their spent fuel, they will run out of .... 3. on site and might have to .... 4. their nuclear plants altogether. The Senate Energy Committee has come up with a new plan: to .... 5. the country's .... 6. at one site in the Nevada desert, Yucca Mountain. The objection is that the water will inevitably flow through the mountain's porous rocks to the waste canisters and cause them eventually to .... 7. It is far from clear that .... 8. the nuclear waste in a hole in Nevada is the best solution. Some countries, like Britain, ... 9. their spent fuel. Others use new technologies such as .... 10. to diminish the hazards of waste during storage. .... 11. waste at Yucca could turn out to be a mistake. (*The Economist*)

4. Complete the passage with the words from the list.

dependence • effective • efficient • harnessing • incentive • license • meet • power • reliable • spur • technology • utilities • utility • wind • windmills

Wind power

A decade ago, ... 1. promised to be a clean, ... 2. source of .... 3. that could help wean America from its .... 4. on dirty fuels and foreign oil. The idea of .... 5. an energy supply that was free as the breeze generated enough megawatts of excitement to light up an entire industry. .... 6. by generous government tax .... 7., investors poured more than $2,5bn into US wind projects during the early 1980s. Eventually the problems caused .... 8. companies to back away. And by 1985, when the tax credits expired, the remaining wind towers began looking more and more like monuments to a lost cause. Now, however, there's new energy in the wind. Engineers have used advanced .... 9. to make wind turbines that are far more .... 10. and cost .... 11. than those of yesteryear. Today's models are capable of .... 12. 10% of America's energy demand, and within 30 years, newer versions could provide a quarter of the US's power needs. Such figures have re-energized manufacturers of .... 13. power equipment and attracted the interest of international competitors. .... 14. are conducting wind surveys and starting pilot projects. And a new breed of wildcatters is scurrying to buy up wind rights .... 15. to erect what may be the oil wells of tomorrow.

5. Read the passage to review the vocabulary you have learned. Answer the questions that follow.

Those enthralled by nuclear power make three arguments in its favor: that it is a defense against climate change, against another OPEC-administered oil shock, and against the inevitable exhaustion of fossil fuels. None bears close examination.

At present rates of demand, the world has enough oil in proven and economically viable reserves to last for more than 40 years, enough gas for more than 60 years and enough coal for more than 230 years. Naturally, demand will increase; but so will reserves as companies explore more widely and costs fall. Since 1970 viable reserves of oil have almost doubled while those of gas have leapt three-fold. One distant day a crunch will come, but as it approaches, fossil-fuel prices will rise, making alternative forms of energy, perhaps including nuclear power, competitive. There is no reason to spend on nuclear right now.

An oil shock is a more worrying prospect. After all, the cartel still sits on 75% of the world's reserves, and the wobbly politics of the Middle East can change at a stroke. However, even though an oil shock is a real threat, building nuclear reactors is not a proper way to avert it. A higher oil price would have a relatively minor impact on the supply of electricity—the only sort of energy that nuclear power can now provide. Just over a tenth of the world's electricity is generated from oil, and the proportion has steadily fallen since 1970. Transport, by contrast, relies almost entirely upon oil, already swallowing half the world's supply and likely to take an even larger chunk in the future. If oil supply were to be cut off tomorrow, billions of people would find themselves immobile. Relatively few would be without electricity.

Besides, there are superior, non-nuclear ways to brace up for an oil shock. Governments might build up their stocks. Especially where congestion and pollution are serious problems, they could restrict the growth of car use, or promote cars which guzzle less fuel. For governments keen to reduce electricity's remaining dependence on oil still further, there are usually cheaper alternatives to nuclear, such as coal or hydro power.

Climate change is a legitimate worry. Although still riddled with uncertainties, the science of climate change is becoming firmer. Put too much carbon in the atmosphere and you might end up cooking the earth, with catastrophic results. But switching to nuclear power is not the best response. Cutting the subsidies that go to the world's coal producers would help tilt the world's energy balance towards natural gas, which gives off much less carbon dioxide. If prices reflected the true costs of generation, electricity demand would fall, thus cutting greenhouse emissions.

There are carbon-free energies that deserve more subsidies than nuclear. The cost of many renewable technologies such as solar and wind power, has fallen dramatically in recent decades. They are still more expensive than fossil fuels, but they will often be at least competitive with nuclear power, especially in the sun-drenched developing countries.

Finally, supporting nuclear power to ward off climate change means swapping one environmental risk for another. The risks of nuclear accidents may be tiny, but when they happen they can be catastrophic. Renewables are not without their environmental disadvantages, but they are much cleaner than nuclear power. The billions rich countries each year pump into nuclear research would be better spent on renewables instead.

Nuclear power will not disappear overnight. The nuclear industry has a job to do, running existing nuclear plants to the end of their lives as cheaply and safely as possible. One day, it might make sense to invest in new reactors again. For now, the case for nuclear power is full of holes. (Adapted from *The Economist*)

1. Which title might be the most suitable for the passage?
   a. The case for nuclear energy
   b. The need to develop alternative energies
   c. The case against nuclear energy

2. What can be inferred from the passage, regarding energy sources?
   a. Fossil fuels are still in abundant supply.
   b. Coal and gas supplies are fast dwindling.
   c. Nuclear energy is competitive compared to fossil fuels.

3. What does the writer say about the cost of nuclear energy?
   a. It is cheaper to develop than fossil fuel today.
   b. It might become cheaper than fossil fuel in a distant future.
   c. It is bound to get more and more expensive to develop.

4. What would an oil crisis have a major impact on?
   a. traveling
   b. electricity generation
   c. politics in the Middle East

5. In what way does nuclear energy help car users?
   a. Developing nuclear energy is one way to solve traffic congestion.
   b. Nuclear energy plays no role in curbing car use.
   c. Only government can encourage people to carpool.

6. What does the writer say about electricity cost today?
   a. It is overpriced.
   b. It is underpriced.
   c. It is too expensive to produce.

7. What is implied about subsidizing nuclear power?
   a. It is a one-sided policy.
   b. It is a fair policy.
   c. It is a way to reduce greenhouse gases.

8. When compared to other sources of energy, what risk does nuclear power carry?
   a. It carries as much risk as other forms of energy.
   b. It is less risky than other forms of energy.
   c. It is riskier than other forms of energy.

9. According to the reading, how would you rate the case for nuclear power?
   a. solid
   b. weak
   c. not worth defending

44 *Petroleum alternatives /* Les alternatives au pétrole

"We need to face it, as a nation we have a reliance on petroleum."
(Lisa Murkowski)

Must-know words

an oil shock • a shortage of oil • oil dependence • a gallon • a barrel • an embargo • to consume • oil consumption • oil prices • an oil price rise • pump prices • to block supplies • an oil depot • oil refinement • energy dependence • an oil embargo • to stockpile oil • a petrol / gas / filling station • refinery capacity • oil stocks • an oil-producing country • an oil-consuming country • OPEC countries

to run out of oil • to be dependent / reliant on oil • to cut oil consumption • an oil shortage • oil reserves • oil resources

to save energy • to conserve energy • energy conservation • clean / green energy • to heat one's home • insulating materials • energy-efficient • a light bulb • low energy / low consumption • alternative energy sources • to meet the energy challenges • the post-oil era

Words and expressions you may want to know

to withstand an oil shock : résister à un choc pétrolier • **an oil glut** : une surabondance de pétrole • **a well** : un puits • **petrol duties / fuel taxation / petrol taxes** : les taxes sur les produits pétroliers / sur les carburants • **price-gouging** : la pratique de prix exorbitants

a gas-guzzler : une voiture gourmande en carburant • **a fuel-efficient car** : une voiture économe en carburant • **to dwindle** : diminuer • **to ration** : rationner • **gasoline rationing** : le rationnement d'essence • **to wean oneself off** : se sevrer de

peak oil : le pic de production du pétrole • **to cast about for alternatives** : chercher des solutions de remplacement • **a wood stove** : un poêle à bois • **low power consumption** : la consommation basse énergie • **organic fuel** : le carburant vert • **synfuel** : le combustible de synthèse • **biofuels** : les biocarburants • **biogas** : le biogaz • **biological energy conversion** : la bioconversion • **bio-diesel** : le diester • **ethanol** : l'éthanol

1. Match numbered and lettered elements to form expressions.

1. to rely
2. to increase
3. to roll
4. to be dependent
5. to tap
6. to conserve
7. to place

a. back prices
b. into reserves
c. an embargo on
d. on foreign supplies
e. on oil
f. production
g. energy

2. Complete the sentences with the words from the list.

alternative • *conserve* • *consumption* • *crisis* • *dwindling* • *exploit* • *lifted* • *needs* • *pushed* • *soaring*

1. Because of the .... oil prices, people find it more economical to have a woodstove installed in their living room.
2. In the midst of the oil crisis, the Energy Secretary started a national tour so as to show ways to .... energy.
3. A harsh winter coupled with the onslaught of hurricane Katrina .... the prices of oil up as damaged refineries were put out of business.
4. Face with .... oil stocks, the country had to draw on its strategic reserves to meet the consumers' demands for cheaper oil.
5. The world's oil reserves are not unlimited and if we want to keep up with increasing demands, we'll have to find .... sources of energy.
6. To provide the country with its energy .... will require building several nuclear plants in the next decade.
7. More research and development is needed before we can .... the sea, wind and sun energy.
8. In France the oil .... spelt the end of the *Trente Glorieuses*, 30 years of very high economic growth, and ushered in 30 years of continuing unemployment.
9. Although the oil embargo imposed by Arab nations was .... in 1974, the consequences of the crisis lingered on throughout the 1970s pushing up energy prices ever higher.
10. To help reduce gas ...., a speed limit was imposed and users were urged to avoid taking their cars when possible.

3. Circle the mistake in each sentence.

1. The economies of many big oil-exporting countries are growing so fast that (a) their need of energy (b) within their borders is crimping how much they can sell abroad, adding new strains to (c) the global oil market.
2. Experts say the sharp growth, if it continues, means several of the world's most important supplier (a) may need to start importing (b) oil within a decade to power all the new cars, houses and businesses they are buying and creating with (c) their oil wealth.

3. Soaring internal rates of <u>oil consommation</u> (a) in Russia, in Mexico and in member states of the Organization of the Petroleum Exporting Countries would reduce <u>crude exports</u> (b) as much as <u>2.5 million barrels</u> (c) a day by the end of the decade.
4. China and India are expected to <u>account of much</u> (a) of the <u>increase in global oil</u> (b) demand in the <u>next 20 years</u> (c).
5. To be sure, <u>many oil-exporting states</u> (a) have a long way to go before they achieve Western living standards. The global oil market is still dominated by <u>traditional consumers</u> (b), particularly the United States, <u>which use</u> (c) nearly a quarter of the world's oil.
6. After breakneck growth the last three years, <u>Texas reaches</u> (a) the point that more than 3 percent of <u>its electricity</u> (b), enough to supply power to one million homes, <u>comes from</u> (c) wind turbines.
7. The United States recently overtook Spain as the world's <u>second-large wind power market</u> (a), after Germany, with <u>$9 billion</u> (b) invested last year. A recent study by Emerging Energy Research, a consulting firm in Cambridge, Mass., projected <u>$65 billion in investment</u> (c) from 2007 to 2015.
8. <u>During the demonstration</u> (a), the crowd shouted <u>at the top of its voice</u> (b) <u>protesting the construction</u> (c) of the new power plant.

4. Complete the passage with the words from the list.

barrels • drilled • offshore • companies • industry • production • rigs • petroliferous • strike • well

A frenzy has gripped the Angolan oil .... 1. in recent years: it is phenomenally successful because the oil is .... 2. The current fairly modest production of 790,000 .... 3. per day comes almost exclusively from shallow-water blocks. Globally, companies hope to .... 4. oil with four of every ten exploration wells .... 5. Geologists believe that the .... 6. structures discovered in the deep blocks extend westwards into ultra deep blocks. All the big oil .... 7., including Exxon, BP Amoco, Texaco and Chevron are scrambling for a share of the equity. The world's deepest significant sub-sea oil .... 8. is currently in the Gulf of Mexico at water depths of 1,200 metres. Even in Angola's deep water blocks, it is impossible to build fixed oil .... 9. Instead, massive floating platforms are anchored to the sea-bed. These operations are astronomically expensive. It will cost $20m to drill just one exploration .... 10. in Angolan ultra-deep water. Geologists must be praying that their predictions come true. (*The Economist*)

5. Read the passage to review the vocabulary you have learned. Answer the questions that follow.

A fraction of the energy locked up in the oceans could, in theory, meet the world's entire electricity needs. In practice things are nothing like that simple. Extracting hydropower from dammed-up rivers is comparatively easy compared with harvesting energy from offshore tides and waves, and then putting it into the grid via underwater cables. Only 14 countries now operate tidal or wave-power stations, and most are tiny, experimental and expensive. Tidal power projects have been in place for more than 40 years in China, Russia and also in France.

But with governments all over the world thinking about climate change, and under pressure from voters to show their green colors, the tide may be turning, politically at least. Australian scientists fantasize about the day when they could get enough power from the surf-friendly waves along the southern coast to meet the whole country's electricity needs. Politicians in Oregon dream of generating all the state's power from the Pacific.

Compared with those dreams, anything that is really happening, or likely to happen in the near future, sounds puny. Technology piloted at the European Marine Energy Centre, a testing ground in the storm-tossed Orkney islands off northern Scotland, will soon be used to supply the Portuguese national grid. A "wave farm" off Cornwall will soon supply 7,500 English homes.

The financial obstacles to widespread marine power may trump the political attractions. Absent a global recognition of the extreme seriousness of climate change, tidal's not really a player. (Adapted from *The Economist*)

1. What might be a suitable title for the passage?

a. The tide is turning

b. Tapping the power of the sea

c. Hydropower is the way of energetic future

2. What does the writer say about the development of marine power in the world?

a. It is developing at a fast clip globally.

b. The United States is spearheading marine power generation.

c. Australia is lagging in the development of tidal power.

3. What does the writer say about the future of marine power?

a. Marine power is an energy which is doomed from the outset.

b. Marine power is anything but an infant technology.

c. Marine power is likely to grow across the board as countries become greener.

4. What is the biggest hurdle to the development of marine energy?

a. political

b. financial

c. ecological

5. What can be inferred from the conclusion of the article?

a. Barring serious climate change, tidal energy will not develop.

b. Politicians are wary of investing heavily into marine energy.

c. Tidal power is bound to play a major role in supplying electricity.

45 *Employment opportunities /* Les perspectives d'emploi

"Employment gives health, sobriety, and morals. Constant employment and well-paid labor produce, in a country like ours, general prosperity, content, and cheerfulness. Thus happy have we seen the country." (Daniel Webster)

Must-know words

work • to work for / with • to work part time / full time • to be at work • to work in • administrative work • clerical work • factory work • farm work • research work • charity work • volunteer work • team work • manual work • temporary work • the working week • the 35-hour week • the work ethic • to work hard (at) • to slave away

to earn one's living • to make a living • a salary • to get a rise • wages • a wage cut • a wage demand • net wages • gross wages • minimum wage • to earn a salary • a wage earner

to have a job • a regular job • a part time job • a full time job • a summer job • a holiday job • a temporary job • to have a job • to look for a job • to lose one's job • to resign from a job • to leave one's job • a job offer • to apply for a job • a job seeker • job security • to turn down an offer

labor • manual labor • child labor • slave labor • skilled / unskilled labor • the labor market • the labor force • the workforce

☞ The **workforce** is the labour pool in employment. It is generally used to describe those working for a single company or industry. **Labor force** refers to an estimate of the number of persons, 16 years of age and older, classified as employed or unemployed.

to be employed • an employer • an employee • full employment • the employment market • an employment agency

a career • a line of work • a calling • a task • a sector • the primary sector • the secondary sector • the tertiary sector • a sector of the economy • the public / private sector • a field • a domain

Words and expressions you may want to know

the working population: la population active • **office / working hours**: les heures de bureau • **to work flextime**: avoir des horaires à la carte • **flexible hours**: les horaires à la carte • **to moonlight**: avoir un second emploi • **shift work**: le travail posté • **to work off the books**: travailler au noir • **a work day**: une journée de travail • **a workload**: une charge de travail • **recuperation / recup**: les RTT • **to work overtime**: faire des heures supplémentaires • **the workforce**: la main-d'œuvre • **an undocumented worker**: un travailleur clandestin • **a migrant / a guest worker**: un travailleur saisonnier

a profession: une profession libérale • **a lousy job**: un sale boulot • **a steady job**: un emploi stable • **a skilled job**: un emploi qualifié • **a desk job**: un boulot de secrétariat • **to hold down / to keep a job**: conserver un emploi • **job creation / generation**: la création d'emplois • **a menial job**: un emploi subalterne • **a dead-end job**: un boulot sans avenir • **an odd job**: un petit boulot • **job hopping**: le changement de boulot

a salary scale / a pay scale: une grille des salaires • **take-home pay**: le salaire net • **overtime pay**: le paiement des heures supplémentaires • **to work overtime**: faire des heures supplémentaires

lifetime / lifelong employment: l'emploi à vie • **employment opportunities**: les perspectives d'emploi • **temping**: l'intérim • **the workplace**: le lieu de travail

to toil: peiner • **drudgery**: le travail pénible, les besognes • **a chore**: une corvée • **a thankless task**: un travail ingrat • **organized labor**: le travail syndiqué

Should teenagers have jobs? to tackle school and work • **to juggle one's job, studies, sports and extracurricular activities**: combiner un emploi, des études et des activités extrascolaires • **an after-school job**: un petit boulot • **to do a summer job**: avoir un boulot d'été • **an odd job**: un petit boulot • **to work part time**: travailler à temps partiel • **to do paid work**: faire un travail rémunéré • **to meet school requirements**: faire face aux exigences scolaires • **to interfere with one's studies / schoolwork**: gêner dans les études • **to miss out on the fun of being young**: ne pas profiter des plaisirs d'être jeune • **to hang out with friends**: traîner avec ses amis • **a rewarding experience**: une expérience enrichissante • **to learn the price of money**: apprendre le prix de l'argent • **to value the price of work**: valoriser le prix du travail • **to learn about responsibility**: apprendre le sens des responsabilités • **to learn about money management**: apprendre à gérer son argent • **to make extra spending money**: se faire de l'argent de poche • **to teach teens the value of money and how hard it is to earn it**: apprendre aux jeunes la valeur de l'argent et pourquoi il ne tombe pas du ciel • **money doesn't grow on trees**: l'argent ne tombe pas du ciel • **to help teens build self-esteem**: apprendre aux jeunes l'estime de soi • **to help develop / boost self confidence**: contribuer à renforcer la confiance en soi • **to earn respect (from)**: gagner le respect (de) • **to gain financial independence**: devenir financièrement indépendant • **to earn extra money**: gagner plus d'argent • **to help support one's family**: contribuer à soutenir sa famille (financièrement) • **to get a work experience**: obtenir une expérience professionnelle • **to learn / to acquire organizational skills**: apprendre à s'organiser • **to learn adult interaction / interpersonal skills**: apprendre à interagir avec des adultes

EXERCICES

1. Complete the expressions with either *job/work* or both. Tick the right box.

Verb	*(a) job*	*work*
1. to lose one's…	❑	❑
2. to look for…	❑	❑
3. to be at…	❑	❑
4. to be out of…	❑	❑
5. to get…	❑	❑
6. to find…	❑	❑
7. to offer sb…	❑	❑
8. to do…	❑	❑
9. to hold down…	❑	❑
10. to apply for…	❑	❑

2. Circle the two mistakes in each list. You can…

earn …	*work …*	*a job …*
our living	overtime	apply for
a salary	late	get
a task	long hours	give up
wages	a machine	do
respect	night class	take down
a rest	miracles	create
millions	security	turn down
skills	to death	lose
a position	part-time	make

3. Complete the expressions in the left column with those in the right one.

1. He's	**a.** fashion industry, banking sector, film industry
2. He's a	**b.** a software company, a law firm, a publisher, an insurance company, Microsoft
3. He works as	**c.** teacher, lawyer, Supreme Court Justice
4. He works in	**d.** advertising, finance, government
5. He works for	**e.** a consultant, an advisor to the president
6. He works in the	**f.** prime minister, president of the USA, head of the company, unemployed, self-employed

4. Complete the sentences with the words from the list.

employment • *job* • *labor* • *work* • *works*

1. His father commutes to .... very day. He has to get up early to go to .... • **2.** He's looking for .... that combines his love for teaching and his passion for research. • **3.** *Cape Cod Evening* is considered to be one of Hopper's major .... of art. • **4.** A stretched .... market means inflationary pressure in the short term. • **5.** .... has reached a record high and the number of people claiming ....-related benefits has fallen to a 32-year low, new figures showed. • **6.** I had my apartment done up but the decorators made a lousy .... of it. • **7.** It was quite a hard .... completing the project in time. • **8.** The problem with this type of holiday .... is that it is not very well-paid. • **9.** In Spring, we can only admire the .... of nature. • **10.** In Britain, the sign indicating road works is "Men at ...."

5. Read the passage to review the vocabulary you have learned. Answer the questions that follow.

With industrialized countries going through an unprecedented technological revolution, workers have had to adapt to ever-changing situations. The labor market such as we know it today will bear little resemblance to tomorrow's. Only general trends can be identified: blue collar jobs will continue to be lost to low-wage off-shore competition. All the heavy and **back-breaking** (1) work will be carried out abroad, especially in emerging countries. Few **pundits** (2) expect agriculture to become a high-tech field though, and they don't think it will harbor prospects for job growth. Yet to avoid **sending the worker to the scrapheap** (3), there are a few strategies worth adopting.

First, forget the idea of life-long employment with one big company. People must now get it out of their heads that they will hold one good **steady** (4) job for life. Large firms have found out it is more efficient and profitable to operate as contracting centers, buying goods and services from smaller companies than having them produced by their own employees, a process known as "outsourcing." The corporation of the future will consist of a small core of central employees and a **bevy** (5) of smaller firms working for it under contract. Besides, there is bound to be much shifting around, more hiring of people on a temporary basis, working for fees rather than salaries.

Since big companies are **downsizing** (6) and streamlining, look to small and medium-sized companies. They have always been the traditional power engines of job creation. More innovative and **nimbler** (7), they will be in a better position to compete worldwide.

Be flexible. Your expertise should be transferable to other businesses. If you have a technical skill repairing aircraft engines, you can turn it into repairing car or truck engines. Be prepared to work for a foreign company. The giants have been more and more **prone** (8) to conduct their operations at lower cost overseas.

Get as much education as you can. The future belongs to the knowledge worker able to master the intricacies of electronics or computer science. Upgrade your skills or keep upgrading them. Opportunities for job training abound, from community colleges to union programs. Many companies offer retraining or **sandwich courses** (9). You ought to be able to take advantage of them. It is essential that you keep up with fast-changing technology and work-place requirements, all the more so as the high-tech worker is now expected to change jobs three or four times during his working life.

Go entrepreneurial. Setting up your own business can bring freedom and satisfaction. Self-employment is the buzzword today. The entrepreneur, risking everything in pursuit of a winning idea, or the free-lancer with flexible hours, liberated from the need to **kowtow** (10) to corporate bureaucrats are most alluring. Many governments have already started to push schemes to help the unemployed become self-employed.

Be prepared to work in small groups too. Team work is the new order of the day. The cybercowboy will ride the information superhighway, not working regularly for anybody, but contracting with one corporation or another to do a specific, limited job.

EXERCICES

There is only one safe prediction about tomorrow's job market: it will be different from today. As the pace of life keeps accelerating, so should the worker's idea of what working will be like.

Right or wrong. Tick the right box.

	R	W
1. Manual and industrial work will continue to grow in developing countries.	❑	❑
2. Outsourcing means reducing costs by transferring portions of work to outside suppliers.	❑	❑
3. Temping is one of the ways of the future.	❑	❑
4. To keep up with competition, large firms must expand and invest abroad.	❑	❑
5. Small companies today are prone to rationalize their operations.	❑	❑
6. Big corporations are reluctant to set up plants abroad.	❑	❑
7. Jobs for life is a thing of the past.	❑	❑
8. Many outfits offer courses at sandwich time.	❑	❑
9. Self-employment is vaunted as one of the ways to the future.	❑	❑
10. No one can predict what tomorrow's job market will be like.	❑	❑

Find the word(s) closest in meaning to the following.

1. back-breaking

a. grueling — b. painless — c. gruesome

2. pundits

a. apprentices — b. morons — c. experts

3. sending the worker to the scrapheap

a. recycling the worker — b. dumping the worker — c. training the worker

4. steady

a. loose — b. stable — c. fleeting

5. bevy

a. coterie — b. clique — c. group

6. downsizing

a. outsourcing — b. building smaller units — c. reducing staff

7. nimbler

a. defter — b. clumsier — c. more awkward

8. prone

a. inclined — b. immune — c. resistant

9. sandwich courses

a. educational courses including practical experience — b. training sessions at the end of the year — c. teach the fine art of cooking

10. kowtow

a. cower — b. grovel — c. overpower

46 The job market / Le marché du travail

"Occupation alone is happiness."
(Samuel Johnson)

Must-know words

a career opportunity • to seize an opportunity • a golden opportunity • job hunting • a job advertisement • a job applicant • a vacancy • a job opening • qualifications • skills • to look for a job • to recruit • a recruiter • to hire • to change jobs • to apply for a job • a résumé • a cover letter • an application • work experience • to be experienced • to lack experience • an experienced / inexperienced worker

a job offer • to be short-listed • a job interview • to find a job • a job contract • to appoint • to join a firm • to get into the labor force • to accept an offer • to turn down an offer

job evaluation • job security • job satisfaction • dedication • commitment • a sense of initiative • overworked • absenteeism • promotion • laziness • lazy • to quit • to give up

to be fired • to be dismissed • dismissal • to resign • resignation • to lay off • to be laid off • a lay-off • massive lay-offs

Words and expressions you may want to know

to miss out on an opportunity: manquer le coche, manquer l'occasion • **to pass up an opportunity**: laisser passer une occasion • **a career fair**: un salon de l'emploi • **an opening**: un débouché • **a headhunter**: un chasseur de têtes • **an unemployment agency**: une ANPE • **a job listing**: une liste des emplois • **a placement officer / a career advisor / a career counselor**: un responsable de l'orientation • **an outplacement firm**: un cabinet de placement • **to land a job**: trouver un emploi • **a short term contract**: un CDD • **a permanent / fixed term contract**: un CDI • **to fill a post**: pourvoir un poste

training: la formation • **an apprentice**: un apprenti • **to be on trial / on probation**: être à l'essai • **a gap year / a sandwich placement**: une année d'alternance

job experience: l'expérience professionnelle • **further education / adult learning**: la formation permanente • **to train a worker / an employee**: former un ouvrier / un employé • **to retrain**: se recycler • **to provide training for**: offrir une formation pour • **to take time off for training**: prendre un congé de formation • **to get people into training**: envoyer les gens en formation • **to acquire / to gain experience**: acquérir de l'expérience • **skill-based training**: la formation en vue d'acquérir des compétences • **to lack the basic skills**: manquer des compétences de base • **a lack of qualified applicants**: une pénurie de candidats qualifiés • **to fulfill the needs of a company**: répondre aux besoins d'une entreprise • **to raise the competency level / to upgrade one's skills**: accroître le niveau de qualification • **to fill a skills gap**: répondre aux besoins en emplois qualifiés • **to perform a task**: accomplir une tâche • **to keep a firm / a country competitive**: maintenir la compétitivité d'une entreprise / d'un pays

a loafer / a shirker / a slacker: un paresseux • **a golden handshake**: une prime de départ généreuse • **to be made redundant**: être licencié • **a redundancy**: un licenciement

an occupational hazard: un risque du métier • **a work-related injury**: un accident du travail

• **an occupational disease**: une maladie professionnelle • **labor laws / legislation**: le droit du travail • **sick leave**: le congé de maladie • **seniority**: l'ancienneté • **gender discrimination**: le sexisme • **retirement**: la retraite • **to retire**: prendre sa retraite

Exercices

1. Match expressions from each column.

1. to work nights one week, days the next	**a.** to be promoted
2. to get a higher position	**b.** to be made redundant
3. to love work too much	**c.** a strike
4. an industrial dispute	**d.** to take early retirement
5. to be thrown out of one's job	**e.** to be a workaholic
6. to retire at 55	**f.** shift work
7. to be no longer needed at work	**g.** to get the sack

2. Match numbered and lettered elements to form the name of a trade or profession.

1. taxi	**a.** teller
2. news	**b.** agent
3. shop	**c.** man
4. bank	**d.** worker
5. driving	**e.** instructor
6. traffic	**f.** driver
7. real estate	**g.** warden
8. social	**h.** assistant
9. door	
10. handy	

3. Complete the sentences with the words from the list.

counselor • experience • interviews • market • qualifications • résumé • summer

1. Before you start looking for a job, make sure your .... is up to date and that you have included all your qualifications and job experiences. • **2**. She has sent off scores of letters to prospective employers but so far has not been offered any job .... • **3**. Some employees price themselves out of the job .... by asking salaries which are too high. • **4**. It is no wonder if he has trouble landing a job: he didn't do very well at school and has too few .... • **5**. The job interview didn't go very well: they said I was too young and that they were looking for a person with more .... • **6**. As opposed to a longer-term .... job, a winter-break position can provide a glimpse of what a particular business environment is like without having to make a huge commitment. • **7**. A professional career .... will be able to assess your abilities, uncover your interests and guide you in the right direction towards your next job.

4. Read the passage to review the vocabulary you have learned. Answer the questions that follow.

The baby-boom generation, which started to turn 60 in 2006, comprises the largest number of people ever voluntarily to give up work in such a short time. Because it is much larger than the generation that follows it, it casts a pall over the firms it is set to leave behind. Many industrialized countries will see their workforce shrink over the next 25 years as the number of workers nearing retirement grow.

There are several ways of dealing with a growing shortage of labor: work might be shifted offshore; adopting laxer immigration rules; new equipment could enhance the productivity of a better-educated workforce. But one of the readiest sources of skilled labor is closer to hand.

If staying on at work were up to older employees alone, many would jump at the chance. That is partly because they will no longer be able to retire in the style that they have been led to expect.

Baby-boomers say they want to stay in the workforce for more than money. Many also want to carry on working beyond the retirement age for the mental stimulation. Their productivity may decline as they get older—although people gain in experience, their capacity for sharp thinking falls off—but the traditional pattern of retirement does not make sense for the economy, for companies or for people.

The problem is that labor markets work particularly badly for older workers. Pensions need to be unhooked from final salaries. Pensions should be designed so that they allow part-time workers to continue to contribute even after their official retirement age.

Since governments benefit if people work longer they should be eagerly enacting such measures. But instead of freeing up labor markets to help older people work, governments are focusing on legislating to ban discrimination on grounds of age.

Naturally, older workers need to adapt. In many cultures, age is related to seniority, and therefore to pay. The older the worker, the more expensive he is. Boomers will find work only if they accept that their wages will be based on what they are worth to the company—rather than their salary at the top of their career.

1. What is the article mainly about?
   a. labor shortages in the 20th century
   b. the role senior workers might be able to play in the 21st century workforce
   c. how to reduce pensions and cut health benefits for older workers

2. Why would firms be tempted to shift operations offshore?
   a. to be closer to sources of production
   b. to take advantage of abundant cheaper workers
   c. to contribute to the development of poor countries

3. In what way would laxer immigration rules resolve labor shortages?
   a. They may contribute to set lower salaries.
   b. They ought to push more people to leave the country.
   c. They might allow in more skilled labor from abroad.

4. What is the readiest source of skilled labor mentioned in the article?
   a. the young
   b. the senior workers
   c. the guest workers

5. Why would senior workers rather stay on at work?

a. Lest they should be bored at home.

b. It would be a chance to transmit their knowledge to younger workers.

c. Pension schemes and health benefits are getting less generous.

6. What does the writer mean by traditional patterns of retirement?

a. the passage from a busy life to the fireside chair and potting activities

b. going back to university to enhance one's knowledge

c. taking to traveling extensively and discovering new horizons

7. How would governments benefit if people worked longer?

a. There would be less unemployment.

b. Older workers would pass on their experience to the younger generation.

c. People would pay more in tax and cost less in benefits.

8. Why is it necessary to unhook pensions from final salaries?

a. So that it is less heavy a burden on governments.

b. So that workers are not sanctioned if they take pay cuts to stay busy.

c. Final salaries are too low and do not encourage workers to stay on at work.

9. What is the greatest compromise that older workers will need to make?

a. agreeing to retire later

b. putting up with a cut in salary

c. accepting new training from younger workers

47 *Slavery and forced labor /* Esclavage et travail forcé

"Whenever I hear anyone arguing for slavery, I feel a strong impulse to see it tried on him personally." (Abraham Lincoln)

Must-know words

slavery • a slave society • slave labor • to own slaves • to buy slaves • to be born into slavery • to be sold into slavery • a serf [pl. serfs] • a sex slave • a fugitive slave • a runaway slave • the slave trade • slave traffic • a slave ship • a slave master • a slave owner • to be enslaved • a slave rebellion

unfree labor • child labor • a child labor ring • forced labor • a labor camp • a child worker • a child laborer • to work on a plantation • a sugar cane / a cotton plantation • to pick cotton • to break rocks • to weave carpets • to be deprived of schooling • a labor inspector • a child labor law • the legal working age

abolition • to abolish slavery • an abolitionist movement • to ban • to prohibit child labor • a human rights violation • emancipation • to emancipate • to free slaves • to end slavery • children's rights

Words and expressions you may want to know

a slaveholding nation: une nation esclavagiste • **bondage / chattel slavery**: l'esclavage, l'asservissement • **to hold in bondage**: tenir en esclavage • **an indentured servant**: un domestique lié par contrat • **convict labor / penal labor**: la main-d'œuvre carcérale • **to abduct**: enlever • **an abduction**: un enlèvement • **enslavement / subservience**: l'asservissement • **to traffic in slaves**: faire la traite des esclaves • **trafficking**: le trafic • **to be trafficked**: être l'objet de trafic

to be in shackles: être enchaîné • **to be in fetters**: porter les fers • **collars**: les fers • **to lash**: fouetter • **to work for a pittance**: travailler pour une bouchée de pain • **a slave auction**: une vente aux enchères d'esclaves • **to auction off**: vendre aux enchères

to toil in fields: travailler aux champs • **quarrying**: le travail dans les carrières • **a sweatshop**: un atelier clandestin • **a backbreaking job**: un travail éreintant • **subservience**: la soumission, l'assujettissement • **subservient**: servile, soumis

1. Find the word corresponding to the verb or the noun. There may be more than one word.

	Nouns	*Verbs*
1.		capture
2.		bond
3.		abolish
4.		abduct
5.		seize
6.	prison	
7.	slavery	
8.		save
9.	rebellion	

2. Match numbered and lettered elements to form expressions.

1. to hold	**a.** in shackles
2. the slave	**b.** in bondage
3. to be	**c.** on a plantation
4. to work	**d.** into slavery
5. to be a fugitive	**e.** on auction
6. to abolish	**f.** from the law
7. to be born	**g.** slavery
8. to be sold	**h.** trade

3. Circle the mistake(s) in each sentence.

1. In the Industrial Revolution (a), children as young so four (b) were employed in production factories with dangerous, and often fatal, working conditions (c).
2. Throughout history (a) and in many cultures, children have been extensively involved in (b) military campaigns even when such practices were supposedly against cultural morale (c).
3. In the early (a) twentieth century, moves began to promote the idea of children' rights (b) as distinct from those of adults and as requiring (c) explicit recognition.
4. Newsboys first appeared on the city streets of America in the mid-19th century with the rise (a) of mass circulation newspapers. They were often wretchedly poor, homeless children who often shrieked the headlines well into the night (b) and often slept on the street. In 1899, several thousands newsboys (c)--who made about 30 cents a day--called a strike, refusing to handle the newspapers of William Randolph Hearst and Joseph Pulitzer.
5. The London match girls strike of 1888 was a strike of the women and teenage girls working at (a) the Bryant and May Factory in Bow, London. The strike was prompted by the appalling working conditions in the match factory (b), including fourteen-hours work days (c), poor pay, excessive fines, and the severe health complications of working with phosphorus.
6. A slim boy sits crouched in the corner, waiting for the miner to fill his sack (a). Once full, he throws it behind his back, slouches, and starts his journey along a narrow, mucky pathway back into the sunlight. The boy is one of dozens (b), possibly hundred children (c) working in the abandoned Soviet-era coal mines in the mountains of southern Kyrgyzstan.

7. A staggeringly large number of children, particularly young girls, are working in domestic conditions which are hazardous for health (a), safety and moralistic reasons. Eradication of the abuses of children (b) working in domestic labor (c) is an immense challenge because it is so widespread.
8. Alike a slave (a), an indentured servant was required to work (b) only for a limited term specified in a signed contract (c), usually for three or more years.
9. Voluntary migration and convicted labor (a) only provided so many people, and since the voyage across the Atlantic (b) was hazardous, other means (c) of encouraging settlement were necessary.
10. The number of people forced into slavery (a) around the world has rose (b) to 27 million, according to a report published by an international human rights group (c).

4. Review the vocabulary you have learned and complete the article with the missing words.

Although slavery was .... 1. in the 19th century, forced labor has never disappeared. Across the world, and especially in developing countries, you find people .... 2. twelve hours a day and even more. The children have been particularly hit. According to the UN estimate, some 50 million of them in sub-Saharan Africa, aged 14 and younger, were working in 2005, which represents an increase compared to the turn of the century. Almost 1.5 million children are sold into .... 3. every year.

The regions of the world in which children are most at risk are Asia, Latin America and Africa. Child-laborers work in plantations, clear the .... 4. with machetes, or spray pesticides. The slave work extends to the mines, the construction industry, carpet-weaving, the tanneries and the hauling sector. Children, some of whom as young as five and six years, are street vendors, full time servants, but also soldiers and prostitutes; and they are not necessarily paid for their work. They are employed against their .... 5., threatened into .... 6. and suffering extreme hardship in a world that has denied them the most basic rights. The problem for many has been compounded by the staggering HIV rate which has created millions of orphans who must work to survive and has driven millions more to work to support dying parents.

A more common form of slavery today is .... 7., or bonded labor, most common in the 17th and 18th centuries. According to that system, workers sign contracts to work in exchange for a specific period of time. They are paid the bare necessities. Indentured servitude today takes the form of illegal immigrants paying their passage by long work hours in the harshest conditions, often at subsistence pay to support themselves.

The worst form of slave labor is sexual slavery, also called white slavery, and which refers more precisely to child .... 8. Young people are sometimes trafficked across borders and forced into prostitution by way of tactics which include deception, intimidation or physical force. Child sex tourism falls within this category. Kept .... 9. in unsanitary conditions, denied access to proper medical care, and constantly watched under the threat of force, children engaged in commercial sexual activity fall prey to illnesses, are infected with STDs, or victims of malnutrition and depression.

48 *The new face of industry /* Le nouveau visage du monde industriel

"If we are industrious, we shall never starve; for, at the workingman's house hunger looks in, but dares not enter. Nor will the bailiff or the constable enter, for industry pays debts, while despair increaseth them." (Benjamin Franklin)

Must-know words

industry • the high-tech industry • a sector of industry • the coal industry • the aeronautic industry • the aerospace industry • the airline industry • the car / automobile industry • the chemical industry • the clothing / garment industry • the financial services industry • the food industry • the petrochemical industry • the steel industry • the textile industry • the software industry • the transportation industry • the construction business

☞ Do not confuse **industrial** (a) which means of or relating to or resulting from industry, employed in industry (the industrial classes), **industrialization** (the development of industry on an extensive scale), **industrialist** (n) (someone who manages or has significant financial interests in an industrial enterprise), to **industrialize**, **industrials** (in stock market language, this refers to a category of firms in the business of manufacturing products), **industrious** (a) (hard-working, energetic: working hard to promote an enterprise) and **industry** (n) (which also means diligence: persevering determination to perform a task).

a manufacturing centre • a manufacturing facility • manufactured goods • an industrialist • industrial • a captain of industry

a metal • a precious / noble metal • aluminum • bauxite • chrome / chromium • bronze • iron • manganese • mercury • nickel • platinum • gold • silver • uranium • metallurgy • a small and medium sized enterprise (SME) • a large company

a plant / a works • an assembly plant • a manufacturing plant • a power plant • a factory • a mill • a paper / cotton mill • a gas works • a cement works

skilled • unskilled • the working class • a factory worker • production • the means of production • mass / volume production • the production line • the assembly line • to work on the assembly line • a work station

to face decline • cheap labor • to go bankrupt • a bankruptcy • obsolete • out of date • a plant closure / closing • to shut down a plant • to dismantle • to restructure • unprofitable • unproductive

automation • an industrial robot • productivity • productivity gains • profitability • quality control • R&D (research and development) • flexibility • competitiveness • competition • deregulation • technological change • knowledge-based services

a start-up • a dot.com company • an entrepreneur • a business incubator • a science park • risk capital • venture capital • a venture capitalist

Words and expressions you may want to know

basic / heavy industry: l'industrie lourde • **the light industry**: les industries légères •

a cottage industry: une industrie artisanale • **the manufacturing industries**: les industries de transformation • **the iron and steel industry**: la sidérurgie • **an ironworks**: une sidérurgie • **a steelworks**: une aciérie • **a blast furnace**: un haut fourneau

manufacturing: la production, l'industrie • **an alloy**: un alliage • **brass**: le laiton • **copper**: le cuivre • **lead**: le plomb • **steel**: l'acier • **tin**: l'étain

the factory floor: les ateliers • **the shop floor**: la base / les ouvriers • **a workshop**: un atelier • **plant**: les équipements lourds • **a warehouse**: un entrepôt • **a shift**: une équipe • **shift work**: le travail posté • **to work in shifts**: travailler par équipe • **the rank and file**: la base • **a foreman / a supervisor**: un contremaître • **a shop steward**: un délégué syndical • **worker participation**: la cogestion

an ailing industry: une industrie mal en point • **to featherbed an industry**: protéger une industrie • **to be on the wane**: être sur le déclin • **a sunset / a twilight industry**: une industrie en déclin • **smokestack industries**: les industries lourdes • **to outsource**: externaliser • **to relocate**: délocaliser • **to fall behind / to lag behind**: être à la traîne • **to bail out (an industry)**: sortir d'affaire

a shakeout: une remise en ordre • **to turn around a company**: redresser une société • **to revamp**: moderniser, rénover • **to streamline**: rationaliser • **to trim / to slash costs**: réduire les coûts • **to enhance productivity**: améliorer la productivité • **to be overstaffed / overmanned**: être en sureffectif • **mass layoff**: un licenciement massif • **reduction in personnel (RIF)**: une compression de personnel • **an early retirement scheme**: un plan de préretraite • **a lean company**: une entreprise dégraissée • **to upgrade one's skills**: se perfectionner • **to train**: se recycler

a spin-off: un essaimage • **a business angel / an angel investor**: un investisseur privé • **to bankroll**: financer • **seed money**: la mise de fonds initiale

1. Associate the words *factory / maker / mill / works* with each element.

1. a cotton ....
2. an iron ....
3. a paper ....
4. a car..........
5. a gas..........
6. a saw..........
7. a soap ....
8. a steel ....
9. a glass..........
10. an arms ....
11. a software ....
12. a toy ....

2. What are the answers to the definitions?

What do you call...?

1. a person who works with his/her hands in a factory ....
2. a person who has no qualification in a factory ....
3. a person who controls the manual workers ....
4. a team of people working at the same time ....
5. the totality of people working in a company or in a country ....
6. the room in which people work in the factory ....
7. the fixed place at which a person works in a factory ....
8. a young person learning manual work ....

3. Read the passage to review the vocabulary you have learned. Answer the questions that follow.

Industry has evolved towards more knowledge-based activities, the predominance of services and a greater role for smaller firms. Industrial activities in knowledge-based economies are more directly based on the production, distribution and use of knowledge and information. The mastering of new technologies and their applications to production processes and products is crucial to competitiveness. Even traditional manufacturing sectors such as chemicals and steel are shedding less sophisticated product lines and emphasizing more technology-intensive goods and services.

In western countries, manufacturing has slipped to less than 20% of gross domestic product (GDP). Services now account for between one-half and three-quarters of the value of production. Traditional services, such as restaurants and health care, are booming, along with newer technology-based services such as software design.

A whole range of strategic business services is making a significant contribution to growth. These are firms providing computer software and information processing, R&D and technical testing, advertising and marketing, human resource development, and organizational advice. Most prominent where industry is characterized by greater flexibility, specialization, outsourcing and smaller production units, such services aid large firms in efficiently using their resources.

This industrial restructuring has been accompanied by the increased importance of smaller firms. Under the influence of new technologies and business structures, economies of scale tend to be less important to competitiveness. Large firms are becoming more specialized and focusing on core capabilities, while outsourcing goods and services production to small- and medium-sized enterprises (SMEs). The rise of technology-based services is putting a premium on traits such as flexibility, innovativeness and speed. (Adapted from OECD)

1. What is the reading mainly about?
   a. the immutable face of the economic environment
   b. the changing face of the economy
   c. the rise of small firms

2. What will characterize the new economic environment?
   a. a more technology-driven market
   b. the growing role of small-sized firms
   c. the wane of the manufacturing sector as we know it

3. What might be one of the greatest hurdles on the road towards implementing the technological revolution?
   a. riots against mass lay-offs
   b. the gap between skills and machines
   c. the need for huge investment

4. What can be inferred about tomorrow's workers?
   a. They will work longer hours.
   b. Upgrading their skills will be a necessity.
   c. They will migrate in search of employment.

5. What name might be given to the society in which man is bound to live?
   a. the information society
   b. the flexible society
   c. the competitive society

49 The high tech society / La techno-société

"It would appear that we have reached the limits of what it is possible to achieve with computer technology, although one should be careful with such statements, as they tend to sound pretty silly in 5 years." (John Von Neumann)

Must-know words

technology • technical • technological • high technology • an advance in technology • low tech • technology transfer • avionics • biogenetics • biometrics • biotechnology • connectics • information technology (IT) • domotics • electronics • information technology • nanotechnology • productics • photonics • robotics • spintronics

the information age • the computer revolution • a DVD drive / player • a CD player • an MP3 player • a camcorder • a digital camera • a webcam • a modem • a burner • a floppy disc • open source • to enter the Information Age

hardware • a computer • a portable • a PC • a laptop • a netbook • a notebook • a server • a server farm • a data centre • a peripheral • a printer • a screen • a keyboard • a mouse pad • a joystick • a sound card • a cartridge • software • freeware • shareware • spyware • adware • a program

> ☞ Note the following spelling: computer **program** (UK / US spelling) but television **programme** (UK only).

a cellphone • a mobile phone • a smart phone • a microprocessor • a chip • a personal navigator • user-friendly

the cyberspace • the cyber age • the digital age • the world wide web (WWW) • the information highway • an Internet access provider • to connect • a connection • to log on • to plug [plugged] in • to unplug • to surf • to browse • to be online / offline • a network • a social network • to chat • a forum • a chatroom • a search engine • a browser • a navigator • e-learning • a website • to download • a link • a portal • a webmaster • a newsgroup • video conferencing • instant messaging • spam • spamming • a spammer • a spam filter • to block unsolicited messages • a blog • to blog • blogging • a blogger • a post • e-mail • to e-mail • text messaging • short message service (SMS) • online public collaboration

an Internet connection • Internet access • to access • direct memory access • a web user • an Internet user • an Internaut • a query • a virus • a Trojan horse • a worm • an Internet service provider (ISP)

e-commerce • e-business • a cybermerchant • a bricks and mortar • to shop online • to buy / to sell over the Internet • cyberaddiction • cybercrime • to hack • hacking • a hacker

Words and expressions you may want to know

the wired society: la société branchée / câblée • **digital**: numérique • **analog**: analogique • **to digitize**: numériser • **a state-of-the-art technology**: une technologie de pointe • **a leading-edge technology**: une technologie avancée • **a technologist**: un technologue • **office automation**: la bureautique • **a software product**: un logiciel • **malware**: les logiciels malveillants • **courseware / teachware**: des didacticiels • **a firewall**: un pare-feu • **a buffer**: une mémoire tampon • **a plotter**: un traceur • **a central processing unit (CPU)**: une unité centrale

to be wired : être branché • **wireless communication** : la Wi-Fi • **broadband Internet** : l'internet haut débit • **roaming** : l'itinérance • **a podcast** : un balado • **streaming** : la diffusion multimédia • **bandwidth** : la bande passante • **a flame** : un message incendiaire • **P2P / peer-to-peer** : l'échange de poste à poste • **a cookie** : un mouchard • **data mining** : la collecte de données • **file sharing** : le partage de fichiers • **the digital divide** : le fossé numérique • **a hotspot** : un point d'accès wi-fi • **identity theft** : l'usurpation d'identité • **phishing** : le hameçonnage • **phreaking** : le piratage informatique

☞ **A few useful verbs.**

to actuate : actionner • **to assign** : affecter • **to display** : afficher • **to feed [fed]** : alimenter • **to upgrade** : améliorer • **to cancel** : annuler • **to enhance** : augmenter • **to load** : charger • **to download / to upload** : télécharger • **to overlap** : se chevaucher • **to squeeze** : comprimer • **to zip** : compresser • **to copy** : copier • **to copy-paste** : copier-coller • **to edit** : corriger • **to overflow** : déborder • **to scroll** : défiler • **to shift** : décaler • **to dump** : délester • **to stack** : empiler • **to retrieve** : récupérer, extraire • **to spool** : traiter en différer • **to delete** : supprimer • **to share** : partager • **to exit** : sortir

Have computers made life easier and more convenient? the advent of the computer • with the help of a computer • to benefit from the computer • to embrace a new technology • to be computer-literate • time-saving • time-consuming • to make tasks easier • to help people do their job better • to make information available to everyone • to make communications more convenient • to communicate instantly • to transcend distance • to bring people closer together • to make it possible to retrieve / read the latest news instantly • to get any kind of information through/over the Web • to scan prices • to manage bank accounts • to report the weather accurately • to make purchases / to shop online • an informed shopper • to pay for public utilities • teleworking / telecommuting • to telework • teleconferencing • to teleconference

a sedentary life • to sit in front of a computer • to have serious health consequences • to ruin our eyesight • to be detrimental / harmful to • to discriminate among the information • to increase our dependency • to be addicted to • an addiction • a single world culture

EXERCICES

1. Complete the sentences with words from the list.

technology • *technologies* • *technological* • *technical* • *technician, etc.*

1. Predicting future .... progress is notoriously difficult. This is not just because tomorrow will bring machines and methods yet to be invented, but also because .... that already exist are going to matter much more than we think.
2. The camcorder manual was too .... for me to understand. There were just too many .... terms.
3. Electric cars have been tomorrow's .... for a long time. Is tomorrow about to arrive?
4. It is a commonplace that .... move only slowly from first invention to widespread use.
5. I couldn't carry out my experiments since the lab .... was sick.
6. We live in a .... advanced society in which our living standards keep increasing thanks to the invention of new .... and machines.
7. America's top universities and .... industries are a magnet for talent—and the whole world has benefited from the results.
8. ....—in the form of hot-metal presses, radio, television and the Internet—has allowed information to spread at the speed first of trains, then of sound-waves and now of light.

2. Associate the verbs with their objects.

a new age • *data* • *disks* • *documents* • *files* • *information* • *online* • *the Internet*

1. to store, retrieve, find, deliver ....
2. to buy, pay, shop ....
3. to collect, delete, exchange ....
4. to herald, usher in ....
5. to access to, connect to, play over ....
6. to type, edit, format, print out ....
7. to compress, zip, save, copy ....
8. to insert, format, eject, wipe ....

3. Complete the sentences with the words from the list.

bet • *commerce* • *connects* • *digitize* • *hot spots* • *multiplayer* • *queries* • *scan* • *scanned* • *share* • *wi-fi*

1. Although online casinos and betting parlors are outlaw operations in the eye of the federal government, millions of Americans .... online every week.
2. The Internet was the result of some visionary thinking by people in the early 1960s who saw great potential value in allowing computers to .... information on research and development in scientific and military fields.
3. Wireless has grown rapidly in the past few years, and travelers search for the wi-fi .... where they can connect while they are away from the home or office.

4. The Internet is a vast network that .... many independent networks spanning over 170 countries in the world.
5. Online .... still represents less than 6 percent of all retail sales, but the numbers indicate that it has finally become part of mainstream shopping.
6. Millions of people now spend several hours a week immersed in "massively .... online role-playing games" (MMORPGs). These are often Tolkienesque fantasy worlds in which players battle monsters, go on quests, and build up their virtual power and wealth.
7. Internet users across the world bombard search engines with roughly half a billion .... each day.
8. Book Search is Google's effort to .... and .... the contents of several university libraries, making the libraries' entire collections available for online search.
9. When millions of books have been .... and their texts are made available in a single database, search technology will enable us to grab and read any book ever written.
10. . ..., the wireless networking technology that can create an invisible field of Internet access over a limited area, has revolutionized the world of mobile computing.

4. Read the passage to review the vocabulary you have learned. Answer the questions that follow.

Workers have fretted about new machines causing unemployment at least since the outset of the industrial revolution. In the early 19th century Luddites smashed the power looms that threatened their jobs. And yet although technology has advanced rapidly over the past couple of centuries, unemployment has not risen with it. On the contrary, productivity, output and jobs have risen together. Blacksmiths, coachmen and handloom weavers may have disappeared, but the total number of jobs has expanded.

New technology comes in two forms. There is "product innovation": the appearance of new items such as smart phones and DVD players, the demand for which creates jobs that did not exist before. And there is "process innovation": new machines and methods for producing existing goods more efficiently. In the short run, process innovation enables a given amount of output to be produced with less labor, and may therefore increase unemployment. But, like product innovation, it also generates extra demand in the economy, which can offset the initial labor-cutting effects.

Higher productivity reduces costs, and lower costs in turn leads to lower prices, higher wages or stronger profits. The first two will boost real incomes, and so raise the demand for goods and workers. Alternatively, if higher productivity feeds into profits, investment will expand, which will also boost output and jobs.

In the past, the demand-generating effects of new technology always outweighed the labor-displacing effects. Technology has, in the end, created more jobs than it has destroyed. There may be lags in between the destruction of old jobs and the creation of new ones. But these are not arguments for delaying change. Countries which have shifted the structure of their production most quickly to high technology sectors have created the most jobs.

1. What does the article say about technological progress?
   a. It has gone hand in hand with job reduction.
   b. It has caused massive unemployment.
   c. It has been job-creating, not job-destroying.

2. How has the advent of a new technological era been greeted by the workers?
   a. with anticipation
   b. with apprehension
   c. with indifference
3. What has been the impact of product innovation?
   a. It has fostered job creation.
   b. It has thwarted job generation.
   c. It has led to outsourcing.
4. What is the impact of process innovation?
   a. It creates jobs in the short term.
   b. It improves efficiency.
   c. It involves the introduction of new goods or services.
5. According to the reading, which of the following statements is true?
   a. the higher the productivity, the more jobs
   b. the lower the prices, the higher the wages
   c. the more jobs, the lower the output
6. Which countries have been the winners in job generation?
   a. the countries which have embraced the technological revolution
   b. the countries which have exported their labor
   c. the countries which have not destroyed the old jobs

50 *The corporate world /* Le monde de l'entreprise

"You have to have your heart in the business and the business in your heart."
(Thomas Jefferson)

Must-know words

free enterprise • the free enterprise system • the enterprise spirit • the capitalistic system • a capitalist • the free-market system • a free-marketeer

corporate America • the private / public sector • a business unit • nationalized • state-run • a state-owned company • private enterprise • a company • a start-up • a dot.com • a multinational company • company headquarters • a firm • a corporation • a business • a small business • a family business • a conglomerate • a trust • a monopoly • a branch • a subsidiary • a partner • a partnership • an e-business • a giant

an entrepreneur • a businessman • a business school • business management • to start a business • to set up / to found a firm • to become self-employed • self-employment • to own one's own business • business ownership • to obtain credit

to manage a firm • to incorporate • to run a business • to acquire • to grow • to expand • to work for sb • to do / to carry on business (with) • business practices • a business plan • business strategy • to privatize

Words and expressions you may want to know

a small and medium-sized company: une PME • **a private limited company by shares (designated as "Limited" or "Ltd") (P.L.C.) (UK) / a limited liability company (L.C.C.) (US)**: une S.A.R.L. • **a public-limited company**: une société anonyme • **to merge**: fusionner • **mergers and acquisitions**: fusions et acquisitions • **to fail / to go bankrupt**: faire faillite • **an industrial combine**: un cartel • **a joint venture**: une entreprise en partenariat • **a utility**: une entreprise de service public (EDF, GDF)

to have the entrepreuneurial itch: avoir la fibre entrepreuneuriale • **hiring**: l'embauche • **bookkeeping**: la comptabilité • **an accountant**: un comptable • **to pay taxes / health / social insurance**: payer les impôts / les cotisations sociales • **to comply with laws**: se soumettre aux lois • **the Trade Code**: le code de commerce • **the Labor Code**: le code du travail

to set up in business: monter une affaire • **to start / to set up / to establish a company**: créer une compagnie • **to bankroll**: financer • **to buy a stake**: acheter une participation • **love money**: la mise de fonds (argent familial) • **seed money**: la mise de fonds initiale • **a core competency**: une compétence de base • **a stakeholder society**: une société participative • **to raise capital**: lever des fonds • **to float a company**: coter une société en Bourse • **to hold shares / stocks**: détenir des actions • **to open a firm's capital to investors**: ouvrir le capital d'une entreprise à des investisseurs • **compliance**: l'éthique, la déontologie • **a compliance officer**: un déontologue

1. Complete the sentences with the right word.

1. Pfizer might be appropriately called a pharmaceuticals .... Its business spans many continents.
2. It is actually a small .... business. It was started by my grandfather in the 1950s.
3. UPS is one of the world's largest shipping companies. They have .... in every major city in the US and abroad.
4. Hillary Clinton used to work for a law .... even though her husband was governor of Arkansas.
5. EDF, France's largest ...., has gradually gone private over the last decades.
6. Margaret Thatcher believed in .... enterprise and provided assistance to budding entrepreneurs anxious to start their own companies.
7. .... America is increasingly embracing the need for reducing human contributions to the planet's rising temperatures.
8. Forty ....—including Boeing, IBM, John Hancock and Whirlpool—have publicly endorsed the notion that climate change is real by joining forces to fight against global warming.

2. Match numbered and lettered elements to form sentences.

1. Our firm imports
2. The company exports
3. We produce
4. EBay has just opened
5. We have just merged with
6. Operations had to be discontinued
7. The company has just launched
8. The negotiations
9. Our chain of bookstores is facing

a. because of civil strife and guerrilla warfare.
b. a new website in the UK.
c. machine tools from Germany.
d. for a buyout by an American firm are still going on.
e. tough competition because of Amazon.
f. a new non-alcoholic drink for the youth market.
g. an Italian corporation to form the 2nd largest group in Europe.
h. microprocessors to China.
i. spare parts for the local markets.

3. Complete the passage with the words from the list.

doing • expanded • mail-order • management • model • school • start • strategy

My brother-in-law is a graduate from the Harvard Business ....1., supposedly one of the top-ranking schools for business ....2. in the US. After graduation, although he had little money, he decided to ....3. his own business, renting DVDs over the Internet. It is a sort of ....4. business: customers order over the Net and the company ships the goods. He has recently ....5. his business overseas, opening branches in Australia and the United Kingdom. His business ....6. is to cater to all tastes and entice the customers into buying what others have found interesting. Their business ....7. has been adopted by other dot. com firms, ...8. business over the Internet.

4. Read the article and find the synonyms to the words in bold letters.

Self-employed or not?

Starting a business of one's own is **fraught** (1) with perils and dangers. Yet many people don't **shy away** (2) from setting up their own firm and becoming self employed. Naturally, the challenges can be **daunting** (3) and the drawbacks enormous. You should question your personal qualities first. Do I have the **nerve** (4) to take certain risks to put up with the relative insecurity? Am I careless or impetuous, or can I make decisions that have been thought out carefully? Can I adhere to my goals or am I the sort of person that **gets carried away** (5) easily by ideas and seldom follows anything through? Am I easily discouraged, am I well organized, can I deal with people? Do I have my feet planted firmly on the ground or is it another **pie in the sky** (6)?

Other questions concern the planned business itself. Indeed, you don't know whether the **niche** (7) you have **carved out** (8) for your firm will bear fruit, if you are competitive enough or if the marketing plan will work as market trends can change overnight, especially in times of economic **turmoil** (9). You can't expect a regular paycheck either as your fate is closely linked to the ups and downs of your company. In addition, you may wonder whether the financial plan is **sound** (10) enough as you often have to put a considerable amount of money into something, without being sure how it will turn out. And what about the responsibilities you carry with you: you make difficult decisions, whether it be when doing the hiring or the firing, making sure tax laws or labor laws are **complied with** (11).

Many owners also feel a deep responsibility to employees. They **agonize** (12) over employee selection, development, and well-being. Many see employees as members of an extended family and act accordingly. Any **layoffs** (13) that become necessary are done in pain after a period of real anguish.

It is open to anyone to consider starting up a private business provided they are willing to accept a degree of insecurity, and uncertain chances of success. While an employee works for an employer and is paid for it, a self-employed business person does not deliver his or her work to any employer, but offers it on the "market" and receives money for selling it. The rewards can be great. If you have a clever idea that fits in with the times, you may **hit it big** (14) and sell a product that will become a genuine **money spinner** (15). While an employee has less freedom and more security, a self-employed business person has more freedom and less security. Those who work for themselves are not responsible to any supervision but their own. A self-employed person has space for his or her imagination and planning, and, as well as making money, he or she alone makes decisions about his or her work. In addition, the quality of work is not judged by a supervisor, but the customer for whom it is done. If it is a work of quality there will be enough customers interested, and if the business person is able to organize the work effectively and sell profitably, they can be successful.

If the pressures can be hard to bear, you have also the joys and delights of being able to expand, get your foot into foreign markets and see your business grow as you would a child. Therefore, taking risk **entails** (16) benefits, from a personal point of view, and profits, from a business point of view. But hardly ever can any self-employed business person **rest on their laurels** (17).

1.	a. accompanied	b. devoid	c. free
2.	a. are reluctant	b. hesitate	c. recoil
3.	a. dismaying	b. fearful	c. frightening
4.	a. boldness	b. baldness	c. sinew
5.	a. transferred	b. transported	c. deported

6. a. cobbler b. recipe c. utopia

7. a. market segment b. product kennel c. brand nicety

8. a. decorated b. created c. trimmed

9. a. commotion b. harassment c. misfortune

10. a. audible b. auditory c. reliable

11. a. implemented b. followed c. enforced

12. a. suffer b. waver c. hurt

13. a. dismissals b. idleness c. restructuring

14. a. make a bash b. be successful c. affect adversely

15. a. money loser b. moneylender c. cash cow

16. a. bring about b. bring up c. bring in

17. a. be content with one's achievements
b. be alert at the possibility of being surpassed
c. retire from business altogether following job cuts

51 *Top management* / Les cadres dirigeants

After one look at this planet any visitor from outer space would say "I want to see the manager." (William S. Burroughs)

Must-know words

profits • net profit • to make profits • to reap profits • a dividend on shares • to draw a dividend • to pay a dividend

What is a good boss? A good boss should treat his / her employees **fairly**, with **equal respect**, using similar criteria to assess the employees' **performance**. She should be able to give clear and understandable directions and act as an **inspiring** example for the employees. A good manager should show a **genuine** interest in the people who work under her. She must shun any remote or aloof attitude, and be a warm and approachable person who makes you feel important by paying close attention to what you have to say. She ought to show **patience** and **forbearance** when an employee needs guidance, for example, but also **tenacity** in insisting that the goals be achieved. Leading by example is a prerequisite. A manager **sets the standards** by working hard and acting responsibly. To get the work done in time, she needs to insist on **punctuality** and **discipline**. Good managers will always be **positive thinkers**. They must think in terms of *how* things can be done, not *why* they cannot be done: they are problem-solvers and must use their trainable skills to the benefit of all. **Technologically-savvy**, they must maintain an **open mind** to changes, new ideas, and training opportunities. In any case, a **sense of initiative** is an asset, especially when the firm goes through a rough patch.

the organizational chart • management • top / senior / upper management • middle management • managerial staff • a manager • a company / corporate manager • the senior staff • the boss • an executive • a senior executive • a department • a president • a vice-president • an executive vice-president • a managing director • a project manager • a chief financial officer (CFO) • a chief marketing officer (CMO) • a chief executive officer (CEO) • a marketing manager • a product manager • a sales manager • administrative staff / personnel • office staff • clerical staff • a company representative • a traveling salesman

the head office • the headquarters • a department • the R&D department • the premises • the main building • a warehouse • a plant • a factory • a works • a manufacturer • a producer • a maker • an outfitter • a supplier • a customer • a client • a consulting firm • a consultant

stock options • a bonus • payment by results • a company car • to appoint • an appointment • to resign • a resignation • to step down • to force a chairman out • to handpick a successor

Words and expressions you may want to know

a chief knowledge officer (CKO) : un directeur de la connaissance • **a chief information officer (CIO)** : un responsable des services informatiques • **the personnel manager** : le directeur du personnel • **human resources** : les ressources humaines

the board of directors : le conseil d'administration (CA) • **the chairman of the**

board : le président du conseil d'administration • **a director / a trustee** : un administrateur • **a director's fees** : des jetons de présence • **an executive committee** : un directoire • **a supervisory board** : un conseil de surveillance • **the shareholders / stockholders** : les actionnaires • **the minutes** : le procès-verbal • **the agenda** : l'ordre du jour • **to sit on the board** : siéger au CA • **an annual general meeting** : une assemblée générale annuelle • **to pass resolutions** : voter des résolutions

the chairman's report : le rapport annuel • **the operating report** : le rapport d'exploitation • **a balance sheet** : un bilan • **turnover / gross** : le chiffre d'affaires • **trade / trading loss** : la perte d'exploitation

a profit-sharing scheme : un intéressement aux bénéfices • **a perk** : un avantage en nature • **fringe benefits / perks** : des avantages en nature • **an incentive** : une mesure incitative, une incitation • **a golden parachute / handshake / goodbye** : une (grosse) prime de départ • **to remove** : démettre de ses fonctions • **to vacate office** : se démettre, quitter ses fonctions

Exercices

1. Fill in the blanks with the right words.

an issue • the agenda • raise • a motion • a meeting • the minutes

1. to .... an issue, an objection, a point
2. to call, convene, attend ....
3. to address, consider, debate ....
4. to write up, circulate, keep ....
5. to agree on, remove from, leave off ....
6. to table, second, move ....

2. Match numbered and lettered elements to form expressions.

1. to be elected	a. all the powers
2. to exercise	b. book
3. to give	c. of order
4. an attendance	d. member of the board
5. a majority	e. out the board
6. a statutory	f. meeting
7. a point	g. acquittance
8. to throw	h. shareholder

3. Read the passage to review the vocabulary you have learned. Answer the questions that follow.

Few people bat their eyelids when a movie actor or a sporting star signs a multi-million-dollar deal. Yet pay a company boss a similar sum and all hell breaks loose. Bosses, it is said, fatten company profits and thus their pay by firing lowlier workers. They award themselves stock options or other bonuses that pay out handsomely even if their firm's share price performs badly. Despite claims to the contrary, their pay seems largely unrelated to their company's performance; they face little risk, for even sacked executives collect a mouth-watering pay-off. And, unlike wages of ordinary folk, bosses's pay rises even in recessions.

There is enough truth in such criticism to have prompted moves in America and Britain to curb especially outrageous ploys by which executives seem to get money for nothing. Campaigns are being waged against long-term contracts for executives that guarantee them big pay-offs, should they happen to be sacked. American shareholders also want smaller golden handshakes for dismissed bosses.

There is no universal solution to the problems of executive pay. Nor is it possible even to label specific practices as wrong—whether they are stock options, payment in shares or long-term employment contracts. Instead, both the level of executive pay and the basis on which it is awarded have to be tailored to suit the individual firm. (Adapted from *The Economist*)

1. What might be an appropriate title for the article?
   a. Bosses are not worthy of their salary
   b. Bosses ought to ask for pay rises
   c. Bosses ought to be as well paid as movie actors

2. What is generally assumed about bosses' pay?
   a. They are paid outrageous sums.
   b. Their pay is well-deserved.
   c. Bosses are underpaid.

3. What does bosses' pay depend on?
   a. their company's performance
   b. the shareholders' decision
   c. experience
   d. none of the above

4. Until recently, what happened when a boss lost his/her job?
   a. He/she would get gold jewels.
   b. A golden parachute was provided in case of dismissal.
   c. He/she got nothing except a handshake.

5. What is the author's conclusion regarding executive pay?
   a. Pay ought to be tied to length of service.
   b. Pay ought to be related to performance.
   c. It is up to each firm to rein in executive pay.

52 *Business trends* / Les tendances du marché

"Sloth makes all things difficult, but industry, all things easy. He that rises late must trot all day, and shall scarce overtake his business at night, while laziness travels so slowly that poverty soon overtakes him." (Benjamin Franklin)

Must-know words

to go / to fare well • to be in good health • to thrive • thriving • prosperous • to boom • booming • to expand • expansion • to raise productivity • profitable • horizontal / vertical integration • a merger • an acquisition • to buy up • to buy out • to sell off • to sell out • a buy-out • to enter new markets • to develop a market niche • to diversify • to go global

a sick industry • declining • unprofitable • to catch up with • to keep up with • to keep pace with technological progress • to shut down • to close down • a bankruptcy • a failure • to collapse • to dismantle • to outsource

to restructure • to bring up to date • to cut back on costs • to axe jobs • to eliminate jobs • to cut jobs • to computerize • a computerization drive • automation • to revitalize (a region)

Words and expressions you may want to know

to boost demand: stimuler la demande • **takings**: les revenus • **to generate profits**: engendrer des profits • **to turn / to earn a profit**: faire un bénéfice • **slack / sluggish (production, sales)**: atone • **on the wane**: en déclin • **to go through a rough patch**: traverser une période difficile • **to lag behind**: être à la traîne • **economic woes**: les malheurs économiques

an ailing business / industry: une affaire / une industrie qui périclite, mal en point • **to phase out (jobs)**: éliminer (des emplois) • **to slim down the payroll**: dégraisser • **to be overmanned / overstaffed**: être en sureffectif • **bloated / swollen workforce**: le sureffectif • **to break up a company**: démanteler / dissoudre une société • **to go out of business**: fermer • **to put out of business**: provoquer la fermeture • **contraction of manufacturing jobs**: la réduction des emplois manufacturiers • **the Rust belt**: litt. la ceinture de rouille, les régions sinistrées • **the industrial heartland**: le cœur industriel

to bail out a company: renflouer une entreprise • **to take over (a company)**: prendre le contrôle (d'une société) • **to be taken over**: être racheté • **a buyout**: un rachat de société • **an IPO (initial public offering)**: une introduction en Bourse • **an LBO (leveraged buyout)**: une acquisition d'entreprise avec effet de levier • **a takeover**: une reprise • **to take over a firm**: reprendre une entreprise • **a stock trade / swap**: un échange d'actions • **a crossholding**: une participation croisée • **a poison pill**: une pilule empoisonnée • **economies of scale**: les économies d'échelle • **due diligence**: un audit complet (en vue d'une acquisition)

> ☞ A **shark repellent** is any measure undertaken by a corporation to discourage unwanted takeover attempts.

to operate: exploiter • **to turn around**: redresser • **to overhaul**: restructurer • **to revamp / to streamline**: moderniser, rénover

1. Complete the verbs with the right adverb or preposition. Tick the right box.

	around	*down*	*over*	*up*	*out*	
1. to turn	❑	❑	❑	❑	❑	a firm
2. to break	❑	❑	❑	❑	❑	a company
3. to slim	❑	❑	❑	❑	❑	the payroll
4. to	❑	❑	❑	❑	❑	-haul
5. to	❑	❑	❑	❑	❑	-size
6. to be	❑	❑	❑	❑	❑	-manned
7. to catch	❑	❑	❑	❑	❑	with
8. to close	❑	❑	❑	❑	❑	a factory
9. to bring	❑	❑	❑	❑	❑	to date
10. to phase	❑	❑	❑	❑	❑	jobs
11. to be taken	❑	❑	❑	❑	❑	by a competitor
12. to be bought	❑	❑	❑	❑	❑	by a competitor
13. to	❑	❑	❑	❑	❑	-grade one's skills

2. Indicate whether the sentences mark the good health (+) or the bad health (–) of business. Tick the right box.

	+	–
1. Sales have been off by 25% since last year.	❑	❑
2. End-year results show that profits are down by 10%.	❑	❑
3. The sales season is a time when business is supposed to pick up.	❑	❑
4. For the textile industry, August is surely a slack period.	❑	❑
5. Many dot.coms went belly up when the bubble burst.	❑	❑
6. Intel is leader in the microprocessor field.	❑	❑
7. If the business trend holds, small companies are sure to go to the wall.	❑	❑
8. The advertising industry has gone through a rough patch over the past decade.	❑	❑
9. The industry never recovered from its ill-fated investment in Spain.	❑	❑
10. Lots of bricks and mortar went the way of the horse, unable to withstand the competition from online businesses.	❑	❑

3. Find the medical metaphors and complete the sentences.

ailing • *at pains to do* • *bruised* • *a clean bill of health* • *healthy* • *infectious* • *plagued by* • *recovery* • *sick* • *wounds*

1. In recent months, the mobile industry has been .... an unforeseen recession. • **2.** In the 1970s-80s, coal and steel were seen as .... industrial sectors. • **3.** He advised his son against investing in European textiles, saying it was a .... market. • **4.** The bankruptcy of his company has left open deep .... that will take a long time to heal. • **5.** As he had made .... profits the first year, he had thought it would go on for ever. • **6.** The Japanese financial sector was .... by the crisis that hit it in the late 90s and which it has not recovered from yet. • **7.** The adviser was .... to stress the benefits of the scheme. • **8.** Suspicions of unfair trading were followed by an audit; but the auditors gave the company .... • **9.** His enthusiasm for Internet values was ....; most of his colleagues bought shares soon afterwards. •

10. No one had expected the "baby bells" to make such a quick .... after the break-up of AT&T in 1982.

4. Read the passage to review the vocabulary you have learned. Answer the questions that follow.

The downsizing of big corporations—lean production, just-in-time delivery of parts to keep inventory costs down, more working at home, more part-time and flextime work—will in the end produce higher standards of living. We are seeing a fundamental change in the way industry is being organized, more knowledge-intensive, more technology-driven. Computers and telecommunications are beginning to create the long-heralded "information society" whose competitive edge theoretically lies in producing specialized services more than things. The trouble is the present gap between machines and skills. Savings from higher productivity will mean greater wealth only if societies can survive the shakeout.

Deregulation has helped. It has led to greater business flexibility, price competitiveness and consumer demand. But it still falls well short of being a cure-all. According to farsighted experts, the focus of the developed world's efforts should be better education and committed, constant, upgrading of skills. That is why the American administration has been aiming at instituting ambitious job-retraining programs that provide a one-stop shop for many Americans who are now or prospectively victims of economic dislocations. Consolidating a whole range of federal schemes, it proposes to offer insurance, career counseling, job-search assistance and training in growth occupations like health care, word processing and computers. But skeptics doubt that even a program of this nature can be any salvation.

1. What is the article mainly about?

a. the ills of deregulation

b. how companies and industries can find a way out of the doldrums

c. upgrading skills as the key to a higher standard of living

2. According to the article, what hurdle lies in the path of economic recovery?

a. labor shortages

b. the lack of productivity

c. the absence of training programs for high tech jobs

3. What reason is put forward to explain why the US is losing jobs?

a. outsourcing

b. mergers and acquisitions

c. the high cost of labor

4. Among the following growth industries, which is not mentioned in the article?

a. health care

b. computing

c. insurance and banking

d. word processing

5. What type of company will be the way of the future?

a. big corporations

b. local pop-and-mom operations

c. small and medium-sized companies

53 *Losing one's job* / Les licenciements

"More people out of work leads to higher unemployment."
(Calvin Coolidge)

Must-know words

unemployment • to be unemployed • to be out of work • to be jobless • the jobless • joblessness • the unemployed • the unemployment rate • youth unemployment • structural / cyclical unemployment • long-term unemployment • unemployment statistics / figures • the unemployment level • unemployment benefits • to be on unemployment benefit

> ☞ There are many euphemisms for layoffs. Banks do not just fire people anymore. They engage in "head count reduction," "reduction in force" and "redundancies."

to lay off • to be laid off • a layoff • mass layoffs • to lose one's job • to discharge • to sack • to fire • to get the sack • to eliminate jobs

the unemployment agency • a job centre • to go on welfare • food stamps • to cut back on one's consumption • the social fracture • to feel useless • to feel worthless • to give way to despair • to be reduced to begging • a beggar • homelessness • eviction • to combat unemployment • an employment protection law • to reduce unemployment

economic activity • economic growth • an economic policy • economic stagnation • economic troubles • an economic crisis • a recession • to be in recession • to go into recession • to slip into recession • an economic slowdown • a depression • in times of recession • growth • stagflation • slumpflation • an austerity program • an austerity package • prosperity • to go bankrupt • a bankruptcy • to reduce one's consumption • to cut spending • a cutback

to look for a job • to look for work • to seek work • a job seeker • a job hunter • to apply for a job • to create jobs • to generate jobs

Words and expressions you may want to know

the social fabric: le tissu social • **the working poor**: les travailleurs pauvres • **a safety net**: un filet de sauvetage

> ☞ **Verbs meaning to terminate employment: to dismiss sb (for insubordination)** • **to boot (sb for being late)** • **to get the boot**: sacquer qn • **to be given the boot**: être sacqué • **to bounce (sb for union activities) (out of)**: vider, flanquer à la porte • **to get the bounce**: se faire vider • **to give sb the bounce**: vider qn • **to can**: virer, renvoyer • **to cashier (sb from the army)**: casser, renvoyer (de l'armée) • **to discharge workers (at the end of the season)** • **to drop sb for incompetence** • **to fire (sb unjustly)** • **to sack sb (for)** • **to give sb his / her walking papers** • **to give sb the ax** • **to show sb the gate / the door** • **to give sb the pink slip** • **to let sb go / to let go** • **to send packing** • **to oust**: évincer, forcer à démissionner • **to give sb the heave (-ho)**: virer, sacquer (worker), plaquer **(girl-friend)** • **to vacate one's post**: démissionner

a job squeeze: une compression de personnel • **to be made redundant**: être licencié • **to dismiss**: licencier • **a dismissal**: un licenciement • **to pare payrolls**: supprimer des emplois • **to ax(e) part of one's workforce**: licencier une partie de son personnel • **a round of (job) cuts**: une vague de licenciements • **a redundancy letter / a pink slip**: une lettre de licenciement • **a notice period**: un préavis • **a redundancy payment / compensation**: une prime de licenciement • **severance pay / termination pay / redundancy payment**: une indemnité de licenciement • **to take early retirement**: se mettre en pré-retraite • **to file an unemployment claim**: déposer une demande d'indemnisation chômage • **a relief check**: un chèque de l'assistance • **a handout**: une aumôme

economic ills: les maux économiques • **labor statistics**: les chiffres du chômage • **a slump**: une dépression • **to be in the doldrums**: être dans le marasme • **to bottom out**: toucher le fond • **a stagnating / sluggish economy**: une économie en stagnation • **a downturn / a downswing**: une baisse d'activité • **to come to a halt / a standstill**: s'immobiliser • **a stimulus bill**: une loi de relance économique • **a stimulus package**: un programme de relance • **to tighten one's belt**: se serrer la ceinture • **to spur the economy**: relancer l'économie • **to boost the economy**: redonner du tonus à l'économie • **economic recovery**: la reprise économique • **to turn a country around**: remettre un pays sur pied • **to put (an economy) on its feet again**: remettre sur pied • **a take-off**: un décollage • **a buoyant economy**: une économie bien portante • **to sustain economic growth**: soutenir la croissance économique

1. Find the antonyms to the words or expressions.

1. job cuts ....
2. to lose one's job ....
3. to be laid off ....
4. to be jobless ....
5. to be in regular employment ....
6. temporary ....
7. to apply for a job ....
8. application admission ....
9. hiring ....
10. appointing ....

2. Match numbered and lettered elements to form expressions.

1. to collect	**a.** the sack
2. to be made	**b.** an unemployment claim
3. to take	**c.** one's job
4. to get	**d.** unemployment benefits
5. to seek	**e.** the unemployment office
6. to lose	**f.** youth unemployment
7. to sue	**g.** early retirement
8. to visit	**h.** redundant
9. to file	**i.** unemployment relief
10. to tackle	**j.** for unfair dismissal

3. Review the vocabulary you have learned and fill the blanks with the right words.

axe • close • closure • cut(s) • go • hiring • meet • redundancies • responsive • restructuring • revamp • shed • shedding • voluntary • workforce

Local firm to cut 15,000 jobs

The maker of consumer products will .... 1. thousands of jobs as part of a corporate .... 2. program from which big savings are expected. The jobs to go represent 13% of its .... 3. M&N also plans to .... 4. 10 plants across the world. The major .... 5. is part of a program designed to increase sales, get new products to market more quickly, ... 6. costs and make the company more .... 7. to market changes. Europe, Middle East, Africa will bear the brunt of the .... 8. with 6,250 positions to .... 9. North America will see 4,300 jobs .... 10. while 2,450 will be .... 11. in Latin America. The CEO said he hoped to keep .... 12. to a minimum, by using retirements, relocations, ... 13. departures and reductions in ....14. The company intends to remodel itself to .... 15. intense competition for business in US and overseas markets. The last major restructuring was in 1993. It led to the .... 16. of 30 plants and the .... 17. of 13,000 jobs.

54 *Labor and industrial relations /* Le climat social

"The strikebreaker is the hero of American industry." (Charles W. Eliot)

Must-know words

employment law • labor law • labor law violations • a labor union • organized labor • a trade union (UK) • a labor union (US) • to unionize • a union member • a unionized worker • a strike fund • to join a union • a union representative • a union official

☞ **Industrial relations** is a broad term that may refer to relations between unions and management, management and government, unions and government, or between employers and unorganized employees.

working conditions • the working week • working hours • to do / to work overtime • to press for demands • a protest movement • a demonstration • to demonstrate • a demonstrator • a rally • to stage a rally • to march • a march • a riot • to riot

a labor dispute • a strike • a work stoppage • to stop work • to go on strike • to be on strike • to strike • strike action • to join a strike • a striker • to break a strike • to picket • picket lines • a sympathy strike • a secondary strike

mediation • to negotiate • to enter negotiations • a round of talks • to open talks • to reach a deadlock • to make concessions • to compromise • a settlement • to settle a dispute • to end / to call off a strike • to break a strike • to resume work • work resumption • to make concessions

Words and expressions you may want to know

labor unrest: le malaise social • **labor troubles**: les troubles sociaux • **labor strife**: les conflits du travail • **social discontent**: le mécontentement social • **an industrial dispute**: un conflit social • **industrial action**: l'action revendicative, la grève • **to take industrial action**: se mettre en grève • **an advance notice**: un préavis de grève • **to give notice of strike action**: déposer un préavis de grève • **to call out a strike**: appeler à la grève • **to down tools**: cesser le travail • **to be strikebound**: être immobilisé par la grève • **a scab / a blackleg**: un jaune, un briseur de grève • **to walk out / to walk off the job / to knock off**: débrayer, cesser le travail • **a walkout**: un débrayage • **strike-prone**: sujet aux grèves • **a shop steward**: un délégué d'atelier • **the rank and file**: la base

☞ **Strikes. a wildcat strike / an unofficial strike**: une grève sauvage • **a work-to-rule strike**: une grève du zèle • **a ca'canny strike / a go-slow strike / a slow down strike**: une grève perlée • **a general strike**: une grève générale • **a rolling strike**: une grève tournante • **an open-ended strike**: une grève reconductible • **an all-out strike**: une grève totale • **a lightning strike**: une grève surprise • **a stay-in strike / a sit-in**: une grève avec occupation des locaux • **a lock out / a shutout**: une fermeture d'usine (par mesure de rétorsion patronale) • **a transit strike**: une grève des transports en commun • **a miners' strike**: une grève des mineurs

a grievance: une doléance • **a wage demand / claim**: une revendication salariale • **to voice**

claims: faire entendre ses revendications • **payroll costs**: les coûts salariaux • **a pay rise / raise**: une augmentation de salaire • **to take a pay cut**: accepter une réduction de salaire • **health benefits**: la couverture santé • **a pension plan**: une retraite • **to take to the streets**: descendre dans la rue • **social gains**: les avantages acquis • **collective bargaining**: la négociation collective • **a collective agreement**: une convention collective

to stand idle: être en chômage • **to cripple / to paralyze a country**: paralyser un pays • **an arbitration procedure**: une procédure d'arbitrage • **a cooling-off period**: une alarme sociale • **a breakdown in negotiations**: une rupture des négociations • **minimum service plan**: le service minimum

Exercices

1. Circle the word which doesn't belong to the series.

	a	*b*	*c*	*d*	*e*
1.	union	staff	picket	strike	grievance
2.	supervisor	foreman	manager	wages	director
3.	labour	works	workshop	mill	plant
4.	resign	retire	notice	redundancy	hire
5.	notice	apply	appoint	take on	hire
6.	laid off	redundant	fired	hired	dismissed
7.	toil	strike	walk out	picket	stop work
8.	arbitration	injunction	agreement	consultation	mediation
9.	lockout	work cessation	stoppage	resumption	walkout
10.	settlement	grievance	complaint	gripe	grouse

2. What are the workers' grievances? Match numbered and lettered elements to form expressions.

1. unpaid	**a.** living standards
2. to raise	**b.** labor unions
3. free and democratic	**c.** workers' right to strike
4. to be denied	**d.** pension plans
5. forced	**e.** discriminated against
6. labor	**f.** overtime
7. negotiate	**g.** rights violations
8. to be	**h.** basic rights
9. to limit	**i.** wages

3. Which words do you associate with the verbs?

a. strike • b. compromise • c. demonstration • d. economic activity • e. negotiations • f. demands

1. to stage, call, take part in ....
2. to call out, resume, break ....
3. to enter into, break off, suspend ....
4. to work out, come to, reach ....
5. to give in, stand up to, bow to ....
6. to cripple, jeopardize, slow down ....

4. Review the vocabulary you have learned and complete the following article with the appropriate words.

Labor Unrest

As its economy continues to grow and social disparities become increasingly clear, emerging countries such as China are experiencing a surge in labor .... 1. In March, a strike turned into a .... 2. at the Li Huan textile factory, not far from the city of Guangzhou. Witnesses reported that several hundred police .... 3. tear gas and .... 4. truncheons against two thousand workers. According to the local paper, the workers .... 5. demands for higher pay and .... 6. cars and buses with rocks and bricks.

Last month, thousands of workers .... 7. demonstrations at a chain of shoe factories in Guangdong to .... 8. excessive working hours, low pay, poor food and the absence of breaks to enable the workers to recuperate. Protesters .... 9. factory equipment and canteen facilities, and .... 10. vehicles. More than eighty-five workers involved in those protests were .... 11. on charges of destruction of property.

As the *New York Times* reported, "there are thousands of such explosions every year by farmers who ....12. their land, workers who get .... 13. off and villagers who feel .... 14. by corrupt officials." In November, the bereaved relatives of one-hundred-sixty-six miners killed by a gas explosion in a coalmine .... 15. the offices of the mine and the local government. Farmers angry over pollution ....16. a pharmaceutical plant in eastern China, capping protests that began in July.

The increase in unrest is due largely to the lack of a rule of law and an independent judiciary. China has advanced economically and socially during the last twenty years. But it needs to take steps that would include respecting the basic .... 17. of workers to organize, to demand better pay and working conditions, and to strike.

55 Business ethics / L'éthique des affaires

"There is one and only one social responsibility of business—to use its resources and engage in activities designed to increase its profits so long as it stays within the rules of the game, which is to say, engages in open and free competition without deception or fraud."
(Milton Friedman)

Must-know words

a white collar crime • a misdemeanor • to contravene / to infringe regulations • a scandal • a spate / a series of scandals • an accounting scandal • a corporate scandal • corporate abuse

☞ A **bucket shop** is an unethical or overly aggressive brokerage firm. The term is now applied to any fraudulent stock-selling operation such as a **boiler room,** a busy center of activity, often telemarketing or other types of sales.

corruption • to be open to corruption • extortion • bribery • a bribe • an attempt to bribe • to take a bribe • to accept a bribe • to pay a bribe • fraud • to defraud (sb of sth) • a fraud • a fraudster • fraudulent practices • a fraudulent transaction • to commit widespread fraud • securities fraud • antitrust violations • industrial espionage • patent infringement • copyright violation • profit maximization • executive compensation • manipulation of financial records • money laundering • nepotism • cronyism • crony capitalism

☞ **Crony capitalism** is a capitalist economy in which success in business depends on close relationships between businessmen and government officials.

to go bankrupt • to go bust • to go belly up • a bankruptcy • a bankruptcy code • corporate reorganization • to file for bankruptcy • to be solvent • insolvent • to auction off assets • to restructure and emerge from bankruptcy

industrial / labor legislation • the Labor Code • commercial law • financial legislation • trade legislation • tax laws • a tax shelter • a tax heaven • an arbitration court • a court of bankruptcy • to handle a case

corporate ethics • an ethics policy • an ethics code • ethical issues • an ethics officer • a compliance officer • a business conduct officer • corporate social responsibility (CSR) • unethical conduct • good corporate governance • financial disclosure • to audit • an auditor • internal controls • the integrity of the financial reports • to be barred from practicing • the Securities and Exchange Commission (SEC, US) • the Public Company Accounting Oversight Board (PCAOB, US) • the Financial Services Authority (FSA, UK) • the Sarbanes-Oxley Act (SOX, US, 2002)

☞ The **Sarbanes-Oxley Act** (also known as the Public Company Accounting Reform and Investor Protection Act of 2002) is a United States federal law enacted on July 30, 2002 in response to major corporate and accounting scandals including those affecting Enron, Tyco International, Adelphia, Peregrine Systems and WorldCom. These scandals, which cost investors billions of dollars when the share prices of the affected companies collapsed, shook public confidence in the nation's securities markets. The Act was named after sponsors Senator Paul Sarbanes (D-MD) and Representative Michael G. Oxley (R-OH). The legislation establishes new or enhanced standards for all U.S. public company boards, management, and public accounting firms.

Words and expressions you may want to know

to circumvent the law: contourner la loi • **the fallout of a scandal**: les retombées d'un scandale • **to be rocked by corporate scandals**: être secoué par des affaires • **to be embroiled in a scandal**: être mêlé à un scandale • **sleaze**: les affaires • **to expose**: révéler • **to cover up**: étouffer • **to sully / to tarnish / to soil a reputation**: souiller / salir une réputation

graft: la corruption • **a kickback**: un dessous-de-table • **to fix**: soudoyer • **influence peddling**: le trafic d'influence • **hush money / a sweetener**: un pot-de-vin • **to grease sb's palm**: graisser la patte de qn • **fraudulent conversion**: le carambouillage • **malpractice**: les malversations • **misuse of funds**: le détournement de fonds • **misappropriation of funds**: la concussion, l'abus de biens sociaux • **faked / forged / phony invoices**: des fausses factures • **illegal labor practices**: les infractions à la législation du travail • **to rig a market**: manipuler un marché • **to fix prices**: s'entendre sur les prix • **concealment of assets**: la dissimulation d'actifs • **a false / misleading balance sheet**: un faux bilan • **a phoney / phony financial statement**: un état financier truqué • **to embezzle**: détourner • **embezzlement**: le détournement de fonds

insider trading / dealing: le délit d'initié • **to trade on inside information**: pratiquer le délit d'initié • **an inside trader**: l'auteur d'un délit d'initié

to cook the books: trafiquer les comptes • **to fiddle an account**: trafiquer un compte • **forgery**: le faux • **to tamper with the accounts**: falsifier les comptes • **to doctor the books**: falsifier les comptes • **to falsify a balance sheet**: truquer un bilan • **a whistleblower / an internal whistleblower**: un corbeau, un informateur, qui tire la sonnette d'alarme

☞ **Whistleblowing** is the term for an employee who "blows the whistle" on an employer. In other words, an employee is reporting to the authorities an employer's illegal action or practice. Whistleblowers are entitled to a number of protections under state and federal law. A case in point was Jeffrey Wigand, who exposed the Big Tobacco scandal, revealing that executives of the companies knew that cigarettes were addictive while approving the addition of known carcinogenic ingredients to the cigarettes.

In the United Kingdom, the Public Interest Disclosure Act 1998 provides a framework of legal protection for individuals who disclose information so as to expose malpractice and matters of similar concern. In the vernacular, it protects whistleblowers from victimisation and dismissal.

In the United States, legal protections vary according to the subject matter of the whistleblowing, and sometimes the state in which the case arises. In passing the 2002 Sarbanes-Oxley Act, the Senate Judiciary Committee found that whistleblower protections were dependent on the "patchwork and vagaries" of varying state statutes. Government employees are not protected though (US Supreme Court of Justice, *Garcetti v. Ceballos*, 2007).

receivership: un syndicat de faillite • **to go into receivership**: entrer en liquidation • **to file Chapter 11**: se mettre sous la protection de la loi sur les faillites • **a litigant**: un plaignant • **a plaintiff**: la partie civile • **compliance**: la conformité • **accountability**: la responsabilité • **to crack down (on)**: sévir (contre) • **a crackdown**: un acte de répression • **a watchdog agency**: un organisme de surveillance • **an oversight mechanism**: un mécanisme de contrôle / de surveillance • **the breaching of ethical rules**: la violation de règles de déontologie

1. Associate words by their meaning.

1. price fixing	**a.** misappropriation
2. bribery	**b.** compliance officer
3. white collar crime	**c.** price gouging
4. infringement	**d.** account fiddling
5. self-enrichment	**e.** corporate crime
6. embezzlement	**f.** watchdog agency
7. book cooking	**g.** lining one's pockets
8. failure	**h.** bankruptcy
9. ethics officer	**i.** violation
10. regulator	**j.** corruption

2. Match the verbs with their objects.

accounts • *bankruptcy* • *books* • *bribe* • *corruption* • *scandal*

1. to expose, reveal, uncover, be embroiled in ....

2. to root out, stem, be involved in, curb ....

3. to give, offer, pay, solicit ....

4. to do, keep, audit, falsify, tamper with ....

5. to do, audit, check, cook ....

6. to file for, be on the brink of, go into, declare....................

3. Match numbered and lettered elements to form expressions.

1. to circumvent	**a.** information
2. to be rocked	**b.** the law
3. to grease	**c.** agency
4. to line	**d.** sb's palm
5. phony	**e.** the accounts
6. misleading	**f.** by scandals
7. inside	**g.** balance sheet
8. to fiddle	**h.** one's pockets
9. ethical	**i.** standards
10. watchdog	**j.** invoices

4. Read the passage to review the words you have learned. Then find the word closest in meaning to the one in bold letters.

Enron, a trailblazing Houston-based energy firm founded by Kenneth Lay, transformed itself over its 16-year lifespan from an obscure gas-pipeline concern into the world's largest energy-trading company. But in 2001 trouble set in, sparking one of the most spectacular collapses in corporate history. In a matter of weeks, Enron went **bust** (1) and forced to file for Chapter 11 bankruptcy. Dozens of lawsuits and official investigations highlighted the **murky** (2) doings of a company that its president once vowed to transform into the world's leading energy firm, ahead of ExxonMobil.

For years Enron concealed **fiddled** (3) figures through sham deals and **misleading** (4) statements. In October 2001 this lack of transparency helped cause a precipitous drop in its shares and credit rating with the release of third-quarter results in mid-October that showed a $1 billion **write-off** (5) on broadband, water and other bad investments. When the company **wiped out** (6) nearly $600m of profits, about a fifth of the total, the US Securities and Exchange Commission decided to launch an investigation. Yet the firm still refused to come clean. More than any actual financial **liability** (7), that **obfuscation** (8) proved **the last straw** (9). A proposed merger with a minor firm **fell through** (10) when the latter took a closer look at Enron's books. Within weeks, the firm was **mired** (11) in a financial scandal that rapidly ran out of control. The broadest accusations was of fraud and material misstatement, legal ways of saying that the company's financial statements had been **cooked** (12). When two months later the firm filed for bankruptcy, many of its employees, who had invested their 410 (k) pension plans in company stocks, lost their savings as well as their jobs.

In May 2006 Enron's former chiefs, Jeffrey Skilling and Mr Lay, (who later died) were convicted of fraud for lying about the company's financial strength in the months before its collapse. There were also charges of insider trading, because even as Enron was issuing securities amid **glowing** (13) profits reports, top executives were dumping over $1 billion of Enron shares to "unsuspecting investors". Enron was not the only company **to take the rap** (14). Its **demise** (15) had wide implications for Arthur Andersen, its auditor which, in 2000, had collected $25m for auditing Enron's books and another $27m for consulting services. Because Enron evolved from an energy company into a financial firm, it became much like an unregulated bank. The lack of supervision meant that the role of the company's auditor was crucial. Andersen went out of business as a consequence, victim of a conflict of interest between its auditing and its consulting business.

The thorniest question of all is why Enron ever had to resort to financial **shenanigans** (16). Perhaps evidence of simple, criminal activity will be found. Yet greed was surely not the only factor. The downfall of the Texas energy-trading giant dealt a blow to corporate America from which it has still to recover. After a decade of uncontested dominance, the superiority of American-style capitalism was suddenly in doubt. New laws were passed, especially the Sarbanes-Oxley Act meant to clean the auditing business by setting up a Public Company Accounting Oversight Board to **oversee** (17) auditors. The law makes it "unlawful" for accounting firms to offer a number of other kinds of services to companies whose accounts they audit; and it demands that directors sitting on companies' audit committees (who are responsible for choosing the firm's auditors) be "independent."

Yet, there remain plenty of questions about the future shape and appropriate regulation of corporate America. Enron's **dodgy** (18) accounting was not an isolated case. Other companies, it transpired, had also been concealing their true financial position from the outside world. In 2002, WorldCom, an acquisitive telecoms company, revealed that it had fiddled its accounts to the tune of $3.8 billion. Another telecoms company, Global Crossing, went bust after boosting revenues by "capacity swaps" with other telecoms firms—a practice that proved to have been common in both telecoms and energy.

1.	a. burst	b. break	c. bankrupt
2.	a. gloomy	b. ashen	c. opaque
3.	a. confused	b. falsified	c. unsuitable
4.	a. spurious	b. genuine	c. queer
5.	a. subsidy	b. depreciation	c. reduction
6.	a. earned	b. lost	c. erased
7.	a. money earned	b. money lost	c. money owed
8.	a. conundrum	b. quandary	c. mystification

9.	a. the final act	b. that topped it all	c. the penny dropped
10.	a. succeeded	b. came to nothing	c. was pursued
11.	a. bogged down	b. turned to mud	c. rendered helpless
12.	a. lost in a fire	b. tampered with	c. approved
13.	a. burning	b. favorable	c. grim
14.	a. be punished	b. be struck	c. be cleared
15.	a. fate	b. nascency	c. collapse
16.	a. deceit	b. practices	c. antics
17.	a. administer	b. supervise	c. censor
18.	a. unsound	b. deft	c. cunning

56 Trade and globalization / La mondialisation des échanges

"The case for trade is not just monetary, but moral. Economic freedom creates habits of liberty. And habits of liberty create expectations of democracy." (George W. Bush)

Must-know words

commerce • the world of commerce • a chamber of commerce • to do trade with • to trade • to do business with • the world trade • foreign trade • export trade • import trade • to export • to import • a trade deficit • a trade surplus • a trade war • a trade bloc

to regulate • to deregulate • competition • competitive • to compete with • to compete for a market • to be in competition (with) • to stay competitive

globalization • to go global • a global firm • to liberalize trade • a multinational company • trade liberalization • trade barriers • protectionism • free trade • a trade war • a trade embargo • trade sanctions • a quota system • a trade agreement • a trading policy • a trading partner • a trading post • the anti-globalization movement • altermondialism • altermondialization

a market • a target market • a growth market • the home market • a monopolistic market • a market position • a market share • market penetration • to penetrate a market • market domination • to open a market • to shelter a market • to protect a market • a product • to produce • goods • merchandise • a produce

customs • a customs officer • to clear customs • a tariff barrier • a customs barrier • customs duties • duty-free • free movement of capital / goods • to erect barriers • a round of talks • the World Economic Forum • the World Trade Organization (WTO)

foreign aid • a donor country • a recipient country • to fall behind • to lag behind

> ☞ **Products** is used to refer to things which are produced in order to be sold (the emphasis is on the firm producing them). **Goods** is used to refer to things that are sold. The emphasis is on the buying and selling. Goods is always plural. **Produce** refers to agricultural products collectively, esp. vegetables and fruits.

Words and expressions you may want to know

barter: le troc • **to barter**: faire du troc • **a balance of trade**: une balance commerciale • **a trade round**: une négociation commerciale • **adverse**: déficitaire • **favorable**: excédentaire • **a levy**: une taxe • **unfair competition**: la concurrence déloyale • **to keep up with the competition**: s'aligner sur la concurrence

fair trade: le commerce équitable • **managed trade**: le protectionnisme • **the terms of trade**: les modalités d'échange • **a tradesman**: un marchand, un fournisseur • **to corner a market**: accaparer un marché • **to lower trade barriers**: abaisser les barrières douanières • **to remove / to dismantle / to scrap trade barriers**: supprimer les barrières douanières • **duty-paid**: dédouané • **to impose an embargo**: imposer un embargo • **to lift an embargo**: lever un embargo

to relocate: délocaliser • **to shift production**: transférer la production • **economies of scale**: les économies d'échelle • **a low wage country**: un pays à bas salaire • **unfettered globalization**: la mondialisation débridée • **unrestrained**: sans restriction

1. Associate words from each column by their meaning.

1. reprisals
2. embargo
3. bareknuckle (competition)
4. erect (barriers)
5. clear (goods at customs)
6. abide by (sanctions)
7. ignite (a trade war)

a. cutthroat
b. comply with
c. blockade
d. release (goods)
e. spark off
f. retaliation
g. put up

2. Associate the verbs with the appropriate objects.

customs • duties • economic sanctions • embargo • free trade • market • trade barriers

1. to put into place, implement, breach, lift ....
2. to promote, foster, hamper ....
3. to apply, impose, enforce, lift ....
4. to bring down, dismantle, lift, remove ....
5. to slap on, be subjected to, raise, levy ....
6. to go through, clear, smuggle through ....
7. to shelter, access to, break into ....

3. Review the vocabulary you have learned and complete the article.

barriers • competitive edge • deal • exporting country • external trade • free market • Organisation • protectionist • quotas • trade • trading • trading • two-way trade

China opens up

No nation was ever ruined by .... 1., wrote Benjamin Franklin. But what about an entire system of government? That is the big question raised by the trade .... 2. signed by China and the United States, paving the way for China's entry into the World Trade .... 3. Membership of the WTO is first and foremost about .... 4. rather than domestic reform. None of the Chinese leaders is, however, a .... 5. liberal. But the industrial state companies will no longer be able to hide behind trade .... 6. and pursue a totally .... 7. policy. Some observers look at China's obvious .... 8. success in recent years. Trade reform has consisted in making up for trade destroyed during the Maoist era. Before "liberalisation" in 1949, China's .... 9. had reached a peak in 1928, a level not surpassed until 1993; China has since become a major .... 10. In terms of toys and clothing, China has a .... 11. China's share of the world's market in garment is kept at 17% thanks to .... 12. imposed under the Multi-Fibre Agreement. The United States is satisfied that it has seized the chance to bring China inside the world .... 13. order. (Adapted from *The Economist*)

EXERCICES

4. Read the passage to review the vocabulary you have learned. Answer the questions that follow.

For someone unfamiliar with the facts, the myth that trade with developing countries is destroying jobs and depressing wages in the rich countries can have a ring of possibility. But it cannot survive contact with reality. Public opinion polls confirm the growing sense of insecurity of workers throughout the developed world, fueled by a seemingly endless flow of reports of downsizing of major corporations, downward pressures on wages and, especially in Europe, chronically high levels of unemployment. These fears are the focus of a considerable amount of serious research, which suggests that labor market rigidities and government regulation are the major culprits.

Unfortunately, job fears are being played on by a minority who claim that competition from developing countries is to blame. The fall of communism and the move to more market-oriented economies, they argue, has brought 4 billion low-wage workers into the world economy for the first time in the postwar era. Free trade with those countries, they say, is bound to result either in a massive transfer of jobs out of the rich countries or in a decline of rich country wages to the levels found in the developing countries.

1. What is the main argument developed by the writer?
   a. There is much to be feared from globalization.
   b. Trade with developing countries is good business.
   c. Workers the world over will be the losers in the competitive game.

2. What does the writer say about the fears of globalization?
   a. They are unfounded.
   b. There is an ounce of truth in them.
   c. They ought to be taken seriously.

3. What does the writer suggest to allay those fears?
   a. outsource production
   b. more stringent government rules
   c. the introduction of more flexibility in the world of work

4. According to the article, who is responsible for spreading those fears?
   a. people afraid of competition
   b. the proponents of free trade
   c. low-wage workers

5. Which economic system is to blame for the ills that might befall the workers in the rich countries?
   a. the liberal system
   b. the communist system
   c. the free-market system

57 The consumer society / La société de consommation

"Growth for the sake of growth is the ideology of the cancer cell." (Edward Abbey)

Must-know words

consumerism • to consume • consumption • a consumer • consumer spending • a consumer product • a household • consumer habits • consumer power • consumer prices • consumers' rights • consumer protection • a customer • customer service • to boycott • quality control • a product defect • a warranty / a guarantee

a product • a range of products • a brand • a brand name • goods • consumer goods • to develop a product • life span • obsolescence • obsolete • to promote a product • to distribute • to market • to sell well • to sell poorly • a tag • a label • a price tag

advertising • to advertise • an advertisement • an ad • an advertising campaign • an advertising message • an adman • comparative advertising • publicity • a logo • a catalogue • a brochure • a leaflet • a handbill • a poster • a bill • prime time • to sponsor • sponsorship • a sponsor

marketing • a marketing policy • a market trend • market positioning • distribution • a dealership • a shopping center • a shopping mall • a franchised store • a branch • a factory outlet

a store manager • a store owner • a salesman • a door-to-door salesman • business hours • a sales department • a discount • mass distribution • a distribution network

to go shopping • online shopping • to go window shopping • a cash desk • a pay desk • a shopper • a shopping list • a shopping cart • shoplifting • a shoplifter • to be prosecuted

to spend freely • to live within one's means / beyond one's means • to live on credit • to borrow heavily • a lifestyle • a standard of living • a society of plenty • a society of abundance • a throw-away society

a price • price controls • price-conscious • to drop • to rise • to soar • to skyrocket • a cost • costly • a profit margin • the cost of living • to be cost conscious • cost cutting

> ☞ There is a slight difference between **price** and **cost**. The **price** is usually written on an item whereas the **cost** is the amount of money you have to pay. But the sentences How much does it cost? and what is the price? are the same.
>
> Also note that there is a difference between **priceless** and **valueless**. Priceless means it has no price (it is invaluable) whereas valueless means it has no value (it is worth next to nothing).

Words and expressions you may want to know

a consumer survey: une enquête auprès des consommateurs • **the feel good factor**: l'indice de satisfaction • **buying / purchasing power**: le pouvoir d'achat • **high street spending**: les dépenses dans les magasins • **durables**: les biens durables • **semi-durables**: les produits / biens semi-durables • **non durables**: les produits / biens non durables • **convenience goods**: les biens d'achat courants • **white goods**: l'électroménager • **brown goods**: l'électronique • **a free sample**: un échantillon gratuit • **packaging**:

le conditionnement • **to wrap**: envelopper • **shoddy work**: le travail bâclé • **second rate**: médiocre • **a flaw**: un défaut • **faulty**: défectueux

GDP (Gross Domestic Product) / GDI (Gross Domestic Income): le PIB (produit intérieur brut) • **GNP (Gross National Product)**: le PNB (produit national brut)

a by-product: un produit dérivé • **an own-label product / an own brand / a generic product / a store-brand product (US)**: un produit générique • **staple goods**: les produits de base • **a loss leader**: un produit vendu à perte • **price-gouging**: la pratique de prix exorbitants • **to rip off**: arnaquer • **to cater to the needs (of)**: satisfaire les besoins (de) • **disposable**: jetable

a commercial / a spot: un message publicitaire (TV) • **to hype up (an event)**: médiatiser • **hype**: le matraquage publicitaire • **a ratings system**: l'audimat • **to deceive**: tromper • **deceit**: la tromperie

retail: le détail • **wholesale**: le gros • **a retailer**: un détaillant • **a wholesaler**: un grossiste • **a shopping precinct**: une zone commerçante • **home shopping**: le télé-achat • **a big box**: un hypermarché • **a department store**: un grand magasin • **a convenience store**: un commerce de proximité • **a dime store**: un magasin à prix unique • **a mom-and-pop store**: un commerce familial

the premises: les lieux • **the layout**: l'agencement • **a showcase**: une vitrine • **a shelf [pl. shelves]**: un rayon • **an aisle**: une allée • **a rack**: un portant • **a check out counter**: une caisse de sortie (supermarché) • **to browse / to look around**: flâner • **to go on a shopping spree / binge**: claquer, faire des folies

inventory: le stock • **to stock up**: avoir en stock • **to be out of stock**: être épuisé • **an order**: une commande • **to order (from)**: commander (à) • **to place an order**: passer commande • **an invoice / a bill**: une facture • **to deliver**: livrer • **delivery**: la livraison

the salesforce: la force de vente • **the sales**: les soldes • **a clearance sale**: une liquidation • **a rebate**: un rabais • **a price markdown**: un démarquage • **off label**: dégriffé • **a bargain sale**: une vente promotionnelle

1. Spot the possible mistakes and correct them.

Statement	Correction
1. This vehicle is economical: it consummates little gas.	....
2. Environmentalists are against the excess of the consummation society. They prefer a more frugal lifestyle.	....
3. Ralph Nader was one of the pioneers in organising the defence of the consumer.	....
4. Teens consummate too much alcohol and smoke too many cigarettes.	....
5. Household consumption increased by 1.8% last year.	....
6. Intelligent consumerism is promoted by a few lobbies.	....
7. The peak of consumer spending in the US usually occurs between Thanksgiving and Christmas.	....
8. When sitting at a café in France, consummation of drinks is compulsory.	....
9. The Internet has initiated new consumption trends.	....

2. Find the adjectives that match the definitions.

1. that can be thrown away after one use ....
2. that can be traded on the market ....
3. that has a fault ....
4. that can break ....
5. that has a flaw ....
6. that has value ....
7. that has appeal ....
8. intended to be discarded ....
9. easy to catch ....
10. that has no flaw ....

3. Complete each series with the appropriate object.

a commercial • a product • an ad • an advertising message • consumers

1. to insert, place, run, carry ....
2. to deliver, broadcast ....
3. to air, broadcast, record ....
4. to enhance, sell, endorse ....
5. to reach, appeal to, target, influence ....

EXERCICES

4. Review the vocabulary you have learned and complete the passage.

bargain-hunters • *bulk* • *current prices* • *cut* • *discount* • *mark down* • *off-peak* • *red-tag sales* • *retailers* • *sales* • *selling price* • *selling off* • *shopkeepers* • *shoppers* • *stocks* • *window-shopping*

The sales are on

Many people and especially .... 1. are crazy about the .... 2. They are usually fully aware of the .... 3. so they are on the look-out for the first .... 4. They have no time for .... 5. or browsing along; they only look at the .... 6. On the other hand, ... 7. have little to lose in .... 8. their surpluses. These sales-people know that .... 9. will be scarce in the .... 10. season so the best way to get rid of their old .... 11. is to .... 12. prices. The .... 13. suddenly looks low to the .... 14. who don't realize that the .... 15. have actually bought the goods in .... 16., therefore the .... 17. offered is not a total loss for them.

5. Read the passage to review the vocabulary you have learned. Answer the questions that follow.

Consumerism is closely associated with the purchasing and consuming of material goods, supposed to lead to personal happiness. Criticisms of the consumer society go back to Karl Marx and Thornstein Veblen, who developed the concept of conspicuous consumerism, a term which describes an apparently irrational and confounding form of economic behavior. The consumer society defines western countries mostly, even though the concept is not foreign to the emerging countries whose ruling classes have enjoyed material prosperity, often at the expense of the rest of the population.

The consumer culture has permeated American society for a long time, a society characterized by its shopping frenzy. All year round, but especially between Halloween and Christmas, Americans go on a shopping spree (also called a shopping binge), buying right and left, often acting compulsively and on impulse. In this nation of shopaholics, consumers are engaged in an endless competition with their neighbors, trying to keep up with the Joneses. They will demand to have the latest product, the most fashionable brand.

A modern consumer society is based on extensive advertising and media influence rather than people's natural instinct to consume more than what is reasonable. Advertising has emerged as an essential component of the marketing and distribution of goods and become a force rivaling education and religion in shaping public values and aspirations. Beyond the informative role that economists say it fills, advertising appeals to many different values, to emotional as well as practical needs, to a range of desires and fantasies. The goal of advertisements is to promote the idea that purchasing things is, in itself, a pleasurable activity. Another institution sustaining the consumer society is consumer credit, which developed together with the mass production of automobiles, household appliances and electronic devices. The idea is that buying on credit fosters economic growth. America has thus shifted away from a society of penny-wise people into one of spendthrifts, credit card holders and extravagant spenders.

1. When was the consumer society born?
   a. before the American War of Independence
   b. after the Industrial Revolution
   c. after the Second World War
2. What does the writer say about the work ethic in America?
   a. It has encouraged people to work less and have more leisure.
   b. It has led people to work more to spend more.
   c. It is incompatible with consumerism.
3. According to the writer, what role does advertising play?
   a. a practical one
   b. an emotional one
   c. an informative one
4. What is the goal of advertisements?
   a. to reassure customers about the quality of the products they buy
   b. to allay the customer's guilty conscience
   c. to encourage people to consume
5. What can be said about the spending habits of the Americans?
   a. They are led to spend more than they earn.
   b. They are advised to live within their means.
   c. They are told to spend reasonably.
6. What does the phrase 'keeping up with the Joneses' mean?
   a. inviting Mrs Jones to admire your latest purchases
   b. striving to achieve or own as much as the people around you
   c. maintaining a spick and span home to make the neighbors green with envy
7. What does the writer infer about borrowing?
   a. It is strongly encouraged.
   b. It is frowned upon.
   c. It is promoted cautiously.

58 *Money makes the world go round* / L'argent est le nerf de la guerre

"If you make money your god, it will plague you like the devil." (Henry Fielding)

Must-know words

pocket money • old money • dirty money • counterfeit money • to make money • to waste money • to spend money (on) • to invest (in) • an investment • to make an investment • an investor • to lend • to borrow (from) • a check (cheque, UK) • a check book • to pay by check

to save (up) • savings • to spare • to save for a rainy day • to put money into a savings account • to pay the bills • to pay for expenses • to pay for one's education • to save money for emergencies

cash • to pay cash • a cash machine / point • a cash dispensing machine • a coin • a bill • a banknote • a cent • a nickel • a dime • a quarter • a greenback • a buck

to buy (for / from) • to purchase • buying power • to buy on credit • to pay • a payment • to spend (money on) • expenditure / spending • to cost • costly • to charge • to be in the red • to be in the black

a currency • to devalue • devaluation • to depreciate • to support • to prop up • a money market • a financial market • to convert • conversion • a financial crisis • a liquidity crisis • to float a currency • monetary stability • the euro • the dollar • sterling • the pound

a bank • a central bank • a bank outlet • an investment bank • online banking • a bank holiday • a window • a bank account • a deposit account • a checking account • to withdraw money [withdrew / withdrawn] • to deposit money • to cash a check • e-cash • to balance one's checkbook • a bank statement • a loan • to loan • to lend [lent] • a lender • to take out a loan

generous • mean • penniless • to be short of money • to tighten one's belt • to cut expenses • to curb one's spending • to go into debt

Words and expressions you may want to know

bank money / deposit money: la monnaie scripturale • **credit money / paper money**: la monnaie fiduciaire • **seed money**: la mise de départ • **hot money**: les capitaux spéculatifs • **to be legal tender**: avoir cours légal

loose / petty cash: la menue monnaie • **to mint**: battre monnaie • **to bribe**: soudoyer, corrompre • **a bribe**: un pot-de-vin • **to afford**: s'offrir • **affordable**: abordable

a hard currency: une monnaie forte, une devise • **a soft currency**: une monnaie faible • **to strengthen**: se raffermir • **to peg a currency**: indexer une devise • **a bank rate**: un taux d'escompte • **the prime rate**: le taux de base • **financial turmoil**: la tourmente financière • **a run on the banks**: une panique bancaire • **a credit squeeze / a credit crunch**: une crise du crédit • **to hoard**: thésauriser

a merchant bank / a trading bank: une banque d'affaires • **a deposit bank / a retail bank**: une banque de dépôt • **a thrift**: un organisme d'épargne • **an ATM**: un DAB • **a PIN (personal identification number)**: un code confidentiel • **a vault / a strong room**: une salle des coffres • **a safe**: un coffre •

a rubber / bouncing check: un chèque en bois • **an overdraft**: un découvert • **a piggy bank**: une tirelire

to earn: gagner • **to earn a living**: gagner sa vie • **to squander**: gaspiller • **to disburse**: débourser • **to dissipate**: gaspiller, dissiper • **to expend**: dépenser • **to lavish (money on)**: dépenser des sommes folles pour • **to use up**: tout dépenser • **to exhaust**: épuiser (ses ressources) • **to splurge (on)**: faire de folles dépenses • **to remit**: envoyer (des fonds) • **a remittance**: un versement, un paiement, un envoi (de fonds) • **profligate**: dépensier, prodigue • **thrifty / niggardly**: pingre • **broke**: fauché • **extravagant**: dépensier • **a spendthrift**: un panier percé • **to spare no expense**: ne pas regarder à la dépense • **to be loaded / stinking with money**: être plein aux as

☞ **Spend** = general word: *We spend more for living expenses now* • **disburse** = expend from a specific source or sum to meet specific obligations, or pay in definite allotments: *The treasurer has authority to disburse funds* • **expend** is more formal, and implies spending for some definite and (usually) sensible or worthy object: *to expend most of one's salary on necessities* • **lavish** = to expend or give in great amounts or without limit: *to lavish gifts on a person* • **squander** suggests lavish, wasteful, or foolish expenditure: *to squander a legacy. Based on the Random House Unabridged Dictionary, © Random House, Inc. 2006.*

to save / to spare / to skimp: économiser, lésiner • **to scrimp and save**: économiser sur tout • **thrifty**: économe • **niggardly**: avare • **a miser**: un avare • **avaricious / illiberal / skimpy / stingy / miserly / mean**: avare • **grudging**: radin, mesquin, peu généreux • **scrimpy**: étriqué, avare • **lean**: mince, maigre (budget, par ex.) • **frugal**: frugal • **Spartan**: spartiate • **superfluous**: superflu • **parsimonious**: parsimonieux • **penurious**: sans le sou

☞ Note the following adjectives: **lavish/lucullan** suggests (sometimes excessive) generosity and openhandedness (*lavish hospitality*) • **prodigal** suggests wastefulness, improvidence, and reckless impatience of restraint (*prodigal extravagance*) • **profuse** emphasizes abundance, but may suggest a surfeit of emotions (*profuse thanks, compliments, apologies*). The following adjectives mean marked by unrestrained abundance: *profuse apologies; an exuberant growth of moss; lavish praise; lush vegetation; luxuriant hair; a prodigal party giver; an artist's riotous use of color*

unstinted: sans borne, sans réserve • **extravagant**: dispendieux • **wasteful**: coûteux • **improvident**: imprévoyant, prodigue, dépensier • **unsparing**: prodigue, généreux

to bring about happiness: faire le bonheur • **material possession**: les biens matériels • **to afford to buy (things)**: se permettre d'acheter • **measurement of sb's success**: l'aune du succès • **to achieve success**: réussir • **the be-all and end-all**: le fin du fin • **a vocation**: une vocation • **a vocational passion**: la passion pour un métier • **the rewards (of one's work)**: le fruit (de son travail) • **a job that pays**: un boulot qui rapporte • **to earn money**: gagner de l'argent • **for the sake of money**: pour l'amour de l'argent • **no matter how much money you make**: quel que soit votre revenu • **man does not live by bread alone**: l'homme ne vit pas que d'amour et d'eau fraîche • **to live off very little**: se contenter de peu • **to be money-obsessed**: être obsédé par l'argent

1. Complete the expressions with *money*.

1. to give		**a.** in the Stock Exchange
2. to save		**b.** from a friend
3. to lend		**c.** for a rainy day
4. to lose		**d.** into an account
5. to leave		**e.** from an old aunt
6. to invest	⇨ **money** ⇨	**f.** on a silly scheme
7. to waste		**g.** for charity
8. to pay		**h.** in a will
9. to raise		**i.** to my brother
10. to inherit		**j.** to charity
11. to borrow		**k.** at a casino

2. Complete the sentences with the right preposition. (*buy, pay*)

1. He bought some flowers .... his wife. • **2**. He bought a second hand car .... the local Ford dealer. • **3**. I bought .... her a new laptop for her birthday. • **4**. She must buy .... herself a new coat for winter. • **5**. He bought the prints .... $2,000 each. • **6**. She paid $200 .... a Diesel pair of jeans. • **7**. They pay .... the child minder 15 dollars an hour. • **8**. You can pay .... cash or .... credit card.

3. *Lend* ou *borrow* ? Complete the sentences. Make the necessary changes.

1. I must bring back the books I .... from the school library. • **2**. Could you .... me your cell phone? My battery's dead. • **3**. Who did you .... that nice dress from? • **4**. He never paid back the money he .... off me. • **5**. The bank refused to .... the money and so they had to close down. • **6**. He's .... me his villa for the month of August. • **7**. Who did you .... it to? • **8**. My neighbor usually .... my lawnmower. It's time he bought one.

4. *Win* ou *earn*? Complete the sentences. Make the necessary changes.

1. Around ten per cent of men admit they do not know what their partner .... • **2**. Since they .... the jackpot, the Smiths have spent their time traveling around the world. • **3**. He's a professional gambler. That's the way he .... a living. • **4**. Savings accounts have .... a higher interest this year than last. • **5**. He .... his position after years of striving. • **6**. In 2008, tax troubles .... Wesley Snipes a three-year jail sentence. • **7**. Can you really .... 12% on your savings? • **8**. The unions .... major concessions in the round of talks which concluded last night.

5. Complete the expressions with the appropriate words.

an account • *rates* • *a cheque* • *a loan* • *money*

1. to write, make out, cash, cancel ....

2. to withdraw, lend, borrow, spend, save ....

3. to open, close, balance ....

4. to make, secure, guarantee ....

5. to cut, raise, push up ....

6. Review the vocabulary you have learned. Answer the questions that follow.

The 17th century colonists who settled in North America brought their own coins with them but these were quickly returned to Europe to pay for the goods which were not produced locally. This led to a shortage of specie. As a consequence, Indians wampum, i.e. beads of polished shells strung in strands, was widely used as currency throughout the colonies. Yet wampum lost its value as soon as settlers started counterfeiting them.

In addition to wampum, colonists also used staples of the local economies as money, such as tobacco in Virginia or grain and fish in Massachusetts. Nails and bullets were often used for small change.

Once trade between the colonies and the West Indies opened, Spanish eight-reales (or pieces of eight) coins circulated widely from the colonial period until the middle of the 19th century. Heavier and made of finer silver, Spanish dollar coins were frequently cut to make change. Half a coin was four bits and a quarter section was two bits, a slang expression that still designates a quarter today. Millions of Spanish dollars were minted over the course of the centuries.

The first coin ever struck in the colonies was the pine tree shilling—bearing a pine tree—in a Boston mint in 1652. The British shut down the mint in 1686. During the 18th century, against the wishes of the British, hundreds of different types of paper notes were printed throughout the colonies. Issued before the American Revolution those notes were denominated in pounds and shillings with a reference to the Bank of England. Because some colonies printed too many bills, their value sank, stirring trouble. But in an expanding economy those notes offset economic slumps caused by a scarcity of metallic money.

In 1775, facing mounting expenses, the Continental Congress authorized the first limited issue of currency, called continentals, with no backing in gold or silver, and which could be redeemed only if the colonies became independent. Even though continentals changed hands at close to face value, the stability of that currency was short-lived and generated a deep distrust of paper money in the United States. Yet, it marked the first time that the worth of US currency lay in its purchasing power.

1. Why did wampum lose its value?
   a. It was not legal tender in the colonies.
   b. It was fraudulently forged.
   c. Colonists did not trust Indian money.
2. In addition to wampum, what was used as currency during colonial times?
   a. Colonists used metallic coins to do business.
   b. Colonists asked England to coin money.
   c. Standard commodities were used in transactions.
3. What was the currency situation in the run-up to the Revolutionary War?
   a. Coins from many European nations circulated freely in the American colonies.
   b. Decimal coinage was issued by the various colonies.
   c. Only the dollar had legal tender.
4. Why did Spanish dollars remain in circulation in North America?
   a. They had a better silver content than US dollars.
   b. The English forbade the colonists to coin their own money.
   c. Congress had more confidence in Spanish silvercraft.
5. How can the failure of the continental be accounted for?
   a. It had no specie backing. b. It could easily be counterfeited. c. It was issued by several colonies.

59 The stock exchange / La Bourse

"Anyone who thinks there's safety in numbers hasn't looked at the stock market pages."
(Irene Peter)

Must-know words

applied mathematics • financial mathematics • financial economics • financial engineering • computational finance • stochastic calculus • probability distribution • a differential equation • Brownian motion • stochastic volatility

☞ **Financial engineering** is the process of employing mathematical finance and computer modeling skills to make pricing, hedging, trading and portfolio management decisions. More generally, it is the creation of new and improved financial products through innovative design or repackaging of existing financial instruments. **Hedging** (*couverture*) is a risk reduction strategy whereby investors and traders take offsetting positions in an instrument to reduce their risk profile. A **swap** is a derivative in which two counterparties agree to exchange one stream of cash flows against another stream.

a financial market • the stock market • the money market • the NASDAQ • the New York Stock Exchange (NYSE) • the securities market • a bourse • the Dow Jones Industrial Average (DJIA) • an average • an index • share • stocks • a shareholder • a stockholder • a stock dividend • a stock split • to issue shares

☞ A **subprime** (=less than prime) loan (*crédit à risque*) is a mortgage that is offered at a higher interest rate to people with less-than-perfect credit or with a poor credit history.

an investor • to invest • an investment • to make an investment • a traditional investor • an institutional investor • a portfolio • a speculator • financial risk

to raise capital for business • to raise capital for expansion / business • to facilitate company growth • mergers and acquisitions • fusion • to merge • a merger

the opening price • the closing price • to close down at • to rise • to reach a new high • to soar • to skyrocket • to fall • to plunge • to take a plunge • to sink • to plummet • to dump stocks • to crash • to collapse • to yoyo • to be wiped out • to pull out of a market • to lose one's shirt • to suffer heavy losses • a Black Monday • market regulations • to suspend trading • to kick start a depression • an economic downturn • to set up relief programs • to restore confidence

Words and expressions you may want to know

a hedge fund: un fonds d'investissement, un fonds alternatif, un fonds spéculatif • **mutual fund**: une SICAV • **a unit trust**: un fonds commun de placement • **a brokerage house / firm**: une société de courtage • **futures**: les opérations à terme • **bonds**: les obligations • **a junk bond**: une obligation pourrie • **securities**: les titres, les valeurs boursières • **derivatives**: les produits dérivés

the trading pit: la corbeille • **the trading floor**: l'enceinte des transactions • **blue chips**: les valeurs sûres • **a listed / quoted stock**: une valeur cotée • **gilt-edged securities**: des placements de père de famille • **to issue**: émettre • **to underwrite**: garantir une émission • **yield**: le rendement • **a stockbroker**: un courtier

to float a company: lancer une société en bourse • **a listed company / a quoted**

company: une société cotée en bourse • **a quotation**: une cotation • **an IPO (initial public offering)**: une introduction en bourse • **market capitalisation**: la capitalisation boursière

pricing: l'évaluation • **a call option**: une option d'achat • **a put option**: une option de vente • **stock trading**: les opérations en bourse • **a money trader**: un cambiste • **a stock analyst**: un analyste boursier / financier • **to dabble on the stock exchange**: boursicoter • **a bearish market**: un marché à la baisse • **a bullish market**: un marché à la hausse • **hedging**: la couverture de risques • **the opening / closing price**: le prix d'ouverture / de clôture • **to bull / to bear a market**: jouer un marché à la hausse / à la baisse • **to sell off**: liquider • **buoyant**: soutenu • **to tumble**: chuter, dégringoler • **to bottom out**: atteindre son plus bas niveau • **a stampede / a panic**: une panique • **a sell-off**: une vente (à perte) • **a run on banks**: une ruée dans les banques • **a bank panic**: une panique bancaire • **to bail out of a market**: se retirer d'un marché • **to ride out the crisis**: surmonter la crise • **to soothe the market**: calmer le marché • **to rally / to rebound / to bounce back**: rebondir • **to prop up an ailing economy**: soutenir une économie mal en point • **to recoup one's losses**: se refaire

EXERCICES

1. *Markets.* **Indicate whether the market is *bearish, bullish, unchanged,* or *unstable.* Tick the right box**

Markets	*bearish*	*bullish*	*unchanged*	*unstable*
1. easy	❑	❑	❑	❑
2. lively	❑	❑	❑	❑
3. jumpy	❑	❑	❑	❑
4. sagging	❑	❑	❑	❑
5. sluggish	❑	❑	❑	❑
6. soft	❑	❑	❑	❑
7. ailing	❑	❑	❑	❑
8. hectic	❑	❑	❑	❑
9. level	❑	❑	❑	❑
10. steady	❑	❑	❑	❑
11. flat	❑	❑	❑	❑
12. buoyant	❑	❑	❑	❑
13. unsettled	❑	❑	❑	❑

2. Match numbered and lettered elements to form expressions.

1. to spin	a. a turn for the worse
2. to take	b. a market round
3. the bottom has	c. a panic
4. to bail	d. out of control
5. to touch off	e. lost ground
6. to suffer	f. fallen out of the market
7. to turn	g. heavy losses
8. to regain	h. out of the market

3. Read the passage to review the vocabulary you have learned. Answer the questions that follow.

The Crash of '29 refers to the New York stock market collapse, which two catchphrases, Black Thursday (October 24 1929) and Black Tuesday (October 29, 1929) evoke too. The initial crash took place on Black Thursday but five days later a catastrophic downturn of the market plunged the United States into one of the longest economic crises in the 20th century. The collapse went on for a month, triggering what economists and experts came to describe as the Great Depression.

At the time of the crash, New York City had become America's major financial center. The NYSE was the largest stock market in the world. The roaring twenties had been a period of prosperity and excess, best described in Scott Fitzgerald's *The Great Gatsby,* a novel which idolizes the riches and glamour of the Jazz Age. It was fueled by the euphoric everything-is-possible carefree mentality of the age and heavy investments in the market made by thousands of Americans who borrowed heavily to buy more stocks, encouraged by ever rising share prices. Billions of dollars were thus out on loan, more than the entire amount of currency circulating in the U.S. It was inevitable that the economic bubble would burst.

The financial gains were shattered when share prices on the NYSE collapsed, following an unstable period characterized by spells of high trading, rising prices and panic selling. It would take a quarter of century for the market to return to its pre-1929 levels. Following Black Thursday several Wall Street bankers got together to trash out solutions, one of which consisted in buying a large block of shares in US Steel and other blue chips stocks at a price well above the market value. Yet the respite was short-lived and more investors opted to get out of the market altogether, thus accelerating the slide until Black Tuesday, when a record number of shares were traded on the floor. Some $14 billion dollars were wiped off the slate on that day as prices crumbled under the pressure of liquidation of securities which had to be sold at any price, bringing the loss for the week to $30 billion, ten times more than the annual budget of the federal government. The decline went on into the following year, reaching a record low which lasted until 1932.

The aftermath of the market crash was one of the factors leading to depression, as firms went bankrupt, businesses closed down, hundreds of thousands of workers were made redundant, thus creating mass unemployment until the U.S. entered into World War II. Some scholars have disputed the role of the crash, suggesting it was a mere incident in the process of boom-and-bust taking place during economic cycles.

In the wake of the crash, markets in America and abroad set up measures to suspend trading and to prevent panic sales in the event of swift declines. The one-day crash of Black Monday, October 19, 1987, when the Dow Jones Industrial Average fell a full 22.6%., was however more severe than the crash of 1929. Yet, the markets quickly recovered, posting the largest one-day increase since 1932 only two days later.

1. How long did the crash last?
a. one day b. two days c. several weeks

2. How does the writer describe the US markets prior to the crash?
a. bullish b. bearish c. unstable

3. What did some influential bankers strive to do in the wake of the crash?
a. to sell their assets and save their firms
b. to save the market by investing in it
c. to trade their stock in foreign currency

4. What nickname was given to the period preceding the crash?
a. the excessive 30s b. the roaring 20s c. the fat years

5. According to the writer, which of the following reasons led to the crash?
a. Americans invested too much in the stock market
b. Americans' extravagant spending habits
c. the lack of confidence of the Americans in their system

6. When did the US stock market recover its pre-1929 level?
a. 1934 b. 1944 c. 1954

7. What does the article infer about the causes of the economic crisis?
a. The crash was the sole event that sparked off the recession.
b. The crash was one event among others that caused the depression.
c. The crash was the decisive factor behind the crisis.

8. In what way was 1987 a significant event?
a. It was a reminder that America had not solved its financial problems since 1929.
b. It showed that markets are immune to major-scale financial turmoil.
c. It is evidence that markets can now withstand financial storms.

60 A car-loving people / Un peuple amoureux de la voiture

"The car has become the carapace, the protective and aggressive shell, of urban and suburban man." (Marshall McLuhan)

Must-know words

the car industry • a carmaker / a car manufacturer • an automaker • a car factory • a car assembly plant • to build cars • a car dealership • a make / model of car • to launch a new model • to put a new car on the market • a car designer • a motor show • a motor vehicle • a car • an automobile • a car driver • a motorist

a passenger car • a sports car • an electric car • a used car • a hybrid car • a green car • a limo • a coupe • a cab • a bus • a coach • a streetcar • a shuttle • a van • a truck • a motorbike • a bicycle

a driver's license • a license plate • a roof • headlights • a seat • a seatbelt • to buckle up • a window • a windscreen wiper • a dashboard • a speedometer • a cruise control system • a GPS device • a catalytic converter • an exhaust pipe • a tailpipe • a spare part • an engine • a carburetor • a radiator • a battery • an oil filter • an accelerator • a brake

to start • to idle • to switch on • to switch off • ignition • the ignition key • fuel consumption • to be good on gas • mileage • a horsepower • fuel efficiency • ethanol • biofuel • biodiesel

to go by car • to drive a car • to maintain • to service (a car) • a filling station • gas • unleaded • lead free • to run out of gas • a fuel tank • a gas station • a garage • to repair • to fill it up • to change the oil • an oil change • the highway code • a car accident

Words and expressions you may want to know

a convertible: un cabriolet • **a station wagon**: un break • **a sedan**: une berline • **an ATV (all terrain vehicle)**: un véhicule tout terrain • **a sport utility vehicle (SUV) / a four-wheel vehicle / an off-roader**: un 4x4 • **a gas guzzler**: un véhicule gourmand en carburant • **a pick-up truck**: une camionnette • **a tractor trailer**: un semi-remorque • **a moped**: un vélomoteur

a body: une carrosserie • **a hood**: un capot • **a trunk**: un coffre • **a fender**: une aile • **a wheel**: une roue • **a hubcap**: un enjoliveur • **a steering wheel**: un volant • **a bumper**: un pare-chocs • **a tire**: un pneu • **a muffler**: un silencieux • **a gear**: une vitesse • **a gear shift**: un levier de vitesses • **reverse**: la marche arrière • **neutral**: le point mort • **the clutch**: l'embrayage • **to clutch**: embrayer • **to declutch**: débrayer • **an indicator light**: un clignotant • **a compartment**: un habitacle • **the steering column**: la colonne de direction • **an axle**: un essieu • **a two-stroke engine**: un moteur à deux temps • **a choke**: un starter

> **The car, a bane or a boon?** to do without a car • to improve modern life • to open up job opportunities • to encourage mobility • to allow people to stay connected • to give a chance to travel to faraway places • to explore new places • to sightsee at one's own pace

a tow truck: une dépanneuse • **to break down**: tomber en panne • **to stall**: caler • **to race / to rev**: emballer • **to flood**: noyer • **to service**: mettre à la révision • **to overhaul**: réviser • **to tow**: remorquer

1. Circle the word which may not belong to the series.

	a	b	c	d
1.	wheel	tire	spoke	hub
2.	gear	clutch	reverse	battery
3.	gas	gas oil	premier	regular
4.	radar	speedometer	m.p.h.	speed bump
5.	sunroof	choke	wing	door
6.	headlamps	traffic lights	sidelights	reversing light
7.	battery	choke	ignition key	wheel
8.	reverse	back out	pull out	pull up
9.	brake	accelerator	declutch	indicator
10.	compact	sedan	convertible	coupe

2. Match numbered and lettered elements to form expressions.

1. central	6. metallic	a. conditioning	f. mirror
2. safety	7. unleaded	b. belt	g. steering
3. ignition	8. vanity	c. compartment	h. paint
4. power	9. glove	d. box	i. gas
5. air	10. gear	e. locking	j. key

3. Fill in the blanks with the words from the list.

body • *bonnet* • *brake* • *makers* • *dashboard* • *engine* • *environmentally* • *fuel consumption* • *fuel tank* • *gallon* • *gas guzzler* • *greener* • *launched* • *saloon* • *tire(s)* • *wing*

Fuel-efficient cars

Car .... 1. have .... 2. new super cars which achieve the equivalent of 80 miles per American .... 3. of gas (35km/liter), a third of the consumption of current American .... 4. cars. In even the best of today's cars, more than 70% of the energy in the .... 5. is wasted by the time the rubber .... 6. meets the road. So every aspect of the car design had to be rethought, from the design of the .... 7. to the chemistry of the .... 8., as well, of course, as the .... 9. The .... 10. mirrors have even been replaced by lipstick-sized cameras that send images to two .... 11. -mounted displays. On top of that, its chassis and .... 12. make extensive use of lightweight material. The real key to the vehicle low .... 13. is found under its .... 14.: it is a hybrid of direct-injection diesel and electric motors. For example the car electronics helps the electric .... 15. to act as braking generators when the driver hits the .... 16. pedal. However, the price of these new super cars is a stopper: although Americans favor .... 17. .... 18. -friendly cars, they are unwilling to pay more for them than they would for a traditional .... 19.

4. Read the passage to review the vocabulary you have learned. Answer the questions that follow.

It was the advent of a revolution which he ushered in America when Frank Duryea eventually perfected the Duryea Motor Wagon in 1896. At its first airing, the contraption rolled less than 100 meters before the transmission froze up. But by the end of 1896, Duryea had sold 13 of them, thus giving birth to the American motor industry.

That industry (whose roots, outside America, are usually attributed to tinkering by Messrs Daimler and Benz in Germany) has been through ups and downs for over a century. By 1908, an estimated 485 different manufacturers were building cars in the United States. Employment grew nearly 100-fold in the first decade of the 20th century. When Henry Ford, in a stroke of genius, automated his production line he required a rush of new, unskilled labor, which he enticed by offering an unheard-of $5 a day in wages. Henceforth, workers could actually afford to buy what they built. Today, the Big Three car manufacturers (Ford, GM and Chrysler) generate more than $200 billion a year in business inside the United States.

From cradle to grave, the car marks every rite of American passage. Home by car from the maternity ward; first driving license (usually at the age of 16); first (back seat) sexual experience; first car of one's own. Americans can get married at drive-in chapels. They buy a house with garages big enough for not one but two or three cars.

Main Street has been replaced by the strip mall and the shopping mall, concentrating consumer goods in an auto-friendly place. Since car-friendly living and shopping became the rule, most built-up parts of America now look like every other part. A significant proportion of America's weekly meals are now consumed inside cars, sometimes while parked outside the drive-by eatery concerned, sometimes en route.

Dozens of laws have been written to deal with car cases, ranging from traffic disputes to product liability. Drive-by shootings require a car, as do most getaways. The car is a great crime accessory (Bonnie and Clyde); and it causes the deaths of nearly 40,000 Americans every year. Naturally, the car has spawned a whole financial industry as Americans tie themselves with extended loans to buy the latest SUV.

People occasionally suppose that the car is under attack as it enters its second century. Environmental regulators and transport planners tend to give this impression. But nothing beats the idea of individual mobility. In a society that values freedom above all, it is obvious that the car is here to stay. (Adapted from *The Economist*)

1. Which century is the American automobile industry in today?
   a. its first century of existence
   b. its second century of existence
   c. its third century of existence

2. How has America's car industry transformed itself over the years?
   a. It has been consolidated.
   b. It has kept on diversifying and expanding.
   c. It has kept pace with German industry.

3. Why was Henry Ford considered a genius?
   a. He was the first to penetrate car markets abroad.
   b. He promoted jobs across the United States.
   c. He helped his workers buy what they built.

4. Among the following car-oriented activities, which is not mentioned?
   a. having one's first sexual experience
   b. shopping
   c. being buried at a drive-through funeral home
   d. looking for a house
   e. getting married
   f. helping expedite the delivery of babies

5. What does the writer say about the automobile industry in general?
   a. He praises the development of the car industry unabashedly.
   b. He is somewhat reserved as to the benefits the people derive from the automobile.
   c. He is altogether negative as to what the car has brought to the Americans.

6. What does the car symbolize for the Americans?
   a. the hallmark of innovation
   b. the embodiment of materialistic success
   c. a symbol of mobility

61 *Traffic's a bitch* / P... de circulation

"The automobile has not merely taken over the street, it has dissolved the living tissue of the city. Its appetite for space is absolutely insatiable; moving and parked, it devours urban land, leaving the buildings as mere islands of habitable space in a sea of dangerous and ugly traffic." (James Marston Fitch)

Must-know words

to drive a car • to drive on the right / on the left • to go for a drive • to slow down • to speed up • to brake • to apply the brakes • to change gears • to park • to double park • to reverse

local traffic • a thoroughfare • a ring road • a main street • a side street • a dead end street • a pedestrian crossing • a pedestrian area • a roundabout • a crossroads • traffic lights • a road sign • a parking lot • a car park • a parking meter • no parking • a restricted area • a meter maid • a parking ticket • a speed radar

an interstate • a highway • a freeway • a superhighway • an expressway • a thruway • a bridge • a tunnel

traffic congestion • light / heavy traffic • a traffic jam • a slow down • to slow down • road pricing • to unclog / to unblock the streets • to close to traffic • to restrict entry to a city • road capacity • road rage • to ease congestion • to use public transport • a means of transport • a mode of transport

the motor vehicle code • a penalty points system • the highway patrol • to exceed the speed limit • to go through a traffic light • to park illegally • to suspend sb's driver's license • to revoke / to cancel sb's driver's license

a road user • a car crash • a fatal crash • to crash (into) • to hit • to be involved in an accident • road safety • to lose control • to run into • to run over • to collide • a collision / a crash • to be hurt / injured in a crash • to be thrown out • to be trapped • to be killed outright • to be fatally injured • human error • mechanical failure

Words and expressions you may want to know

a beltway: un boulevard de ceinture, un boulevard périphérique • **a lane**: une voie • **a bicycle path**: une piste cyclable • **an emergency lane**: une bande d'arrêt d'urgence • **an alley**: une ruelle • **the sidewalk**: le trottoir • **the curb**: le bord du trottoir • **a gutter**: un caniveau • **an entrance ramp**: une rampe d'accès • **a sliproad**: une bretelle d'accès • **an overpass**: un toboggan • **a road hump**: un ralentisseur • **to impound**: mettre en fourrière • **a pound**: une fourrière

a turnpike: une autoroute à péage • **toll**: le péage • **a toll booth**: une cabine de péage • **a bypass**: une bretelle de contournement • **a back road**: une route secondaire • **a scenic road**: une route panoramique • **the hard shoulder**: le bas-côté

a tie / a snarl up / a tail back: un bouchon • **a bottleneck**: un goulot d'étranglement • **to crawl (along) / to move at a crawl**: avancer au pas • **bumper-to-bumper traffic**: la circulation pare-choc contre pare-choc • **to clog**: obstruer • **gridlock**: la paralysie • **to be at a standstill**: être à l'arrêt • **to introduce road pricing**: introduire un péage urbain • **a congestion charge**: un péage urbain •

car pooling: le covoiturage • **car-sharing**: l'auto-partage

reckless driving: la délinquance routière • **a hit and run**: un délit de fuite • **a roadhog**: un chauffard • **improper passing**: le dépassement dangereux • **to jump the lights**: brûler un feu rouge • **to overtake**: dépasser • **to drive at breakneck speed**: rouler à tombeau ouvert • **drunken driving**: la conduite en état d'ébriété • **to drive under the influence (DUI)**: conduire en état d'ébriété • **a fine**: une amende • **a disqualification from driving**: un retrait de permis de conduire • **a motoring offence**: une infraction au code de la route • **a speed camera**: un radar automatique • **a speed trap**: un contrôle radar

a car wreck: un accident de voiture • **a wreckage**: une épave • **traffic fatalities**: les victimes de la route • **to swerve**: faire une embardée • **to skid**: déraper • **to spin**: faire un tête-à-queue • **head-on**: frontal • **a pile-up**: un carambolage • **to plough through**: s'encastrer • **to rollover / to overturn**: se retourner • **to be critically injured**: être grièvement blessé • **to be maimed**: être mutilé • **to mangle**: broyer • **an accident blackspot**: un point noir

Exercices

1. Complete the series with words from the list.

bridge • crossing • lane • road • street • way

1. level, zebra, pedestrian ....
2. one way, dead end, side ....
3. bicycle, bus, emergency ....
4. access, service, arterial, ring ....
5. park, road, high, motor ....
6. suspension, foot, draw ....

2. Complete the sentences with the right word.

1. In the event of an emergency or breakdown, a motorist can pull into the .... to get out of the flow of traffic and obtain an element of safety.
2. On a motorway, or turnpike, you pay at the ....
3. A .... lane is often provided on steep mountain grades, in order to allow smaller vehicles to pass larger, slower ones. This is sometimes called a climbing lane if on the uphill side.
4. Motorways are accessed at junctions by .... off the sides of the main thoroughfare.
5. On motorways, ... phones are available at regular intervals to allow stranded motorists to call for emergency services.
6. Generally lanes closer to the centre of the road or .... are used for overtaking, while lanes near the edge of the road or .... are used for slower traffic

EXERCICES

3. Circle the mistake in each sentence, if any.

1. Traffic congestion (a) is an unproductive activity for people and as such (b), it impairs regional economical health (c).
2. Being stuck (a) in jams lead to (b) delays, late arrivals at work or at school and, as a consequence, brings about lost business (c), disciplinary action or other personal losses.
3. Because of snarls motorists waste fuel (a), what (b), in turn increases air pollution owing to increased idling, acceleration and braking. Increased fuel use may also in theory cause an imperceptible rise in fuel costs (c).
4. Motorists trapped in ties-ups (a) are stressed and frustrated and often vent (b) their anger through acts (c) of road rage.
5. Blocked traffic (a) interferes with the passage of emergency vehicles traveling to their destinations (b) where they are urgently needed (c).
6. In too few major cities (a), park-and-ride facilities (b) encourage people to parking their car (c) outside the main town/city and continue by public transport, shuttle bus, or carpool.
7. Number plate restrictions (a) based on days of the week, are practiced in many large cities in the world (b), such as Athens, Mexico (c) and São Paulo.
8. The first appearances of the word *gridlock* in newspapers occurred in 1980 (a), during a transit strike in New York City. The word is attributed (b) Sam Schwartz, who was the chief traffic engineer for the city's Department of Transportation (c) at the time of the strike

4. Read the passage to review the vocabulary you have learned. Answer the questions that follow.

With some of America's roads getting more and more clogged the idea has arisen to set up a road pricing system for large cities. Indeed, car drivers spend endless hours stuck in snarls, fraying their nerves, generating pollution, damaging health and raising businesses' costs. The situation is bound to get worse as traffic volumes are expected to become ever higher.

Introducing a congestion charge at the entrance of cities is an economist's dream solution because it replaces a system that rations road use by standing idle, which wastes people's time, with one which rations it according to the value different drivers place on their journeys. And as demand varies, so can prices: in cities at rush-hour prices can be set high; at night they can be kept low.

Road pricing has always been regarded as a politician's nightmare. Yet the congestion charge the mayor of London introduced years ago has reduced traffic by 15% and increased speeds by 22% in central London without much damage to business. Can such cordon pricing scheme be sold to the Americans? The best way of doing that would be to introduce congestion charges along with a reform of the inefficient system of taxing and investing in transport.

City should charge drivers for four sorts of damage they do: to road surfaces, to the climate, to other people's health and to other drivers by creating jams. The current sorts of tax—fuel duty and vehicle excise duty—do not do that well, penalizing some dirty cars, while fuel duty taxes people for burning up gas, and thus for contributing to climate change. Neither tax, however, does much to discourage congestion, which wastes time and damages health.

Once a charge system was up and running, it would also provide valuable information about demand. By charging to drive into a city, local authorities would discover just what people were prepared to pay for. That would encourage private investment in roads, and might lead to a more rational system of allocating public investment in transport of all types, including subsidizing rail passengers.

Drivers' wariness about congestion charges is understandable, but they would probably benefit. They might pay more, they might pay less, but they would almost certainly get better roads and swifter journeys. So at least they'd spend less time fuming in jams about the injustice of it all.

1. What is the main argument of the passage?

a. Traffic congestion is a waste of time.

b. Traffic jams are bound to grow worse.

c. Cities ought to charge drivers at the entrance.

2. Among the consequences of traffic congestion, which is not mentioned in the reading?

a. health hazards

b. frayed tempers

c. global warming

d. loss of business

e. fuel waste

3. What might be the consequences of road-pricing at the entrance of cities?

a. It is likely to cause an uproar albeit a minor one.

b. It might be accepted provided it goes hand in hand with other reforms.

c. It will impose a cordon and prevent business downtown.

4. What does the writer say about the present taxes on vehicles?

a. They have proved inefficient.

b. They are unfairly distributed.

c. They deter people from using public transportation.

5. What might be inferred from the writer's position regarding road pricing?

a. He understands the reluctance of drivers to be charged.

b. He points out to the full benefits of a road pricing scheme.

c. He has a balanced attitude combining a and b.

62 *Single or return? /* Aller simple ou aller-retour ?

"You are not the same people who left that station / Or who will arrive at any terminus, / While the narrowing rails slide together behind you." (T.S. Eliot)

Must-know words

train travel • railroad • railways • a train • to carry passengers • to ride the train • a train journey • a train ride • a trainspotter • a train buff • a rail pass

a passenger train • a freight train • urban transit • a high speed train • a commuter train • a railroad car • a car / a coach • a restaurant / dining car • a compartment • a railway station

to take / to catch a train • to get onboard a train • to get off a train • a railway man • a trainman • a rail transportation employee

a ticket office • a one way ticket • a round trip • a return ticket • to book a seat • to travel coach • to travel first class • to run on time • a line • a main line • a waiting room

a railway station • a railway guide • a baggage locker • a timetable • departure / arrival time • to meet sb at the station • to see sb off • to miss one's train • a railway strike • to cancel • a train wreck • to derail • to run / to go off the rails • to collide

Words and expressions you may want to know

the rolling stock : le matériel roulant • **a carriage** : un wagon • **a locomotive / an engine** : une locomotive • **a sleeping car / a Pullman sleeper** : une voiture couchettes, un wagon lit • **a club car / a lounge car** : un wagon détente • **a locomotive engineer** : un conducteur • **a trunk line** : une ligne principale • **a rail link** : une liaison ferroviaire • **to switch** : aiguiller • **a switch** : un aiguillage • **a level crossing / a grade crossing** : un passage à niveau

a switching yard : une gare de triage • **to haul** : tirer • **a concourse** : un hall de gare • **a platform** : un quai • **a track** : une voie • **fare** : le prix d'un billet • **coach (economy)** : la classe économique • **to be overdue / to be delayed / to be behind schedule** : avoir du retard • **to be on time** : être à l'heure

1. Match numbered and lettered elements to form expressions.

1. passenger	**a.** car
2. sleeping	**b.** ticket
3. ticket	**c.** driver
4. waiting	**d.** master
5. engine	**e.** collector
6. departure	**f.** room
7. one-way	**g.** time
8. station	**h.** train

2. Complete the sentences with the missing words.

1. There was such a long queue at the .... to buy my return ticket that I almost missed my train. • **2.** You wait for the train in a protected area called a .... • **3.** You leave or collect your luggage at the .... • **4.** If you live in the suburbs and work in town, you travel on a .... train. • **5.** If you travel long distances, you may take a .... or a .... to spend the night. • **6.** Could you tell me which .... the train goes from? • **7.** If you are planning a short trip, you buy a .... • **8.** Some people don't like driving over long distances so they take their car on the train or use a .... • **9.** I see train .... have gone up again. This is the second time in six months that commuting costs have increased.

3. Complete the sentences with the correct verbs.

1. Sometimes, you only go to the railway station to .... your friends .... • **2.** Make sure you get to the station on time: otherwise, you might .... your train. • **3.** Come on, get a move on. Our train .... in five minutes. • **4.** Sorry, I'm late. My train has been .... by half an hour. • **5.** We regret to announce that, due to a snowstorm, the 17.05 train to Newcastle has been .... • **6.** .... the railway table if you want to know the schedule of the London trains. • **7.** When the train .... into the station, don't jump off before it has come to a complete standstill. • **8.** If you want to get to Washington, D.C., you'll have to .... in Philadelphia and catch the Acela Express there. • **9.** You'd better .... a seat if you don't want to travel standing. • **10.** The 2:45 to Liverpool is .... 15 minutes late. We apologize to passengers for the delay and the inconvenience this may ....

4. Circle the mistake in each sentence.

1. Intercity rail transport (a) in the US is relatively scarce outside the Northeast Corridor, although a number of major cities have heavily-used, local rail-based passenger transport systems (b) or light rail or commuter rails operations (c).
2. Typical railway tracks consist of (a) two parallel rails made in steel (b) and secured to cross beams, called ties (c) in the US and sleepers in the UK.
3. The school bus driven by a substitute driver (a) was stopped at a traffic light with the rearmost portion extending onto (b) a portion of the railroad tracks when it was struck by a commuter train en route to Chicago. Seven students were killed in what is one of the worst grade crossing accident (c) in the US.

4. The railroad cars traveling on the rails (a), collectively known as rolling mass (b), are arranged in a linked series of vehicles called a train, which can include (c) a locomotive if the vehicles are not individually powered.
5. The USA Rail Pass entitles you travel (a) in regular Coach Class seats. On some trains, you can upgrade your Coach seat to (b) Business Class or Sleeping Car accommodation (c) for the appropriate surcharge.
6. Over the past 20 years, privatization has been (a) one of Britain most successful exports (b). But few have been impressed by the sale of its state-owned railways. This privatization has been (c) a catalogue of political cynicism, managerial incompetence and financial opportunism.
7. Running railways is an expensive business and integration across national borders is painful and fraught with (a) technical and political obstacles. Much of the expenses (b) is shouldered by taxpayers, who pay for the dedicated high-speed tracks, but the train services that run on them mostly make a profit (c).
8. Aircrafts generate (a) considerable amounts of noise pollution and air pollution emissions, much more than trains. Since the 1960s the US Environmental Protection Agency has developed (b) emissions factors for the most commonly used ones (c).

5. Read the passage to review the vocabulary you have learned. Answer the questions that follow.

The United States has one of the largest railroad networks in the world. Although passenger service does exist, passenger trains are relatively scarce and rather expensive in a country which has been the land of the automobile since the 1930s. The network is used mostly for freight. Yet, as distances are great, air travel has replaced train travel for most people. Whereas it takes three days to travel across the country, it takes a mere six hours to fly from coast to coast.

Railroads are part and parcel of American history. The First Transcontinental Railroad was built in the 1860s linking the eastern US with California. Completed on May 10, 1869, at the Golden spike event at Promontory Summit (Utah), it laid the foundations for a nationwide transportation network that revolutionized the economy of the American West.

Trains provide a leisurely way to see the country for passengers who have time on their hands, are afraid of flying or still want to travel in comfortable conditions. Some scenic long distance train routes offer breath-taking views. The *California Zephyr* runs from Emeryville in the Bay Area of California to Chicago, via Reno, Salt Lake City and Denver. The full trip takes around 60 hours, but has fantastic landscapes of the Western deserts, the Rocky Mountains, and the Great Plains.

Long distance railroads are operated by Amtrak, a semi public company formed in the early 1970s to take over and operate all the dying railroad companies around the country. Amtrak provides service to many cities. The cheapest tickets on train are known as coach. Luggage racks and spaces for larger items are provided, along with toilets either at the end of the coach or in the lower level of the two-level train. Business class is offered on most trains where there is no First (sleeper) accommodation. All meals (but not alcoholic beverages) are included in sleeper tickets. The only first class service offered by Amtrak that does not include a sleeper is found on the Acela Express trains along the northeast corridor.

In the US, you can travel one way, and buy a single ticket, or you can travel round trip and buy a return ticket. International travelers can buy a rail pass that allows them to travel unlimited distances for a limited period of time. Train tickets ought to be bought before traveling; on longer trips, you can't get onboard without a valid ticket. Attendants will need to see your ticket and/or pass as you board the train, and they will direct you towards the carriage you should sit in. In some cases, your ticket may show a seat reservation number and a carriage number. On commuter trips, you have to pay a higher fare if you buy the ticket from the conductor on board the train.

Arriving and departing trains are announced by track number rather than platform number. Yet the area where passengers stand on while waiting for a train is still referred to as the platform. The compartments on a train that passengers travel in are known as cars or coaches. If you wish to have lunch or dinner you can reserve a table in the dining car. For long trips you can book a berth on a sleeper. Amtrak trains in the West feature a lounge car with floor-to-ceiling windows, which are perfect for sightseeing.

1. In the United States, which means of transportation compete with trains?

a. cars

b. airlines

c. cars and planes

2. Which proposition is wrong?

a. Flying from coast to coast is twice as fast as traveling by train.

b. Riding the train across the US takes far longer than flying the same distance.

c. Driving or riding across the US is much less comfortable than flying.

3. What role have trains played in the history of the US?

a. Trains have played a minor role in opening up the country.

b. Mechanized transport sped up the development of the country.

c. Trains today are essential for the development of passenger travel.

4. Which reason is not mentioned for traveling by train?

a. It is comfortable.

b. It is a way of seeing the sights.

c. It is safer than flying.

d. It is a relaxing way of discovering America.

5. What service does Amtrak offer?

a. a commuter service

b. an intercity service

c. freight services

6. According to the writer, which proposition is correct?

a. Most people travel coach to save up.

b. People can travel first class on all routes.

c. You can book a berth on the Acela.

7. What must all long-distance train travelers do when they travel by train?

a. They must buy a railroad pass.

b. They must buy their tickets from the conductor.

c. They must purchase their tickets before boarding.

63 *Fear of flying* / La peur de l'avion

"Both optimists and pessimists contribute to our society. The optimist invents the airplane and the pessimist the parachute." (G.B. Stern)

Must-know words

aeronautics • the aerospace industry • airspace • an aircraft maker • an aircraft manufacturer • a helicopter • a UFO • a flight instructor • a flight school • a flight lesson • flight hours • a flight simulator

air travel • air traffic • a plane • an aircraft • a cabin • a tail • a nose • a cabin • cabin crew • a flight attendant • a traffic controller • an airport • a runway

to fly • to fly a plane • to fly business • to fly coach • to take off • to land • to board a plane • a boarding pass • to deplane • to climb • to be airborne • a sonic boom

turbulences • visibility conditions • to be delayed • on schedule • overbooking • jet lag • to be jet lagged • air sickness • to crash • a crash • a mechanical failure • an oxygen mask • to radio for help • an emergency landing • to explode in midair • a navigational error • hijacking • a hijacker • air safety

the body / the fuselage • the cabin • the cockpit • the hold • a porthole • the cockpit • jet fuel • seat • a window seat • an aisle seat • a seatbelt • to fasten • a life jacket / vest

flight • air traffic • an airport • a control tower • an air traffic controller • an air field • an air base • a connecting flight • a business flight • a charter flight • to catch a flight • to travel on a flight • to fly direct • to make a stopover

Words and expressions you may want to know

an air carrier: un transporteur aérien • **a low cost carrier**: une compagnie à bas coût • **a flagship company**: une compagnie nationale • **an airliner**: un avion de ligne • **a jet plane**: un avion à réaction • **a jetliner**: un avion de ligne • **a wide body**: un gros porteur • **a glider**: un planeur • **a hot-air balloon**: une montgolfière • **a freighter**: un avion cargo • **a supersonic aircraft**: un avion supersonique

a wing: une aile • **a tail**: une queue • **a fin**: une dérive • **a rudder**: une gouverne de direction • **the landing gear / the undercarriage**: le train d'atterrissage • **the galley**: la cuisine • **hold luggage**: les bagages en soute • **baggage allowance**: la franchise bagages

the flight manifesto: la liste des passagers • **a flight plan / pattern**: un plan de vol • **a flight data recorder / a black box**: une boîte noire • **a clearance**: une autorisation de décoller • **a cruising altitude**: une altitude de croisière • **the tarmac**: la piste • **the apron**: l'aire de stationnement • **to taxi**: rouler • **to cruise**: voler, naviguer • **to stray off course**: s'égarer de sa route • **a wreckage**: une épave • **an air marshal security**: un agent de sécurité • **a sky marshal**: un garde armé • **air rage / sky rage**: le comportement agressif en avion

1. Match numbered and lettered elements to form expressions.

1. to fly	**a.** at 10,000 feet
2. to make	**b.** a plane for take-off
3. to taxi	**c.** a stopover
4. to fasten	**d.** at destination
5. to cruise	**e.** non stop
6. to reach	**f.** along the tarmac
7. to land	**g.** an altitude of 9,000 feet
8. to clear	**h.** one's seatbelt

2. Complete the passage with the words from the list.

facilities • traffic • safety • congested • congestion • collision • crashes • explodes • airports • jets • aircraft • jet lanes • navigational • over

Air traffic control is failing to keep pace with the boom in air travel

Airport .... 1. have increased in recent years but all international .... 2. handle more and more air traffic and the skies are becoming more and more .... 3. Air .... 4. is at stake: if air .... 5. doubles (or if the number of planes doubles), a .... 6. becomes four times as likely. .... 7. is especially bad in the north-eastern corner of the US and in Europe. Making matters worse in America is the growing use of small regional jet .... 8. flying to or stopping .... 9. at major airports. Although these aircraft fly faster and higher in the busy .... 10. than did their turbo-prop predecessors, they are still slower than big .... 11. .... errors 12. are very rare though and when a plane .... 13. these days or .... 14. in mid-air, investigators have a hard time determining the origin of the crash.

3. Review the vocabulary you have learned and correct the 14 mistakes in the passage.

Death in the air

There was no doubt the aircraft exploded. Eyewitnesses reported a fireball soon after TWA's flight 800, with 229 people aboard, had landed from .... 1. New York's Kennedy airport for Paris. When dawn broke away .... 2., all that could be seen was a giant oil stain, and bodies and baggages .... 3. floating off the Long Island bank .... 4. The State Department, having told there was no reason to expect terrorism, later refused to speculate. With the Olympics about to open (and the aircraft having flown into JFK from Athens, an unreliable harbor .... 5.), it was possible that some international terrorist group had chosen this moment to make its own ghastly point. Or perhaps the innocent ....6. was closer of home: for America breeds terror of its own those days ....7. The investigation in the crash ....8. was soon joined by an anti-terrorist taskforce drew from ....9. the FBI and the NYPD, and the era ....10. was treated as a crime scene. In recent months, the agency's faults were highlighted ....11. by the inspector-general of the Department of Transport, who found grave deficiencies ....12. in airline training and in the air-traffic control system. But against a determined terrorist there is little everyone can make ....13. That thought, and memories of Pan Am flight 103 destroyed by terrorists beneath Lockerbie ....14. in 1988, will now overshadow America.

64 *Emerging countries / Les pays émergents*

"...because at the end, this ignored, exploited, scorned Third World like the Third Estate, wants to become something too." (Alfred Sauvy)

Must-know words

the Third World countries • a developing country • a less developed country (an LDC) • a newly developed country (an NDC) • an underdeveloped country • an emerging market • the haves and the have-nots • the gap between the haves and the have-nots • a subcontinent • Black Africa • sub-Saharan Africa • the Western world • the West • an NGO (non-governmental organization) • an industrialized country

colonialism • a former colony • an overseas possession • a colonial empire • to colonize • decolonization • a colonizer • the mother country • a liberation movement • self-determination • a war of independence • an indigenous population • cultural imperialism

natural resources • deforestation • soil erosion • unproductive • starvation • famine • to starve to death • underfed • inadequate nutrition • drought • dehydration • a slum • infant mortality • the infant mortality rate • the fertility rate • life expectancy • an epidemic • lack of hygiene • diarrhea • malaria • dengue fever • measles • typhoid fever • diphtheria • a vaccine

famine • hunger • starvation • to starve to death • world hunger • world famine • to go hungry • malnutrition • undernourishment • underfed • underweight • to die of / from hunger • starving / famished children • to lack food • to be short of food • to struggle for food • to distribute food

illiteracy • illiterate • innumeracy • mismanagement • political unrest • guerrilla warfare • tribal warfare • a dictatorship • a military junta • corruption • corrupt • debt • debt repayment • to cancel debt • humanitarian aid • to misuse aid • political instability • the International Monetary Fund (IMF) • the World Bank • the OECD • growth

Words and expressions you may want to know

the Horn of Africa: la Corne de l'Afrique • **dire / grinding / extreme poverty**: la misère noire • **logging**: l'abattage des arbres • **overgrazing**: le surpâturage • **dirt poor / bone poor / deprived**: déshérité • **income per capita**: le revenu par tête d'habitant • **to eke out a living / to scrape a living**: gagner une maigre pitance • **a hardscrabble life**: une vie d'expédients • **to live a precarious life**: mener une existence précaire • **starvation wages**: un salaire de misère • **to live at the subsistence level**: avoir juste de quoi vivre • **to live on a dollar a day**: vivre avec un dollar par jour • **child labor**: le travail des enfants

the food situation: la situation alimentaire • **a biblical famine**: une famine sans précédent • **a famine-ridden country**: un pays frappé par la famine • **a famine area**: une région frappée par la famine • **to scavenge (for food)**: fouiller (les poubelles à la recherche de nourriture) • **nutritional deficiencies**: les carences alimentaires • **emergency food aid**: l'aide alimentaire d'urgence • **food relief / famine relief / food aid**: l'aide alimentaire • **a shantytown**: un taudis • **a cardboard city**: un quartier de taudis • **a cesspit**: un cloaque

a puppet state: un État fantoche • **an aid recipient**: un bénéficiaire de l'aide • **to fall**

behind / to lag behind: être à la traîne, être en retard • **to catch up with / on**: rattraper • **to rely on handouts**: vivre d'aumônes • **a warlord**: un seigneur de la guerre

to alleviate poverty: soulager la misère • **to provide debt relief**: alléger la dette • **to write off a debt**: annuler une dette • **to eradicate / to wipe out / to root out hunger**: éradiquer la faim • **sustainable development**: le développement durable • **to redistribute wealth**: redistribuer les richesses • **poverty-reduction strategies**: les programmes de lutte contre la pauvreté • **to cancel a debt**: annuler une dette • **to eradicate global poverty**: éradiquer la pauvreté dans le monde • **a charity**: une organisation caritative • **a donor country**: un pays donateur

Exercices

1. Circle the word which does not belong to the series.

a	*b*	*c*	*d*
1. desertification	fertile	drought	dehydrated
2. shortage	scarcity	dearth	glut
3. shanty town	fair housing	cardboard shack	slums
4. handouts	subsidies	economic aid	measles
5. starched	parched	wet	desiccated
6. fertile	barren	unproductive	arid
7. cholera	blind	yellow fever	aids
8. cocoa	sugar cane	tse tse	okra

2. Match numbered and lettered elements to form expressions.

1. developing	a. relief
2. international	b. of living
3. standard	c. reform
4. staple	d. population
5. debt	e. empire
6. widespread	f. poverty
7. agrarian	g. aid
8. food	h. crop
9. indigenous	i. country
10. colonial	j. shortage

3. Complete the passages with the words from the list.

A. Third World countries

catch up with • colonies • cooperation • deforestation • developing • drought • encroachment • eradicate • unproductive • lag • growth • underdeveloped

Third World countries are often called .... 1. or emerging countries when they are really .... 2. The reasons why they .... 3. behind are numerous but the primary causes are often an .... 4. soil and the lack of rain leading to .... 5. In the tropical areas, trees are cut down at a relentless pace, resulting in .... 6. and, in the medium term, in the .... 7. of desert. In many cases, these countries are former .... 8. One of their goals must be the control of..................... 9. but without international aid and population .... 10., they will never .... 11. hunger and poverty and .... 12. the rich countries.

B. Dire living conditions

cardboard shacks • epidemics • illiteracy • innumeracy • infant mortality • life expectancy • malnutrition • measles • hygiene • shantytowns • vaccines

The living conditions in developing countries are often appalling: lack of food, which means .... 1. and poor housing conditions, namely life in .... 2. or even sometimes in .... 3. makes it difficult for the population to hold a job or to find something to live on, all the more so as there is often a complete lack of education; .... 4. and .... 5. prevail. .... 6. is therefore poor, generally reducing .... 7. in the population and increasing .... 8. .... 9. are rampant and children often die from infantile diseases such as .... 10. which is harmless in developed countries but deadly for them because they have no .... 11. to fight them.

C. International aid

assist • assistance • beg for aid • chip in • funds • infusion of aid • misused • rely on • withdrawn

How can we help these countries? Most of them cannot survive without international aid so they .... 1. Nurses, doctors, voluntary assistance of all kinds .... 2. these countries. Western industrialized countries sometimes bring in a huge .... 3. and individuals .... 4. when a worldwide campaign is launched. But on the whole, the developing countries are under the impression that they .... 5. handouts. Besides, assistance is often .... 6. when the countries concerned wage war against one another or when a military regime comes into power. Also, public opinion often feels that the .... 7. contributed do not go to the right people, in other words that their aid is being .... 8.; as a result, ... 9. programs are often cut back and things change only very slowly if at all.

65 *Reaching for the skies /* En route vers les étoiles

"The Earth is just too small and fragile a basket for the human race to keep all its eggs in." (Robert Heinlein)

Must-know words

a space program • a space agency • NASA • ESA • the space age • a space-faring country • space tourism • the space race • to conquer space • the conquest of space • to fly into space • to explore space • to send a human into space • outer space • to explore outer space • to travel to the Moon • a space colony

relativity • the cosmos • a planet • a galaxy • an exoplanet • a meteorite • the solar system • a constellation • a comet • a meteor • a meteor shower • an asteroid • a supernova • a pulsar • a quasar • a black hole • Mars • Saturn • Jupiter • Mercury • Neptune • a crater • the North Star • the Milky Way • intelligent life • an extraterrestrial • the Big Bang theory • a light year • a planetarium • cosmic rays • star gazing • the Kupler belt • a magnetic field • the speed of time • albedo

☞ (The) **Earth** takes a capital letter and the article *the* when it is the name of our planet. In US English though, Earth can be used without an article. Ex.: *Once a month the moon gets close to Earth at perigee, but sometimes the monthly lunar perigee coincides with the full moon.* • *The first 700 million years of Earth's 4.5-billion-year existence are known as the Hadean period.* • *Earth is the only place in the universe where life is known to exist.* We also say *life on Earth.*

The **sun** takes an article and no capital. We say **the Moon**.

a space station • a space telescope • a space mission • a crew • a spaceman / a space-woman • an astronaut • a cosmonaut • a flight simulator • a spacesuit • weightlessness • zero-gravity • gravitation • to fly a mission • to go into orbit • to send a man into orbit • to circle the Earth • a command module • a descent module • extravehicular activity

Why explore space? a space application • space technology • to carry out / to conduct scientific research in space • to lead to useful inventions • to have invaluable benefits for man on Earth • to help solve overpopulation • to contribute to science • to contribute to advances (in medicine) • to benefit people • to develop space age materials • to search for other planets • to unravel the mystery of the creation of the universe • to be worth the price

Words and expressions you may want to know

to probe space: explorer l'espace • **a journey into space**: un voyage dans l'espace • **a spaceflight**: un vol spatial • **a manned / unmanned station**: une station habitée / non habitée • **a rover**: un véhicule lunaire

a space vehicle: un véhicule spatial • **a spacecraft [pl. spacecraft] / a spaceship**: un vaisseau spatial • **a rocket**: une fusée • **a space / a lunar probe**: une sonde spatiale / lunaire • **a launch vehicle**: un lanceur spatial • **a stage**: un étage • **an artificial**

/ geostationary satellite: un satellite artificiel / géostationnaire • **a direct broadcast satellite (DBS)**: la diffusion directe par satellite • **an applications satellite**: un satellite utilitaire • **a telecommunications satellite**: un satellite de communications • **a weather satellite**: un satellite météorologique • **a spy satellite**: un satellite espion • **a space shuttle**: une navette spatiale • **an unidentified flying object (UFO)**: un objet volant non identifié (OVNI)

a booster: un propulseur auxiliaire, un pousseur • **a payload**: une charge utile • **a propellant**: un propergol • **liquid hydrogen**: l'hydrogène liquide • **a lunar module**: un module lunaire • **a nozzle**: une tuyère • **a solar panel / array**: un panneau solaire • **a thermal protective shield**: un bouclier thermique • **a remote control arm**: un bras télémanipulateur • **living quarters**: l'habitacle • **flight deck**: le poste de pilotage • **a reusable vehicle**: un véhicule réutilisable • **a thermal tile**: une tuile thermique

a launching site: une aire de lancement • **a launch pad**: un pas de tir • **a launching pad / platform**: une rampe de lancement • **a launch window**: une fenêtre de tir • **a launch**: un lancement • **a launcher / a launch vehicle**: un lanceur, une fusée porteuse • **to abort a launch**: interrompre un lancement • **to delay the launching**: retarder le lancement • **to go ahead with a launch**: donner le signal d'un lancement • **a launch(ing) window / opportunity**: une fenêtre de tir • **a countdown**: un compte à rebours • **ignition**: la mise à feu • **thrust**: la poussée • **to propel**: propulser • **a lift-off**: un décollage • **a flight path**: une trajectoire de vol • **a flyby**: un survol • **to dock**: s'arrimer • **a spacewalk**: une sortie dans l'espace • **a moonwalk**: une sortie sur la lune • **a lunar rock sample**: un échantillon de roche lunaire • **a stray satellite / an errant satellite**: un satellite en perdition / à la dérive • **to recover / to retrieve**: récupérer • **re-entry**: la rentrée • **to re-enter**: rentrer • **a soft landing**: un atterrissage en douceur • **a splash down**: un amerrissage • **to touch down**: atterrir

1. Find the adjective corresponding to the noun.

1. space .... • 2. atmosphere .... • 3. cosmos .... • 4. galaxy .... • 5. gravitation .... • 6. moon .... • 7. Mars .... • 8. meteorite .... • 9. sun .... • 10. star .... • 11. Earth .... • 12. universe .... • 13. astronomy .... • 14. Jupiter ....

2. Match numbered and lettered elements to form expressions.

1. to take	a. weather patterns
2. to conduct	b. the atmosphere
3. to map	c. the lead in space
4. to monitor	d. aboard a space shuttle
5. to locate	e. scientific experiments
6. to abort	f. air and water pollution
7. to lift	g. ocean currents
8. to re-enter	h. a countdown
9. to orbit	i. into space
10. to fly	j. the Moon

3. Complete the expressions with the correct words.

a. station • b. launch • c. space • d. flight • e. space program • f. satellite • g. data

1. initiate, start, expand, cease ....
2. exploit, conquer, probe, explore ....
3. stationary, geosynchronous, spy, communication ....
4. space, unmanned, international ....
5. supply, transmit, collect, store ....
6. orbital, long duration ....
7. .... site, pad, facilities

4. Complete the passage with the correct words.

Space tourism

Make your reservations now. The space tourism .... 1. is officially open for business, and .... 2. are going for a mere $20 million for a one-week stay in space. Despite reluctance from NASA, Russia made American businessman Dennis Tito the world's first space .... 3. He flew .... 4. space aboard a Russian Soyuz .... 5. that arrived at the International Space Station on April 30, 2001. The second space tourist, South African businessman Mark Shuttleworth, took .... 6. aboard the Russian Soyuz on April 25, 2002, also .... 7. for the ISS. Greg Olsen, an American businessman, became tourist number three to the ISS on October 1, 2005.

These trips are the beginning of what could be a .... 8. 21st century industry. There are already several space tourism companies planning to build .... 9. vehicles and orbital cities within the next two decades. These companies have invested millions, believing that the space tourism industry is on the .... 10. of taking .... 11.

In 1997, NASA published a report concluding that selling trips to space to private citizens could be .... 12. billions of dollars. A Japanese report supports these findings, and projects that space tourism could be a $10 billion per year industry .... 13. the two decades. The only obstacles to opening up space to tourists are the space .... 14., which are concerned with safety and the development of a reliable, reusable .... 15. vehicle.

Many of these companies believe that they have to offer an extremely enjoyable experience in order for passengers to pay thousands, if not millions of dollars to .... 16. into space. So will space create another separation between the haves and have-nots? (http://science.howstuffworks.com/space-tourism.htm/printable)

5. Read the passage to review the vocabulary you have learned. Answer the questions that follow.

Space is very much a reality in our lives, even though we may not always be aware of it. And it is bound to grow in importance, with far-reaching implications, not least because of the dual nature of most space technologies.

The space industry has indeed had its problems of late. Apart from headlines about accidents and stories of space tourism, public interest in space has generally waned since the heady days of the hectic space race between the US and the former Soviet Union four decades ago. This is evidenced by the decline in public budgets. In the 1960s, for example, the race to put a man on the moon propelled the budget of the NASA to close to 1% of the US GDP. By comparison, today's NASA budget is sharply lower, at 0.14% of US GDP. Still, the total US public space effort (including the military) accounts for a hefty 75% of the world's public space expenditure. Although the Soviet Union was the first country to send a man into orbit, Russia is now just a medium-sized player in budget terms. Total European space outlays are, roughly, a fifth of the US figure. China, India and Japan are distant competitors but China, which has an ambitious program, may be closing the gap soon.

Manufacturers of launch vehicles and spacecraft as well as the providers of launching services have been affected by the decline in budgets. So as to maintain revenues, they have been forced to seek new private business opportunities globally, notably in telecommunications On the other hand, the shift from domestic public markets to global private ones forced the industry to consolidate into international consortia. In the US, out of the 20 major space companies in the 1980s, only three major ones were left by 1997.

Telecommunications is by far the most dynamic and commercially mature market for space applications, notably the direct-to-home (DTH) revolution—and boon for direct broadcasting satellite (DBS) operators—reflecting the superiority of satellites over their terrestrial competitors for one-way communication, particularly broadcasting. One single DTH satellite is capable of broadcasting 200 channels to 1 billion people.

Earth Observation (EO) is another space application. It was originally developed for security and defence purposes. Indeed, the world's first spy satellite system used EO to keep track of Soviet military build-ups from 1960 to 1972, after an American U-2 spy plane was shot down in May 1960. Since then, the use of EO has been extended to civilian applications, including land use, resource management, exploration, mapping and regional planning, as well as hazard warning and disaster assessment related to landslides, earthquakes, volcanic eruptions, floods and droughts. EO can also help with the enforcement of international agreements and has proved useful in the verification of arms control treaties between the US and the former Soviet Union.

Global navigation and positioning is another space application that deserves public attention, not least because several key economic sectors have grown to rely on it. The global positioning system (GPS) is the best known such system today. Originally developed by the US Department of Defense to maintain troop contact and position, it consists of 24 satellites launched between 1989 and 1993 in medium earth orbit (10,600 miles). After proving its military value in the Gulf War, GPS was made available free to commercial users in 1996, but remains under US military control.

Its success in the consumer and business markets was instantaneous. GPS is rapidly becoming a standard feature in everything from automobile navigation to leisure goods. It can be found in mobile phones and handheld computers. The transportation industry now depends on GPS for truck fleet and shipping management which can help locate lost fishing crews, missing children and the like. It is currently being tested as an air traffic control support that could help reduce flight congestion. GPS could also be used in road pricing and could play a major role in the development of intelligent highway systems. It can track the movement of glaciers, tectonic plates and coastlines, and help in monitoring large structures such as dams or bridges. It can even be used for underground work: the builders of the Channel Tunnel were one of the technology's first commercial users, employing GPS to guide crews moving from opposite directions in England and France to an exact meeting place in the middle.

So, what are the risks? Quite simply, a disruption in the GPS signal (whether accidental or deliberate) could have serious consequences, especially for those systems that now depend on it. Its protection is understandably becoming an issue of widespread public concern.

Another risk is that the US military who control the GPS system might one day have to limit or even cancel the service to users abroad, in the event of a military conflict, for instance. Not surprisingly, other countries want control of the technology and to avail themselves of the perceived industrial benefits by building their own positioning and navigation systems. Europe's Galileo is a civilian system that, by the end of the decade, should complement and compete with GPS. Its inter-operability with GPS should increase reliability and reduce vulnerability to failure. Questions remain, however, notably over security.

Space technology is out of the genie's bottle. Properly harnessed, it can generate substantial benefits for mankind, notably by contributing to a more widespread diffusion of knowledge, more efficient movement of people and goods, and a better management of resources. It can also contribute to a safer world. But space carries risks. (Adapted, OECD Observer)

http://www.oecdobserver.org/news/fullstory.php/aid/963/Space:_the_forgotten_frontier_.html

1. In your opinion, what might be a good title for the reading?

a. What should we be aiming to achieve up there?

b. Is space a good investment of public money?

c. How can the promise of space be fulfilled?

d. Is space still the new frontier?

2. What, in your opinion, is the dual nature of space technologies?

a. environmental and public

b. private and military

c. military and civilian

d. American and Russian

EXERCICES

3. Space exploration on the whole:
   a. has seen a revival of interest due to strategic military issues
   b. is in the doldrums as demand fell after the 2000 bubble burst
   c. is now pitting the US vs Europe
   d. is becoming a priority for Asian countries
4. One of the arguments developed in the reading is that:
   a. the decline in public investment might have been picked up by the private sector
   b. the decline in public investment should have been picked up by the private sector
   c. the decline in public investment had to be picked up by the private sector
   d. the decline in public investment can't have been picked up by the private sector
5. Which market is by far the most dynamic and commercially mature for space technology?
   a. defense
   b. space tourism
   c. weather observation
   d. telecommunications
6. According to the reading, would you say that space applications:
   a. are risk-free
   b. are fraught with risk
   c. marry potential and risk
   d. harbor huge potential
7. According to the reading, which drawback does GPS suffer from?
   a. Its service is exhorbitant.
   b. It is not reliable.
   c. Its protection is weak.
   d. It is not immune to military conflict.
8. What would you say is the author's position regarding space technology?
   a. It must be harnessed to generate substantial benefits for mankind.
   b. It has opened a new box of Pandora.
   c. Its bane outstrips its boon.
   d. The genie would best have been left inside the bottle.

66 *Earth in the balance* / La Terre en danger

"To waste, to destroy our natural resources, to skin and exhaust the land instead of using it so as to increase its usefulness, will result in undermining in the days of our children the very prosperity which we ought by right to hand down to them amplified and developed."
(Theodore Roosevelt)

Must-know words

the environment • environmental • an environmental disaster • the Environmental Protection Agency (EPA) (US) • an environmentalist • to protect the environment • to preserve the environment • the earth's resources • natural resources • ecology • ecological • an ecologist • a green party • to buy green • a green product • a green tax • ethical consumerism • environmental standards • a polluter-pay principle

biodiversity • the loss of biodiversity • wildlife • a natural habitat • an ecosystem • a sanctuary • a natural reserve • a biotope • a biome • a species • an extinct species • an endangered species • to be threatened with extinction • sustainable development • the rain forest • the polar / ice cap • to melt • to flood • flooding • to raise sea levels • the fauna and the flora • photosynthesis

pollution • air / water / marine / industrial / chemical pollution • noise pollution • to pollute • a source of pollution • fossil fuels • the ozone layer • to deplete • depletion • global warming • the greenhouse effect • greenhouse gas emissions • smog • gases • acid rain • deforestation • overpopulation • GMOs • aerosol sprays • an oil spill • an oil slick • a black tide • an oil tanker • pesticides • nitrates • phosphates • toxic waste • rubbish • to recycle • to breathe • to release

Words and expressions you may want to know

a species (tree): une essence • **deciduous**: à feuilles caduques • **perennial**: vivace • **the wilderness**: la nature sauvage • **to tame nature**: dompter la nature • **natural balance / equilibrium**: l'équilibre naturel • **to upset nature's balance**: rompre l'équilibre naturel • **on the verge / brink of extinction**: sur le point de disparaître • **to be driven to extinction**: être amené à disparaître • **to poach**: braconner • **poaching**: le braconnage • **ecocide**: écocide • **green activism**: le militantisme écologique • **unspoilt / pristine (beach)**: vierge, pur, virginal, d'origine

a pollutant: un produit polluant • **carbon dioxide**: le dioxyde de carbone • **waste disposal**: le traitement des déchets • **contaminants**: les produits contaminants • **CFCs**: les chlorofluorocarbones • **a smokestack**: une cheminée d'usine • **to throw [threw / thrown] up into the atmosphere**: rejeter dans l'atmosphère • **to spew**: recracher • **an effluent**: un effluent • **a coal-fired plant**: une centrale thermique • **tank cleaning**: le dégazage • **fertilizers**: les engrais • **runoff**: les infiltrations • **sewage**: les eaux d'égout • **wastewater**: les eaux usées • **euthrophication**: l'eutrophisation • **an underground aquifer**: une nappe aquifère • **water tables**: les niveaux hydrostatiques • **ground water**: la nappe phréatique • **to leak into**: s'échapper dans • **to seep**: s'infiltrer • **exhaust fumes**: les gaz d'échappement • **a landfill**: une décharge aménagée • **chemicals**: les produits chimiques • **an eyesore**: une horreur pour la vue • **carbon trading**: le commerce de CO2 • **a carbon tax**: une taxe sur le CO2 • **to cut carbon emissions**: réduire les émissions de carbone

noxious: délétère • **harmful**: nuisible pour la santé • **harmless**: sans danger • **hazardous**: dangereux • **a health hazard**: un danger pour la santé • **an awareness campaign**: une campagne de sensibilisation • **to be at stake**: être en jeu • **the stakes**: l'enjeu • **an eco-warrior**: un défenseur de la nature • **a bottle redemption center**: un point vert • **reusable**: réutilisable • **a conservationist**: un écologiste • **environmental friendly / eco-friendly**: bon pour l'environnement

A planet in a sorry state. to reach the breaking point: atteindre le point de rupture • **human greed**: la cupidité humaine • **to use up the Earth's resources**: épuiser les ressources de la Terre • **to halt destructive practices**: mettre un terme aux pratiques destructrices • **to heal the planet**: guérir la planète • **a daunting task**: une tâche redoutable • **to mobilize public opinion**: sensibiliser l'opinion

Exercices

1. Complete the sentences with the appropriate words.

acid rain • *carbon dioxide* • *damage* • *environmentalists* • *extinction* • *global warming* • *greenhouse effect* • *ozone layer* • *recycle*

1. The over exploitation of the rain forest has driven many species to ....
2. To limit greenhouse gas emissions and curb ...., car makers are developing eco-friendly hybrid cars.
3. The .... captures the sun's energy and keeps the Earth warm.
4. Cars and factories emit .... , a greenhouse gas which causes the atmosphere to warm and hold more water vapor.
5. The basic facts of .... are not disputed. Average temperatures have risen about half a degree Celsius in the past century and carbon dioxide levels have increased.
6. During the past century man has done such great .... to the environment to such an extent that measures have been taken to curb his activities.
7. .... have urged the American Congress to pass legislation in order to enforce stricter gas emission standards for cars.
8. In my country, people are encouraged to .... newspapers and bottles so they can be used again.
9. Scientists have found holes in the .... , notably over Antarctica.
10. .... contains toxic chemicals that form in the atmosphere when industrial gas emissions combine with water.

2. Match the words from the list with the verbs.

catastrophe • *the environment* • *forests* • *natural resources* • *noxious gases* • *oil* • *oil tanker* • *species* • *waste*

1. to damage, harm, destroy, pollute, preserve ....
2. to spew, pour, vomit, belch ....
3. to protect, preserve, kill off, thrive ....
4. to dump, dispose of, discard, process ....
5. to loot, plunder, deplete, exhaust ....
6. to prevent, avert, anticipate ....
7. to spill, spread, leak, dispel, seep ....
8. to run aground, be crippled, founder, drift ....
9. to fell, loot, plunder, strip ....

3. Circle the mistake(s) in each sentence.

1. The Kyoto Protocol, signed by almost all nations in 1992, set voluntary goals for curbing the emission of greenhouse gases (a), which mostly come from burning fossil fuels and forests, and which has been linked (b) by scientists to global warming. But few of those goals (c) have been met.
2. Five years later, the Kyoto Protocol, a much-praised 1997 addendum to the original pact, set mandatory limits on (a) emissions, but only for the three dozens (b) industrialized countries that ratified it, and only through 2012 (c).
3. Since the Kyoto Protocol took (a) effect in 2005, emissions continued (b) to rise (c) in many of those countries and today the situation is quite alarming.
4. The American president recently proposed (a) that the world's biggest countries to work (b) toward a common, long-term goal set decades (c) in the future, without specific targets or limits, and more immediate goals set by individual nations using whatever means they choose.
5. In his last statement (a) on climate change last Wednesday, the president said, "Our guiding principle is clear: we must lead the world to produce less greenhouse gas emissions (b), and we must do it in a way that does not undermine economic growth (c) or prevent nations from delivering greater prosperity for their people."
6. Up to 100 billion plastic bags (a) are used each year in this country, and they make bring (b) groceries home (or even protecting a newspaper from rain) so easy. But they also choke wildlife, create litter (c) and overload dumps for generations to come.
7. We, the human species, is (a) confronting a planetary emergency—a threat to (b) the survival of our civilization that is gathering (c) ominous and destructive potential, warned Al Gore.
8. Climate-driven disruption of resources like food, water and land have the potential for disastrous effects on world stability, including the lost of islands (a) and coastal communities in flooding, mass migration leading to increased tensions (b) between rich and poor countries, and a raise in disease (c) and malnutrition.
9. In the past two decades (a), the UN climate panel has issued (b) a series of increasingly grim reports, most recently this year, about the warming of the planet and human responsability (c) for it.
10. In June of 2007, China unveiled a 62-pages climate change plan (a) and promised to put climate change at the heart (b) of its energy policies but insisted that developed countries had an "unshirkable responsibility" to take the lead on (c) cutting greenhouse gas emissions.

4. Read the passage to review the vocabulary you have learned. Answer the questions that follow.

To some extent, health depends on "environmental factors," the pollutants or contaminants with which individuals come into contact in their everyday life, at home or in the workplace—although other factors such as heredity also have a great impact. But severe health problems are often brought about by contact with carcinogens and other noxious substances where the individual has no choice whatsoever in the matter, because they may be in the drinking water, the soil where food is grown and the very air we breathe. One case in point is asbestos, another is the water tables contaminated with the runoff of pesticides. That is why environmental pollution is increasingly being recognized as a priority on the public health agenda.

The environmental damage which we experience as a daily fact of life is often difficult to fathom. In several heavily industrialized areas, especially in Eastern Europe and Eurasia, as many as one in ten children are born with environmentally-related birth defects. And we are only beginning to learn the health impact of the formerly secret biological and chemical weapons factories. We still have in mind the fishermen of Minamata, the workers at Bhopal or the people at Chernobyl who were severely contaminated by mercury poisoning, methyl isocyanate gas or radioactive fallout.

The move towards a democratic system, and a mixed market economy has put environmental protection on top of the agenda. It is seen as directly relevant to health issues. Voluntary organizations are growing across the country, with environmental groups, health policy groups and patients associations all taking an active role in the process.

Despite the growing consensus and the nations' wealth of scientific expertise, these issues will be difficult to resolve without international cooperation, at least in the short term. We can and should work together to develop preventive measures and methods of treating, or of curing, ailing rivers, lakes, cities and rural areas, and most importantly, people.

1. What is the main topic of the article?
   a. environmental disasters b. the environment and health hazards c. the necessity to fight against pollution
2. Which environmental factor is not mentioned in the article?
   a. water pollution b. air pollution c. soil pollution d. marine pollution
3. What does the article say about environmental hazards?
   a. They have long been identified as detrimental to health.
   b. They have recently emerged as harmful to health.
   c. They strike children mostly.
4. Which countries have been hit by environmental disasters?
   a. developed countries only
   b. Third World countries exclusively
   c. both industrialized and emerging countries
5. According to the passage, who or what has been leading the fight against environmental hazards?
   a. public-minded interests b. governments c. powerful lobbies
6. What can be inferred from the writer's position regarding the environment?
   a. He is cautiously optimistic about the fate of the world.
   b. He sends a strong warning to government officials.
   c. He is pessimistic about what the future holds in store.

67 *Natural disasters /* Les catastrophes naturelles

"Disasters teach us humility." (St. Anselm)

Must-know words

the natural order • Mother nature • a man-made catastrophe • flooding • the floods • to submerge • to wash away • flood control • low-lying plains • a coastal city

a volcano • volcanic • a tectonic plate • the earth's crust • to erupt • an eruption • lava • magma • a crater • dormant • extinct • active

an earthquake • an epicenter • a magnitude • the Richter scale • a tsunami • a tidal wave • a shock wave • seismic • earthquake preparedness

a storm • a rainstorm • a snowstorm • a blizzard • a tornado • a hurricane • a typhoon • a monsoon • to break [broke / broken] out • an avalanche • a landslide • stormy weather • lightning • thunder • a thunderclap • to sweep [swept] • to blow [blew / blown] • to hammer • to lash • to roar • to rage • to rave • to devastate • devastation

> ☞ Setting something on fire: **kindle**=to cause something gradually to begin burning; it is often used figuratively (kindle someone's interest) • **ignite**=to set something on fire with a sudden burst of flame; also used figuratively (to ignite hatred) • **inflame** (mostly figurative uses)=refers to hot, sore, or swollen conditions in the body (the wound was greatly inflamed), or to exciting the mind by strong emotion.

a fire • a blaze • a conflagration • a forest fire • to set on fire • to set ablaze • to catch fire • to be on fire • to blaze • to burn • to rage • to spread [spread] • to ignite • the firefighters • a fire brigade / engine • an air tanker • a hose • a ladder • a smoke detector • a fire escape • flame retardant • a matchbox • a spark • ashes • to go up in flames • to battle a fire • flammable

drought • a dry spell • a drought-stricken country • a desert • soil erosion • a dust storm • depletion of water supplies • a water shortage • water management • drinking / potable water • undrinkable water • an aquifer • a well • a waterhole

hunger • famine • starvation • to starve to death • to go hungry • hunger-stricken • to die of hunger • underfed • mal nourished • ill-nourished

property damage / losses • damages • to devastate • to destroy • ruins • to rescue • to come to the rescue • a rescue team • to assist the victims • emergency aid / services • to relieve • to seek shelter • to search for victims • to evacuate • an evacuee • to knock out electricity • a victim • a refugee • humanitarian aid • to appeal for aid • the Red Cross • medical supplies • to pillage

Words and expressions you may want to know

an act of God: une catastrophe naturelle • **a swollen river**: un fleuve gonflé par les eaux • **in spate**: en crue • **to overflow one's banks / to burst one's banks**: sortir de son lit • **a levee / a dike**: une digue • **a sandbag**: un sac de sable • **to recede**: se retirer • **a dam**: un barrage • **drenched / waterlogged**: trempé

a dormant volcano: un volcan en inactivité • **extinct**: éteint • **to spit out / to spew forth**: cracher • **a fault line**: une ligne de faille • **an aftershock**: une réplique • **continental drift**: la dérive des continents • **to teeter / to wobble / to sway**: vaciller • **to collapse**: s'effondrer

a twister: une tornade • **a gale**: un coup de vent • **a lull**: une accalmie • **to ride out a storm**: surmonter une tempête • **to weather a storm**: survivre à une tempête • **to abate / to subside**: se calmer

a wildfire: un feu de forêt • **arson**: l'incendie volontaire • **an arsonist**: un pyromane • **a backfire**: un contre feu • **charred**: carbonisé • **to smother**: étouffer • **to smoulder**: couver (sous la cendre) • **to douse / to put out**: éteindre

a dust bowl: un désert de poussière • **the water table**: le niveau hydrostatique • **hunger pangs**: les affres de la faim • **food relief / food aid**: l'aide alimentaire • **gaunt / wasted (a)**: décharné • **skinny**: maigre • **gaunt / bony / scrawny (a)**: efflanqué • **stunted**: déformé • **glut**: le surplus

the death toll / the human toll: le bilan des victims • **to wreak [wreaked / wrought] havoc**: causer des dégâts • **a relief worker**: un secouriste • **the wreckage / the rubble**: les décombres • **a casualty**: une victime • **a disaster zone**: une zone sinistrée • **looting**: le pillage • **to loot / to plunder**: piller • **a curfew**: un couvre-feu • **grief**: le chagrin • **to grieve**: pleurer • **mourning**: le deuil • **to mourn**: pleurer (la disparition de)

Exercices

1. Which natural disasters are the following sentences references to?

a. happens during heavy rains, when rivers overflow, when ocean waves come onshore, when snow melts too fast or when dams or levees break. ....

b. severe tropical storms that form in the southern Atlantic Ocean, Caribbean Sea, Gulf of Mexico, and in the eastern Pacific Ocean. They gather heat and energy through contact with warm ocean waters. Evaporation from the seawater increases their power. ....

c. happens along "fault lines" in the earth's crust. You may notice hanging plants swaying or objects wobbling on shelves. Sometimes you may hear a low rumbling noise or feel a sharp jolt. ....

d. a danger for people who live in forest, prairies or wooded areas. They are sometimes started by lightning or by accident. They can move very fast and burn many acres. ....

e. occur when pressure builds up. Gases and rock shoot up through the opening and spill over or fill the air with lava fragments. ....

f. a series of huge waves that happen after an undersea disturbance, such as an earthquake or volcano eruption. ....

g. produce lightning, which kills more people each year than tornadoes. Strong winds, hail, and tornadoes are also dangers associated with them. ....

2. Circle the word that does not belong to the series.

	a	b	c	d	e
1.	floods	drought	rain	monsoon	sandbag
2.	seismic	quake	aftershock	crater	epicentre
3.	arson	magma	earth's crust	eruption	tectonic
4.	cyclone	twister	tornado	storm	dry spell
5.	arson	holocaust	dam	inferno	wildfire
6.	glut	starve	hunger	scrawny	stunted
7.	relief	gale	refugee	aid	homeless
8.	drought	dehydration	bake	dike	parch

3. Associate the words to each series.

blizzard • *consume* • *extinguish* • *blaze* • *flooding* • *ignition* • *looting* • *ominous* • *quake* • *relief*

1. smother, douse, snuff out, quench ....
2. firing, combustion, burning ....
3. use up, exhaust, burn up, devour ....
4. threatening, doomed, foreboding, hopeless ....
5. hurricane, gale, snowstorm ....
6. saturated, drenched, soaked, waterlogged ....
7. pillage, pilfer, plunder, thievery ....
8. rescue, support, aid, assistance ....
9. shaking, rolling, wobbling, swaying ....
10. crackling, smouldering, blazing, roaring ....

4. Read the passage to review the vocabulary you have learned. Fill in the blanks with the appropriate words.

Episodes resulting from adverse weather conditions have every so often taken place in the history of mankind. Yet, phenomena such as global warming and climate change have recently been blamed for the .... 1. weather conditions that have brought about a wide array of catastrophes which man has found himself incapable of controlling. Being utterly helpless when faced with such situations, and urged to take action, some nations have set up conferences and signed agreements in order to bring some order to the .... 2. order.

Although one may be somewhat reluctant to take the glib explanations provided by scientists at face value, it cannot be denied that natural .... 3. have struck the earth with a growing frequency and intensity. Let us consider the wildfires that regularly break out in the forested areas of the United States, in the scrublands of Australia, or the grasslands in Greece and Portugal. The climates are sufficiently moist to allow the growth of trees, but they feature extended dry, hot .... 4. Fires are particularly prevalent in the summer and fall, and during .... 5. when fallen branches, leaves, and other material have dried out and become highly .... 6. especially on days of strong winds. Even though wildfires are a natural part of the .... 7. and forest regeneration (and for that reason they have not been .... 8. by the firefighters), they have wrought .... 9. on certain areas, ruining the local economies and leaving thousands of families homeless and dispossessed.

Flooding is another extreme phenomenon. Floods from the sea can cause .... 10. of flood defenses like .... 11. and dikes. A flood from sea may be caused by a heavy storm, a high .... 12. or a tsunami. The worst floods usually occur when a river overflows its .... 13., following heavy rains, or .... 14. snow. A flood that rises and falls rapidly with little or no advance warning following from intense rainfall is called a .... 15. flood. When a river .... 16. its banks, it can wash away everything on its path, houses, roads, vegetation, infrastructures. Monsoon rainfalls can trigger off disastrous flooding in some equatorial countries, such as Bangladesh.

Hurricanes have a number of different features which, together, can cause devastating flooding. Defenses such as levees, ... 17., reservoirs, and weirs are used to prevent rivers from over topping. Low lying coastal plains and cities are especially threatened by floods.

Man has also found himself helpless in front of tornadoes or hurricanes. .... 18. are common in Kansas and Oklahoma but also India and Bangladesh. Depending on their location and strength, tropical .... 19. are referred to by various other names, such as hurricane, typhoon, tropical storm, cyclonic storm, and tropical depression.

Volcanoes are generally found where .... 20. plates are pulled apart or come together. Volcanoes can also form where there is stretching and thinning of the Earth's .... 21. There are many types of volcanoes, the most common perception of which is of a conical mountain, spewing .... 22. and poisonous gases from a crater at its summit. Volcanoes that .... 23. regularly are said to be active, those that have erupted in historical times but are now quiet are called dormant, and those that have not erupted in historical times are referred to as .... 24.

Earthquakes are also related to the tectonic nature of the earth. When an earthquake strikes, buildings start .... 25. and swaying on their foundations, before crumbling and collapsing. They also result in road and bridge damage. Eathquake-prone countries such as Japan and California have taken measures designed to help individuals, businesses, as well as local and state governments to .... 26. for significant earthquakes.

68 Demographics / La démographie

"Demography is destiny." (Auguste Comte)

Must-know words

life expectancy • demography • demographic data • a demographic profile • a population pyramid • an age pyramid • the birth rate • the death rate • the mortality rate • the fertility rate • the world population • population density • population growth • overpopulation • zero population growth • the baby boom • the baby bust • Malthus • Malthusianism • Malthusian • food production • a food crisis • to feed [fed / fed] • a rise / an increase in population • to double • to triple • to increase fourfold • to peak at

Words or expressions you may want to know

population distribution : la répartition de la population • **carrying capacity** : la capacité d'absorption • **overpopulation** : le surpeuplement • **sustainable development** : le développement durable • **to sustain a population** : nourrir une population • **a population census** : un recensement démographique • **to count people / to take a census** : recenser les gens • **to be enumerated** : se faire recenser • **redistricting** : le redécoupage électoral • **population growth** : la croissance démographique • **the current trend** : la tendance actuelle • **unchecked** : non maîtrisé • **to hold in check** : maîtriser • **birth control** : la régulation des naissances • **food scarcity** : la pénurie alimentaire • **a shortage** : une pénurie • **a glut** : un surplus

> ☞ The **echo boomers** have been the largest generation of young people since the '60s began to come of age. They're called "echo boomers" because they're the genetic offspring and demographic echo of their parents, the baby boomers. Born between 1982 and 1995, there are nearly 80 million of them, and they're already having a huge impact on entire segments of the economy. This group is large (three times that of the preceding Generation X) and is posing demographic problems, especially in education. The group is known by several other names—as the *Millennial Generation* (or the *Millennials*) and as *Generation Y* (or *Gen Y*, with individuals being *Gen Yers*).

1. Associate words.

demographic • family • fertility • maternity • people • population • rate

1. growth, fertility, birth ....
2. .... density, growth, dynamics, pyramid
3. .... drug, rate
4. to teem, swarm with ....
5. .... leave, benefits, ward
6. .... planning, tree, history
7. .... data, variables, group, model

2. Fill in the blanks with words from the list

average • billion • doubled • fewer • growth • half • less • many • million • one-child • third

1. In 1999, India's population reached 1 .... , a figure previously reached only by China.
2. Some 20 .... babies are born each year in India, the equivalent of adding a new Australia annually to the already overcrowded subcontinent. At this rate, India's population will double every three decades.
3. The world's population .... between 1960 and 1999.
4. .... the world is under 25, including a billion between 15 and 24.
5. The developing world accounts for 95% of population .... Gradually women are getting a little more say in the timing and size of their families.
6. In the developing countries, people are having .... children, from an average of six in 1969 to three today.
7. China, which said it had 1.25 billion people in 1998, claims that, but for the .... policy, another 300m would have been born.
8. In 1960, Africa had .... than half Europe's population; by 2050, it may, if AIDS allows it, have three times as .... people.
9. Of the 34 most AIDS-affected countries, 29 are in Africa. In these 29 countries, life .... has been reduced on average by seven years.
10. The US Census bureau estimates that with a baby being born every 8 seconds, someone dying every 12 seconds and the nation gaining an immigrant every 31 seconds on .... the population is growing by one person every 14 seconds in the United States.

3. Read the passage to review the vocabulary you have learned. Answer the questions that follow.

One of the early political economists, Thomas Robert Malthus, the second son of a country gentleman, was born in Dorking, Surrey. An avid disciple of Rousseau and Hume (both of whom he knew personally), Malthus entered Jesus College, Cambridge, in 1784 and was ordained a minister of the Church of England in 1788. In 1793, he was elected fellow of Jesus College and in 1796, became a curate in Albury and later a professor at the British East India Company training college. His ideas on the perfectibility of society, which he developed during intellectual debates with his father, were expounded in a pamphlet, *An Essay on the Principle of Population* published in 1798.

In his seminal work, Malthus puts forward the hypothesis that unchecked population growth always exceeds the growth of means of subsistence. Checked population growth is kept in line with food supply growth by war, starvation or disease which increase the death rate (the 'positive checks'), and postponement of marriage which keeps down the birth rate (the 'preventive checks'). Because of a tendency of the population to exceed the food supply, any attempt to improve the condition of the lower classes by enhancing their income, or improving agricultural productivity was doomed to failure as the means of subsistence would be absorbed by an increase in population. In a second edition of his pamphlet (1803), following extensive traveling in Europe and Russia, Malthus brought empirical evidence to bear and somewhat softened his harsh message. He introduced the notion of moral restraint, operating through the birth rather than the death rate. Providing couples married late and had fewer children, population growth might be held in check.

The *Essay* made Malthus an intellectual celebrity, either reviled as a prophet of doom and the foe of the working class or admired for the first serious economic study of the lower classes.

Today, the world is facing chronic food shortages. Food prices have surged, sparking riots and unrest in many countries and shattering man's faith in the ability of global markets to feed 7 billion bellies. It is not surprising that Thomas Malthus' views have been brought to light again. Yet, they should not be taken seriously.

Malthus' ideas were arguably an accurate description of pre-industrial societies, precariously teetering between empty and full stomachs. Yet the industrial revolution, which had already begun in Britain, was transforming the long-term outlook for economic growth. Economies were starting to expand faster than their populations, bringing about a sustained improvement in living standards. Food, which Malthus had feared would run out, became abundant as trade expanded and low-cost agricultural producers joined the global economy. The abolition of Britain's Corn Laws in 1846 paved the way to the import of cheaper food for British workers. Malthus had assumed that populations would carry on growing in times of plenty, yet birth and death rates started to drop as population growth slowed and people got better-off. When, in the 1970s, food prices shot up, sending demographic alarms, the green revolution and agricultural advances boosted food supply.

Population growth today has slowed to 1.2%. Yet the changes in Asia are bringing about fresh worries. Better-off Chinese are bound to increase food consumption, raising questions whether the world will be able to provide 9.2 billion by 2050 with a Western-style diet.

But then again, the gloom is overstated. Agricultural productivity has not hit a rut. Much can be expected from GMOs, for example. Governments may be to blamed (viz America's wrong-headed policy to subsidize domestic ethanol production to end its dependence on imported oil, rather than to curb demand). Yet, if the notion of peak oil prevails today—and not that of peak grain—there is no limit to man's ingenuity to come up with solutions, as has been the case in times of food scarcity.

1. Which of the following reflects Malthus' thesis?

a. Food supply is infinite and there is no need to rein population growth in.

b. Food supply is bound to run up against the limit of finite land.

c. The capacity to feed the world is boundless.

2. According to the writer, what was moral restraint supposed to achieve?

a. It would introduce middle class values into the lower-class mindset.

b. It would encourage people to marry early and spread out the number of children.

c. It could provide a way to counter the inexorable logic of too many mouths chasing too little food.

3. Which factor eventually gave the lie to Malthus' thesis?

a. the economic factor

b. the demographic factor

c. the political factor

4. Why did Malthus' demographic factor turn out to be wrong?

a. Economic development brought greater prosperity.

b. Birth control was introduced amongst the lower classes.

c. Agricultural land greatly expanded with colonization.

5. What do Neo-Malthusians worry about today?

a. The Chinese have put an end to their one-child policy.

b. The Chinese have become avid and affluent consumers.

c. The Chinese consume more grain and less meat.

6. What does the author think about America's energy policy?

a. It must be encouraged.

b. It is misconceived.

c. It is a safe way to become oil-dependent.

7. Why, do you think, does the author criticize America's development of ethanol?

a. It represents unfair competition for the oil industry.

b. It deters motorists from using their cars.

c. It gobbles up maize crops.

8. Overall, how would you consider the writer's vision of the future?

a. rather pessimistic

b. guarded

c. optimistic

69 Countries of the world / Les pays du monde

"No nation is fit to sit in judgment upon any other nation." (Woodrow Wilson)

Must-know words

a country • a state • an ocean • a sea • a colony • a region • the developed world • the industrialized world • the western world • the English-speaking world • the Third World • a continent • a hemisphere

Western Europe • the European Union (EU) • Britain • Great Britain • the United Kingdom • England • a Briton • Scotland • Scottish • Scot • a Scotsman • Wales • Welsh • Ireland • Irish • Cornwall • Cornish • Scandinavia • Denmark • Danish • a Dane • Sweden • Swedish • a Swede • Norway • Norwegian • the Netherlands / Holland • Dutch • Austria • Belgium • Belgian • Germany • Luxemburg • Switzerland • Swiss • Greece • Greek • Italy • Spain • Spanish • Spaniard • Turkey • Turkish • Turk • Bulgaria • Hungary • Poland • the Czech Republic • Slovakia • Romania • Russia • Ukraine • Latvia • Lithuania • Croatia • Serbia

> ☞ **Scot** et **Scottish** are preferred to **Scotch**, when talking about the inhabitants. Do not confuse Britain, Brittany, Breton and British.

the Middle East • Iran • Iraq • Israel • Jordan • Kuwait • Lebanon • Qatar • Syria • Palestine • Saudi Arabia

> ☞ **Arab** : *arabe (terme politique et racial)* - **the Arab nations** : *les pays arabes* - **Arabic** *(arabe) s'emploie pour la langue et la littérature ainsi que dans* Arabic numerals : *les chiffres arabes* - Arabian : *arabe (terme géographique)*

the Far East • Afghanistan • Bangladesh • China • India • Japan • Cambodia • North / South Korea • Pakistan • Taiwan • Thailand • Thai • Vietnam • Vietnamese

Africa • Algeria • Morocco • Tunisia • Cyprus • Egypt • Libya • Benin • Cameroon • Ivory Coast • Kenya • Liberia • Niger • Nigeria • Senegal • Somalia • South Africa • Sudan • Tanzania • Togo • Uganda • Yemen • Zaire • Zambia

North America • South America • the United States • Canada • the native Americans • the Rocky Mountains • the Great Lakes • the Deep South • Mexico • Cuba • Guatemala • Haiti • Peru • Argentine • Bolivia • Brazil • Chile • the Caribbean (Sea) • Colombia • Ecuador • Venezuela

the Commonwealth • Australia • New Zealand • the Philippines • the Aborigenes

Amazonia • the Amazon Forest • the rain forest • Antarctica • the Antarctic • the North / South Pole • the ice cap

Words or expressions you may want to know

a homeland / a father land : une patrie • **a flag** : un drapeau • **a time zone** : un fuseau horaire • **a map** : une carte, un plan • **a mapmaker** : un cartographe • **a street map** : un plan de ville • **off the map** : à l'autre bout du monde

The English Channel : la Manche • **the Straits of Dover** : le Pas-de-Calais • **the Channel Islands** : les îles Anglo-Normandes • **the Thames** : la Tamise • **the Home Counties** : la région londonienne • **the USSR** : l'URSS • **the Soviet Union** : l'Union soviétique • **the West Bank** : la Cisjordanie • **mainland China** : la Chine communiste • **the West Indies** : les Antilles • **the Great Barrier Reef** : la Grande Barrière de Corail

1. Check your knowledge and complete the following grid.

Countries	*Adjectives*	*Names of inhabitant*
1. Britain	....	....
2. Wales	....	....
3. Scotland	....	....
4. Ireland	....	....
5. Denmark	....	....
6. Finland	....	....
7. Belgium	....	....
8. Sweden	....	....
9. Norway	....	....
10. Netherlands	....	....
11. Switzerland	....	....
12. Greece	....	....
13. Spain	....	....
14. Poland	....	....
15. Turkey	....	....

2. Add the missing words.

1. Israel, Jordan and Kuwait are situated in the .... East • **2**. Japan, Pakistan and China are situated in the .... East • **3**. China, Japan and Vietnam are .... countries • **4**. In Egypt or Morocco, people speak .... • **5**. Together with other countries like Jordan, Saudi Arabia or Algeria, they make up the .... nations. • **6**. Germany, France, Italy, Spain, Ireland, etc. are all members of the .... Union.

3. Say whether the propositions are right or wrong (R/W). Tick the right box.

	R	W
1. Occidental Europe has long been accused of exploiting the Third World.	❑	❑
2. Eastern European countries are a little better off than developing Third World countries.	❑	❑
3. The West often tried to help Marshall Tito stay out of trouble.	❑	❑
4. The crisis in Far-East has shaken markets worldwide.	❑	❑
5. A lot of terrorist movements are plotting to destabilize the occident.	❑	❑
6. The war in Southeast Asia was brought home to the Americans thanks to television.	❑	❑
7. The east question was the name given to the problems raised by the weakening of the Ottoman Empire.	❑	❑
8. The partition of Ireland into two entities, North Ireland and Southern Ireland (the Free State), was the consequence of colonization by the English and the Scots.		
9. The Six-Day war in Middle East broke out between Egypt and Israel in 1968.	❑	❑
10. East and West Germany were re-united in 1989 after the fall of the Berlin Wall.	❑	❑

EXERCICES

4. Circle the letter corresponding to the right answer.

1. People from Canada are called:
a. Canuks b. Canadians c. Canadans

2. People from India are:
a. Indies b. Hindus c. Indians

3. He's from Germany. He is:
a. German b. Deutsch c. Dutch

4. They live in Argentina. They speak:
a. Argentinian b. Spanish c. Portuguese

5. She lives in Argentinia. She is:
a. Argentinian b. Argentese c. Argentonian

6. People in Israel are called:
a. Jewishes b. Israelis c. Hebrews

7. People from Israel speak:
a. Jewish b. Israeli c. Hebrew

8. In Hong Kong people speak English and:
a. Hangul b. Cantonese c. Mandarin

9. People in Macau speak Cantonese and:
a. Spanish b. English c. Portuguese

10. People from Wales are:
a. Wellish b. English c. Wales

11. A citizen from Denmark is called:
a. a Dane b. a Danish c. a Denmarkish

12. A citizen from the UK is called:
a. an Englishman b. a United Kingdomer c. a Briton

13. A citizen of Spain is called:
a. a Spanish b. a Spaniard c. a Spannian

14. A citizen of Japan is called:
a. a Japaner b. a Japanish c. a Japanese

5. Complete the passage.

The United States of America is made up of different nations. The original inhabitants of the continent, the .... 1. Americans were practically decimated. All sorts of immigrants peopled first the East Coast, then the .... 2. Coast. Until recently, the .... 3. was well known for being a part of America discriminating against .... 4. or colored people, who, in recent decades, have often claimed their identity as .... 5.-Americans, due to their origin as imported slaves. Immigrants who speak Spanish are referred to as .... 6. while people crossing the border from Mexico or neighboring countries are called .... 7. In the early 17th century, the persecuted Pilgrims landed in a part of the American East coast they named .... 8.; in the 19th century, the persecuted Mormons settled on the other side of the .... 9. Mountains, in Salt Lake City.

70 Physical appearance / L'apparence physique

"The world is governed more by appearance than realities so that it is fully as necessary to seem to know something as to know it." (Daniel Webster)

Must-know words

attractive • beautiful • glamorous • good-looking • handsome • lovely • pretty • stunning • hideous • ugly • unattractive • gauche • graceless • graceful

athletic • energetic • firm • muscular • robust • strong • vigorous • corpulent • well-built • overweight • angular • cadaverous • emaciated • meager • svelte • fat • fatty

anemic • delicate • feeble • fragile • frail • vulnerable • haggart • weak

Words and expressions you may want to know

comely: beau, charmant, gracieux • **exquisite**: exquis, raffiné, délicat • **fair**: beau, attirant, blond • **gorgeous**: adorable, splendide • **well-favored**: beau, belle • **winsome**: charmant, engageant, attrayant, désarmant

hard-featured: au traits durs • **homely**: simple, sans prétention, sans façon • **ill-favored**: laid, déplaisant, désagréable, répugnant • **ill-looking**: laid • **loathsome**: dégoûtant, écœurant, détestable • **nondescript**: quelconque, insignifiant • **plain**: sans beauté, quelconque, ordinaire • **unprepossessing**: peu avenant, qui ne paie pas de mine • **unsightly**: disgracieux, laid

able-bodied: robuste, fort, solide • **brawny**: fort, musculeux, musclé, vigoureux • **hale**: vigoureux, robuste • **hardy**: vigoureux, robuste • **hearty**: vigoureux, robuste, solide • **sinewy**: musclé, nerveux • **stalwart**: vigoureux, bien charpenté, costaud • **strapping**: costaud, bien charpenté • **sturdy**: robuste, vigoureux

august: auguste, majestueux, imposant • **clean-cut**: aux traits nets • **coltish**: guilleret, folâtre • **lusty**: vigoureux, robuste • **rugged**: bourru, rude • **shapely**: bien proportionné, bien tourné • **slight**: mince, menu • **stocky**: trapu, râblé • **stout**: corpulent, robuste • **thickset**: trapu, râblé, bien bâti, costaud • **crooked**: courbé, tordu, crochu • **hunched**: voûté • **stooped / stooping**: voûté • **squat**: ramassé, courtaud

gangling: dégingandé • **gaunt**: émacié, décharné • **hollow**: cave (eyes) • **lean**: maigre • **puny**: chétif, malingre, frêle • **scrawny**: efflanqué, décharné • **sinewy**: musclé, nerveux • **skinny**: maigrelet, maigrichon • **slender**: mince, svelte • **slim**: mince, svelte • **thin**: maigre, mince • **willowy**: svelte, mince, élancé • **wiry**: noueux, maigre et nerveux

> ☞ **slender** = generally attractive and pleasing thinness • **slight** = idea of frailness + that of thinness • **slim** = a lithe or delicate thinness

awkward: gauche, maladroit • **bungling**: maladroit, incompétent • **clumsy**: gauche • **gawky**: godiche, gauche • **ungainly**: gauche, disgracieux, dégingandé • **lissome**: souple, agile • **lithe**: souple, agile • **supple**: souple

dishevel(l)ed: débraillé • **grubby**: malpropre • **messy**: négligé, peu soigné • **rumpled**:

froissé, chiffonné • **tousled**: ébourrifé • **unkempt**: négligé, ébourrifé

measly: minable, misérable, piètre • **sickly**: maladif, souffreteux, mal en point • **weakly**: faible, maladif, chétif

bulky: gros, gras, corpulent • **burly**: à la forte carrure, fortement charpenté • **chubby**: potelé • **dumpy**: courtaud, boulot, boulotte • **fleshy**: charnu • **hulking**: balourd, lourdaud, gros • **plump**: grassouillet, empâté, potelé **(child / hand),** dodu, potelé **(arm / leg)** • **portly**: corpulent • **podgy / pudgy**: rondelet

> ☞ **stout** = heavily built but usually strong and healthy body ; **fat** (der.) = unbecoming fleshy stoutness; it may apply to a hearty fun-loving type of stout person ; **plump** = pleasing roundness; often used as a complimentary or euphemistic equivalent for stout, fleshy.

Exercices

1. Circle the word which does not belong to the series.

	a	*b*	*c*	*d*	*e*	*f*
1.	fashionable	chic	smart	modish	sloppy	voguish
2.	loathsome	winsome	revolting	repulsive	repellent	abhorrent
3.	stout	thickset	bulky	slim	corpulent	stocky
4.	ugly	uncomely	unsightly	nondescript	unlovely	homely
5.	glamorous	captivating	beguiling	fascinating	seemly	bewitching
6.	gorgeous	rich	superb	glittering	dazzling	slovenly
7.	ragged	scruffy	slovenly	dashing	seedy	unkempt
8.	chubby	lithe	podgy	dumpy	fleshy	plump

2. Insert the correct adjective.

beautiful • *comely* • *exquisite* • *gorgeous* • *handsome* • *lovely* • *pretty*

1. .... child / face / tune / mess / picture / predicament / fortune
2. .... dress / painting / country / day / speech / landscape
3. .... man / interior / reward / price
4. .... smile / dress / couple / family
5. .... woman / dress / colors / meal / landscape
6. .... face / behavior / woman / wench
7. .... embroidery / statues / face / taste

3. Find the antonyms.

1. dowdy	a. meticulous
2. graceful	b. exquisite
3. crooked	c. lean
4. fleshy	d. awkward
5. attractive	e. gorgeous
6. gross	f. stylish
7. plain	g. improper
8. sloppy	h. loathsome
9. comely	i. straightforward

4. Circle the correct synonym in each series.

1. loose-fitting, baggy, slovenly, untidy
   a. sloppy b. unkempt c. rugged d. personable
2. pretty, handsome, beautiful, good-looking, personable
   a. comedy b. comeuppance c. comely d. exquisite
3. homely, ugly, offensive, objectionable
   a. ill-humored b. ill-fed c. ill-favored d. ill-mannered
4. sweetly charming, winning, engaging
   a. sturdy b. stifling c. winsome d. wintry
5. unimpressive, unprepossessing, unremarkable
   a. non-cooperative b. non-committal c. nonchalant d. nondescript
6. sickening, hideous, unattractive
   a. unsightly b. unadorned c. unassuming d. unquenchable
7. well-groomed, spruce, tidy, trig
   a. brim b. prime c. grim d. trim
8. suitable, appropriate, fitting
   a. seemly b. seamly c. seemingly d. simile

5. Circle the correct word.

1. The Highlands offer (**gorgeous / winsome**) landscapes and stunning views.
2. He'll be a (**handsome / ill-favored**) boy once he grows out of his braces and that awful acne.
3. The waiter's charm earns him a (**sloppy / handsome**) tip.
4. Her mother would send her exiled son letters full of (**comely / homely**) advice.
5. He looks very (**scruffy / dapper**) in his new Armani suit.
6. Their (**thickset / ungainly**) build has seen Samoans excel at contact sports like rugby union.
7. The (**seedy / stout**) hotel's (**shabby / dainty**) furniture showed signs of wear and tear.
8. The (**portly / slim**) man escaped by wriggling his way through an air-conditioner vent at the weekend.
9. Billboards are (**ill-favored / unsightly**), obnoxious and pollute the view.
10. Pollini played Schubert's piano sonata with (**bonny / exquisite**) technique.

71 *Moods and emotions /* Les humeurs et les émotions

Must-know words

to be in a good mood • to be in a foul mood • to be in a black mood • to be in no mood for • to be in the mood for • to put sb in a good mood • to be in a good / bad temper • choleric • irascible • furious • indignant • to lose one's temper • to be mad at • to cool down

apathy • apathetic • boredom • bored • to be bored stiff / to death / to tears • lethargic

anger • angry • to make sb angry • to get mad at sb • exasperated • exasperation • calm • to keep cool • placid • placidity • peaceful • serene • serenity

chagrin • miserable • depressed • depression • to have the blues • embarrassed • embarrassment • ill-at-ease • dissatisfied • dissatisfaction • perplexed • self-confident • self-confidence • amazed • amazement

defenseless • helpless • helplessness • feeble • impotent • impotence • powerless • powerlessness • vulnerable • vulnerability • weak • weakness

exhausted • exhaustion • tired • tiredness • weary • weariness • worried • to be worried sick

cheerful • cheerfulness • delight • delightful • euphoria • euphoric • glad (about) • happy • happiness • joy • joyful • thrilled • passion • passionate (about) • pleased • pleasure • thankful • thankfulness • sad • sadness • unhappy (about) • dejected • blue • dispirited • discouraged

guilt • guilty • to have a guilty conscience • humiliated • ignominy • ignominious • mortified • remorseful • shameful

Words and expressions you may want to know

temper: humeur, colère • **good-tempered (a)**: qui a bon caractère, de bonne humeur • **hot-tempered (a)**: qui s'emporte facilement • **good-natured / ill-natured (a)**: qui a bon / mauvais caractère • **moody / temperamental**: lunatique, d'humeur changeante, mal luné • **a mood swing**: un changement d'humeur • **mercurial**: d'humeur changeante, vif, enjoué

cross: fâché, en colère • **petulant**: irascible • **to get furious (with sb)**: se mettre en rage (contre qn) • **to be furious (with sb / at having done sth)**: être furieux (contre qn / d'avoir fait qch) • **to fly into a temper**: exploser, éclater • **to have a quick temper**: être soupe au lait • **a fit / an outburst of temper**: un accès de colère • **temperamental**: fantasque, sujet aux sautes d'humeur • **to go berserk / to go bonkers**: devenir fou furieux

annoyed: irrité • **vexed**: contrarié • **incensed / enraged (at / by)**: révolté, outré • **infuriated**: rendu fou furieux • **irate**: furieux, courroucé • **livid with anger / rage / fury**: furibond, en rage

anguish: l'angoisse • **anguished**: angoissé • **awe**: estime, crainte, respect • **disquiet**: l'anxiété, l'appréhension • **dread**: l'effroi • **misgiving**: l'appréhension • **to be in a stew / in a lather / in a state**: agité, anxieux

collected: serein • **composed**: calme, tranquille, posé • **cool-headed**: calme • **to keep a cool head**: ne pas perdre la tête • **to keep one's temper in check**: se maîtriser • **self-possessed**: qui garde son sang-froid •

soothing (presence): réconfortant, rassurant • **unflappable**: imperturbable, qui ne perd pas son sang-froid, flegmatique • **unruffled**: calme, imperturbable, qui ne se départ pas de son calme

disconsolate: triste • **grief / sorrow**: le chagrin • **sorrowful**: triste, affligé • **affliction**: la peine • **crestfallen**: déçu, découragé, déconfit • **heartbroken**: navré, qui a le cœur brisé • **despondent (about)**: découragé, déprimé, abattu • **downbeat**: abattu • **downcast**: abattu • **downhearted**: abattu, découragé, déprimé • **to be down in the dumps**: avoir le moral à zéro • **wretched**: misérable, malheureux

to sulk / to brood: bouder • **sulkiness**: la bouderie • **sullen**: morose • **forlorn**: maussade • **surly / churlish**: revêche, maussade, renfrogné, bourru • **touchy / huffy / irritable / thin-skinned**: susceptible • **crabby / crotchety / grumpy / grouchy**: grognon • **discontented**: mécontent • **disgruntled**: renfrogné • **fractious**: grincheux, hargneux • **fussy**: qui fait des histoires, grognon • **glum**: lugubre • **peevish**: irritable, grognon • **querulous**: récriminateur, bougon • **snappish**: hargneux, cassant, mordant • **snappy**: brusque

aghast: effaré • **astounded / bewildered / floored**: étonné • **confounded**: déconcerté • **confused**: à l'esprit confus • **dumbfounded / stunned**: éberlué, abasourdi, perplexe, déconcerté • **flabbergasted**: éberlué, sidéré, ahuri, soufflé • **flummoxed / nonplussed**: démonté, sans voix • **incredulous**: incrédule • **in a fluster**: énervé, troublé • **nonplussed**: perplexe • **puzzled / mystified / baffled**: déconcerté • **rattled**: déconcerté, ébranlé, démonté • **speechless**: sans voix • **thunderstruck**: abasourdi • **unnerved**: énervé • **to be at a loss**: être désemparé

dismay: le désarroi, la consternation • **distraught**: décomposé (par l'émotion), affolé • **distressed**: peiné, bouleversé, chagriné, perturbé • **upset**: contrarié, mécontent, angoissé, bouleversé, secoué • **dispirited**: découragé, déprimé, abattu

bliss: la félicité, le bonheur • **blissful**: bienheureux • **chirpy**: gai, de bonne humeur • **ecstatic / enraptured**: exalté, transporté • **elated**: jubilant • **entranced**: transporté, enivré • **gleeful**: joyeux • **merry**: gai • **mirth**: l'hilarité • **mirthful**: hilare • **rapture**: le ravissement • **rapturous**: ravi • **rapt**: intense, extasié, ravi, enthousiaste • **spellbound**: ensorcelé, envoûté, subjugué

apologetic: d'excuse • **compunction**: le remords, le scrupule, la componction • **contrite**: désolé • **disgraceful**: scandaleux, honteux • **melancholy**: mélancolique • **to have qualms of conscience**: avoir des scrupules • **pangs of conscience**: des remords de conscience • **a pang**: un serrement de cœur • **rueful**: contrit • **a twinge of conscience**: un remords • **obloquy**: l'opprobre • **vilification**: la diffamation

1. Find the answers to the definitions.

abhorrence • apathetic • awe • compassionate • elation • grumpy • merriment • moody • sulk • upset

1. to be sullenly aloof or withdrawn, as in silent resentment or protest ....
2. sulky, morose, brooding ....
3. surly, ill-tempered, discontentedly, sullenly irritable ....
4. distressed, disturbed ....
5. fun, good spirits, and good nature ....
6. a feeling or state of great joy or pride, exultant gladness ....
7. unfeeling, impassive, cool, uninterested, unconcerned ....
8. wonder and fear ....
9. having a temper or disposition to pity, sympathetic, merciful ....
10. a feeling of repugnance or loathing ....

2. Match the idioms with the feelings or emotions.

1. raise sb's hackles	a. fright and anxiety
2. fed up to the back teeth	b. self-importance
3. go ballistic	c. annoyance
4. be the bee's knees	d. anxiety
5. quake in one's boots	e. fear
6. the writing is on the wall	f. impatience
7. climb the walls	g. frankness
8. chomp at the bit	h. exasperation
9. get cold feet	i. indecision
10. not mince one's words	j. frustration
11. have one's heart in one's mouth	k. fury
12. be of two minds	l. foreboding

3. Circle the word that doesn't belong to the series.

1. stunned • thunderstruck • flabbergasted • coy
2. devoted • loving • doting • affectionate • sly
3. restless • confident • uncomfortable • fidgety • discomfited
4. contrite • rueful • remorseless • repentant • compunctious
5. sullen • gloomy • elated • glum • morose
6. annoyed • vexed • pestered • mortified • exasperated
7. downcast • rapt • elated • delighted • ecstatic • enraptured
8. regretful • remorseful • sorry • compunctious • delight • grievous
9. anguish • agony • torment • comfort • torture
10. vivacious • dispirited • energetic • lively • mettlesome

4. Match the nouns with their antonyms.

1. joviality	**a.** composure
2. rapture	**b.** relief
3. wonder	**c.** faith
4. antipathy	**d.** gloom
5. apprehension	**e.** empathy
6. attraction	**f.** innocence
7. disbelief	**g.** contempt
8. guilt	**h.** thankless
9. worry	**i.** misery
10. thankful	**j.** hatred

72 *Character and personality /* Le caractère et la personnalité

General. Must-know words

behavior • conduct • reputation • popularity • an attribute • a characteristic • a defect of character • a mark • a feature • notoriety • respectable

Words and expressions you may want to know

demeanor: le comportement, la conduite, l'attitude • **a proclivity / a tendency / an inclination (to do sth) / a propensity (to)**: une propension, une inclination à • **a bent (for)**: des dispositions, des aptitudes (pour)

credit: le mérite • **standing**: la réputation • **renown**: le renom • **notorious**: qui a mauvaise réputation • **to bear the hallmark of**: porter la marque de • **a streak**: un trait • **a craze / a fad / a whim**: une lubie • **a flaw**: un défaut • **flawless**: parfait • **a foible**: une marotte, une petite manie

The positive side. Must-know words

able / capable • adroit • dexterous • ambitious • enteprising • pretentious • affable • amiable • charitable • compassionate • kindly • kind • sweet • suave • courteous • agreeable • cordial • pleasant • sociable • warm • well-bred • good-mannered • well-behaved • solicitous • polite • punctual

common sense • wisdom • dependable / reliable • faithful • audacious • intrepid • diplomatic • discreet • tactful • tactless • dynamic • energetic • enthusiastic • pugnacious • zealous

careful • conscientious • meticulous • scrupulous • firm • inflexible • resolute • uncompromising • determined • obstinate • tenacious • candid • frank • ingenuous

joyful • joyless • fun-loving • convivial • extrovert(ed) • gregarious • sociable • altruistic • generous • magnanimous • unselfish • decent • honest • virtuous • individualistic • enterprising • educated • innocent • pragmatic

eloquent • intelligent • smart • clever • bright • brilliant • inventive • open-minded • sagacious • sensible • wise • talented • well-read • modest • deferential • obedient • respectful • submissive • tolerant • optimistic • easy-going • relaxed • careful • prudent • circumspect

assiduous • diligent • earnest • hard-working • austere • humorless • persistent • serious • severe • tireless • rigid • harsh • stern • strict • tough • flexible

Words and expressions you may want to know

deft: adroit • **skillfull**: adroit • **benevolent**: bienveillant • **congenial**: sympathique, agréable • **ebullient**: exubérant • **genial**: cordial, affable, aimable • **good-hearted**: qui a bon cœur, bon, généreux • **humane**: compatissant • **kind-hearted**: qui a bon cœur • **meek**: doux, humble • **nice**: sympathique • **urbane**: courtois • **winsome**: séduisant, engageant, charmeur • **good-tempered**: qui a bon caractère

trustworthy: digne de confiance • **bold**: audacieux • **daring**: téméraire • **mettlesome / spirited / brave**: courageux • **dauntless**: audacieux, intrépide, hardi • **fearless**: sans peur • **gallant**: courageux, brave, vaillant • **nerve**: le cran • **resolute**: résolu, déterminé

• **undaunted**: inébranlable, qui ne se laisse pas intimider • **feisty**: fringant, bagarreur • **spirited**: fougueux, sémillant, plein d'entrain, plein de verve • **sprightly**: alerte, vif • **spry**: alerte, vif, plein d'entrain • **stalwart**: vaillant, résolu, déterminé

conversant (with): qui s'y connaît (en) • **knowledgeable**: qui s'y connaît • **well-read**: cultivé

demanding: exigeant • **fastidious**: méticuleux, minutieux, tatillon, pointilleux • **finicky**: tatillon, pointilleux • **thorough**: méthodique, consciencieux • **adamant**: inflexible • **steadfast / unshaking / unswerving**: ferme, résolu, inébranlable • **dogged**: déterminé, tenace, persévérant • **willfull**: entêté, têtu, obstiné • **blunt**: brusque, carré • **forthright**: direct • **callow**: inexpérimenté, novice

carefree / devil-may-care: insouciant • **cheerful**: joyeux, gai, enjoué, plein d'entrain • **merry**: gai • **mirthful**: gai • **jocund**: jovial • **upright**: droit, honnête, probe • **witty**: qui a le sens de l'humour

> ☞ Do not confuse **sensible** = having, using, or showing good sense or sound judgment. A sensible person is one whose judgments and conduct are marked and governed by sound judgment or good common semse • **sensitive** = having perception through the senses (mental, emotional sensibility).

articulate: qui s'exprime bien • **astute**: fin, astucieux, malin, rusé • **gifted**: doué • **quick-witted**: qui réfléchit rapidement • **resourceful**: débrouillard • **savvy**: qui a de la jugeotte, du bon sens • **sharp**: vif • **shrewd**: perspicace, astucieux, habile, avisé • **unobtrusive**: discret • **devoted**: dévoué • **tractable**: malléable, docile • **upbeat / looking-forward**: optimiste • **sanguine**: confiant, optimiste • **outgoing**: ouvert • **chary**: circonspect, avisé • **sparing / thrifty**: économe • **wary**: prudent, sur ses gardes, circonspect • **industrious**: travailleur • **hard-headed**: réaliste, à la tête froide

The down side. Must-know words

bitter • authoritarian • brusque • aggressive • defiant • impulsive • pushy • rebellious • despotic • dictatorial • domineering • tyrannical • arrogant • obnoxious • avaricious • mean • rapacious • inflexible • obstinate • confrontational • vindictive • bellicose • belligerent • quarrelsome • perfidious • treacherous

> ☞ Do not confuse: **bellicose** = anxious to fight ÷ **belligerent** = waging war

eccentric • insane • lunatic • quaint / queer / bizarre • unpredictable • neglectful • jealous • envious • careless

biased • bigoted • narrow-minded • prejudiced • pitiless • disrespectful • ill-bred • impolite • rude • tactless • impulsive • capricious • immature • inexperienced

calculating • cynical • naive • duplicitous • insincere • dishonest • unscrupulous • bland • colorless • frivolous • insipid

evil • malevolent • nasty • rancorous • a liar • contemptuous • cynical • ignominious • sardonic • irresolute • permissive • incredulous • pusillanimous • stupid • pompous • self-important

timorous • taciturn • timid • uncommunicative • unsure of oneself • withdrawn • inept • clumsy • awkward • shy • bashful

Words and expressions you may want to know

headstrong: têtu, entêté, obstiné, volontaire • **pig-headed**: têtu • **self-willed**: obstiné • **dour / stern / hard-edged**: austère • **malevolent**: malveillant • **spiteful**: méchant, malveillant, rancunier • **bossy**: autoritaire, tyrannique • **overbearing** : autoritaire, impérieux, arrogant • **greedy** : cupide

contentious : belliqueux, conflictuel • **scrappy** : batailleur, bagarreur, combatif • **inquisitive** : curieux • **nosey** : fouineur • **forgetful** : distrait, négligent, étourdi • **absent-minded** : étourdi

callous : dur, sans cœur, sans pitié • **cold-hearted** : impitoyable, sans pitié • **heartless / hard-hearted** : insensible • **hard-nosed** : impitoyable, dur • **ruthless** : sans pitié • **stubborn** : obstiné • **uncouth** : frustre, grossier • **cantankerous** : acariâtre • **whimsical** : capricieux • **unruly** : indiscipliné, turbulent • **cowardly / dastardly** : lâche • **craven / lily-livered** : poltron, trouillard • **malicious** : méchant • **mean** : mesquin méchant

despicable : méprisant • **lofty** : hautain, condescendant, dédaigneux • **obnoxious** : odieux • **haughty / supercilious** : hautain • **aloof / stand-offish** : hautain • **listless** : indolent, apathique, amorphe • **lax** : laxiste, mou • **lenient (to)** : indulgent (envers) • **gullible** : crédule • **casual** : désinvolte • **heedless** : insouciant • **slipshod** : débraillé, négligé • **jejune** : ennuyeux, plat • **shallow** : superficiel • **vapid** : terne, plat (remarque, conversation)

disingenuous : sournois, tricheur • **canny** : malin • **crafty** : retors, machiavélique • **cagey** : malin, astucieux, méfiant • **slick** : rusé, malin • **slithery** : glissant • **devious** : sournois • **wily** : rusé, finaud, futé

bigoted : bigot • **blockheaded / dense / thick / doltish / dull-witted / thickheaded** : sot, stupide • **silly / brainless / daft / dumb /dim** : sot • **foolish** : sot • **inane** : bête, stupide • **fatuous** : imbécile, sot, stupide • **a moron** : un abruti, un crétin • **a dunce** : un cancre, un nul • **an imbecile** : un idiot, un faible d'esprit • **sophomoric** : aussi ignorant que prétentieux

☞ Words denoting a **stupid person** : ass • idiot • imbecile • jackass • mooncalf • nincompoop • ninny • nitwit • simpleton • tomfool

daredevil : téméraire, risque-tout, casse-cou • **foolhardy** : téméraire, imprudent • **reckless** : imprudent • **recklessness** : la témérité, l'imprudence

diffident : qui manque de confiance et d'assurance • **coy** : réservé, faussement modeste • **demure** : modeste, sage, réservé • **prim / prim and proper** : collet monté, guindé, très comme il faut • **rueful** : triste, chagrin • **contrite** : penaud • **self-indulgent** : sybarite, qui ne se refuse rien • **insecure** : anxieux • **supine** : mou, indolent, mollasse

cocksure : outrecuidant • **complacent** : satisfait de soi, suffisant • **conceited / vain** : vaniteux • **presumptuous** : présomptueux • **proud** : fier • **boastful** : vantard • **a braggart** : un vantard • **braggadocio** : la fanfaronnade • **cheeky** : effronté, insolent, culotté • **saucy** : impertinent • **brash** : impétueux, fougueux, impertinent, effronté • **impudent** : impudent • **self-satisfied** : content de soi • **smug** : suffisant, qui a un air supérieur • **obsequious / fawning** : obséquieux

pushy : agressif • **refractory** : réfractaire, rebelle, insoumis • **truculent** : agressif, brutal • **a troublemaker** : un fauteur de trouble

EXERCICES

1. Find the nouns corresponding to the adjectives.

1. vain: .... • **2.** able: .... • **3.** solitary: .... • **4.** selfish: .... • **5.** reliable: .... • **6.** pugnacious: .... • **7.** fierce: .... • **8.** virtuous: .... • **9.** decent: .... • **10.** urbane: ....

2. Match the adjectives with their meaning.

1. atrabilious	**a.** changeable; temperamental; volatile
2. capricious	**b.** tending to cause trouble; also, irritable
3. erudite	**c.** full of apprehensiveness; fearful
4. fatuous	**d.** whimsical; changeable
5. fractious	**e.** seeking and enjoying the company of others
6. genial	**f.** ill-humored; sullen and gruff
7. gregarious	**g.** characterized by extensive reading or knowledge
8. indolent	**h.** polished and smooth in manner
9. mercurial	**i.** irritable; ill-natured
10. sagacious	**j.** scornful, mocking
11. sardonic	**k.** inanely foolish; stupid; also, illusory
12. surly	**l.** of keen penetration and judgment; wise
13. timorous	**m.** sympathetically cheerful and cheering; kindly
14. urbane	**n.** lazy; inactive

3. Circle the adjective which may *not* belong to the series.

	a	*b*	*c*	*d*	*e*
1.	arrogant	obnoxious	self-important	humble	haughty
2.	blunt	sweet	abrupt	brusque	curt
3.	assertive	nosey	inquisitive	curious	prying
4.	honest	frank	pushy	direct	straightforward
5.	miserly	mean	tight-fisted	niggardly	stingy
6.	altruistic	magnanimous	generous	extravagant	thrifty
7.	gentle	obstinate	stubborn	pig-headed	determined
8.	odd	cruel	weird	eccentric	peculiar
9.	neophyte	experienced	tyro	tenderfoot	novice
10.	surly	glum	sullen	morose	lunatic
11.	dauntless	gallant	bold	fearless	brave

4. Associate elements from each column and form sentences.

1. Peter is so aggressive at school.
2. She isn't easy to get on with.
3. John has a great sense of humor.
4. Brandon is very touchy.
5. My wife is absent-minded.
6. Mark is vain.
7. The boss is very thoughtful.
8. The new teacher's very shy.
9. He lacks self confidence.
10. James's a lazybones.

a. He never forgets to bring flowers for his secretary's birthday.
b. He can't put up with criticism.
c. He's always asking me whether he's done the right thing.
d. She finds fault with everything I do.
e. She forgets where she parks the car.
f. He just sits and watches TV all evening.
g. He keeps quarrelling and fighting with his schoolmates.
h. She has hardly spoken to any of her colleagues yet.
i. He's always looking at himself in the mirror.
j. He will always tell a good joke.

5. Associate a quality or a flaw to each statement.

1. She's never on time. How can you rely on her? ....
2. He always looks on the bright side of things. ....
3. Doctor Johnson takes time to listen to his students. ....
4. He makes donations to charities. ....
5. She likes to boss people around. ....
6. Washington never told lies, or so the legend goes. ....
7. The landlord leaves the heater on for two hours a day only. ....
8. He has a tendency to believe every story that he hears. ....
9. He keeps himself to himself. It is hard to fathom what he thinks. ....
10. He has strong opinions and will try to talk you round to his point of view. ....
11. He thinks he is much better than anybody else. ....
12. Rowing across the Atlantic singehandedly was no mean achievement. ....

6. Complete the following binomials with a quality. Use the words from the list.

bold • *gentle* • *happy* • *patient* • *proud* • *solid* • *straight* • *strong* • *stubborn* • *timid* • *tough* • *wise*

1. as .... as an arrow
2. as .... as an owl
3. as .... as a lamb
4. as .... as a lark
5. as .... as leather
6. as .... as a peacock
7. as .... as a rock
8. as .... as brass
9. as .... as an ox
10. as .... as a mule
11. as .... as a rabbit
12. as .... as Job

7. Associate the idioms with a quality or flaw.

1. have a bee in one's bonnet
2. stand one's ground
3. stick to one's guns
4. tongue-tied
5. lose one's marbles
6. a walking encyclopedia
7. on the level
8. holier than you
9. a rotten apple
10. a shrinking violet

a. dishonesty
b. honesty
c. nervousness
d. mental confusion
e. shyness
f. determination
g. self-righteousness
h. resolve
i. knowledgeable
j. obsessiveness

8. Which personality feature do you associate the following phrases with?

1. He has a face as long as a fiddle : ....
2. She looked like the cat that ate the canary : ....
3. It's like trying to swim upstream : ....
4. The grass is always greener on the other side : ....
5. A drowning man will grasp at a straw : ....
6. London or New York City? He's of two minds right now : ....
7. He was foaming at the mouth : ....
8. Lionel is a real snake in the grass : ....
9. He thinks he's the cat's whiskers : ....
10. Grandma's set in her ways : ....

Thèmes - Corrigés

1 *Family relationships* / Les relations familiales

1. 1b • 2c • 3a • 4d • 5b • 6a • 7c • 8a
2. 1c • 2g • 3e • 4j • 5a • 6i • 7b • 8f • 9h • 10d
3. **1.** descendant, descent • **2.** inheritance, inheritor, heir, heiress, heirloom • **3.** adoption • **4.** upbringing • **5.** expectancy • **6.** abduction
4. 1b • 2c • 3a • 4b • 5c

2 *True friends* / Les vrais amis

1. Positive: caring, close, congenial, devoted, devout • Negative: antagonistic, casual, contentious, rancorous, recreant
2. Closeness: 1, 4, 5, 7, 8, 10, 12 • Hostility: 2, 3, 6, 9, 11
3. 1c • 2g • 3j • 4e • 5l • 6a • 7h • 8k • 9f • 10b • 11i • 12d
4. **1.** cliques ; foes = enemy / exclusive • **2.** associate with ÷ confide in • **3.** hangs out • **4.** bonds ; fidelity is uncountable • **5.** made it up • **6.** Soul mates • **7.** drift apart • **8.** based on
5. **1.** make • **2.** coterie • **3.** mutual • **4.** come / stumbled • **5.** up • **6.** genuine • **7.** support • **8.** Keeping • **9.** weaken / loosen • **10.** wrecked • **11.** eye • **12.** trust • **13.** reconnects • **14.** trial

3 *Teenage years* / Les années d'adolescence

1. 1c • 2e • 3a • 4d • 5b
2. 1d • 2g • 3a • 4i • 5b • 6e • 7h • 8c • 9f
3. *Positive*: 3, 8, 9 • *Negative*: 1, 2, 4, 5, 6, 7, 10
4. 1c • 2a • 3b • 4b • 5b • 6c

4 *Social rebels* / En conflit avec la société

1. **1.** disagreement • **2.** rebel, rebellion • **3.** offense, offender • **4.** disobedience • **5.** quarrel • **6.** argument • **7.** solution • **8.** defiance • **9.** reconciliation • **10.** submission
2. **1.** rebellious • **2.** quarrelsome • **3.** troublesome • **4.** defiant • **5.** authoritarian • **6.** argumentative • **7.** insubordinate • **8.** revolutionary
3. 1d • 2h • 3a • 4f • 5i • 6b • 7j • 8e • 9c • 10g
4. **1.** impolite / rude • **2.** quarrelsome / argumentative • **3.** relaxed / cool / laid back • **4.** not a good mixer • **5.** distrustful • **6.** a loner • **7.** temperamental • **8.** unruly • **9.** reserved / guarded • **10.** saturnine
5. 1b • 2c • 3b • 4b • 5a

5 *An ageing population* / Une population vieillissante

1. 1b • 2d • 3a • 4c • 5c • 6b • 7a • 8d • 9b • 10b
2. 1f • 2c • 3e • 4g • 5a • 6h • 7d • 8b
3. **1.** expectancy • **2.** retire • **3.** raised • **4.** recruit • **5.** senior • **6.** out • **7.** frail • **8.** Ageism • **9** barriers • **10.** gerontologists
4. 1c • 2a • 3c • 4b • 5b

6 *Eating out* / Au restaurant

1. **1b** ; staff in a restaurant, except lettuce: *la laitue* • **2ø** ; names of meals • **3d** ; dishes: starter: entrée, main course: *plat principal*, afters: *dessert* • **4b** ; adjectives to describe how hungry you are ; peckish: *avoir une petite faim* ; c = *affamé* ; starved: *mort de faim*. b = *comestible* • **5b** ; adjectives to describe the greasy, oily appearance except b = *sucré*. • **6d** ; adjectives describing how cooked you want / like your meat • **7a** ; desserts except oysters • **8b** ; cabbage except bill (*addition*).
2. 1c • 2d • 3b • 4e • 5a
3. 1c • 2b/c • 3a • 4b • 5a • 6c • 7b

7 *Everyday problems* / Les problèmes quotidiens

1. **1.** moped • **2.** vase, cup • **3.** clock • **4.** sink • **5.** knee • **6.** cup • **7.** roof • **8.** handle
2. **1.** stained • **2.** leak • **3.** glazier • **4.** locksmith • **5.** outage • **6.** crashed • **7.** battery • **8.** tire • **9.** concussion • **10.** repair
3. **1.** pane • **2.** leak • **3.** bulb • **4.** stains • **5.** out • **6.** in • **7.** locksmith • **8.** lock • **9.** cut • **10.** power • **11.** off • **12.** crashed • **13.** batteries • **14.** jump • **15.** tires • **16.** call • **17.** concussion

8 *Food and diet* / L'alimentation et le régime

1. *fat*: flabby, stout, portly, pudgy, fleshy, plump • *slim*: thin, lean, spare, slender, skinny
2. 1e • 2a • 3h • 4b • 5f • 6c • 7g • 8d
3. **1.** unwanted • **2.** calories, fat • **3.** Eating • **4.** diet • **5.** obesity, overweight • **6.** slimmer • **7.** fat, balanced
4. **1b** • **2b** • **3c** ; "holding steady" • **4c** ; "The recent rise in obesity may have more to do with our increasingly sedentary lifestyles than with the quality of our diets." • **5a** • **6b** • **7c** • **8c**

9 *Life in the city* / La vie dans les villes

1. 1d • 2f • 3a • 4h • 5g • 6b • 7i • 8e • 9j • 10c
2. 1e • 2c • 3j • 4h • 5k • 6a • 7f • 8i • 9b • 10d • 11g
3. 1c • 2a • 3d • 4a • 5b

10 *Country life* / La vie à la campagne

1. **1.** you sow them • **2.** you till the land • **3.** you harrow the land • **4.** you mow the land • **5.** you use fertilizers • **6.** you use pesticides and herbicides • **7.** you harvest them • **8.** you plough / you plow the land • **9.** you pick them up / you harvest them
2. 1c • 2g • 3e • 4a • 5h • 6d • 7b • 8f
3. **1.** farmers • **2.** farming • **3.** crops • **4.** yields • **5.** biotechnology • **6.** crop • **7.** Seed • **8.** pesticides / herbicides • **9.** organic • **10.** fruit / vegetables

11 *Architecture and civil engineering* / Architecture et génie civil

1. **1.** structural • **2.** architectural • **3.** occupant • **4.** rent / renter • **5.** innovate • **6.** builder / building • **7.** destruction • **8.** dweller / dwelling • **9.** completion • **10.** condemnation
2. **1.** bricklayer • **2.** carpenter • **3.** heavy equipment operator • **4.** electrician • **5.** plasterer • **6.** plumber • **7.** roofer
3. 1d • 2h • 3f • 4a - 5g • 6b • 7e • 8c
4. **1.** renovated • **2.** condemned • **3.** listed • **4.** steeple • **5.** laid • **6.** ceilings • **7.** stayed • **8.** completion
5. **1.** R • **2.** W • **3.** R • **4.** W • **5.** W • **6.** R • **7.** W • **8.** R

12 *Is school necessary?* / À quoi sert l'école ?

1. **1.** kindergarten • **2.** further education • **3.** enrollment • **4.** truancy • **5.** humanities • **6.** a sophomore • **7.** extracurricular • **8.** elective • **9.** tutorial • **10.** faculty
2. 1g • 2c • 3e • 4a • 5f • 6b • 7d
3. **1a** ; boundless : *illimité* ; to know no bounds : *ne pas connaître de limites / être illimité.* Ex. : His ambition knows no bounds : *Son ambition est sans bornes.* • **2c** ; to dial up : *composer un numéro* ; a dial : *un cadran* ; a dial tone : *une tonalité* ; a dial-up service : *un service de télétraitement* ; *Dial M for Murder (célèbre film de Hitchcock)* • **3d** • **4c** • **5a** ; synonymous with John Q. Public • **6c** ; to browse : *feuilleter (des livres) / flâner (sans acheter)* • **7d** ; when school lets up : *quand l'école est finie* ; a let-up : *une accalmie / un répit* • **8b** • **9d** • **10b** • **11b** • **12c** • **13a** ; regardless of : *sans tenir compte de / sans se préoccuper de* • **14d** • **15a**

13 *A college education* / L'enseignement supérieur

1. 1i • 2g • 3e • 4a • 5j • 6f • 7b • 8d • 9c • 10h
2. **1.** enroll • **2.** curriculum • **3.** secular • **4.** valedictorian • **5.** roommate • **6.** tuition fees • **7.** alumni
3. **1.** academic • **2.** Undergraduate • **3.** finals • **4.** catalog • **5.** campus • **6.** tuition fees • **7.** major • **8.** transcript • **9.** honors
4. **1.** campus • **2.** library • **3.** lectures / classes • **4.** dining • **5.** applied • **6.** specialize • **7.** academic • **8.** semesters • **9.** assignments / seminars • **10.** internship • **11.** experience
5. 1b • 2b • 3b • 4c • 5a • 6b • 7b • 8b

14 *Failing and passing* / La réussite et l'échec

1. **the achiever** : 2, 3, 4, 5, 6, 8, 9, 10 • **the low achiever** : 1, 7
2. **1.** narrow-minded • **2.** half-witted, thick, slow • **3.** introverted • **4.** lazy • **5.** illiterate • **6.** slack • **7.** passive • **8.** industrious • **9.** thorough • **10.** scatter-brained
3. **1.** R • **2.** R • **3.** R • **4.** W • **5.** R • **6.** R • **7.** R • **8.** W
   1c • 2b • 3a • 4c • 5c • 6a • 7b • 8a • 9a • 10a • 11b

15 *Scientific knowledge* / La connaissance scientifique

1. **1.** discovery • **2.** invention • **3.** formulation • **4.** conclusion • **5.** patent • **6.** analysis • **7.** dissection • **8.** experimentation • **9.** findings • **10.** investigation
2. **1.** analytical • **2.** biological • **3.** chemical • **4.** observant • **5.** physical • **6.** scientific • **7.** theoretical • **8.** practical • **9.** experimental • **10.** conductive • **11.** magnetic • **12.** cellular
3. **research** : do, carry out, conduct • **experiment** : do, carry out, perform • **tests** : do, carry out, conduct
4. **1.** species • **2.** formulas (general) / formulae (mathematics) • **3.** algae • **4.** nuclei • **5.** radii • **6.** bacilli • **7.** data • **8.** bacteria • **9.** apexes, apices • **10.** axes • **11.** electrons • **12.** parentheses
5. 1d • 2c • 3c • 4b • 5b • 6c • 7a • 8c

16 *Spirituality* / La spiritualité

1. **1.** atonement • **2.** salvation, saviour • **3.** blessing • **4.** conversion • **5.** prayer • **6.** attendance • **7.** deification • **8.** belief • **9.** persecution • **10.** reverence
2. 1b • 2a/b • 3c • 4b • 5c • 6b
3. **1.** Greek / soul • **2.** Latin / god (*deus*) • **3.** Greek / knowledge • **4.** Latin / country dweller (*paganus*) • **5.** Greek / God (*theos*) + logos (discourse) • **6.** choice of beliefs; the word was given wide currency

by Irenaeus in his tract *Contra Haereses* (*Against Heresies*) to describe and discredit his opponents in the early Christian Church. He described his own position as orthodox (from ortho- 'right' + doxa 'belief') and his position eventually evolved into the position of the early Christian Church. • **7.** Greek / right and belief • **8.** Latin / devout • **9.** German or English / by God

4. 1b • 2a • 3c • 4a • 5f

17 *Migration* / Les migrations

1. **1.** absorption • **2.** admission • **3.** remittance • **4.** persecution • **5.** smuggler • **6.** adjustment • **7.** settler, settlement • **8.** application • **9.** uprootedness
2. **1.** roots, settling • **2.** border • **3.** stem • **4.** assimilating • **5.** refugees, home country • **6.** melting • **7.** aliens • **8.** immigrated • **9.** waves • **10.** identity
3. 1e • 2c • 3g • 4f • 5a • 6d • 7b
4. **1a** ; evidences (evidence) • **2a** ; most Europe (most of Europe) • **3b** ; robbing (stealing) • **4c** ; raised (risen) • **5c** ; dwindling (upsurge) • **6a** ; seeked (sought) • **7b** ; seven-years (seven-year) • **8a** ; in other countries (to) • **9b** ; Nepalians (Nepalis), other (others) • **10a/b/c** ; accounting to (for), the foreign-borns (born), few exposure (little)
5. 1e • 2a • 3d • 4b • 5a • 6c
   1a • 2b • 3a • 4a • 5c • 6b • 7a • 8c • 9c • 10b • 11a

18 *Affirmative action* / La discrimination positive

1. **1** ; all synonyms • **2a** ; words expressing segregation except a • **3d** ; words synonymous with Blacks except d, Wasps (white Anglo-Saxon Protestant) • **4b** ; synonymous with *legal*, except b, *unfair* • **5c** ; words expressing inequality except c, lily-white = *reservé aux Blancs* • **6** ; all synonyms • **7c**
2. **1.** Act • **2.** Civil • **3.** literacy • **4.** outlawed • **5.** separate • **6.** unequal • **7.** supremacy • **8.** positive • **9.** Affirmative
3. 1b • 2b • 3c • 4a • 5b • 6a • 7c • 8a
   1b • 2a/b/c • 3b • 4a • 5b/c • 6b • 7b • 8a • 9b • 10a/b/c • 11c • 12c • 13a • 14b • 15a • 16c • 17a/b • 18c • 19b • 20c

19 *The war on drugs* / La guerre contre la toxicomanie

1. **1.** experimentation • **2.** abuse • **3.** recovery • **4.** detoxification • **5.** rehabilitation • **6.** withdrawal • **7.** eradication • **8.** seizure • **9.** prosecution
2. **1.** to develop a dependency, habit • **2.** to use alcohol, tobacco, drugs, marijuana • **3.** to smoke tobacco, marijuana • **4.** to kick a habit • **5.** to pop a pill • **6.** to screen sb for drugs
3. **1.** addictive • **2.** abused • **3.** experimenting • **4.** rehabilitation • **5.** wean • **6.** eradication • **7.** cartels • **8.** covert
4. **1.** peddling • **2.** addicts • **3.** cities • **4.** potent • **5.** addictive • **6.** scourge • **7.** little • **8.** snorted • **9.** intense • **10.** states • **11.** by • **12.** wave • **13.** addiction • **14.** wrought • **15.** inner • **16.** Aids • **17.** appealing

20 *Social inequality* / Les inégalités sociales

1. **1e** ; words meaning poor except a*ffluent*, which means rich, wealthy ; *the affluent society*: the society of abundance / of plenty • **2c** ; words expressing uprootedness, except 'mortgage', which is a method of using property as security for the payment of a debt (*hypothéquer*). • **3b** ; words expressing precarious situations, except well-off • **4a** ; all words describing poor people, except handouts which are donations to needy people (food, money). • **5e** ; adjectives which indicate wealth ; 'destitute' means poor.
2. 1a • 2b • 3a • 4a • 5a
3. **1.** poverty • **2.** poor • **3.** line / ends • **4.** rate • **5.** threshold • **6.** ghettos • **7.** entrenched • **8.** exclusion • **9.** impoverished • **10.** bills

21 *Perpetrating crimes* / L'acte criminel

1. **1.** felony • **2.** criminality • **3.** offense • **4.** lawbreaking • **5.** misdemeanor • **6.** wrongdoing • **7.** abduction • **8.** rape • **9.** burglary • **10.** arson
2. **1d** ; treason: a crime against the government of a country • **2e** ; accomplice: person who actively participates in the commission of a crime • **3a** ; scofflaw: one who habitually ignores the law and does not answer court summonses. The other adjectives refer to the horrible aspect of a crime. • **4d** ; lawful: sanctioned by the law, not contrary to nor forbidden by law ; constitutional • **5c** ; abide: to respect / to comply with the law (to abide by the law) • **6** ; all synonyms • **7b** • **8** ; all synonyms.
3. **1.** to abduct ; an abductor • **2.** an arsonist • **3.** to blackmail ; a blackmailer • **4.** to bribe, a briber • **5.** to burglarize ; a burglary • **6.** to embezzle ; an embezzler • **7.** to loot ; a looter • **8.** to mug ; a mugger • **9.** to rape ; a rapist • **10.** to rob ; a robber
4. 1d • 2h • 3j • 4l • 5f • 6a • 7i • 8k • 9g • 10b • 11e • 12c
5. **1.** arson • **2.** burglary • **3.** armed robbery • **4.** mugging • **5.** counterfeit currency • **6.** kidnapping • **7.** statutory rape • **8.** murder
6. **1.** law • **2.** soaring • **3.** stringent • **4.** juvenile • **5.** slap • **6.** rampant • **7.** deprived • **8.** ridden • **9.** rough and tumble • **10.** burn • **11.** throw •

12. estates • **13**. abated • **14**. heists • **15**. lenient • **16**. sentences • **17**. policing • **18**. consorting

22 *Investigating crime* / Les enquêtes criminelles

1. **1**. uniform • **2**. radios • **3**. plain clothes • **4**. handcuffed • **5**. cruisers • **6**. vests • **7**. guns • **8**. truncheon / whistle • **9**. helmets / shields • **10**. tear
2. **1**. record • **2**. inquest • **3**. medical examiner, coroner • **4**. to ascertain the cause of death • **5**. ballistics • **6**. eavesdropping • **7**. wiretapping, bug, wiretap • **8**. forensic • **9**. handcuffs
3. **1b** ; 12-months (12-month) • **2b** ; most of (most) • **3b** ; epidemy (epidemic) • **4c** ; last (latest) • **5c**. down of (down by) • **6b** ; it arrests (they arrest) • **7a** ; charged someone of (with) • **8b** ; has killed (killed)
4. 1b • 2b • 3d • 4c • 5b

23 *Beyond a reasonable doubt* / Sans l'ombre d'un doute

1. **1**. criminal • **2**. to deter • **3**. enforcer, enforcement • **4**. offender • **5**. imprison • **6**. guilty • **7**. punish • **8**. indictment • **9**. miscarriage • **10**. try
2. **1**. dismissal • **2**. conviction • **3**. sentence • **4**. appeal • **5**. judgment • **6**. acquittal • **7**. confession • **8**. reversal • **9**. litigation • **10**. suit • **11**. trial • **12**. prosecution
3. 1g • 2j • 3f • 4i • 5b • 6a • 7h • 8c • 9e • 10d
4. **1**. bar • **2**. admitted • **3**. firms • **4**. clients • **5**. fees • **6**. lawyer • **7**. retain • **8**. court • **9**. cases • **10**. briefs
5. 1c • 2b • 3a • 4c • 5b • 6c

24 *A leisure society* / Une société de loisirs

1. **1**. c, d, f, g • **2**. a, e, j • **3**. h, m • **4**. i, k • **5**. b, l
2. **1**. go to • **2**. go for • **3**. go
3. **1**. resort • **2**. season • **3**. holiday • **4**. leave • **5**. time
4. **1**. holiday, holidays, hotidays • **2**. Holidays • **3**. holidays • **4**. holiday • **5**. holidays
5. **1**. recess • **2**. sick leave • **3**. leave, furlough • **4**. break • **5**. parliamentary recess • **6**. long weekend • **7**. paid holiday, vacation
6. 1a • 2c • 3c • 4b • 5a

25 *Wanderlust* / L'envie de voir le monde

1. **1**. trip • **2**. travel • **3**. travels • **4**. trip • **5**. travel • **6**. journey • **7**. journey • **8**. trip
2. 1d • 2e • 3h • 4a • 5g • 6b • 7c • 8f
3. **1a** ; travel is rarely noun. You say a + journey + trip + voyage • **2b** • **3c** ; words which make reference to customs and borders, except tripper. • **4c** ; words relative to luggage except battery (*pile*). • **5a** ; people who travel • **6d** ; adjectives referring to the spirit of adventure.
4. **1**. trip • **2**. pilgrimage • **3**. journey • **4**. tour • **5**. cruise • **6**. voyage • **7**. safari
5. 1a • 2c • 3c • 4b
   1a • 2b • 3c • 4b • 5b • 6a/b/c • 7b • 8c • 9b • 10b/c

26 *Adventure* / L'aventure

1. **1**. civilization • **2**. virgin, unspoilt, pristine • **3**. reserved, shy, timid • **4**. thrilling, exciting • **5**. reckless • **6**. hazardous, risky, dangerous • **7**. wild, untamed • **8**. submissive • **9**. indolent, lethargic • **10**. heedless, reckless
2. **1**. wildlife • **2**. riding • **3**. climbing • **4**. whitewater rafting • **5**. diving • **6**. surfing
3. **adventurous**: 1, 3, 4, 7, 8, 9 • **non adventurous**: 2, 5, 6, 10
4. **1**. trekking • **2**. diving • **3**. boarding • **4**. navigating • **5**. hunting • **6**. swimming • **7**. teaching • **8**. going • **9**. crossing • **10**. sailing
5. **1**. settled • **2**. uncharted • **3**. expedition • **4**. probed • **5**. venturing • **6**. bottom • **7**. highest • **8**. unexplored • **9**. print • **10**. thrill • **11**. hungering

27 *Tinseltown* / Hollywood

1. **1**. subtitles • **2**. dialogue • **3**. screenplay • **4**. filmed • **5**. starred, directed • **6**. costume • **7**. editing
2. **1**. director • **2**. effects • **3**. frames • **4**. producers • **5**. entertainment • **6**. silent films • **7**. crew • **8**. performance • **9**. rehearsing • **10**. props • **11**. score • **12**. crew
3. 1a • 2b • 3b • 4c • 5a/b/c • 6b • 7a

28 *Star appeal* / Le vedettariat

1. 1b • 2h • 3f • 4d • 5g • 6a • 7e • 8c
2. **1**. villain • **2**. understudy • **3**. stunt • **4**. star • **5**. casting • **6**. Oscar, Academy Award • **7**. talent scout
3. **1**. cinematographer • **2**. mixer • **3**. gaffer • **4**. key grip • **5**. set dresser • **6**. assistant director
4. **1**. playing • **2**. acting • **3**. career • **4**. shots • **5**. Oscar • **6**. casting • **7**. cast • **8**. fees • **9**. contract • **10**. lead • **11**. stand-ins • **12**. crew • **13**. continuity • **14**. screenplay • **15**. stuntman • **16**. rushes • **17**. dubbing • **18**. hit • **19**. Tinsel • **20**. bill

29 *On stage* / Tous en scène

1. **1**. classic • **2**. comic • **3**. comic • **4**. comic • **5**. historic • **6**. tragic • **7**. historical • **8**. comical • **9**. critical • **10**. critical
2. 1c • 2b • 3c • 4c • 5d • 6c • 7a • 8b • 9c • 10a

3. **1.** gallery (the gods), upper circle, balcony, dress circle, orchestra stalls • **2.** stage, set, proscenium • **3.** backstage, wings, dressing room • **4.** pit • **5.** costume, mask • **6.** lights, props • **7.** act, scene
4. **1.** plot • **2.** prompt • **3.** rehearsal • **4.** manager • **5.** cue • **6.** standing • **7.** booed • **8.** scene
5. **1.** W • **2.** W • **3.** R • **4.** W • **5.** R • **6.** R • **7.** R • **8.** W

30 *The sound of music* / La musique

1. **1.** choral • **2.** harmonious • **3.** instrumental • **4.** melodic / melodious • **5.** musical • **6.** operatic (an operatic career) • **7.** rhythmic • **8.** tuneful, tuneless
2. 1d • 2f/j/c • 3a • 4g • 5i • 6h • 7k • 8e • 9b
3. **1.** arpeggio • **2.** sharp • **3.** flat • **4.** melody • **5.** band • **6.** oratorio • **7.** serenade
4. **1.** adulation • **2.** fainted • **3.** stage • **4.** scandalous • **5.** hips • **6.** hit • **7.** teen-age • **8.** gold • **9.** show • **10.** performer

31 *The art world* / Le monde de l'art

1. **1.** etching • **2.** autocue (*téléprompteur*) • **3.** crayon • **4.** marble (*marbre*) • **5.** brush • **6.** fiddle (*violon*) • **7.** oil (*huile*) • **8.** lyrics (*paroles de chanson*) • **9.** murals (*peintures murales*) • **10.** cartoon (*dessin animé*)
2. **1.** an arts-and-crafts • **2.** ø + Art • **3.** any law enforcement officers (ø) • **4.** frescoses (frescoes) • **5.** remind (remember) • **6.** raising (rising) • **7.** has spent (spent) • **8.** told (said) • **9.** were (are) • **10.** which (whose)
3. **1.** off, before • **2.** on • **3.** from • **4.** without • **5.** from • **6.** on, of, to, from • **7.** By, to, to • **8.** for • **9.** in, in • **10.** ø
4. 1b • 2a • 3a • 4c • 5b • 6a • 7b • 8c

32 *The written word* / L'écriture

1. 1d • 2a • 3e • 4c • 5b
2. **1a/b/c** ; romances (novels), history (story), masterpiece (masterpieces) • **2b** ; short stories • **3c** ; publisher • **4b** ; reviews • **5b** ; lines • **6b** ; by • **7c** ; thesis (theses) • **8b** ; copyright author (holder) • **9a** ; fantastic (Fantasy) • **10b** ; Gothic (thriller)
3. **Positive** : 6, 8, 9 - **Negative** : 1, 2, 3, 4, 5, 7, 10
   Translation : 1. *acide* • 2. *gauche* • 3. *maladroit* • 4. *familier* • 5. *rébarbatif* • 6. *vigoureux* • 7. *banal* • 8. *passionné* • 9. *vivant* • 10. *ampoulé*
4. 1b • 2b • 3c • 4c • 5c • 6a/b/c • 7b • 8a

33 *Sport crazy* / Les fondus de sport

1. **1.** go • **2.** play • **3.** do • **4.** practise • **5.** team • **6.** title • **7.** challenge • **8.** competition • **9.** victory • **10.** defeat
2. **1.** rugby • **2.** cricket • **3.** league, union • **4.** Golf, holes • **5.** tee • **6.** par • **7.** sticks
3. 1d • 2g • 3a • 4h • 5j • 6l • 7b • 8e • 9k • 10i • 11f • 12c
4. **1.** tennis • **2.** soccer • **3.** tennis • **4.** rugby • **5.** cricket • **6.** fencing • **7.** bowls (*ou* bowling) • **8.** baseball • **9.** darts • **10.** judo / boxing
5. **1.** beat • **2.** win/lose • **3.** win/lose • **4.** lose • **5.** win/lose • **6.** win • **7.** win • **8.** beat • **9.** win • **10.** win/lose
6. **1.** W • **2.** R • **3.** W • **4.** R • **5.** W • **6.** W • **7.** R • **8.** R • **9.** R • **10.** R

34 *Meet the press* / La presse écrite

1. **1.** boy • **2.** newsagent, a bookstall • **3.** syndicated • **4.** editor, publisher • **5.** barons • **6.** editorial • **7.** issue • **8.** Freedom • **9.** scandal
2. 1i • 2e • 3l • 4g • 5a • 6c • 7m • 8b • 9k • 10n • 11d • 12j • 13f • 14h
3. **1.** life (lives) • **2.** hurry (rush) • **3.** sleep (bed) • **4.** yelling (screaming) • **5.** no mistake • **6.** no mistake • **7.** All sold (unsold) • **8.** camembert (pie)
4. **1.** guarantee • **2.** organizations • **3.** First • **4.** classified • **5.** interest • **6.** express • **7.** universal • **8.** authoritarian • **9.** gagged • **10.** harassment • **11.** monopoly • **12.** fourth

35 *Prime time* / Les heures de grande écoute

1. 1d • 2g • 3a • 4f • 5c • 6h • 7b • 8e
2. 1a ; life (live) • 2b ; public (audience) • 3. ø • 4a ; contrast (brightness) • 5c ; plate (dish) • 6c ; rebroadcasts (reruns) • 7b ; seeing (watching) • 8a ; has covered (covered) • 9a ; indexes (ratings) • 10a/c ; passed (aired), emission (program)
3. **1.** glued • **2.** screen • **3.** potatoes • **4.** idiot • **5.** craze • **6.** in • **7.** switching • **8.** span • **9.** brainwashed, conditioned • **10.** homogenization
4. 1c • 2b • 3b • 4c • 5b • 6c

36 *Health trouble* / Les ennuis de santé

1. **1.** to contract • **2.** to suffer • **3.** to catch • **4.** to develop • **5.** to come down with • **6.** to feel
2. 1c • 2a/b • 3a/b • 4c • 5b • 6a • 7b
3. **1.** sore • **2.** bruise • **3.** chest • **4.** black • **5.** stomach • **6.** lump
4. **1.** allergic • **2.** asthmatic • **3.** bacterial • **4.** cancerous • **5.** diabetic • **6.** epileptic • **7.** obese • **8.** rheumatic • **9.** viral • **10.** rabid
5. 1h • 2g • 3b • 4f • 5d • 6a • 7c • 8e
6. **1c** ; diagnosis (diagnose) • **2c** ; access (bout) • **3.** ø • **4c** ; the whooping cough (ø whooping cough) • **5b** ; break-out (outbreak) • **6.** ø • **7a** ; germ (virus) • **8c** ; medicines • **9b** ; genetic • **10a/b**; regardless + of / physicists (physicians)

7. **1**. clean bill • **2**. ailing industry • **3**. plagued • **4**. injection • **5**. sick • **6**. terminal • **7**. contagious • **8**. sore • **9**. diagnosed • **10**. bug
8. **1**. sunburns • **2**. indigestion • **3**. diarrhea • **4**. throat • **5**. mumps • **6**. whooping • **7**. inoculated • **8**. pain • **9**. down • **10**. catch • **11**. stricken • **12**. asthma • **13**. contagious • **14**. carriers • **15**. transmission • **16**. Epidemics • **17**. cures • **18**. eradicated • **19**. Malaria • **20**. heart • **21**. genetic • **22**. radiation • **23**. fit • **24**. recovery

37 *Genetics* / La génétique

1. 1d • 2f • 3a • 4b • 5b • 6g • 7c • 8e
2. **1**. discoverer, discovery • **2**. researcher, research • **3**. inventor, invention • **4**. experimenter, experiment • **5**. decipherer • **6**. donor
3. **1**. heredity • **2**. offspring • **3**. breeding • **4**. chromosomes • **5**. encoded • **6**. traits • **7**. engineering • **8**. modified • **9**. concerns

38 *Government and politics* / Gouvernement et politique

1. **1**. politics • **2**. political • **3**. politicking • **4**. politician • **5**. politically
2. **1**. politics • **2**. statesmen • **3**. by-election • **4**. ministers • **5**. policies • **6**. independence • **7**. running • **8**. opponents, power • **9**. terms • **10**. Lady
3. 1e • 2g • 3c • 4a • 5h • 6b • 7f • 8d
4. 1b • 2a • 3a/b/c • 4b • 5c • 6a • 7c

39 *The Star-Spangled Banner* / La bannière étoilée

1. **1**. originate • **2**. introduced • **3**. veto • **4**. override • **5**. sustaining • **6**. committees • **7**. hopper • **8**. floor, session
2. **1**. federalism • **2**. amendment • **3**. opinion • **4**. district • **5**. lobby • **6**. ticket • **7**. inauguration • **8**. election • **9**. pork barrel • **10**. apportionment
3. **1**. term • **2**. representatives • **3**. electoral • **4**. polls • **5**. naturalized • **6**. three • **7**. oath, duties, defend, oath • **8**. acting • **9**. consent • **10**. impeached, removed, misdemeanors
4. **1**. republic • **2**. drafted • **3**. governed • **4**. Legislative • **5**. Executive • **6**. Judicial • **7**. balances • **8**. President • **9**. commander • **10**. veto • **11**. Cabinet • **12**. four • **13**. terms • **14**. sworn • **15**. bicameral • **16**. district • **17**. apportioned • **18**. enacted • **19**. oversight • **20**. judicial • **21**. interpret • **22**. amendments • **23**. Rights

40 *Serving my country* / Servir mon pays

1. **1b** ; chaplain (÷ divisions of an army) • **2a** ; barracks (ground forces except barracks = *caserne*) • **3c** ; airman (naval forces) • **4a** ; Air force (rear admiral : navy) • **5d** ; the uniform except draft = *incorporation* • **6d** ; Joining the Army, except desert = *déserter* • **7a** ; Military housing, except flag = *drapeau* • **8e** ; training except yell (to yell orders)
2. 1d • 2i • 3c • 4g • 5b • 6h • 7a • 8f • 9j • 10e
3. **1**. rocket • **2**. guns • **3**. weapons • **4**. mortars • **5**. troops • **6**. uniforms • **7**. civilian • **8**. men • **9**. layers • **10**. military
4. 1c • 2c • 3b • 4b

41 *Military operations* / Les opérations militaires

1. **1**. star wars • **2**. phony war • **3**. post-war • **4**. war-torn • **5**. outbreak of war • **6**. cold war • **7**. at war over • **8**. all-out war • **9**. war crimes • **10**. wage war
2. **1**. mobilization • **2**. conquest • **3**. invasion, invader • **4**. ally • **5**. secession • **6**. resistance, resistant • **7**. annexation • **8**. capitulation • **9**. withdrawal • **10**. disarmament
3. **1**. violation • **2**. annex • **3**. resist • **4**. withdrawal • **5**. disarmament • **6**. capitulation • **7**. theatres • **8**. fighters • **9**. civilians • **10**. stalemate
4. 1d • 2g • 3b • 4e • 5a • 6f • 7c
5. **1**. a threat • **2**. war • **3**. muscle • **4**. an army • **5**. allies • **6**. support • **7**. a coalition
6. **1**. peaceful • **2**. peace-keeping • **3**. sides • **4**. cease-fire • **5**. operation • **6**. broke down • **7**. talks • **8**. treaty
7. 1c • 2b • 3b • 4a • 5a • 6a

42 *The world arena* / La scène mondiale

1. 1e • 2a • 3c • 4d • 5b • 6f
2. **1**. talks • **2**. held • **3**. attend • **4**. table • **5**. scenes • **6**. business • **7**. host • **8**. put
3. **1c** • **2b** • **3b** • **4c** • **5a** • **6b/c** ; many senators found membership in the League of Nations incompatible with the principles of George Washington's Farewell Address. • **7c** ; the Infamy Speech was delivered on December 8, 1941, by United States President Franklin D. Roosevelt, one day after the Japanese attack on Pearl Harbor. The US entered WWI on April 6, 1917. • **8c** ; the Soviets can attack the US with long-range rockets (Kennedy on the missile gap), a communist victory in Vietnam would endanger the Hawaiian islands (Lyndon B. Johnson on Vietnam), the Russian military buildup has created a "window of vulnerability" (Ronald Reagan on military spending), the Evil Empire (Reagan), the axis of evil (G.W. Bush) are cases in point. • **9b** • **10b** ; one of the definitions

is that of a marsh or a bog, but not in the passage. • **11b** • **12a** • **13d** • **14a/c**

43 *Energy needs /* Les besoins énergétiques

1. 1c • 2g • 3f • 4b • 5a • 6e • 7d

2. **1.** solar energy • **2.** hydroelectric power • **3.** tidal energy • **4.** solar energy • **5.** gas / oil • **6.** nuclear energy • **7.** nuclear energy • **8.** oil energy • **9.** nuclear energy

3. **1.** nuclear fuel • **2.** nuclear power plants • **3.** storage space • **4.** shut down • **5.** dispose of • **6.** nuclear waste • **7.** leak • **8.** dumping • **9.** reprocess • **10.** vitrification • **11.** Burying

4. **1.** windmills • **2.** reliable • **3.** power • **4.** dependence • **5.** harnessing • **6.** Spurred • **7.** incentives • **8.** utility • **9.** technology • **10.** efficient • **11.** effective • **12.** meeting • **13.** wind • **14.** Utilities • **15.** licenses

5. 1b • 2a • 3b • 4a • 5b • 6b • 7a • 8a • 9b

44 *Petroleum alternatives /* Les alternatives au pétrole

1. 1e • 2f • 3a • 4d • 5b • 6g • 7c

2. **1.** soaring • **2.** conserve • **3.** pushed • **4.** dwindling • **5.** alternative • **6.** needs • **7.** exploit • **8.** crisis • **9.** lifted • **10.** consumption

3. **1b** ; of energy (for energy) • **2a** ; supplier (suppliers) • **3a** ; consommation (consumption) • **4a** ; account of (for) • **5c** ; use (uses) • **6a** ; reaches (has reached) • **7a** ; second-large (second-largest) • **8b** ; its voice (their voices)

4. **1.** industry • **2.** offshore • **3.** barrels • **4.** strike • **5.** drilled • **6.** petroliferous • **7.** companies • **8.** production • **9.** rigs • **10.** well

5. 1a/b/c • 2c • 3b • 4c • 5a

45 *Employment opportunities /* Les perspectives d'emploi

1. **1.** to lose one's job • **2.** to look for work / a job • **3.** to be at work • **4.** to be out of work • **5.** to get a job / work • **6.** to find work / a job • **7.** to offer sb work / a job • **8.** to do work • **9.** to hold down work • **10.** to apply for a job

2. you cannot **earn** a task or skills • you cannot **work** security, night class • you cannot take down or make **a job**

3. 1f • 2c • 3e • 4d • 5b • 6a

4. **1.** work, work • **2.** a job • **3.** works • **4.** labor • **5.** Employment, job • **6.** job • **7.** job • **8.** work / job • **9.** works • **10.** work

5. **1.** R • **2.** R • **3.** R • **4.** W • **5.** W • **6.** W • **7.** R • **8.** W • **9.** R • **10.** R

1a • 2c • 3b • 4b • 5c • 6c • 7a • 8a • 9a • 10b

46 *The job market /* Le marché du travail

1. 1f • 2a • 3e • 4c • 5g • 6d • 7b

2. 1f • 2b • 3h • 4a • 5e • 6g • 7b • 8d • 9c • 10c

3. **1.** résumé • **2.** interviews • **3.** market • **4.** qualifications • **5.** experience • **6.** summer • **7.** counselor

4. 1b • 2b • 3c • 4b • 5c • 6a • 7c • 8b • 9b

47 *Slavery and forced labor /* Esclavage et travail forcé

1. **1.** captor, captive, capture, captivity • **2.** bond, bondage, bondsman • **3.** abolitionist, abolition • **4.** abduction, abductor • **5.** seizure • **6.** imprison • **7.** enslave • **8.** savior, savings • **9.** rebel

2. 1b • 2h • 3a • 4c • 5f • 6g • 7d • 8e

3. **1b** ; as young so four (as young as) • **2c** ; morale (morals) • **3b** ; children' rights (children's rights) • **4c** ; thousands (thousand) • **5c** ; fourteen-hours work days (hour) • **6c** ; hundred children (hundreds of children) • **7b** ; abuses (abuse) • **8a** ; alike (unlike) • **9a** ; convicted (convict) • **10b** ; has rose (has risen)

4. 1. abolished • 2. toiling • 3. servitude / slavery • 4. fields • 5. will • 6. submission • 7. indenture • 8. prostitution • 9. subservient

48 *The new face of industry /* Le nouveau visage du monde industriel

1. **1.** a cotton mill • **2.** an iron works • **3.** a paper mill • **4.** a car factory / maker • **5.** a gas works • **6.** a saw mill • **7.** a soap factory • **8.** a steel works / mill • **9.** a glass works • **10.** an arms factory • **11.** a software maker • **12.** a toy maker

2. **1.** a manual worker / a blue-collar worker • **2.** an unskilled worker • **3.** a foreman, a supervisor • **4.** a shift • **5.** the workforce • **6.** the workshop • **7.** the work station • **8.** an apprentice

3. 1b • 2a/b/c • 3b • 4b • 5a

49 *The high tech society /* La techno-société

1. **1.** technological, technologies • **2.** technical, technical • **3.** technology • **4.** technologies • **5.** technician • **6.** technologically / techniques • **7.** high-tech • **8.** Technology

2. **1.** information • **2.** online • **3.** data • **4.** a new age • **5.** the Internet • **6.** documents • **7.** files • **8.** disks

3. **1.** bet • **2.** share • **3.** hot spots • **4.** connects • **5.** commerce • **6.** multiplayer • **7.** queries • **8.** scan, digitize • **9.** scanned • **10.** Wi-fi

4. 1c • 2b • 3a • 4b • 5a • 6a

50 *The corporate world* / Le monde de l'entreprise

1. **1**. giant • **2**. family • **3**. branches • **4**. firm • **5**. utility • **6**. private • **7**. Corporate • **8**. companies

2. 1c • 2h • 3i • 4b • 5g • 6a • 7f • 8d • 9e

3. **1**. School • **2**. management • **3**. start • **4**. mail-order • **5**. expanded • **6**. strategy • **7**. model • **8**. doing

4. 1a • 2c • 3a/b/c • 4a • 5b • 6c • 7a • 8b • 9a • 10c • 11b • 12a • 13a • 14b • 15c • 16a • 17a

51 *Top management* / Les cadres dirigeants

1. **1**. raise • **2**. a meeting • **3**. an issue • **4**. the minutes • **5**. the agenda • **6**. a motion

2. 1d • 2a • 3g • 4b • 5h • 6f • 7c • 8e

3. 1a • 2a • 3d • 4b • 5c

52 *Business trends* / Les tendances du marché

1. **1**. around • **2**. up • **3**. down • **4**. over • **5**. down • **6**. over • **7**. up • **8**. down • **9**. up • **10**. out • **11**. over • **12**. out • **13**. up

2. + : 3, 6 • – 1, 2, 4, 5, 7, 8, 9, 10

3. **1**. plagued by • **2**. ailing • **3**. sick • **4**. wounds • **5**. healthy • **6**. bruised • **7**. at pains • **8**. a clean bill of health • **9**. infectious • **10**. recovery

4. 1b • 2c • 3a • 4c • 5c

53 *Losing one's job* / Les licenciements

1. **1**. job generation • **2**. to land / to find a job • **3**. to be hired • **4**. to be employed • **5**. to be temping • **6**. permanent • **7**. to quit one's job / to resign • **8**. resignation • **9**. firing • **10**. retiring / dismissing

2. 1d • 2h • 3g • 4a • 5i • 6c • 7j • 8e • 9b • 10f

3. **1**. axe • **2**. restructuring • **3**. workforce • **4**. close • **5**. revamp • **6**. cut • **7**. responsive • **8**. cuts • **9**. go • **10**. cut • **11**. shed • **12**. redundancies • **13**. voluntary • **14**. hiring • **15**. meet • **16**. closure • **17**. shedding

54 *Labor and industrial relations* / Le climat social

1. **1b** ; words which belong to strike action. • **2d** ; personnel in a factory or a plant • **3a** ; labor means workforce. No relation to places where people work. • **4e** ; hired is the antonym of the other words. • **5a** • **6d** (cf 4) • **7a** ; toil means to work hard. • **8b** • **9d** ; synonyms with strike • **10a**

2. 1i • 2a • 3b • 4h • 5f • 6g • 7d • 8e • 9c

3. 1a/c • 2a • 3e • 4b • 5f • 6d

4. **1**. unrest • **2**. protest • **3**. fired • **4**. swung • **5**. chanted • **6**. pelted • **7**. staged • **8**. protest • **9**. smashed • **10**. overturned • **11**. detained • **12**. lose • **13**. laid • **14**. cheated • **15**. stormed • **16**. attacked • **17**. rights

55 *Business ethics* / L'éthique des affaires

1. 1c • 2j • 3e • 4i • 5g • 6a • 7d • 8h • 9b • 10f

2. **1**. scandal • **2**. corruption • **3**. bribe • **4**. accounts • **5**. books • **6**. bankruptcy

3. 1b • 2f • 3d • 4h • 5j • 6g • 7a • 8e • 9i • 10c

4. 1c • 2c • 3b • 4a • 5b • 6c • 7c • 8c • 9b • 10b • 11a • 12b • 13b • 14a • 15c • 16a • 17b • 18a

56 *Trade and globalization* / La mondialisation des échanges

1. 1f • 2c • 3a • 4g • 5d • 6b • 7e

2. **1**. embargo • **2**. free trade • **3**. economic sanctions • **4**. trade barriers • **5**. duties • **6**. customs • **7**. market

3. **1**. trade • **2**. deal • **3**. Organisation • **4**. external trade • **5**. free market • **6**. barriers • **7**. protectionist • **8**. trading • **9**. two-way trade • **10**. exporting country • **11**. competitive edge • **12**. quotas • **13**. trading

4. 1b • 2a • 3c • 4a • 5c

57 *The consumer society* / La société de consommation

1. Right : 3, 5, 6, 7 • **1**. it consumes • **2**. consumer society • **4**. consume • **8**. consumption • **9**. consumer

2. **1**. disposable • **2**. marketable • **3**. faulty • **4**. breakable • **5**. flawed • **6**. valuable • **7**. appealing • **8**. throwaway • **9**. catchy • **10**. flawless

3. **1**. an ad • **2**. an advertising message • **3**. a commercial • **4**. a product • **5**. consumers

4. **1**. bargain-hunters • **2**. sales • **3**. current prices • **4**. mark down • **5**. window-shopping • **6**. red-tag sales • **7**. retailers • **8**. selling off • **9**. shoppers • **10**. off-peak • **11**. stocks • **12**. cut • **13**. selling-price • **14**. shoppers • **15**. shopkeepers • **16**. bulk • **17**. discount

5. 1b • 2b • 3c • 4b • 5a • 6b • 7a

58 *Money makes the world go round* / L'argent est le nerf de la guerre

1. 1j • 2c • 3i • 4k • 5h • 6a • 7f • 8d • 9g • 10e • 11b

2. **1**. for • **2**. from • **3**. ø • **4**. ø • **5**. at • **6**. for • **7**. ø • **8**. ø, by

3. **1**. borrowed • **2**. lend • **3**. borrow • **4**. borrowed • **5**. lend • **6**. lending • **7**. lend • **8**. borrows

4. **1**. earns • **2**. won • **3**. earns • **4**. earned • **5**. won • **6**. earned • **7**. earn • **8**. won

5. **1.** a cheque • **2.** money • **3.** an account • **4.** a loan • **5.** rates
6. 1b • 2c • 3a/b • 4a • 5a/b

59 *The stock exchange* / La Bourse

1. *bearish*: 4, 5, 6, 7 • *bullish*: 2, 12 • *unchanged*: 1, 9, 10, 11 • *unstable*: 3, 8, 13
2. 1d • 2a • 3f • 4h • 5c • 6g • 7b • 8e
3. 1c • 2c • 3b • 4b • 5a/b • 6c • 7b • 8c

60 *A car-loving people* / Un peuple amoureux de la voiture

1. 1ø • 2d • 3b • 4ø • 5b • 6b • 7d • 8d • 9d • 10ø
2. 1e • 2b • 3j • 4g • 5a • 6h • 7i • 8f • 9c • 10d
3. **1.** makers • **2.** launched • **3.** gallon • **4.** saloon • **5.** fuel tank • **6.** tire • **7.** body • **8.** tires • **9.** engine • **10.** wing • **11.** dashboard • **12.** body • **13.** fuel consumption • **14.** bonnet • **15.** engine • **16.** brake • **17.** environmentally • **18.** greener • **19.** gas guzzler
4. 1b • 2a • 3c • 4c • 5b • 6c

61 *Traffic's a bitch* / P… de circulation

1. **1.** crossing • **2.** street • **3.** lane • **4.** road • **5.** way • **6.** bridge
2. 1. hard shoulder • **2.** toll booth • **3.** passing • **4.** slip roads • **5.** emergency • **6.** outer lanes, inner lanes *or* outside, inside lanes
3. **1c** ; economical (economic) • **2b** ; lead (leads) • **3b** ; what (which) • **4c** ; ties-ups (tie-ups) • **5ø** ; no mistake • **6c** ; to parking (to park) • **7c** ; Mexico (City) • **8b** ; attributed to
4. 1c • 2e • 3b • 4b • 5c

62 *Single or return?* / Aller simple ou aller-retour ?

1. 1h • 2a • 3e • 4f • 5c • 6g • 7b • 8d
2. **1.** ticket office • **2.** waiting room • **3.** left luggage room • **4.** commuter • **5.** sleeping-car / berth • **6.** platform / track (US) • **7.** round trip ticket • **8.** car sleeper train • **9.** fares
3. **1.** see off • **2.** miss • **3.** leaves • **4.** delayed • **5.** canceled • **6.** Check • **7.** pulls • **8.** transfer • **9.** book • **10.** running, cause
4. **1c** ; commuter rails (commuter rail) • **2b** ; made in steel (made of steel) • **3c** ; one of the worst grade crossing accident (accidents) • **4b** ; rolling mass (stock) • **5c** ; entitle you travel (to travel) • **6b** ; Britain (Britain's) • **7b** ; expenses (expense) • **8a** ; Aircrafts (aircraft)
5. 1c • 2a • 3b • 4c • 5b • 6a • 7c

63 *Fear of flying* / La peur de l'avion

1. 1e • 2c • 3f • 4h • 5a • 6g • 7d • 8b
2. **1.** facilities • **2.** airports • **3.** congested • **4.** safety • **5.** traffic • **6.** collision • **7.** Congestion • **8.** aircraft • **9.** over • **10.** jet lanes • **11.** jets • **12.** Navigational • **13.** crashes • **14.** explodes
3. **1.** had **taken** off • **2. broke** out • **3. baggage** • **4.** Long Island **shore** • **5.** unreliable **airport** • **6.** the **culprit** • **7. these** days • **8.** investigation **into** the crash • **9. drawn** from • **10.** the **area** • **11. have been** fiercely **highlighted** • **12. serious** deficiencies • **13. anyone** can **do** • **14. over** Lockerbie

64 *Emerging countries* / Les pays émergents

1. 1b • 2d • 3b • 4d • 5c • 6a • 7b • 8c
2. 1i • 2g • 3b • 4h • 5a • 6f • 7c • 8j • 9d • 10e
3. A. **1.** developing • **2.** underdeveloped • **3.** lag • **4.** unproductive • **5.** drought • **6.** deforestation • **7.** encroachment • **8.** colonies • **9.** growth • **10.** cooperation • **11.** eradicate • **12.** catch up with
   B. **1.** malnutrition • **2.** shantytowns • **3.** cardboard shacks • **4.** illiteracy • **5.** innumeracy • **6.** Hygiene • **7.** life expectancy • **8.** infant mortality • **9.** epidemics • **10.** measles • **11.** vaccines
   C. **1.** beg for aid • **2.** assist • **3.** infusion of aid • **4.** chip in • **5.** rely on • **6.** withdrawn • **7.** funds • **8.** misused • **9.** assistance

65 *Reaching for the skies* / En route vers les étoiles

1. **1.** spatial • **2.** atmospheric • **3.** cosmic • **4.** galactic • **5.** gravitational • **6.** lunar • **7.** Martian • **8.** meteoric • **9.** solar • **10.** stellar • **11.** terrestrial • **12.** universal • **13.** astronomical • **14.** Jovian
2. 1c • 2e • 3g • 4a • 5f • 6h • 7i • 8b • 9j • 10d
3. 1e • 2c • 3f • 4a • 5g • 6d • 7b
4. **1.** industry • **2.** tickets • **3.** tourist • **4.** into • **5.** rocket • **6.** off • **7.** bound • **8.** lucrative • **9.** suborbital • **10.** verge • **11.** off • **12.** worth • **13.** within • **14.** agencies • **15.** launch • **16.** ride
5. 1d • 2c • 3b • 4c • 5d • 6c • 7d • 8a

66 *Earth in the balance* / La Terre en danger

1. **1.** extinction • **2.** global warming • **3.** greenhouse effect • **4.** carbon dioxide • **5.** global warming • **6.** damage • **7.** Environmentalists • **8.** recycle • **9.** ozone layer • **10.** Acid rain
2. **1.** the environment • **2.** noxious gases • **3.** species • **4.** waste • **5.** natural resources • **6.** catastrophe • **7.** oil • **8.** oil tanker • **9.** forests

3. **1b** ; has been linked (have been linked) • **2b** ; dozens (dozen) • **3b** ; continued (have continued) • **4b** ; to work (work) • **5a/b** ; last (latest) / less (fewer) • **6b** ; they make bring (bringing) • **7a** ; we... is (are) • **8a/c** ; lost (loss), raise (rise) • **9c** ; responsability (responsibility) • **10a** ; 62-pages (62-page)
4. 1b • 2d • 3b • 4c • 5a • 6a

67 *Natural disasters /* Les catastrophes naturelles

1. **a**. flooding • **b**. hurricanes • **c**. earthquake • **d**. wildfires • **e**. volcano eruptions • **f**. tsunami • **g**. thunderstorms
2. 1b • 2d • 3a • 4e • 5c • 6a • 7b • 8d
3. **1**. extinguish • **2**. ignition • **3**. consume • **4**. ominous • **5**. blizzard • **6**. flooding • **7**. looting • **8**. relief • **9**. quake • **10**. blaze
4. **1**. extreme • **2**. natural • **3**. disasters • **4**. spells • **5**. droughts • **6**. flammable • **7**. ecosystem • **8**. suppressed • **9**. havoc • **10**. overflow • **11**. levees • **12**. tide • **13**. banks • **14**. melting • **15**. flash • **16**. bursts • **17**. sandbags • **18**. Twisters • **19**. cyclones • **20**. tectonic • **21**. crust • **22**. lava • **23**. erupt • **24**. extinct • **25**. teetering / swaying • **26**. prepare

68 *Demographics /* La démographie

1. **1**. rate • **2**. population • **3**. fertility • **4**. people • **5**. maternity • **6**. family • **7**. demographic
2. **1**. billion • **2**. million • **3**. doubled • **4**. Half • **5**. growth • **6**. fewer • **7**. one child • **8**. less, many • **9**. expectancy • **10**. average
3. 1b • 2c • 3a/b/c • 4a • 5b • 6b • 7c • 8c

69 *Countries of the world /* Les pays du monde

1. Adjectives : British • Welsh • Scottish (nationality) • Irish • Danish • Finnish • Belgian • Swedish • Norwegian • Dutch • Swiss • Greek • Spanish • Polish • Turkish
   Names : Brit(on) • Britisher • Welshman • Scot • Scotsman, Scot • Irishman • Dane • Finn • Belgian • Swede • Norwegian • Dutchman • Swiss • Greek • Spaniard • Pole • Turk
2. **1**. Middle • **2**. Far • **3**. Asian • **4**. Arabic • **5**. Arab • **6**. European
3. **1**. Western • **2**. R • **3**. R • **4**. the Far-East • **5**. the West • **6**. R • **7**. Eastern • **8**. Northern • **9**. the Middle East • **10**. R
4. 1b • 2c • 3a • 4b • 5a • 6b • 7c • 8b • 9c • 10b • 11a • 12c • 13b • 14c
5. **1**. native • **2**. West • **3**. Deep South • **4**. Blacks • **5**. Afro • **6**. Hispanics • **7**. Chicanos • **8**. New England • **9**. Rocky

70 *Physical appearance /* L'apparence physique

1. 1e • 2b • 3d • 4d • 5e • 6f • 7d • 8b
2. **1**. pretty • **2**. beautiful • **3**. handsome • **4**. lovely • **5**. gorgeous • **6**. comely • **7**. exquisite
3. 1f • 2d • 3i • 4c • 5h • 6b • 7e • 8a • 9g
4. 1a • 2c • 3c • 4c • 5d • 6a • 7d • 8a
5. **1**. gorgeous • **2**. handsome • **3**. handsome • **4**. homely • **5**. dapper • **6**. thickset • **7**. seedy, shabby • **8**. slim • **9**. unsightly • **10**. exquisite

71 *Moods and emotions /* Les humeurs et les émotions

1. **1**. sulk • **2**. moody • **3**. grumpy • **4**. upset • **5**. merriment • **6**. elation • **7**. apathetic • **8**. awe • **9**. compassionate • **10**. abhorrence
2. 1c • 2h • 3k • 4b • 5a • 6l • 7j • 8f • 9d • 10g • 11e • 12i
3. **1**. coy • **2**. sly • **3**. confident • **4**. remorseless • **5**. elated • **6**. mortified • **7**. downcast • **8**. delight • **9**. comfort • **10**. dispirited
4. 1d • 2i • 3g • 4e • 5a • 6j • 7c • 8f • 9b • 10h

72 *Character and personality /* Le caractère et la personnalité

1. **1**. vanity • **2**. ability • **3**. solitude • **4**. selfishness • **5**. reliability • **6**. pugnacity • **7**. fierceness • **8**. virtue • **9**. decency • **10**. urbanity
2. 1i • 2d • 3g • 4k • 5b • 6m • 7e • 8n • 9a • 10l • 11j • 12f • 13c • 14h
3. 1d • 2b • 3a • 4c • 5ø • 6e • 7a • 8b • 9b • 10d • 11ø
4. 1g • 2d • 3j • 4b • 5e • 6i • 7a • 8h • 9c • 10f
5. **1**. unreliable • **2**. optimistic • **3**. patient • **4**. generous • **5**. authoritarian • **6**. honest • **7**. mean • **8**. naive • **9**. shy, reserved, guarded • **10**. zealous • **11**. haughty • **12**. bold
6. **1**. straight • **2**. wise • **3**. gentle • **4**. happy • **5**. tough • **6**. proud • **7**. solid • **8**. bold • **9**. strong • **10**. stubborn • **11**. timid • **12**. patient
7. 1j • 2h • 3f • 4c • 5d • 6i • 7b • 8g • 9a • 10e
8. **1**. sadness • **2**. self-satisfaction • **3**. frustration • **4**. envy • **5**. despair • **6**. indecisiveness • **7**. anger • **8**. treachery • **9**. egocentrism • **10**. routine

Table des matières

Avant-propos 3

Première partie : LANGUE

1 Racines grecques / *Greek roots* 6
2 Racines latines / *Latin roots* 8
3 Préfixes / *Prefixation* 10
4 Préfixes négatifs / *Negative prefixation* 12
5 Suffixes des noms abstraits / *Abstract noun suffixes* 14
6 Suffixes des noms concrets / *Concrete noun suffixation* 17
7 Formation des noms à partir des verbes / *Word formation from verbs* 20
8 Suffixes des adjectifs / *Adjective suffixes* 23
9 La formation des noms abstraits / *Abstract noun formation* 26
10 Mots d'origine étrangère / *Words from other languages* 28
11 Pluriel des mots étrangers / *Foreign plurals* 32
12 Idiomes (général) / *Idioms (general)* 35
13 Idiomes (qualités et défauts) / *Idioms (qualities and flaws)* 38
14 Idiomes (la tête) / *Idioms (the head)* 42
15 Idiomes (le corps) / *Idioms (the body)* 45
16 Idiomes (cœur et esprit) / *Idioms (heart and mind)* 48
17 Idiomes (sentiments et humeurs) / *Idioms (feelings and moods)* 50
18 Idiomes (situations et problèmes) / *Idioms (situations and problems)* 53
19 Idiomes (louange et critique) / *Idioms (praise and criticism)* 56
20 Idiomes (communication) / *Idioms (communication)* 58
21 Idiomes (argent) / *Idioms (money)* 60
22 Idiomes (divers) / *Idioms (miscellaneous)* 63
23 Idiomes (animaux) / *Idioms (animals)* 65
24 Idiomes (couleurs) / *Idioms (colors)* 69
25 Homonymes / *Homonyms* 73
26 Binômes / *Binomials* 77
27 Analogie / *Similes* 80
28 Euphémismes / *Euphemisms* 84
29 Proverbes / *Proverbs* 89
30 Mots prêtant à confusion / *Confusing words* 93
31 Le temps / *Time* 96
32 Cause et conséquence / *Cause and effect* 98
33 Adjectifs de nationalité / *Adjectives of nationality* 100
34 Les adjectifs et leurs antonymes / *Opposites of adjectives* 102
35 Adjectif + préposition / *Adjective + preposition (1)* 104
36 Adjectif + préposition / *Adjective + preposition (2)* 106

37 Nom + préposition / *Noun + preposition (1)* 108
38 Nom + préposition / *Noun + preposition (2)* 111
39 Les verbes à particule / *Phrasal verbs* 114
40 Sens proches (général) / *Parallel meanings (general)* 119
41 Sens proches (verbes) / *Parallel meanings (verbs)* 121
42 Sens proches (noms) / *Parallel meanings (nouns)* 128
43 Sens proches (adjectifs) / *Parallel meanings (adjectives)* 133
Langue - Corrigés 139

Seconde partie : Thèmes

1 *Family relationships* / Les relations familiales 148
2 *True friends* / Les vrais amis 152
3 *Teenage years* / Les années d'adolescence 156
4 *Social rebels* / En conflit avec la société 160
5 *An ageing population* / Une population vieillissante 164
6 *Eating out* / Au restaurant 169
7 *Everyday problems* / Les problèmes quotidiens 173
8 *Food and diet* / L'alimentation et le régime 176
9 *Life in the city* / La vie dans les villes 181
10 *Country life* / La vie à la campagne 185
11 *Architecture and civil engineering* / Architecture et génie civil 188
12 *Is school necessary?* / À quoi sert l'école ? 192
13 *A college education* / L'enseignement supérieur 196
14 *Failing and passing* / La réussite et l'échec 201
15 *Scientific knowledge* / La connaissance scientifique 205
16 *Spirituality* / La spiritualité 211
17 *Migration* / Les migrations 215
18 *Affirmative action* / La discrimination positive 220
19 *The war on drugs* / La guerre contre la toxicomanie 225
20 *Social inequality* / Les inégalités sociales 228
21 *Perpetrating crimes* / L'acte criminel 230
22 *Investigating crime* / Les enquêtes criminelles 234
23 *Beyond a reasonable doubt* / Sans l'ombre d'un doute 238
24 *A leisure society* / Une société de loisirs 242
25 *Wanderlust* / L'envie de voir le monde 246
26 *Adventure* / L'aventure 250
27 *Tinseltown* / Hollywood 253
28 *Star appeal* / Le vedettariat 257
29 *On stage* / Tous en scène 260
30 *The sound of music* / La musique 264
31 *The art world* / Le monde de l'art 266

32 *The written word* / L'écriture 271
33 *Sport crazy* / Les fondus de sport 275
34 *Meet the press* / La presse écrite 280
35 *Prime time* / Les heures de grande écoute 284
36 *Health trouble* / Les ennuis de santé 288
37 *Genetics* / La génétique 293
38 *Government and politics* / Gouvernement et politique 295
39 *The Star-Spangled Banner* / La bannière étoilée 300
40 *Serving my country* / Servir mon pays 304
41 *Military operations* / Les opérations militaires 307
42 *The world arena* / La scène mondiale 312
43 *Energy needs* / Les besoins énergétiques 317
44 *Petroleum alternatives* / Les alternatives au pétrole 322
45 *Employment opportunities* / Les perspectives d'emploi 326
46 *The job market* / Le marché du travail 331
47 *Slavery and forced labor* / Esclavage et travail forcé 335
48 *The new face of industry* / Le nouveau visage du monde industriel 338
49 *The high tech society* / La techno-société 342
50 *The corporate world* / Le monde de l'entreprise 347
51 *Top management* / Les cadres dirigeants 351
52 *Business trends* / Les tendances du marché 354
53 *Losing one's job* / Les licenciements 357
54 *Labor and industrial relations* / Le climat social 360
55 *Business ethics* / L'éthique des affaires 363
56 *Trade and globalization* / La mondialisation des échanges 368
57 *The consumer society* / La société de consommation 371
58 *Money makes the world go round* / L'argent est le nerf de la guerre 376
59 *The stock exchange* / La Bourse 380
60 *A car-loving people* / Un peuple amoureux de la voiture 384
61 *Traffic's a bitch* / P… de circulation 388
62 *Single or return?* / Aller simple ou aller-retour ? 392
63 *Fear of flying* / La peur de l'avion 396
64 *Emerging countries* / Les pays émergents 398
65 *Reaching for the skies* / En route vers les étoiles 401
66 *Earth in the balance* / La Terre en danger 407
67 *Natural disasters* / Les catastrophes naturelles 411
68 *Demographics* / La démographie 415
69 *Countries of the world* / Les pays du monde 419
70 *Physical appearance* / L'apparence physique 422
71 *Moods and emotions* / Les humeurs et les émotions 425
72 *Character and personality* / Le caractère et la personnalité 429
Thèmes - Corrigés 435

Achevé d'imprimer en avril 2009
dans les ateliers de Normandie Roto Impression s.a.s.
61250 Lonrai
N° d'impression : 09-1201
Dépôt légal : avril 2009

Imprimé en France